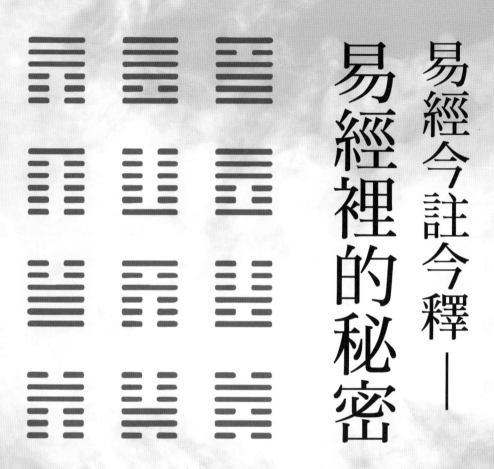

易經今註今釋——

易經裡的秘密

王曉強 著

蘭臺出版社

《易經》裡的秘密 · 目錄

《易經》裡的秘密・前言

《易經》涉及文字造字字境的秘密

眾所周知，我們使用的漢字源頭基本是商代文字。《易經》產生的時代，是甲骨文使用的時代。甲骨文造字的環境往往反映在文字上，我們不妨將這種造字的環境名為「字境」。

這裡僅就「龍」的字境說起：

商代以前圖像中龍的身軀无不呈現「C」形或「S」形（見乾卦圖7）。傳說大昊龍圖騰[1]，商王族認為自己是帝俊（帝嚳、大昊）伏羲氏的後代，所以商代凡和龍有關的字，不僅多有擬「C」或「S」龍軀形狀的字畫，也不免涉及了商王族的信仰。

如，《乾》卦爻題之「九」──它象形伸一爪「S」形的龍（見乾卦圖7），其字境和龍圖騰之帝俊生十日、一日巡天九日待崗的信仰有關。故而擬形傳說中待崗之龍「九」為數字之名。巡天的那一個太陽名曰「龍鷀」「鷔鴟」「龍雞」，在商代圖像中，它為鳥和龍異質同構的玄鳥（見乾卦圖6）。

如，《豐・初九》「雖旬无咎」──傳說龍圖騰的帝俊伏羲氏和女媧氏（羲和、常義）生了十個太陽[2]，太陽的名字分別為甲、乙、丙、丁、戊、己、庚、辛、壬、癸。這種字境讓我們知道「旬」字象形龍抱太陽，或僅象形龍伸一爪而省略太陽（見豐卦圖3、圖4）；「旬」是十個太陽輪流巡天值日之謂；進一步我們也許會搞清以太陽名字命名的商王族上層領袖，他們兄終弟及繼承傳位的初衷，也在模擬傳說中的太陽值日。

如，《革》卦辭「巳日乃革」──「巳」的字境如此：自史前到漢代的許多圖像表明，伏羲、女媧為人頭龍軀（蛇軀）之神，是商王族的

---

[1] 見《左傳・昭公十七年》。

[2] 見《山海經・大荒南經》《大荒東經》《大荒西經》。

祖先象徵；商王族姓「巳」[3]，即以人頭蛇軀祖先之象形字為姓（見革卦圖1、圖2），亦為商王族祭祀祖先神靈的代詞；可見此「巳日乃革」有「以祖先神靈的名義革命」「得到祖先神靈允許的革命」等意義。

如，《益‧六四》「利用為依遷國」——「依」當為「衣」的衍生字。商王族代表人物穿以龍蛇裝飾的衣服，乃甲骨文「衣」的字境，故而其象形袞衣並轉而會意商族的族號、國號[4]。一般認為「殷」為後代人稱商朝之名，實際「衣」是「殷」的本字，「殷」可能是周人用來代表商王朝的同聲字[5]。身著龍紋裝飾的衣服為商朝、商王族代表人物的標誌（見益卦圖2、圖3），可見「為依遷國」是指殷王改變下屬邑邦主人的重大舉動。

當然，「龍」字字境的例子不止這些。

其他字的字境問題也有一些，本書各卦釋文當中有所涉及，這裡不再介紹。

附拙作《甲骨文字境歌》以為梗概：

甲骨字畫「愛思（S）」「義（C）」，必與神龍相關係。商族圖騰奉玄鳥，龍構鷗鴉合體一。生月十二作女兒，十隻太陽乃子息。「九」為待崗龍鷂鳥，「旬」作蜷龍環抱日，「水」由龍掌軀似蛇，「云」必從龍尾彎起。「卒」像衣襟去龍尾，「衣」為殷號蜷龍飾。甲骨文，象形字，追趕前賢真快意，阻攔後進行必滯。我今奉上字境歌，只待生面再開啟。

3　胡小石在《讀契劄記‧殷姓考》中曾對商王族之姓做過考證，結論不容置疑：「故姓立字，必從女作，姬、姜、姚、姒是也……武丁卜辭……有霝妃一詞……為人名，其人在武丁之世……說文祀從巳聲，卜辭常以巳為『祀』」，「而辰巳之巳，則皆作『子』……其之載籍，子巳同聲，亦有互訓互用之例……霝妃之妃，敢斷為殷人姓子之本字。從女巳聲，巳猶『子』聲也。經典用假字作子。卜辭用本字作妃。」載《江海學刊》。1958年2期。

4　王國維《殷禮徵文》釋卜辭「衣祭」即「殷祭」，乃合祭之名。

5　甲骨文似乎還不見「殷」字。在周代金文中（《保卣》《盂鼎》），「殷」字象形手持器物叩擊有孕之身（或有物之身，見益卦圖4），如果果然如此，那麼周代「殷」字的造字字境應該反映了周民族對商王族的憎惡：史載商紂王殘酷兇狠而剖孕婦看胎兒、剖比干看心臟等，都借「殷」字所象之形揭露無餘。如果說商王族以神聖無雙的圖騰龍衣來象徵商朝，那麼周民族則以剖孕婦看胎兒之殘暴象徵商朝——這說明中國早期的文字乃字境的標誌（Logo）。

《易經》同一字字境變化的秘密

　　甲骨文、金文同一字字境的變化，一般體現在字體的書寫上。以往《易經》的解釋對此多不屑顧及，這裡特別指出，以防可能因之產生的歧義。

　　如《師》卦之「師」，甲骨文它象形馬銜，即用于控制馬的馬勒子。其象形的對象分兩個階段，前個階段象形直接勒入馬嘴裡的革質馬銜，為馬銜通過馬嘴透視之形；後個階段象形馬銜頭上連接的馬鑣，為馬鑣的側視之形（見師卦圖1）。

　　商代後期車戰開始普及。那時的車戰一如第二次世界大戰中的坦克、現代戰爭中的戰機，是最頂級的戰爭利器。然而驅動戰車的關鍵在于控制馬匹，控制馬匹的關鍵就在于「師」所象形的馬銜。因為馬銜的如此重要，于是控制車戰馬匹的人就成了「師」，而用于戰爭集結之人的編制，也以「師」代之。更因為控制車戰馬匹之「師」的人，是車戰伊始階段最為重要、最被崇拜的人，于是官員、師表、卓越之人也被以「師」冠之。

　　顯然《易經》的《師》卦產生自商代車戰普及之後以——控制馬的關鍵工具之馬銜、馬鑣代表軍隊，其字境時空的跨度不算太長，其引申意義的範圍似乎有一定的侷限性，不可用後世的觀念牽強附會。

　　如《需》卦之「需」，甲骨文象形正面濡身而不濡首之人。專家說這是古代祭祀之「濡身之禮」。對照《既濟‧上六》「濡其首，厲」、《未濟‧上九》「濡其首，有孚，失是」，讓我們知道古代的「濡身之禮」不太可能「濡其首」（見需卦圖1）——《既濟》《未濟》是因需求獲取而車馬越界戰爭之卦，越界過河憂慮遭遇水流滅頂的危險，故而戰爭之前的祭祀之禮有濡身而不濡首的規矩。

　　周代的金文「需」有象形正面人之頭上天在下雨者（見需卦圖2），據此學者釋它為「濡」，即「天雨，濕也」，顯然這和商代「濡身之禮」的「需」字屬于兩種字境：可能這和周武王發兵滅商行軍而天降大雨有關。據《易經》許多卦的反映，在商代出兵下雨是凶兆（詳見《夬‧九三》釋）。周武王滅商征途，天降雨水澆注如瀑，周軍懼怕，周武王為安定軍心，說這是天老爺昭示幫助我們的「天灑（洗）兵」（見《說苑‧權謀》），于是軍隊意氣風發。如此字境的「需」，則不

怕「濡其首」的忌諱。不明白這點會望文生義。

甲骨文、金文「大」象形正面分腿站立之人，似乎這要比象形側面人者顯得莊重，好像這正面站立之人，身上承擔著超乎常人的責任（見需卦圖3）。正面的人是那時的「大人」。如果此說可准，那麼甲骨文的「需」，是在會意超乎常人的責任者，在祭祀之禮上為需求而濡身；金文的「需」，是在會意超乎常人的責任者等待自己屬下需求的雨水。「需」的本義雖為需求，但周人之吉乃殷人之凶，民族忌諱相反，其道德也會差異，是非評判的標準也會差異，這是讀《易經》時應該關注的。

《易經》語言敘述所處語境的秘密

注意語言敘述的語境，即了解作品產生時代相關的環境之謂。

反映《易經》產生時代環境的當時文獻，除甲骨文、金文之外，以《易經》為最，然而僅憑它們就想勾畫一個清晰的語境著實困難。因此我們不能不另闢蹊徑，求助于出土的商代圖形、圖像文獻。我們得承認：甲骨文出自圖形文字，圖形文字出自有會意功能的圖像。

我們民族曾有一個葫蘆崇拜的時期[6]。為此聞一多釋「包」為「匏」。傳說伏羲、女媧誕生于葫蘆。伏羲、女媧又有包犧、包媧之名，實際他們的名字本來就是匏瓠或匏瓜。也就是說他們本是圖騰崇拜中的葫蘆[7]。《易經》有不少「包」字。按這樣解釋《泰・九二》「包荒，用馮河，不遐遺」之「包」為渡河助浮的葫蘆完全可以。但釋《蒙・九二》之「包蒙，吉，納婦吉」就不太好解了。專家釋甲骨文「包」象形胎胞裡有人，以此解「包蒙」，也頗周折。

在商代和商代以前的圖像裡，常常可以看到本擬葫蘆但更有孕婦特徵的陶器（見蒙卦圖2）。這說明葫蘆和婦女孕育的概念，在這段時空裡相聯並舉。遠古時代的人看見葫蘆內產子極多，便認為用它作為飲食器皿，會將它多子多產的能力，一併吸收進自己的身體之內。這種願望的極端，就是將葫蘆與懷孕婦女異質同構，成為上述容器。商族認為自

---

[6]　參見曾凡《關于「陶匏」壺問題》。載《考古》1990 年 9 月。

[7]　聞一多《伏羲考》。《聞一多全集》第一卷。

己的女祖先是生殖神女媧，她自然可以與葫蘆圖騰位置互換，而世間能生能育的婦女就是她、葫蘆圖騰的傳人。弄明白這個語境，就會知道《睽‧上九》「先張之弧，後說之弧」的「弧」為「匏瓠」，指搶婚先張羅到的婦女，後逃脫掉的婦女。

「章」即「璋」字，即所謂的禮器圭璋。商代圖像中，圭璋有豎在冠上的，有立在祭祀場所的（見坤卦圖5）——前者的冠可謂「皇」冠，這種冠帽應該是羽毛冠的別體，圭璋本裝飾在羽冠之中，相當于今天國家公務員制帽上的帽徽。後者在四川三星堆遺址出土的玉璋刻紋中，得到很好的說明：祭祀場所豎立圭璋，是讓想像中太陽鳥停留的象徵物（山東莒縣出土的雙鳥銅圭是後世承襲前世這一概念的證明。圭璋象徵著山，山是大地的代表）。

如果以上推論可准，那麼我們可以說：圭璋是太陽鳥家山的象徵體，在這個前提下，圭璋可以借代太陽鳥，進一步可以代表與太陽鳥圖騰位置互換的傳人——由此可見《坤‧六三》「含章可貞」的「章」，即在依靠這種語境來婉言「太陽鳥圖騰的傳人」。「含章」亦即腹中有了太陽鳥傳人的身孕。

何以見得？經典上記載的中國最初民族為少昊。少昊主圖騰為鳥。商族出自大昊，大昊來自少昊，商族的主圖騰為玄鳥，即太陽鳥。四川三星堆遺址原居民出自少昊、大昊，主圖騰當然也是太陽鳥。山東莒縣出土的雙鳥銅圭，是春秋時代莒國貴族用于祭祀的遺物，莒國乃少昊之後，太陽鳥是其主圖騰。鳥圖騰的傳人自然也可以是鳥，鳥與傳人位置互換，正是「含章」之涵義。

如果上述意見可准，那麼《易經》所處時代的語境亦需重視。

《易經》語境變遷而致詞義悖謬的秘密

語境變遷導致《易經》理解的歧義最多。這裡僅舉兩例。

如《坤‧六五》「黃裳元吉」之「黃裳」，歷來解釋幾乎都是很玄虛的哲學理念。實際「黃裳」指黃土地顏色的裙子或褲子，它借代生殖繁衍的追求。

黃顏色的下身服裝，那時被賦予了巫術的意義。在崇尚生殖的先民眼裡，天下神奇莫過于黃色的大地。黃色的大地能生出一切有生命的東

西，而且能讓這些東西再生出億萬的子孫。于是先民將裙裳染成黃土地的顏色，並認為這個顏色貼近下體，必會使自己也傳染上了黃土的極強生殖力。《象傳》「黃裳元吉，文在中也」，即指這種巫術賦予黃裙、黃褲的生殖意義。

黃色裙裳在《詩經》成書時代之後仍被廣泛穿著，如《邶風・綠衣》之「綠衣黃裳」就是反映。再到後來，黃色就變成了很神聖的專利之色。這個道理借此或許能說明白：崇尚暴力革命的政黨以「紅」名軍名、旗名、政權名、機構名、思想名……從而擁護者為表達自己的革命願望，便把一切有關的東西弄成紅色。

如《履・九二》「幽人貞吉」之「幽人」，我們理解的幽字一般有黑暗、幽靜、隱蔽等意思。「鳳隱于林，幽人在丘」（陶潛《命子》），所以後來的隱士也叫「幽人」。

甲骨文「幽」字從火從絲不從山（見履卦圖4），這說明商代「幽」字的造字環境裡，絲和火的關係十分密切；考慮到古代將男子割除睪丸的宮刑又叫「幽刑」，實施「幽刑」的人畏風，行刑要在「蠶室」裡進行，因此可以確定甲骨文「幽」字由絲、火會意催蠶孵化的溫室、暖窖，因為這種原因，它又引申為受宮刑、被閹割的意思。在這種語境裡，卜辭裡似乎不用「幽」來表示顏色。如《粹》五五〇之「幽牛」，是專門用來祭祀的閹牛。《困・初六》之「幽谷」，是專門行刑閹割的地方。而「幽人」即指被閹割去勢了的男子。

「幽人」一語產生在人們深諳以火催蠶生絲的語境裡，產生在異姓戰俘、罪人、奴隸被閹割的語境裡，產生在「幽人」因為能力、功勞而社會地位上升的語境裡。所以一些社會地位較高的「幽人」，為了自尊心而有娶妻的現象（顯然閹人娶妻至少自商代就有，並不僅僅出在現今影視故事裡），于是有了「幽人貞吉」這樣的反語。

到了漢代，商代產生「幽人」的語境消失了。所以許慎《說文》釋「幽」為「隱也」。是「從山中絲」的字，也就有了將閹割了生殖器的「幽人」，當成隱居于山林裡隱士高人的情況。

《易經》涉及圖騰崇拜的秘密

　　《易經》產生的時代圖騰崇拜仍盛，所以它一定要有所反映。這裡僅舉兩例，以為理解它的線索。

　　如《觀》卦的「觀」，其本字就是「雚」，換句話說，「觀」的構字，「見」的意義從屬于「雚」。「雚」，貓頭鷹的象形字，是商王族玄鳥圖騰的本鳥。

　　「天命玄鳥，降而生商」，也就等于說「天命雚鳥降而轉生了商王族」。商族都是雚鳥的傳人，雚鳥的傳人當然有資格管理天下，因此《觀》卦就將雚鳥夜晚明察秋毫的能力等，和國家各地管理人員應具備的觀察入微的職能含混起來，以達到「觀國之光，利用賓于王（觀察各國國風，以推崇提尚對商王禮敬的國情民俗）」的要求（見觀卦圖1）。

　　甲骨文有以雚鳥的象形字作商祖先之專用名者（見觀卦圖3）。王亥的「亥」字，乃特加了雚鳥形象的標誌性的專用字。這說明商王族的祖先，是可以與雚鳥圖騰在信仰中互換位置的祖先。

　　祖先是後人的榜樣。雚鳥的能力，正是以雚鳥為圖騰本鳥之商朝管理人員的榜樣。

　　如《賁》卦的「賁」，其本字應該是「豶」。「豶」，公豬，亦即沒有閹割的豬。（關于這點，清俞正燮《癸巳存稿》卷一《豶》條釋說極詳，此處不再贅言）

　　《繹史・後記》：「以其（女媧）載媒，是以後世有國（家），是使為皋祺之神。」《繹史》引《風俗通義》：「女媧禱祠神祈而為媒，因置婚姻。」女媧是商族的女祖先[8]，她宣導婚姻成家，和她多圖騰之豬圖騰有關係。

　　商族的女祖先「女媧一名女希」[9]，「希」通「豨」，豬也。圖像、圖形證明，商代有豬圖騰——女媧、豬圖像的身上，均有相同的代表天地的符號「⊕」（此符號即《莊子・大宗師》所載「豨韋氏得之以挈天地」之謂。豨韋氏即豕韋氏，與女媧氏族源相同（見賁卦圖4）。「豶」

　　易
　　經
　　今
　　註
　　今
　　譯
　　｜
　　易
　　經
　　裡
　　的
　　秘
　　密

014

8　卜辭中「母分」（《甲》三〇四五），其「母」通女，「分」通希，「女希」即女媧；「嘦」（《佚》八八六）即嚳、俊、舜的隸定，指伏羲氏。這似能說明殷人使用的《易經》，應是承襲了祖先伏羲氏遺留下來八卦方位涵義的衍說，內容不會有與之對立性的改變。

9　徐旭生《中國古史的傳說時代》三皇章。科學出版社，1960年。

便是商族多圖騰崇拜之豬圖騰裡的一種公豬。

上述「賁」（豮），指特殊用途的公豬。《大畜・六五》「豮豕之牙」可以為我的推想作證：作為特殊用途的豬，在它還是小豬的時候（豕，小豬），就應當「牙」起來（即單獨欄養，恰如今天養雞場裡特別圈養的「童子雞」；它們要在不接觸母豬的前提下發育到成豬），這樣做則「吉」。

「豮」在商代有什麼特殊用途？在本卦形成的時代，曾作為聘婚的禮物。當時以它（「白賁」）為禮物，是婚姻風俗上一大革命性的發明：它是搶婚和聘婚過渡時代的一種反對前者、標榜後者的形象語言。

婚姻則成家。甲骨文、金文的「家」，多象形突出了雄器的公豬（豭）在「宀」下（見賁卦圖3），其實這只「突出了雄器的公豬」，就是《賁・上九》之「白（伯）賁」——大公豬。換句話說，甲骨文、金文「家」造字的字境，乃以豬圖騰為聘婚的信物，以娶婦為家時代。「家」字，正是摒棄搶婚陋俗、提倡文明聘娶之字境的標誌（Logo）。

《易經》正話反說的秘密

正話反說，是《易經》的語言特點，不了解這一點，就不能更深入理解《易經》。這裡僅舉兩例以見一斑：

一，《履・九二》：「履道坦坦——幽人貞吉。」

「履道」，統治者踐曆其位置之道。「幽人貞吉」，喪失生殖機能的人能有生育之吉。

此爻說，如果統治者的位置很容易坐，像行平坦寬闊大道般沒有險阻坎坷，任何人都可以涉足，那麼閹割了的男人也能有生育後代之吉慶了。

當時人類對抗危害最佳的方法是繁衍人口，人民最關心的事乃生育後代，在這種語境下「幽人貞吉」呈現的幽默效果可以設想。

二，《升・上六》：「冥升，利于不息之貞。」

「冥」，夜。「冥升」，夜晚登牆入城；指軍隊偷襲。「不息」，沒有子息，即斷子絕孫。此爻換上今天的話說，乃：使用夜間偷襲戰術登牆入城的人，他的行為利于其宗族家國之人都要渡過子孫滅絕的一生。

　　《易經》的編著者極端仇恨戰爭偷襲，這種戰術必使被動的一方死傷極巨，後果很慘。「利于不息之貞」是反語，以它來說特別嚴重可駭之事的結果，是一種極端的幽默。

　　《易經》專家李鏡池就是忽略了它的正話反說，竟注「冥升，利于不息之貞」為：「日夜不停地發展，是興旺發達的氣象，故吉利。」

　　《易經》正話反說的地方不少，這是被許多讀者忽略的特點。

《易經》裡商族戰爭道德導致周人滅商的秘密

　　商、周是兩個不同族源的民族，「周人之視殷人為東方異族」[10]。

　　《禮記・王制》曾載周人眼中夷人的習俗為：「東方曰夷，披髮文身。」這和我們看到今天商墓出土的蹲踞人像的服飾相似：多留披髮或擬龍軀的髮式，也多有文身的表示。這說明此類人像擬形東方「夷人」，是太陽和月亮共升之地的民族之人，這個民族的祖先伏羲、女媧生了太陽、月亮，所以他們的子孫以太陽之名甲、乙、丙、丁……稱自己的名字。這個民族認為「天命玄鳥，降而生商」，他們圖騰崇拜玄鳥。玄鳥的本鳥是貓頭鷹，所以出土的商代貓頭鷹也呈蹲踞之狀，甚至也有留著長髮或擬龍軀的髮式，也多有文身的表示。相比之下，文字文獻裡反映，周族不但不以日名命名自己的成員，不但將文身當成羞辱罪犯的標誌（周初遷入吳地的姬姓除外），甚至將商族玄鳥圖騰的本鳥貓頭鷹視為凶鳥，乃至自周武王滅商之後，貓頭鷹竟然以凶鳥的面孔刻入了中華民族的民風民俗（詳見拙作《文身的秘密》，嶺南美術出版社。2013年1月）。

　　顯然，民族忌諱相反，其道德也會有差異，是非評判的標準也會有差異，這是今本《易經》是不是《周易》的命脈所在。

　　今本《易經》的確作于商末，而且它體現的道德標準和周人格格不入。

10　徐中舒曾在他《從古書中推測之殷周民族》裡指出商、周是兩個不同族源的民族，認為「周人之視殷人為東方異族」理由有四：一，「由周人稱殷人為夷證之」；二，「由周人稱殷為戎證之」；三，「由殷、周畿內之地稱夷者證之」；四，「由箕子遜于朝鮮證之」《國學論叢》第 1 卷第 1 號，1927 年 6 月。

甲骨文「離」象形以箕形有柄的網獲鳥。考慮其字境之鳥圖騰崇拜的因素，和其卦象為太陽、鳥的因素[11]，因此不妨飛馳我們的想像以推測：商族認為獲取之道當以太陽的名義、圖騰的允許，慎重而又神聖——這正是中華民族一度認定的「君子之道」。這種「君子之道」反映在《易經》當中，就是獲取的道德標準：

它在《離‧九三》裡強調「日昃之離：不擊缶而歌，則大耋之嗟，凶」——即太陽落山後借夜色掩護縱兵所獲，亦即偷襲所獲，好比老年人死亡的肅穆裡，沒見巫者鼓缶喪歌的送別，而竟然有人在那裡唱歌自娛，簡直沒有道德。

它在《晉‧九四》裡強調「晉如鼫鼠，貞厲」——甲骨文的「晉」，以代表軍隊集結的兩隻箭在太陽之上，會意光明正大的用兵：應該光天化日下的出征卻偷偷摸摸像見不得人的老鼠，簡直是對神靈的羞辱。

《易經》中反映「君子之道」的言語不少，此處只舉上面的例子。

毫無疑問，周人滅商之戰利用了殷人軍事上的「君子之道」。

周人清楚殷人對陣要光明正大、夜間不偷襲、白日不奇襲的戰爭道德觀。于是周人在星光燦爛、太陽未亮的淩晨，在殷人要命也想不到的時間裡對殷人發動了軍事襲擊——「《詩》云：『亮彼武王，襲伐大商』。」[12]「襲」，突然進攻。（見升卦圖3）

對此，《國語‧周語下》這樣記載：「王以二月癸亥夜陳（兵），未畢而雨。」周武王夜晚列陣發兵，列陣未畢，蒼天下起了讓殷人更加放鬆戒備的雨水——殷人認為作戰遇到雨，尤其是車戰遇到雨，最不吉利，應該停戰（詳見《夬‧九三》釋）。

---

[11]　在宋代元祐年間浮出市面的《易緯乾坤鑿度》卷上《立乾坤巽艮四門》及《立坎離震兌四正》當中，說到了八卦當中有「六門」，「六門」之外有「離」的一種新卦象：「日離火宮」，「形以鳥，離，燭龍四方，萬物嚮明，承惠煦德，實而遲重，聖人則象。」

[12]　應劭《風俗通義‧皇霸‧三王》：「《尚書》：武王戎車三百兩，虎賁八百人，擒紂于牧之野……《詩》云：亮彼武王，襲伐大商……」《玉篇‧衣部》：「襲，掩其不備也。」此乃周人的後人，公開承認武王滅商，是以少勝多的襲擊，即偷襲。是兵不厭詐的詭術體現。也可見殷人的《易經》反對偷襲之戒與他們无礙。

殷人祖先為素有「君子」之稱的東夷[13]，甚至到了他們子孫仍然堅持以「君子之道」對待自己的敵人。《史記・宋微子世家》載：宋國國君宋襄公與楚成王戰于泓，臨戰，謀士多次建議宋襄公趁楚軍列隊未成的有利條件下發兵出擊，結果都以宋襄公「君子不困人于厄」的商族傳統道德，來反對當時已成為軍事光榮的偷襲、奇襲。僅此一例，足見今通行本《易經》反對戰爭偷襲，是殷人恪守祖先「君子之國」道德的表現。

強調用兵光明正大而導致商朝亡國的《易經》，絕非《周易》應有的內容。

《周易》顛倒《易經》陰陽導致商朝滅亡的秘密

喜歡看看《易經》的人，都知道「八卦」有「先天八卦方位」「後天八卦方位」這麼一回事，也知道前者為「伏羲八卦」，後者為「文王八卦」，但很少有人關心所謂「文王八卦方位」是顛倒陰陽的方位，顛倒陰陽的對象則是「伏羲八卦方位」。如：

「伏羲八卦方位」東方為離，卦象為日、火，屬陽；西方為坎，卦象為月、水，屬陰。「文王八卦方位」南方為離，卦象為火，屬陰；北方為坎，卦象為水，屬陽。

火陽水陰，這是「伏羲八卦」的特徵。

火陰水陽，這是「文王八卦」的特徵。

《易經・中孚・九二》「鳴鶴在陰，其子和之」的「陰」指水，其可以證明今通行本《易經》核心內容不是《周易》，因為它有「水陰火陽」的特徵。

《左傳・昭公九年》：「火，水妃也。」《昭公十七年》：「水，火之牡也。」水牡火妃，男陽女陰。這說明至少在西元前六世紀以前，「文王八卦方位」或者說《周易》的陰陽觀還在左右知識階層，因為上

---

[13] 《山海經・大荒東經》「有君子之國」，郭璞注云東方沿海為君子之國。其說君子之國「衣冠帶劍」，當指記此之時代東方人的衣飾。從《史記・王制》「東方曰夷，披髮文身」的記載看，此與「衣冠」似矛盾，實際不然：東方人進入文明時代後平時衣冠著身，但祭祀通神時要恢復古時披髮文身之態；甲骨文「文」字有象形人胸前畫紋的，即祭祀披髮赤身，能見紋身的反映。

引《左傳》說的是「火陰水陽」。

周人的確通過《易經》顛倒過陰陽。

周人為什麼顛倒陰陽？表面上似乎是這樣：

「伏羲八卦」之「離」的卦象為日、火，商王族自稱為帝俊伏羲所生的太陽之後，崇拜東方蒼龍星宿的大火星，崇拜火。「文王八卦」坎的卦象為水，周王族自稱「我姬氏出自天黿」（見《國語‧周語下》），即周王族母繫祖先出自北方玄武星宿的玄枵，崇拜水。周人可能在強調其中的不同，以表明自己曾有偉大的炎帝姜姓血統。

周人之所以如此，深藏的內心似乎是這樣：

改變一個社會，簡單的方法就是摧毀這個社會依賴的思想原則。商王族統治天下的思想原則乃傳統的陰陽秩序。建立新的陰陽秩序，以改變舊陰陽秩序下的思想原則，可謂名正言順。比如，世世代代循守財富控制者控制社會的秩序，要想改變這種社會，較直接的方法，就是宣傳財富控制者所控制的社會秩序悖謬等。

就圖像歸納的結果來看，中國的陰陽觀念顯示在「龍中有鳳、鳳中有龍」的異質同構上，時間約在西元前3900年以前。這種觀念經大汶口文化、含山文化、紅山文化、良渚文化、龍山文化到商代的《易經》不變（拙作《造物未說的秘密》對此有詳論，此處不贅）。這樣長久維持的陰陽傳統秩序一旦改變，特別是著手改變者代表了社會新的需求，結果不言而喻。

例如，《易經》認為商王族代表著天，代表著天的征伐必須光明正大，否則必定「凶」。所以它的《升》卦辭曰「南征吉」。

請注意，這個「南」在「伏羲八卦方位」裡其卦為「乾」，卦象為天、為君，屬陽。「南征」則為受天命或代君王行命的征伐。這樣的出兵必須開宗明義、光天化日，不能搞陰謀詭計。這是講求「君子之風」的商代戰爭的道德準則。

請注意，如果將「天南地北」「天陽地陰」顛倒為南陰北陽，于是，在商代講求的光明正大用兵之陽道，就會改變為偷偷摸摸、陰謀詭道之用兵為「吉」的道德觀念。

請注意，周武王克商成功，因為他使用了商族道德不齒、周族認為光榮的陰襲、奇襲。

《左傳‧襄公十八年》曾按「文王八卦方位」之「西北天」「南陰」的陰陽順序說到晉國、楚國的戰爭。姬姓晉國的謀士董叔曰:「天道多在西北,南師不時,必无功。」周代的人認為天在西北,南為天的時代已經過去。這證明我上面的述說絕非為了駭人聽聞。

《易經》遭到《周易》分爻割裂文辭的秘密

眾所周知,《易經》每一爻下屬一段辭,是所謂的「爻辭」。然而許多爻辭不能獨立成義。而且這些不能獨立的爻辭幾乎沒有吉凶斷語。這是為什麼呢?

《易經‧繫辭下傳》第十章這段話值得認真思索:「《易》之興也,其當殷之末世、周之盛德邪?當文王與紂王之事邪?是故其辭危,危者使平,易者使傾。其道甚大,百物不廢。懼以終始,其要无咎。此之謂《易》之道也。」說的雖然有些含糊,但有理由讓我如此認為:

這應是屬爻分辭的前提。也許原來的《易經》有可供推算檢索的爻,但並沒有一爻下面必須屬領的辭,周人為了利用《易經》,推演了一種依爻算卦的方法,其特點在于:根據原來吉凶斷語之出現為一個意思的模式,發明了屬爻分辭;因為舊有的以吉凶斷語為一義的文辭少于爻數,于是出現了文辭正好和爻的數量配齊而割裂之舉——這樣割裂過的文辭之前半部分爻辭,就缺了吉凶斷語。大概《周易》有別《易經》,關鍵在此吧。

《易緯乾鑿度上》這段文字讓我認為屬爻分辭的發明人可能是周文王:

「……夫八卦之變,象感在人(注:『人情變動,因設變動之爻以效之。亦大德之謂也。』),文王因性情之宜為之節文(注:『九、六之辭是也。』)。」

上引文之「注」為原注。「文王因性情之宜為之節文」的「節」就是屬「九、六之辭是也」。《帝王世紀》「文王廣六十四卦,著九、六之爻,為之《周易》」,與此「注」說法相同。

既然周民族要推翻商民族的統治地位,商民族的《易經》乾脆否定了就得了,何必做如此的手術?問題是《易經》在當時的中華,乃最高、最神聖的文化成果,否定它,等于否定了中華。而留著它,它特有

的道德體係，的確有礙周取代商之天下的謀略。于是就有了我們所謂屬「九、六之辭是也」的《周易》。

顯然「伏羲八卦方位」一旦改變為「文王八卦方位」，商代原來的卦文也要處理，處理的方法是以「九」、「六」來屬辭。設想一下，把一整段述說割開，分成若干節，用一個爻題屬領其中被割開的一個節，一旦按爻數索引出這一節來使用，那必會產生郢書燕說的效果。

如《坤》之「履霜，堅冰至：大，不習，无不利」，本說天讓季節變化是絕非能逆的，如果「直方」的商王官員知道天意不可違，從而正大无私的處理政務，即便不教習諭令人民，也沒有不是之處。然而把這段述說分屬了「初六」和「六二」之後，斷章取義之一句，可能就意義大大變動了。

其實，无論周人改動八卦卦位還是在卦辭中分爻屬辭，都在否定殷人的道德準則。

《周易》篡改《易經》的秘密

《周易》篡改《易經》最明顯的地方反映在《升》卦的屬爻分辭裡。

《易經》和周人的戰爭道德背道而馳——《易經》反對戰爭使用詭道詐術、夜襲奇襲，周人滅商的決定戰役就是趁其不備的夜襲。

「升虛邑：王用亨于岐山（西山），吉，无咎」，指將偷襲不備之邑國的首領讓商王殺了，祭祀神靈。這和《隨·上六》讓各邦邑領主、管君把不聽話的經商奴隸送給「王用亨于西山」的用意相同。《周易》將這些文辭加上了「九三」「六四」爻題分置兩段，並將「西山」篡改為「岐山」意義就不一樣了。于是——

「升虛邑」，指營建而起城邑（「虛」，《說文》：「古者九夫為井，四井為邑，四邑為丘；丘謂之虛，從丘，虍聲。」「虛邑」，即國邑、城邑等）。

「王用亨于岐山，吉，无咎」的「王」，則成了周王。「亨」，指將建築而成的城邑所生之利，奉獻給周族發祥地、周初的都城所在的地方。

然而《象傳》釋「升虛邑」為：「无所疑也。」顯然是指軍隊登上虛而不備的城邑之意，因為傾城傾邑的人虛而不備，才會對外方的覬覦「无所疑」。

大概「岐山」原為「西山」，因「西」與「岐」音近的緣故，也因本書一名為《周易》、「文王演《易》」的傳說而改「西」為「岐」。

除上例《隨·上六》「王用亨于西山」而外，我們不妨對照一下《益·六二》「王用享于帝」也能明白「岐山」本是「西山」——

「帝」即「西山」的內容，「王」則均指《易經》時代的王。

如果《易經》是文王或文王屬下的人所作，身為「西伯」而自稱「王」，乃對商王的僭越，那是根本不可能公開出現在這書當中；

如果「西山」是周人先王所居的地方，周人似不把先王稱「帝」——從《左傳·僖公二十五年》「周禮未改。今之王，古之帝也」一語中可知，周人並不將先王稱「帝」，而商人卻通稱先王和至上的神靈為「帝」等。

准此，「岐山」即「西山」，乃商代祖先帝王的葬處（詳見《隨·上六》釋）。

一般認為，《周易》即《易經》和《易傳》的總稱。《易傳》當中不少是反映「文王八卦方位」卦象的，這當然和「顛倒陰陽」有關。不過成書于商代末年的《易經》也有周人「顛倒陰陽」的反映，最明顯的應該體現在上述「升虛邑……」屬爻分置為「九三」「六四」，並篡改「西山」為「岐山」上。「國之大事，在祀與戎」，《易經》反對戎事使用詭道，《周易》可能歪曲、虛化這種反對；《易經》宣導「需于酒食，貞吉」（《需·九五》），接受了商王族「酗酒喪邦」教訓的周民族，可能淡化這種和祀事關係密切的飲酒之妙——相信以後的研究，一定會搞清這些。

《易經》可以算卦的秘密

我認為《易經》是一部治國法典之類的書，相當于「治國遇到問題怎麼辦」之類的書。它的陰陽爻，是為了檢索方便而設的計算憑持。如講求獲取之道的《泰》卦，其為索隱為「乾下離上」，其文辭則為提問的回答——

問：為族群、家國生存的獲取原則應當如何？

答：「小往大來。吉，亨。」（卦辭）

問：為獲取需求而要發動戰爭，戰爭如何進行才好？

答：「拔茅茹，以其彙，征，吉。」（初九）

問：種的葫蘆結果太苦而不能食用，是好事還是壞事？

答：「包荒，用馮河，不遐遺——朋亡，得尚于中行。」（九二）

問：為什麼有些獲取會惹出亂子？怎樣的獲取才不會惹出亂子？

答：「无平不陂，无往不復。艱貞无咎。勿恤其孚，于食有福。」（九三）

問：我奪取鄰邑鄰國的財物好不好？

答：「翩翩——不富以其鄰，不戒以孚。」（六四）

問：為了後代健康，避開近親不蕃的婚姻，搶別邑他國的婦女為妻如何？

答：「帝乙歸妹，以祉元吉。」（六五）

問：天命、王命我獲取邑國，我有所違背如何？

答：「城復于隍，勿用師。自邑告命，貞吝。」（上六）

然而《周易》繼之則為其加上了爻題，于是就成了一部計數算卦的書——

如以今天流行的任何一種方法求卦得到了《泰·九二》一爻，回答則完全可以根據問卦的內容望文生義、牽強附會。

不過《周易》的筮卜算卦的方法早已失傳了，但現在卻有許多自稱會以《周易》筮卦方法卜卦的人。

上經

1、乾

乾為天。乾上乾下。

乾。元亨，利貞。

〈譯〉蒼龍星象。循守東方蒼龍星象出沒兆示的時令，是神靈得到享祭的首要條件，也利于宗族家國的存在。

（初九）潛龍勿用。

〈譯〉秋分之後，春分之前，蒼龍星隱沒，不能用于察時定節。

（九二）見龍在田，利見大人。

〈譯〉當東方蒼龍七星的角星初昏和天田星同在東方之時，時令已到春分。兆示著人們可以出門交際活動。外出交際，同正當的人有利。

（九三）君子終日乾乾，夕惕若；厲，无咎。

〈譯〉作為貴族出身的邑邦領主管君，日敬畏天象，到夜晚擔憂星宿呈現異變之兆，雖然辛苦憔悴，但並沒有壞處。

（九四）或躍在淵，无咎。

〈譯〉時令差幾日春分，龍星的大火星便在初昏時于東方升起閃耀，這也是常有的現象，不兆示著災殃。

（九五）飛龍在天，利見大人。

〈譯〉當龍星之軀全現在南天的時候，大地復蘇。人們活動世間，利與正當的人一起。

（上九）亢龍有悔。

〈譯〉龍星排列改變常規呈象如直線，天象已不正常，人世也將因而遭殃。

（用九）見群龍无首，吉。

〈譯〉太陽行經龍星的角星、亢星，龍星的角星伏沒不見而呈環合形狀，是很正常的天象，也說明龍的天下无頭无尾，世代永遠吉祥。

2、坤

坤為地。坤上坤下。

坤。元亨，利牝馬之貞。君子有攸往，先迷後得主。利西南，得朋，東北喪朋。安，貞吉。

〈譯〉地生母育。生殖繁衍之道的循守，是神靈能夠得以祭祀的首要之首。它的根本原則是保障適合生育的女性。有資格的邑邦管理者，在領主著迷戰爭，而你們才智无用之際，離此至彼另有所謀，只要堅守生殖繁衍的為政之道，即使先失去了地位，後來總會得到聘用的領主，因為生殖繁衍才是國家存在的根本。邦邑的領主、管君們，調動人員經商吧，此舉致富和平又快速！不要靠戰爭俘掠致富，即便它的理由正當，最終都會喪失錢財。生殖繁衍的要素是家國安定，能安穩地生殖繁衍，宗族家國才會好好的存在。

（初六）履霜，堅冰至；（六二）直方，大，不習，无不利。

〈譯〉天讓踏霜之後是冰封的寒冬季節；這是不可懷疑的真實，同樣，天要萬物都得繁衍不竭，所以身為領主、管君，統治一方只要正正當當恪守、維護天的這個意志，即便你不是整天教諭屬下的人民聽話，也沒有不利的事情。

（六三）含章可貞；或從王事，无成有終。

〈譯〉女人懷孕生育，有利于宗族家國的存在；領主、管君們，如果為商王管理的邑邦人口繁衍增加，即使你沒建立顯赫的功勞，也會有好的結果。

（六四）括囊，无咎，无譽。

〈譯〉就好像紮起口的袋子，外邊的東西進不去，裡邊的東西出不來，怕女人受累而不讓她們與男人婚配，雖然沒有什麼壞處，但也不會因此得到安寧。

（六五）黃裳元吉。

〈譯〉儘量多生多育，要穿著黃色大地顏色的裙褲，讓大地无所不生的生殖能力借大地顏色傳染到人身上，使人也和大地那樣地多生多育，這是好中之頭等的好事。

（上六）龍戰于野，其血玄黃。

〈譯〉男人若不婚娶，讓他們為戰爭互相廝殺不休，那後果是死傷之血噴濺在天地之間。

（用六）利永貞。

〈譯〉生殖之道，其利在于人間生命永遠存在。

3、屯

水雷屯。坎上震下。

屯。元亨。利貞，勿用有攸往，利建侯。

〈譯〉停止。停止搶婚，是神靈得到祭祀的首要條件。要使婚娶利于宗族、家國的存在，不僅不能動用車馬搶婚，也不要用車馬迎親，免得造成誤會。改搶婚為禮聘婚，利于家國擴建，宗親四佈。

（初九）磐桓；利居貞，利建侯。

〈譯〉讓搶婚的車馬停留不進，這有利于邑邦安定，宗族繁衍，家國擴建。

（六二）屯如邅如，乘馬班如，匪寇，婚媾。女子貞，不字——十年乃字。

〈譯〉停留下來呀，讓搶婚的車馬回轉呀，你們既然為了婚姻好事去女方的家園，為什麼採取縱兵掠擄的方式！改搶婚為禮聘。聘娶一起生活的，應是未婚无夫的女子，娶來為妻的年齡不能小于十歲。

（六三）既鹿无虞，惟入于林中，君子幾，不如舍，往，吝。

〈譯〉捕獵逐鹿，沒有專職人員帶路幫助，莽撞進入森林，這不止有迷路的危險。所以天生高貴、理智的人寧可不圖獵物，也不蹈未知的災險。和這個道理相同，高貴的邑主邦君不要聚人搶婚，婚娶要事先通過托媒溝通、禮聘的方式，免得突然進入生疏的邑落，遭受盜賊待遇的危險。

（六四）乘馬班如，求婚媾，往吉，无不利。

〈譯〉讓用于婚娶的車馬回來呀，莫叫女方產生搶婚的懷疑。徒步前往求聘女子為婚，所往之處定然順利。

（九五）屯其膏；小，貞吉，大，貞凶。

〈譯〉停止給用于搶婚的戰車塗油潤滑；但戰車還是要用的，只限于保衛安全而行駛在邑國的四周，不可多塗潤滑油遠到別國他邑以擄掠，所以潤滑油少塗有利宗族家國的存在，為了搶婚遠征而多塗，便會給宗族家國帶來危害。

（上六）乘馬班如——泣血漣如。

〈譯〉讓搶婚的車馬回往呀——搶婚和反搶婚之戰將是血淚漣漣的下場呀！

4、蒙

山水蒙。艮上坎下。

蒙。亨。匪我求童蒙，童蒙求我。初噬告，再三，瀆，瀆則不告。利貞。

〈譯〉迷昧。對迷昧的認識，關係神靈能否得到祭祀的問題。作為一個筮師，求你卜筮的人必是迷惑如孩童、奴隸的人，而不是你求他指迷。開始你可以為他卜筮解迷，可是連算三卦，他仍執迷不悟，這不但是褻瀆了神靈的行為，也是「蒙」的具體表現。對這樣的人，不必再告訴你為他通神的結果。對迷昧因勢利導，有利宗族家國的存在。

（初六）發蒙，利用刑人，用說桎梏以往，吝。

〈譯〉讓因迷昧犯法的人明白法不可犯，利於以犯法受刑致殘的人當反面教員。如果不讓他們明白犯法的程度，只監禁一陣、戴戴鐐銬就放了，他們還有故過重犯的危險。

（九二）包蒙，吉；納婦，吉；子克家。（六三）勿用娶女，見金、夫，不有躬，无攸利。

〈譯〉迷戀女人，是好事但不能因此便搶婦女婚配；婚娶女人要禮聘才好，因為聘娶要經女方同意，所以她們過門就會一心一意投身治家，搶婚來非情願，她們既被勉強羈住，也會情緒抵觸而不利家庭；相反，作為一個貴族男子，不是上心娶婦生子，而著迷兵戈戎馬忘記自身存在，那可半點好處也沒有。

（六四）困蒙，吝。

〈譯〉被刑罰者迷昧受刑罰的原因，是危險的。受懲罰並使其明白原因，這才會讓人受到教育。

（六五）童蒙，吉。

〈譯〉奴隸迷昧无知，是好事，他們太明白事情了，很難服從聽命。

（上九）擊蒙，不利為寇，利御寇。

〈譯〉阻礙戰爭迷們啟動戰車，目的在于制止對外侵掠，但他們為抗擊敵人侵掠而迷神忘身，應當加以鼓勵。

5、需

水天需。坎上乾下。

需。有孚。光亨，貞吉；利涉大川。

〈譯〉需求獲取。它能使神靈得到光耀久遠的享祀，使宗族家國安好的存在；使神靈享祀久遠，宗族家國存在安好的獲取，其利之大，可比安渡險川危河之利。

（初九）需于郊，利用恒，无咎。

〈譯〉在自己統轄的地域裡獲取所需，從利益久遠的角度著眼，才沒壞處。

（九二）需于沙，小有言，終吉。

〈譯〉家國生計需求，要廣泛聽取意見，去粗存精，這樣便有錯誤也是枝枝節節，最終還是好的。

（九三）需于泥，致寇至。

〈譯〉拘泥一種家國需求獲得的模式，不能適應時刻改變的環境、條件，例如固守堅持傷民傷財的戰爭掠獲，不去涉心事半功倍的經商，那將致使國窮民弱，不免受強暴侵凌。

（六四）需于血，出自穴；（九五）需于酒食，貞吉。

〈譯〉需求祭祀神靈的犧牲血食，要用自己畜養蓄生的動物，締結友誼的酒食也要一樣不取自擄掠，這便是宗族家國存在的吉祥。

（上六）入于穴，有不速之客三人來，敬之，終吉。

〈譯〉獵獲巢穴于公共山林中沒有定主的動物，要客氣對待他國別方不期而至的同目的者，自會有好的結果。

6、訟

天水訟。乾上坎下。

訟。有孚，窒；惕中吉，終凶。利見大人。不利涉大川。

〈譯〉爭辯。邑邦的領主、管君們，你們一旦對各自的利益獲得而爭辯，就意味著將獲得利益的途徑給堵塞了。這爭辯即便勝利，也是可怕的勝利。因為它潛伏下了總會暴露的禍凶。有一方做人正當，爭辯就會熄滅。爭辯所獲，不利于生命的保全。

（初六）不永所事，小有言，終吉。

〈譯〉脫開訟事糾纏，即便眼前顯得吃虧氣餒，但最終有好的效果。

（九二）不克訟，歸而逋其邑人三百戶，无眚。

〈譯〉爭辯到底，敗訟歸邑，必然使管下的百姓為避免禍及大批逃走，少了人的邑邦，就是它領管的禍殃。但這比起訟事潛伏的危機，又算什麼災禍。

（六三）食舊德，貞厲，終吉——或從王事，无成。

〈譯〉爭訟的焦點侵蝕了過去效事王室的成績，必使爭辯的一方有輸掉的危險，另一方獲得最後的勝出——如果訟事涉及效力商王的話，有傷效力商王的一方不會成功。

（九四）不克訟，復即命，渝；安，貞吉。

〈譯〉一旦敗訟回邑，立即執行仲裁者的裁決，與對方變怨修好，投下身心著力行施繁衍邑國人口的天意，必給宗族家國的存在帶來吉利。

（九五）訟，元吉；（上九）或錫之鞶帶，終朝三褫之。

〈譯〉爭辯訟訴真是頭等的大好事：好是好，只是所得的便宜一會便不剩了。如果因爭辯之能得到了上峰賞賜車馬服飾的崇榮，那也是一天當中又被多少次取消的崇榮。

7、師

地水師。坤上坎下。

師。貞，丈人吉，无咎。

〈譯〉軍隊。軍隊的存在，只有有資格統軍的人當統帥，才會吉星高照，長勝不敗。

（初六）師出以律，否、臧，凶。

〈譯〉指揮軍隊自有不移的規律，如果不尊重這點，任感情好壞左右軍隊，會導致凶果。

（九二）在師中，吉，无咎，王三錫命。

〈譯〉有資格指揮軍隊的人為軍隊中統帥，很好，也不太能出什麼錯。還會屢建功勳，得到王的嘉獎。

（六三）師，或輿尸，凶。

〈譯〉如果軍隊已有統帥，王又派一個代表自己監督軍隊、行使權威的輿尸，形成兩個司令部，那就會演出慘局。

（六四）師左次，无咎。

〈譯〉在合格的統帥帶領下，軍隊徘徊不前，是戰勢的需要，並非失利的跡象。

（六五）田有禽，利執言，无咎；長子帥師，弟子輿尸，貞凶。

〈譯〉狩獵之利在于獲獵，戰爭之利在于得勝，能順利獲獵和得勝自然沒有害處；像兄弟都當一家之主那樣，既任統帥率軍，又派輿尸監軍，出現了兩個司令部，阻礙了戰狩的順利，這是宗族家國存在的凶象。

（上六）大君有命，開國承家，小人勿用。

〈譯〉指揮軍隊，靠戰功封國立家，是正統貴族出身者命中的註定，萬勿因卑種賤族出身的人善戰好斗而用為統帥，用了他們，一旦時機成熟，就會把貴族的前途阻擋。

8、比

水地比。坎上下坤。

比。吉。原筮。元永貞，无咎：不寧方來，後夫凶。

〈譯〉偕從聯合。它是好事。同一原因一次再次卜筮的結果相同，是神意不變的表示。這般相同不變，就是偕從聯合的精神。各方都與王室偕從相共，不僅是宗族家國永遠存在的首要條件，也沒有副作用：特別是鬧亂子的方國能來王庭表示偕從相共。對來王庭表示偕同順從而回去又反叛搗亂的領主，要嚴懲不貸。

（初六）有孚，比之无咎；有孚盈缶。終來，有他，吉。

〈譯〉與我有益的，我與他相偕相聯，絕无過錯，因為這能讓我得到更大的利益。那些鬧亂子的方國對我雖是禍害，但最終能來表示服從相偕，就會成為好事。

（六二）比之自內，貞吉。

〈譯〉王的親族都與王相偕相同，是宗族家國存在之利。

（六三）比之匪人，[凶]。

〈譯〉與不該與之偕同的壞人偕同相共，要鬧禍亂。

（六四）外比之，貞吉。

〈譯〉和宗族外的人偕同相共，是宗族家國存在之利。

（九五）顯比：王用三驅，失前禽，邑人不誡。吉。

〈譯〉最光輝典範的偕從相共：王率很多車馬打獵，雖是一无所

獲，然而舉國之人並不擔心他心情為此不歡，轉怨于己。這是最好的例子。

（上六）比之无首，凶。

〈譯〉各方國需要偕同相聯而沒有商王來當領袖，是凶事。

9、小畜

風天小畜。巽上乾下。

小畜。亨。密云不雨，自我西郊。

〈譯〉不正當的聚得集留。它有關神靈能否得以祭祀。載雨的密云在你急需雨水的領地上空聚留，一陣西風會把雨水變成空无：這風受自上帝的派遣，證明能否聚得集留要看上帝的意志。上帝不允許不正當的聚得集留。

（初九）復自道，何其咎？吉。

〈譯〉經商而有聚得，得自互通有无的原則，它雖有別傳統的生財之道，又有什麼不好呢？它是吉利的。

（九二）牽復，吉。

〈譯〉解放可靠的奴隸，讓他們趕車往來奔走，代你經商聚得。商車不能用馬來駕，因為馬通常用于戰爭，易使人誤會。經商還是牽著牛駕的車好。

（九三）輿說輻——夫妻反目；（六四）有孚，血去惕出，无咎；（九五）有孚攣如，富以其鄰。

〈譯〉不正當的聚留集得會導致戰爭，即便偶有太平也短暫如夫妻吵嘴變臉——僅只一會的功夫；有獲得，卻不為這獲得害怕，才算沒有問題的獲得；來自掠奪鄰邦的聚留集得越多，會遭到報復就越大，越凶。

（上九）既雨既處，尚德載。婦，貞厲。月幾望，君子征，凶。

〈譯〉需雨時節上帝祐助人間領主、管君的雨水，既定下既定不下，要看他們自身可曾具有合乎天意的德性。聚留集得合乎道義是這德性的體現。領主、管君們，搶婚對婦女及宗族家國的存在是危害，如果嚮往得到女人傳宗接代，而糾集武裝搶佔她們，必將遭受天譴。

10、履

天澤履。乾上兌下。

[履]。履虎尾：不咥人，亨。

〈譯〉履，它不指通常的鞋，是指統治者立足的位置。立足這位置
險若踏著老虎的尾巴：踏著又不被咬，神靈便可得到祭祀。

（初九）素履往，无咎。

〈譯〉不比統治者立足位置的「履」，平平常常護腳便行的鞋履，
僅只穿著有所去往，自然沒有壞處。

（九二）履道坦坦──幽人貞吉。

〈譯〉如果統治者立足的位置，像沒有坎坷的寬闊大道任人輕易涉
足，那麼割除生殖器的男子，也可嘗嘗生育繁殖後代的欣喜。

（六三）眇能視、跛能履，履虎尾咥人：凶──武人為于大君。

〈譯〉絕對不能的事成為可能，如瞎眼的看得見、腿瘸的能順利行
走、正統的統治者被其天定的位置消滅，那麼兇惡的事情──靠奔走操
勞立身的卑族賤種之人，就可當邑邦之君正宗的人選。

（九四）履虎尾，愬愬，終吉。

〈譯〉置身統治者的位置感到擔憂害怕，結局就好。

（九五）夬履，貞厲；（上九）視履考祥，其旋元吉。

〈譯〉不感到擔憂，不再三衡量己彼，快而近乎草率地去就統治者
的位置，雖然得到這個位置理所當然，也對宗族家國的存在有害。如果
有備而來，考察、審視過即就的位置，再周旋其中，才是頭等妥帖的事
情。

11、泰

天地泰。坤上乾下。

泰。小往大來；吉，亨。

〈譯〉泰。壞的去了，好的來了；合乎這情況就有吉利，神靈便能
得以祭祀。

（初九）拔茅茹，以其彙；征，吉。

〈譯〉連根拔出茅草裝飾軍旗，以昭示這是光明正大的王師，祭祀
通報神靈後出征，就會吉祥如意。

（九二）包荒，用馮河，不遐遺——朋亡，得尚于中行。

〈譯〉苦葫蘆不能吃，成熟後還可用來渡河，且不要嫌它而遠遠拋掉——如果車輛過河越界不是為戰爭，是為著中正不偏的往來，像商業貿易、友好交往等，那就用這些蓄存的苦葫蘆，幫助車輛浮起渡河。

（九三）无平不陂，无往不復。艱貞无咎；勿恤其孚，于食有福。

〈譯〉沒有平地就顯不出高山，沒有發難而去就不會被難而來。讓宗族家國安處天予的生存艱辛，就沒有可怕的禍因；不去掠奪別方以圖生存的寬裕，也就不懼報復殺戮，從而享受吃上平安飯的清福。

（六四）翩翩——不富以其鄰，不戒以孚。

〈譯〉你傷我我報復你的戰爭來來往往相連不斷——如果自己家國的富足不是依靠擄掠鄰國近邑，就不必懼怕以牙還牙、以眼還眼的報復。

（六五）帝乙歸妹，以祉，元吉。

〈譯〉改變搶女人的壞風氣！它不僅在搶奪對抗的廝殺中減少人口，還造成部族間的仇視、對立。一代聖帝商湯天乙是婚娶的榜樣：他以禮聘的方式娶得妻房，邀得了神靈福祐的榮光——因禮聘才盟結了夏族的同姓有莘氏，這不僅從內部削弱了夏族的力量，還得到陪嫁人才、滅夏的杠杆伊尹。若當時商湯對有莘氏的女子動搶，這一切必然沒有希望。可見聘婚能帶來頭等的吉祥。

（上六）城復于隍，勿用師，自邑告命，貞吝。

〈譯〉我受王命或代王行命而用兵，如果敵國城邑不攻自破，像城邑環衛之河乾枯，喪失防御功能，這是天有意敗亡其國其族的表示，假使我輕信其邑邦空口无憑的告饒求命，停止用兵，是違背了天的意志，將有害宗族家國的存在。

12、否

地天否。乾上坤下。

[否]。否之匪人，不利君子貞；大往小來。

〈譯〉「否」如不是人的人，這種人在作為領主、管君的你身旁，要危害你宗族家國存在的；「否」就是好的去了，壞的來了。

（初六）拔茅茹以其彙。貞吉，亨。

〈譯〉連根拔出茅草裝飾軍旗，以昭示這是光明正大的王師，祭祀通報神靈後出征，才會吉祥如意，祖先才會繼續得到祭祀。

（六二）包承，小人吉，大人否亨。

〈譯〉搶女人成婚，這被卑族賤種出身的傢夥認作好事，堂堂正正貴族血統的領主、管君，卻會因此喪失了神靈的祐護。

（六三）包羞，（九四）有命，无咎，疇離祉。

〈譯〉獲得了婦女，乃是受自王命的興師伐罪、犁庭掃穴，是可以的，也沒有過錯可言，因為這種獲得上報了神靈，投合了天意。

（九五）休否，大人吉——其亡其亡，繫于苞桑。

〈譯〉停止、消滅搶女人婚配、侵掠別人致富、任用卑種賤族的人指揮軍隊等要壞事的戰爭，這對堂堂正正貴族出身的領主、管君是好事——但是，停止這種要壞事的戰爭，界線只侷限在自己的家園邑國之內，不能借機向外擴大，興虐為害。

（上九）傾否——先否後喜。

〈譯〉把邪壞的顛倒過來——那就先停止要壞事的戰爭，這如病人病癒，好的氣象便能到來。

13、同人

天火同人。乾上離下。

[同人]。同人于野，亨。利涉大川。利君子貞。

〈譯〉聚集起同邑適合戰斗的人為同人，將侵掠者攔擊在邑外的郊野，這能讓神靈得以享祭。同人帶來的利，可與安渡雄川偉河之利相匹。同人的原則，有利貴族出身的邑邦領管存在。

（初九）同人于門，无咎。

〈譯〉在整個邑落之內征選保衛邑國安全的同人——自衛隊，沒有壞處。

（六二）同人于宗，吝。

〈譯〉只在一個宗族內征選同人——自衛隊，不利於保衛邑落的安全。

（九三）伏戎于莽，升其高陵，三歲不興。

〈譯〉聚集同人——自衛隊，持械執兵埋伏在邑外林莽當中，打劫來往路過的商旅，或者登上丘園居地的市場裡搶劫客商，這將導致神怒，從而讓你的家國多年不興旺。

（九四）乘其墉，弗克攻，吉。

〈譯〉同人——自衛隊打擊入侵之敵最嚴厲的程度，僅只是將其趕

回老家去，並不是為此報復擄掠，例如追撢敗兵，即便登上了他們的城牆，也不攻進去，這才應該。

（九五）同人先號咷而後笑——大師克相遇。

〈譯〉各邦邑的同人——自衛隊不得搞軍事獨立，這樣遇到以哭相對的暴強入侵，會得到王師——正規軍的援救而轉危為喜。

（上九）同人于郊，无悔。

〈譯〉聚集同人——自衛隊抗擊入侵之敵在國門之外，而不是犯人國、擾人安，這才能夠消害拒難。

14、大有

火天大有。離上乾下。

大有。元亨。

〈譯〉正正當當的富有。這是神靈得以亨祭的首要條件。下面是正正當當富有要注意的事項。

（初九）无交害，匪咎，艱則无咎。

〈譯〉富有則有許許多多車輛。富有而不啟動戰車，沒有什麼壞處。總之，啟動戰車征戰的條件越艱難，就越沒有什麼壞處。

（九二）大車以載，有攸往，无咎。

〈譯〉不用以軍事而是裝載貿易貨物的車，開動著經邑串國，沒有害處。

（九三）公用——亨于天子；小人弗克——（九四）匪其彭，无咎。

〈譯〉為了保護帝王的利益，大家都可以驅動戰車，馳騁戰場，但卑種賤族出身的人，儘管狡黠有能，也不能操縱軍車，指揮戰爭——如果他們不是掣動軍車，而是牽動貨車替領主邑君經商發財，卻也无害無過。

（六五）厥孚：交如威如；吉。

〈譯〉合乎正當富有原則的獲取，車輛開動，都是順利无阻的，吉利的。

（上九）自天，祐之，吉，无不利。

〈譯〉正正當當的富有，車輛開動必是敬從天意、不違神心的，天也會保祐這富有繼續下去，使之一直逢吉，沒有不利的地方。

15、謙

地山謙。坤上艮下。

謙。亨，君子有終。

〈譯〉謙敬。持以應有卻不去佔有的謙敬，會使神靈得到祭祀，也是貴族出身的邑邦領管得以善終的根本。

（初六）謙謙，君子用涉大川，吉。

〈譯〉貴族出身的領主、管君具備了謙而又謙的美德，像涉危川險河般不可叵測的艱難，都會化為吉利。

（六二）鳴謙，貞吉。

〈譯〉以有而不居的態度參與王師征戰，勝利是宗族家國的吉祥。

（九三）勞謙，君子有終，吉。

〈譯〉身為貴族出身的領主、管君，能對所奉事的上屬勤勞謙敬，就會无災无禍，一直到終。

（六四）无不利——撝謙。

〈譯〉作大事業，有大成就卻持應有而不去佔有的謙敬，沒有不利的地方。

（六五）不富以其鄰，利用侵伐无不利。

〈譯〉領主、管君們，動兵興師不是為了掠奪鄰國近邦以致富，按照這一原則，在受王命、代王行命的征伐中面對俘虜財物能堅持有而不居的謙克，這會兵戈所向，无所不利。

（上六）鳴謙，利用行師征邑國。

〈譯〉受王命、代王行命出兵伐國的戰爭勝利，是用了有謙虛美德的人當各路軍隊統帥的必然。

16、豫

雷地豫。震上坤下。

豫。利建侯、行師。

〈譯〉富饒寬裕的佔有。有利於同宗共族的人到別處建邑拓邦，發展繁衍。富饒寬裕，其為戰爭的目的不再是擄俘掠財，故而也有利于使用戰爭這一工具。

（初六）鳴豫，凶。

〈譯〉倚恃富饒寬裕的佔有而發動戰爭，勝利也會招來凶禍。

（六二）介于石，不終日，貞吉。

〈譯〉正當而富饒寬裕的佔有，堅固勝于石頭，沒有終了的日期，是宗族家國的吉利。

（六三）盱豫，悔，遲有悔。

〈譯〉對經商致富的途徑持觀望不近的態度，是不對的，回避經商致富的方法，不會得到好處。

（九四）由豫，大，有得；勿疑。朋盍簪，（六五）貞疾，恒不死。

〈譯〉憑藉經商可得富饒寬裕，只要經商手段正當，就不必為其生疑生慮。經商所得的財物極多，會使宗族家國存在的危機變小變无，從而長久不滅。

（上六）冥豫，成有渝，无咎。

〈譯〉靠著不光明的手段，即使達到了富饒寬裕的佔有，它也會向著失去的方面變化，而且，完全變化到了反面，也算不上什麼倒楣。

17、隨

澤雷隨。兌上震下。

隨。元亨，利貞，无咎。

〈譯〉隨任。讓可信的奴隸施展腿腳任意外出，代你經商致富，是神靈得到祭祀的首要之舉，也有利于宗族家國的存在，並非招致災咎的事情。

（初九）官有渝，貞吉；出門交有功。

〈譯〉車轄變得更利車輛遠行了，這對有心經商的領主、管君來說是宗族家國存在的好事。隨任忠誠的奴隸趕著這種車輛出外經商，必會為你賺很多錢貨，立下功勞。

（六二）係小子，失丈夫，（六三）係丈夫，失小子。隨，有求，得，利居貞。

〈譯〉管制奴隸多麼困難！你拘管住了小的，趁機跑了大的，拘管住了大的，又趁機逃了小的，不如隨任他們代你外出經商求財，把他們的獲得，變成你宗族家國安居生活之利。

（九四）隨有獲，貞凶。有孚在道，以明，何咎。

〈譯〉放任腿腳伶俐的奴隸為你外出俘人掠財，當然會給宗族家國

帶來凶禍。如果隨任他們獲取在于經商，舉動光明正大，有什麼不好？

（九五）孚于嘉，吉。

〈譯〉隨任奴隸外出，用經商的辦法為主子獲得貨殖財增，是好事。

（上六）拘係之，乃從維之。王用亨于西山。

〈譯〉如果給予自由的經商奴隸不聽話，欺上或叛逃，那就逮捕他們，把他們管制約束起來一如從前，甚至還要大綁牢捆起來，按例送給商王，讓商王充當祭祀西山祖靈的人牲。

18、蠱

山風蠱。艮上巽下。

蠱。元亨，利涉大川；先甲三日，後甲三日。

〈譯〉終止禍害事業的繼承。能這樣，是讓祖先神靈得到祭祀的首要條件。能這樣，利益可與安渡險河危川相比；求富之心人皆有之，可不能沿父輩縱兵擄掠致富之轍，要改道經商致富；選一旬十天的雙數日子經商會貨生貨、財生財，這日子是冬至後夏至前每旬中甲日前三天的辛日，甲日後三天的丁日。

（初六）幹父之蠱，有子考，无咎，厲，終吉。

〈譯〉和致使父輩錯亂行為的思想抵觸，才算父輩有了盡孝的後代，免去了繼軌的憂愁；言行背逆父輩的錯誤會有很多難為，但最終有好結果。

（九二）幹母之蠱，不可貞。

〈譯〉不要在母輩治家理灶的對錯上費心糾纏，男人的心思向女人的家務瑣事傾注，无益于作為貴族的人生。

（九三）幹父之蠱，小，有悔，无大咎。

〈譯〉逆著父輩的謬誤，不直接逆著，會有麻煩，但也沒有傷害正道的問題。

（六四）裕父之蠱，往見吝。

〈譯〉對父輩的流毒加以擴大，往下發展的後果，會受懲罰。

（六五）幹父之蠱，用譽；（上九）不事王侯，高尚其事，[凶]。

〈譯〉下輩對父輩的錯謬不但安然待之，聽之任之，還與懲處父輩的帝王諸侯以不合作的方式對抗，並且追隨著父輩危害周圍，那下場必定兇惡。

19、臨

地澤臨。坤上兌下。

臨。元亨，利貞。至于八月，有凶。

〈譯〉巡理、統理屬下。這是享祭神靈的首要條件，也利于宗族家國的存在。巡理、統理屬下的意義體現在哪裡？帶領武裝人員，出現在屬下安全最容易受到威脅的時刻。例如秋收登場的八月，這是農作物搶掠戰爭容易發生的時刻。

（初九）咸臨，貞吉。

〈譯〉戎馬扈從遍巡從屬的邦邑，對宗族和家國的存在，是吉利的。

（九二）咸臨，吉，无不利。

〈譯〉戎馬扈從遍巡從屬的邦邑，是好事，沒有不利的地方。

（六三）甘臨，无攸利，既，憂之，无咎。

〈譯〉車馬扈從下去詢察的時間間隔過緩，沒有什麼好處。但時時為巡視過的地方擔憂過問，這就沒有甚麼不是了。

（六四）至臨，无咎。

〈譯〉為解救屬下的危難統兵而臨，沒有不對的地方。

（六五）知臨，大君之宜，吉。

〈譯〉臨陣統軍，只有貴族出身、有資格的邦邑之君才合適，才會令戰事吉星高照，卑種賤族出身的人臨陣統軍，會招災星。

（上六）敦臨，吉，无咎。

〈譯〉以淳厚的態度對待車馬扈從以巡視下屬，是吉利的，應該的。

20、觀

風地觀。巽上坤下。

觀。盥而不薦，有孚顒若。

〈譯〉觀察者須知。祭祀神靈時，盥洗乾淨了手而不急于陳列祭品，而是先觀察一下祭品是否嚴整合格，這種態度的體現，就是「觀」的意義。

（初六）童觀，小人无咎，君子吝。

〈譯〉站在奴隸的立場上觀察分析問題，這對卑種賤族出身的人算

不了什麼不好，但就貴族統治者來說，卻很危險。

（六二）**窺觀，利女貞。**

〈譯〉狹窄的門孔之見，只對婦女的存在有利，用這種角度觀察家門外的世界，那可不行。

（六三）**觀我生，進退。**（六四）**觀國之光，利用賓于王。**

〈譯〉觀察研究商王統轄下的人民的動態，及其統轄下的各國風俗，前提必須是聽從順服商王，為商王獻忠效勞。

（九五）**觀我生，君子无咎。**

〈譯〉作為忠于商王的貴族，效事在商王身旁，從而研究觀察整個社會人生的動態，沒有過錯。可不能給卑種賤族出身者如此的權利。

（上九）**觀其生，君子无咎。**

〈譯〉作為忠于商王的貴族出身的統治者，觀察研究自己領管下邑國人民的動態，沒有過錯。可不能給卑種賤族出身者如此的權利。

21、噬嗑

火雷噬嗑。離上震下。

噬嗑。亨。利用獄。

〈譯〉吃東西。它的意義關係到神靈受祭。吃東西遇到的現象，有利于監獄使用原則的理解。

（初九）**履校，滅趾，无咎。**

〈譯〉把罪該腳戴刑具的犯人去掉腳，沒有什麼不對。

（六二）**噬膚，滅鼻，无咎。**

〈譯〉大口咬肥肉，必會使鼻子陷到肉裡，不同程度的貪欲受到不同程度懲罰，本也沒有異議。

（六三）**噬臘肉，遇毒，小，吝，无咎。**

〈譯〉吃陳久的乾肉中毒，如果沒致命，雖遇危險卻得到如何識別乾肉的經驗教訓，使壞事變成好事。這好比刑罰——它雖然使用有危險，但只要能使人受教訓、改好了，還算沒有問題。

（九四）**噬乾胏，得金矢，利艱貞，吉。**

〈譯〉吃容易傷害牙齒的帶骨乾肉，格外地小心，既沒傷牙還意外吃出了高過所食價值許多的銅箭頭，這好比使用刑罰，慎重小心的好處是意想不到的。慎重地使用刑罰，有利于艱苦條件下宗族家國的生存，只好不壞。

（六五）噬乾肉，得黃金，貞厲，无咎。

〈譯〉吃无骨的乾肉而不留心傷害，雖然有時意外得到遺藏肉中的貴重箭頭，但也可能因其隱藏難料而傷牙傷嘴。這樣使用刑罰有時後果較好，但也難免意想不到的反害回傷；如果讓它造成宗族家國的傷害，不如讓它沒有傷害。

（上九）何校，滅耳，凶。

〈譯〉本是帶枷鎖示眾羞辱一下的處分，結果卻受到割去耳朵降身為奴隸的重罰，這樣過頭的刑罰必致禍凶。

22、賁

山火賁。艮上離下。

賁。亨。小，利有所往。

〈譯〉求婚成家禮儀。其意義關係到神靈祭祀的問題。使用傳統搶婚相逆的禮聘方式，去求婚則有利。

（初九）賁其趾，舍車而徒。（六二）賁其須；（九三）賁如濡如，永貞吉。

〈譯〉以禮聘儀式的要求來約束自己婚娶之行，不啟車套馬而徒步前迎，以區別過去野蠻无禮的兵馬搶婚之風，要禮貌地對待婚娶的女子；婚姻需求是以禮相待才可完美解決的事呀，不是驅車襲劫所能奏效的事呀——只有禮聘求娶女人，才能使宗族家國綿延不絕，永存不滅。

（六四）賁如皤如，白馬翰如，匪寇，婚媾！

〈譯〉婚姻要禮聘呀，讓搶婚的車馬返回家門呀，更是萬萬不能啟動用于戰爭的堅車大馬呀，這可不是干戈交加去戮殺呀，這是去娶為你蕃生後代的妻子成家！

（六五）賁于丘園，束帛戔戔，吝，終吉。

〈譯〉禮聘需要男方到女子的邑落殷勤示盟，如獻上婚盟的信物——束束絲帛象徵著友好和睦，雖說這對男方宗族略顯難為情面，然而好的結果就憑這種姻緣。

（上九）白賁，无咎。

向女方家族送上表示求婚而專養的大公豬，則會避免以往搶婚出現的危險，太太平平娶女人回歸組成家庭。

23、剝

山地剝。艮上坤下。

剝。不利有攸往。

〈譯〉剝失。身為統治者，一定不能失去自身位置下屬的支持者，否則所到之處，均无利可言。

（初六）剝床以足，蔑，貞凶。

〈譯〉好比床榻失去床腿不能安睡于上，邦邑領管失去了最根本的邑人支持，是其宗族家國存在的災凶。

（六二）剝床以辨，蔑，貞凶。

〈譯〉好比床失去了床面，不能安睡于上，邦邑領管失去了最接近的屬下人員之支持，是其宗族家國存在的凶禍。

（六三）剝之无咎。

〈譯〉失去上面的支持，失去下面被統治者的擁護，剝失无所謂有錯。

（六四）剝床以膚，凶。

〈譯〉好比失去了床，貼身睡在地上，統治者失去了賴以統治的位置，下場必凶。

（六五）貫魚，以宮人寵，无不利。

〈譯〉好女色、喜歡做愛，不問津屬下人員的妻子，而是在自己妻妾的範圍施寵行愛，這對統治者來說，沒有不好的地方。

（上九）碩果不食，君子得輿，小人剝廬。

〈譯〉作為邦邑的領主、管君，能處理好支持與被支持的關係，作風正派，即便有一天面臨物產收穫不能安食坐享的戰爭，也會有大量的支持者為你護駕揮戈，效力奉命，相反，像卑種賤族一樣不足掛齒的人，會因亂搞屬下的妻女而失去了居身之地。

24、復

地雷復。坤上震下。

復。亨。出入无疾，朋來无咎；反復其道，七日來復；利有攸往。

〈譯〉市場貿易。貿易其中會使神靈得到祭祀。邦君邑主們，你們委派信任的奴僕出入市場經商，不會出現傷害你的毛病，他們經商得到的錢，不會給你惹出什麼麻煩；進入市場交易的機會是逢吉日便可；以

互通有无的經商為目的，到什麼地方都有利。

（初九）不遠復，无祗悔；元吉。

〈譯〉不要到很遠的地方經商，就不會召來不必要的危險；就近經商獲利，是吉中的首吉。

（六二）休復，吉。

〈譯〉按時去市場經商，按時回家園休整，是有益的。

（六三）頻復，厲，无咎。

〈譯〉極頻繁地貿易往來，不免勞苦艱難，但其利人利己，所以也不算什麼不好。

（六四）中行獨復；（六五）敦復，无悔。

〈譯〉從事商業貿易，唯有居心公平不偏、中中正正才行；厚厚道道地經商貿易，便會沒有危險。

（上六）迷復，凶，有災眚；用行師，終有大敗；以其國君凶；至于十年不克征！

〈譯〉各邦國領主們，若吞沒、搶奪來往商旅的財貨，不僅要招大麻煩，還要遭到上天降臨的嚴懲：國家一旦用兵打仗，終要慘遭大敗；即便你們沒有而是屬下的邑邦侵沒、搶劫商旅財物，可怕的災難也會落在你們的頭上；你們國家的一代壯年男子都死了，甚至十多年間都召集不起可上戰場戰鬥的男人！

25、无妄

天雷无妄。乾上震下。

无妄。元亨，利貞。其匪正，有眚，不利有攸往。

〈譯〉不迷。處事不迷，是神靈得到祭祀的首要條件，也利于宗族家國的存在。處事不迷但觀念不正確，上天會降災禍，使所到之處无利可言。

（初九）无妄，往吉。

〈譯〉觀念正確，處事不迷者，所往之處會得好處。

（六二）不耕，獲，不菑，畬，則利有攸往？

〈譯〉不耕種就想收穫，不墾荒就想擁有土地，受這樣清晰的觀念指使，所到之處會得到利處嗎？

（六三）无妄之災：或繫之牛，行人之得，邑人之災。

〈譯〉不迷但觀念不正確會得災凶：例如邑主邦君的牛被路過的人

偷了，其清楚過失不在邑人，卻洩憤轉怒在无辜的邑人頭上。

（九四）可貞，无咎。

〈譯〉觀念正確的不迷能讓宗族家國得以存在，也不會出錯。

（九五）无妄之疾，勿藥有喜。

〈譯〉觀念正確，即便有小枝小節的錯過，也會在觀念推行中正誤糾錯。

上九：无妄，行，有眚，无攸利。

〈譯〉不迷卻觀念不正確，處世行事要受到上天的譴責，沒一點好處可說。

26、大畜

山天大畜。艮上乾下。

大畜。利貞，不家食，吉；利涉大川。

〈譯〉正當的聚得、集留，這利于宗族家國的存在。天下所有家國財富的聚留、集得都追求來路正當不歪，那麼社會就會出現賢人被邦君領主敬重、任用，不再閒置于家中的吉祥狀態。能這樣其利之大堪與安渡危川險河相比。

（初九）有厲，利已。

〈譯〉整個社會聚得集留都正當，即便有災險出現，也會向有利的方面改變。

（九二）輿說輹，（九三）良馬逐——利艱貞；曰閑輿衛——利有攸往。

〈譯〉堅車良馬不用于發動侵掠戰爭，僅用來狩獵自衛——這便在年景收成艱難的情況下，也利于宗族家國的存在；讓善馭能戰的人在國界之內發揮御敵的本領，不使他們在侵掠別人疆土上得逞——那麼无論外出到什麼地方，都有利．

（六四）童牛之牿，元吉。

〈譯〉把役用牛好好調教馴服，控制它性起傷人，以利駕車經商外出，發財致富，這是好中之好的事。致富要安妥，不可為致富而戰爭掠奪。

（六五）豶豕之牙，吉。

〈譯〉趁公豬很小的時候欄養起來，不讓它與母豬接觸，待它大時用做聘娶女人順利成家的信物——這是避免戰爭搶婚流血死傷的吉利事。

（上九）何天之衢，亨。

〈譯〉正正當當聚得集留，這是上天的意志，邦君邑主能承受這一意志行事，祖先神靈必會得到享祭。

27、頤

山雷頤。艮上震下。

頤。貞吉。觀頤；自求口實。

〈譯〉箕。這其中包含的道理，可為宗族家國好好存在的啟迪。箕不僅可盛飯，也是可供研究筮卜的東西；這裡從它盛飯的角度，取喻生存獲取的道理。

（初九）舍爾靈龜，觀我朵頤，凶。

〈譯〉國邑的領主、管君們，不用通神很靈的龜甲占卜，反想從比龜卜短淺的筮占裡獲得神靈確示，這般棄貴從賤的心態，是凶禍之兆。這好比用卑鄙的方法獲取箕中的飯，要致凶災。

（六二）顛頤，拂經于丘頤，征，凶。

〈譯〉箕中像山巔堆起的飯，如果它不曾經過丘陵的高度，那就不合常理，這好比不合常理的俘掠致富，能致凶災。

（六三）拂頤，貞凶；十年勿用，无攸利。

〈譯〉獲取致富不合乎箕中飯食堆集的常理，是宗族家國存在的災凶；這災凶乃至其國內一代成壯男子死絕，十多年不能徵集起能夠作戰的兵丁，一點好處都沒有。

（六四）顛頤吉，虎視眈眈，其欲逐逐——无咎。

〈譯〉獲取致富合乎箕中飯食由低到高堆集的常理，那會吉星高照，覬覦你富有的人即便虎虎視眈眈，想一下子把它占為己有，你也不必害怕。

（六五）拂經，居貞吉，不可涉大川。

〈譯〉不想按箕中飯食堆集的常理獲取致富，唯有呆在都邑當中只想不做，才能讓宗族家國好生生地存在——否則，不利於性命安穩的生存。

（上九）由頤，厲，吉，利涉大川。

〈譯〉按照箕中飯食堆集的常理獲取致富雖說辛苦艱難，但很美好，因為這樣才有安渡危河險川的相同之利。

28、大過

澤風大過。兌上巽下。

大過。棟橈。利有攸往；亨。

〈譯〉正當的超越。棟樑被屋頂的封茅壓彎了，這可用以比喻「大過」是什麼意思。正當而必要的過頭，所到之處會有利，也可以使神靈得到享祭。

（初六）藉用白茅，无咎。

〈譯〉輕微的白茅本該用做神聖祭品的藉墊，正當必要的過分本也沒有什麼不對。

（九二）枯楊生稊，老夫得其女妻，无不利。

〈譯〉像枯楊生葉，老頭子娶了少女為妻能夠生兒育女，合情合理的事情過了頭，沒有什麼不利的地方。

（九三）棟橈，凶。

〈譯〉棟樑被屋頂的封茅壓彎了，房屋有坍塌的兇險。正當的事物超過了外部的極限，會向反面轉化。

（九四）棟隆，吉；有它吝。

〈譯〉棟樑隆起，能承受茅頂的重壓是好事，但它存在損壞的因素，就可怕了。正當過頭的事物，本身沒有潛在的不利因素是好的，相反會轉到另一端。

（九五）枯楊生華，老婦得士夫，无咎无譽。

〈譯〉像枯楊開花，很有歲數的女人倒招了年少的壯夫為夫，過了頭的正當大事看似沒亂子，但也不會安寧。

（上六）過涉滅頂，凶，无咎。

〈譯〉好比越水渡河被淹死，正當的事情過了頭而遭兇險，這不該咎責正當的事情，只該責怨對其過頭的後果欠缺考慮。

29、坎

坎為水。坎上坎下。

[坎]。習坎，有孚，維心；亨；行有尚。

〈譯〉仿襲井坎造監獄，對貴族階層的犯人要以攻心之法使其順服；慎重使用監獄會讓神靈得到享祭；處置得法的犯人會轉變成你的輔

助。

（初六）習坎，入于坎窞，凶。

〈譯〉仿習險坑營建監獄本是一件危險的事，如果有意或輕易把人投進監裡，那會招致凶機。

（九二）坎有險，求，小得。

〈譯〉監獄設置是危險的事，是不得已的事，為使危險不再激化，所以對犯人的要求只要不違背大原則，應有限制地使其得到。

（六三）來，之坎，坎險且枕，入于坎窞，勿用。

〈譯〉對犯有動亂罪終于能來王庭接受處分的人，如果把他們再監坎起來，那監坎就成了製造更深更大危險的設施，所以監坎他們就沒必要了。

（六四）樽酒，簋貳，用缶，納約自牖，終无咎。

〈譯〉將酒肉以土陶的壺、碗盛著，從監坎頂蓋的窗洞中繩索遞下，以令犯人明白自己的地位今非昔比卻仍然享受著特別優待。這般對待犯罪的貴族領管，終不會有什麼過錯。

（九五）坎不盈，祗既平，无咎。

〈譯〉用優待的方法對待犯人，會爭取犯人周圍的一大片人，從而使犯人還沒離監，其進監的禍結便告平復，這自然不是壞事。

（上六）係用徽纆，置于叢棘，三歲不得，凶。

〈譯〉不是用感召政策維繫著犯罪者的心，而是用結實的繩子將人綁牢，投進圍著荊棘蒺藜的牢監，使其多年不能與親友接觸見面，這樣的後果必然兇險。

30、離

離為火。離上離下。
離。利貞，亨；畜牝牛吉。

〈譯〉獲取要光明正大。獲取利于宗族家國的存在，也是祭祀神靈所必需：只有這樣的獲取才是吉利的，例如：祭祀用的牛，取自己飼養的母牛繁衍的。

（初九）履錯然，敬之，无咎。

〈譯〉對各方頻頻過往自己邑國的商旅，不僅不能侵奪他們的財物，還要待以尊敬的態度，這便沒有過錯。

（六二）黃離，元吉。

〈譯〉靠著養殖畜類、種植植物、繁殖奴隸而獲得，是好中之頭等好的獲得。

（九三）日昃之離，不鼓缶而歌，則大耋之嗟，凶。

〈譯〉借太陽西落的黑夜來臨，偷襲別國他邑以為獲取的辦法，這好比可敬的老年人喪禮不請巫者鼓缶挽歌，竟然讓人到那裡唱歌取樂，極端違背人情常理，絕對凶劣。

（九四）突如其來如，焚如，死如，棄如，（六五）出涕沱若，戚嗟若──吉；（上九）王用出征，有嘉：折首，獲其匪醜，无咎。

〈譯〉哪個領主、管君膽敢用不正大光明的方法獲取，那就要遭到這般的回報：災難突然降臨，看吧，征討大軍或焚燒你們的房舍呀，或殺死你們的人呀，或滅絕你們的後代呀，或讓你們涕淚流淌如大水呀，或讓你們悲歎不止呀──如此可怖的慘狀，說不定還算很好的下場；但是，懲罰違背光明正大獲取者的軍事行動，必須出自商王才有佳美可尚：這樣斬斷罪魁的頭項，捕捉敵眾充當奴隸，才算沒有過錯可講。

31、咸

澤山咸。兌上艮下。

咸。亨，利貞，取女吉。

〈譯〉感化・感化奴隸・使他們忠心不貳地為你經商，這會使神靈得到享祭，利于宗族家國的存在。被娶的女子與丈夫情融一體的最佳狀態，就是「咸」的本質含義。

（初六）咸其拇。（六二）咸其腓，凶，居吉。

〈譯〉奴隸在你的感化下只是腿腳聽命，心卻對你不從，讓他們代為經商外出的結果有凶，但可以在你的邑邦居地控制使用，使其有利。

（九三）咸其股，執其隨，往，吝。

〈譯〉奴隸感化得已很忠誠，但你仍然信他不過，就好比又讓他走路又要執住他的腿，這樣讓他外出代為經商，也有災危不祥。

（九四）貞吉悔亡，憧憧往來，朋從爾思。

〈譯〉讓奴隸如你同妻室般交合默契，這是你宗族家國存在的吉利，並且危險也從他的身上消逝：你讓他們往來經商，想要多少錢都會如願以償。

（九五）咸其脢，无悔。

〈譯〉經商之奴感化得為你獻出了整個身軀，自然你就沒有懼怕擔憂的地方。

（上六）咸其輔，頰，舌。

〈譯〉感化至透的經商之奴不僅獻給了你身軀，而且五官之情，口舌之言也完全變成了你的。

32、恒

雷風恒。震上巽下。

恒。亨，无咎，利貞，利有攸往。

〈譯〉恒久。為使神靈得到享祭，靈活理解恒久的原則並无過錯，也會有利于宗族家國的存在，有利于所到之處的關係。

（初六）浚恒，貞凶，无攸利。

〈譯〉長久靠戰爭獲得，是宗族家國存在的禍凶，沒有一點利處可言。

（九二）悔亡。

〈譯〉追求永遠沒有戰爭，就是追求永遠沒有危險。

（九三）不恒其德，或承之羞，貞吝。

〈譯〉不永久具備上帝神靈所喜歡的行為，即：不為富己而擄掠別人，不為繁衍後代而搶婦女婚配，即便獲取了供奉神靈的物資，也將會給宗族家國的存在帶來危險。

（九四）田无禽。（六五）恒其德，貞，婦人吉，夫子凶。

〈譯〉好比沒有供打獵者打獵的地方，當邦君邑主統治權有了動搖的危機時，其主婦忠誠不貳追隨著他的行為甚佳，但他對此不但不儘快地加以調整、糾正，反而繼續堅持著製造這動搖的原則行事，卻是宗族家國存在的兇險。

（上六）振恒，凶。

〈譯〉迫不得已的正義戰爭，長久不休的出現也凶而无益。

33、遯

天山遯。乾上艮下。

遯。亨。小，利貞。

〈譯〉隱遁。賢良人才的隱遁之心得到安撫，才能使神靈得到享祭。邪妄不正者遁離而去，則有利于宗族家國的存在。

（初六）遯尾，厲，勿用有攸往。（六二）執之，用黃牛之革，莫之勝說。

〈譯〉馬一旦逃逸他去，可真太糟，要不造成損失，就得捉住它，用黃牛皮條撚成堅固的繩索牢牢拴住，不讓它掙脫再去。

（九三）繫遯，有疾，厲——畜臣妾吉。

〈譯〉作為一個領主邦君，像拴牢要逃的馬匹般對待欲隱遁的人才，那不僅會出毛病，還會導致更大的麻煩——對待他們能像對待自己不可分開的臣輔、妻妾一般，才是好的辦法。

（九四）好遯，君子吉，小人否。

〈譯〉作為一個領主邦君，應愛而不釋地對待要隱去的人才，但愛血統高貴的人才是好的，愛卑種賤族出身的狡黠之徒可不是好事。

（九五）嘉遯，貞吉。

〈譯〉作為一個領主邦君，妥善地對待有遁離念頭的人才，是宗族家國存在的吉利。

（上九）肥遯，无不利。

〈譯〉作為一個領主邦君，厚厚地對待要離隱的人才，无論如何都是有利的。

34、大壯

雷天大壯。震上乾下。

大壯。利貞。

〈譯〉正統而強盛。這有利于宗族家國的存在。

（初九）壯于趾，征凶，有孚。

〈譯〉強盛是因調動了武夫出征，擄財掠俘，則為凶禍。

（九二）貞吉。

〈譯〉強盛是因派出了商旅，貿易賺利，則為宗族家國存在的吉祥。

（九三）小人用壯，君子用罔，貞厲；羝羊觸藩，羸其角。

〈譯〉卑種賤族出身者用經商之法使他管理的邦邑富了起來，正統貴族出身的人卻對此棄而不用，任憑自己管理的邦邑窮乏，那麼他宗族家國的存在將有危險；就像公羊面對阻擋它生存的籬笆，它想拓開阻擋，然而拒絕經商致富的見識如同繩索纏住了羊角，使之被拴在原地前進不得。

（九四）貞吉，悔亡：藩決不羸，壯于大輿之輹。

〈譯〉如果貴族出身的邑邦領管也經商強盛起來，這不僅是他宗族家國存在的好事，也會讓卑賤之人對領管權競爭的威脅消亡：就像解除繩索牽制的公羊很容易衝破籬笆阻擋，受命自天的正統貴族一旦變法，力量如同王師的金戈鐵馬，驅輾之處，摧枯拉朽。

（六五）喪羊于易，无悔。

〈譯〉如果貴族出身的邑邦領管不能丟掉偏見，像卑賤之人經商致富而壯大，一旦遇到導致滅國喪命的侵掠戰爭，情勢如面臨宰殺的羊，

後悔也就晚了。

（上六）羝羊觸藩，不能退，不能遂，无攸利；艱則吉。

〈譯〉貴族出身的邑邦領管不去經商致富的見識，如同繩索牽制想拓開籬笆的公羊，在原地進不得，退不得，沒有好處可言；如果一旦變法強盛，使卑種賤族競爭的威脅難以形成，是很好的事情。

35、晉

火地晉。離上坤下。
晉。康侯用錫馬蕃庶，晝日三接。

〈譯〉光明正大地集眾動兵。順從王命的模範諸侯，每用王賜的公馬，在人人可見的大白天裡，儘量和自己可孕的母馬配種，以向四方說明自己尊重王的意志。受王命或代王行命征伐犯逆者的戰爭，出兵發師是極大的榮耀，就該光明磊落，大張旗鼓，而不能偷偷摸摸，使用詐術詭計，或徇情手軟，養癰成患。

（初六）晉如摧如，貞吉；罔孚，裕，无咎。

〈譯〉受王命、代王行命的出師要光明磊落，大張旗鼓呀，轟轟烈烈摧枯拉朽呀，這樣才是你們宗族家國存在的光榮；這種行動不許參與的侯伯存心富己利私，所以俘獲再多，也沒過錯。

（六二）晉如愁如，貞吉；受茲介福于其王母。

〈譯〉順從商王的邑邦為光明正義之戰爭出兵征行呀，昏昧背理的聚兵搶婚要堅決收斂廢除呀，這樣對你們宗族家國的存在真有好處；商王之所以世世代代享有家國，那是托了禮聘開國國母的洪福——湯王不用搶婚的方式娶了她，她的家族助他得到了天下。

（六三）眾允，悔亡。

〈譯〉光明正大地出師動兵，只有得到各方面的允許和肯定，危險才會消亡。

（九四）晉如鼫鼠，貞厲。

〈譯〉光明正大的正義之師行軍作戰狡詐詭幻，偷偷摸摸，像只出沒无常的老鼠，那可要給參與者宗族家國的存在帶來危險。

（六五）悔亡，矢得勿恤，往吉无不利。

〈譯〉光明正大之師的獲得沒有災悔，因為它集軍列陣不為個人私利之得，所以不必為它擔憂，也正因如此，它所往之處都吉星高照而无所不利。

（上九）晉其角，維用伐邑，厲，吉；无咎，貞吝。

〈譯〉受王命、代王行命的戰爭，伐殺犯上作亂的邦國越狠越好，如果徇情手軟使他們脫難，必給你這參與者宗族家國的存在帶來後患。

36、明夷

地火明夷。坤上離下。

明夷。利艱貞。

〈譯〉隱藏光明。在政治昏暗无明的時候，賢明要隱藏光明，這利于危難困苦情況下宗族家國的存在。

（初九）明夷于飛，垂其翼。君子于行，三日不食；有攸往，主人有言。

〈譯〉光明晦藏，太陽神鳥收斂了翅膀不飛。當政治昏暗不明之時，管理邑邦的待聘人才們，你們寧可多日无飯食果腹，也不能助暗求生；在任的邑邦管君們，如果你們要拋棄管地他謀，應因領主製造政治昏暗的罪責確實難恕才行。

053

（六二）明夷，夷于左股，用拯馬壯，吉。

〈譯〉由下而致的社會秩序黑暗不算太深，就像腿受傷的太陽鳥乃能馱起太陽，可以借軍隊武力得到挽救，挽救的武力越強越好。

（九三）明夷，于南狩，得其大首，不可疾貞。

〈譯〉製造政治黑暗的高級統治者命令征伐，如果得勝俘獲了正當的邦君邑主，更助長了政治黑暗，那就不要使勝利給一些宗族家國的生存帶來毀滅。

（六四）入于左腹，獲明夷之心于出門庭。

〈譯〉高級統治者製造政治黑暗的時候，只有鑽進賢明者肚皮之中方能知道其不予外事的用心，是在等待時機，以再度讓天下的光明重出。

（六五）箕子之明夷，利貞。

〈譯〉政治黑暗的時候，作為一個神聖的筮史，應當堅持傳達神明的意志，不匿光明，以利合乎天意的當事者宗族家國之存在。

（上六）不明，晦，初登于天，後入于地。

〈譯〉不開明的統治者，他和他黑暗統治的下場，就像太陽一樣，雖然能升上天空，但終究還要落入地下。

37、家人

風火家人。巽上離下。

家人。利女貞。

〈譯〉家中主婦。這是一個關于如何利于女人生存的卦。

（初九）閑有家，悔亡。

〈譯〉先有男人對外維持的家門，才會有一個家庭，作為一個婦道人家，明白這些道理方可祛災免禍。

（六二）无攸遂，在中饋，貞吉。

〈譯〉婦人不離家外出，只在家中料理飲食家務，對整個家庭的生活有好處。

（九三）家人嗃嗃，悔，厲，吉；婦子嘻嘻，終吝。

〈譯〉主婦處家嚴肅認真，因而惹起厭惡，雖然不歡，但治家嚴肅認真才是一家之吉；相反，為討得可愛而嘻嘻哈哈，結果會使家庭陷入倒楣之境。

（六四）富家，大吉。

〈譯〉主婦把家務料理好，使家庭富足不乏，是最正當的好事。

（九五）王假有家，勿恤，吉。

〈譯〉主婦所治之家，是讓商王家國得到支持的家，那她就不必為這個家的安危問題擔心了，這個家庭是吉星高照的家。

（上九）有孚威如，終吉。

〈譯〉主婦理好家政，給家裡帶來和順的上下關係，這才是其應該追求的良好目的。

38、睽

火澤睽。離上兌下。

睽。小事吉。

〈譯〉背理不合的婚娶。搶婚和理當的婚姻形式不合，違背這樣的婚娶方式才會吉利。

（初九）悔亡：喪馬勿逐，自復；見惡人，无咎。

〈譯〉這樣則沒有危險：馬匹逐草而離開了馬廄，不要去追捕它，任它自己回來，婚娶廢棄以往車馬搶婚的狀態；像躲避被惡人糾纏那樣

躲避背理的搶婚形式，就會沒有災咎。

（九二）遇主于巷，无咎。

〈譯〉像街巷中遇到主子、上峰趕快回避那樣，回避背理的搶婚婚式，就沒有禍咎。

（六三）見輿曳，其牛掣，其人天且劓，无初有終。

〈譯〉兵車向後拽，拉車該用馬卻用牛，駕車的不是人人仰慕的超人，卻是被髡去頭髮、割去鼻子的刑人：要像看待這些背理不吉之兆那樣看待出門搶婚；婚配不以搶奪婦女為開始，將會有好的結果。

（九四）睽孤——遇元夫，交孚，厲无咎。

〈譯〉婚娶用背理不合的搶婚婚式——如果見到受刖刑失去雙腳的人可以行走，那麼搶婚婚配的危險就算沒有了。

（六五）悔亡：厥宗噬膚，往何咎。

〈譯〉採取聘婚的合理婚式，危險就會消逝：試想一下，女方宗族吃著男方求盟行聘而送的美味，這再去迎娶有什麼不好？

（上九）睽孤，見豕負塗；載鬼一車；先張之弧，後說之弧；匪寇婚媾！往，遇雨則吉。

〈譯〉婚娶用背理違天的武裝搶婚婚式——那駕車出門就會遭到小瘦豬擋道吃奶所兆示的途中兇險；還會全軍覆沒，變成送給被搶一方的一車車卑賤的俘虜；即便開始搶得了女人，後來她們也會逃脫而去；婚姻不能用強盜動凶搶奪的方式進行！讓外出搶婚的車馬都被雨天的泥濘深陷不動吧，不搶婚才有好的婚姻。

39、蹇

水山蹇。坎上艮下。

蹇。利西南，不利東北；利見大人，貞吉。

〈譯〉行商的艱難。經商能讓錢貨流通增殖生利，靠戰爭滿足需求沒有利益；與正當的貴族進行貿易經商有利，經商也利于宗族家國的存在。

（初六）往蹇，來譽；（六二）王臣蹇蹇，匪躬之故！（九三）往蹇來反；（六四）往蹇來連；（九五）大蹇朋來；（上六）往蹇來碩，吉；利見大人。

〈譯〉各邑君邦主們！組織經商當然艱難，卻換回來你家國必需的安舒和快樂；操勞經商多麼艱難！但為商王的利益你又何必計較？去經

商千難萬艱，卻換回來完全相反的情勢給你；去經商千辛萬苦，但換回來的財產全部屬于你；正正當當、童叟无欺的經商，能把錢安全地賺到你的手中；總之，組織經商能換來你家國的富實之美；要注意，經商貿易的對象是正人君子才會有利。

40、解

雷水解。震上坎下。

解。利西南；无所往，其來復吉。有攸往，夙吉。

〈譯〉解放忠心的奴隸，讓他們代你經商。經商在于財貨流通當中求取生利增殖；如果你不想派人經商，能允許別人到你的屬管之地經商，也是好事，如果要派人經商，那越早去就越吉利。

初六：无咎。

〈譯〉解放可信的奴隸，替你們經商，沒有壞處。

九二：田獲三狐，得黃矢，貞吉。

〈譯〉狩獵射得了很多皮毛貴重的狐狸，那完全得利于解去繫結在箭上的繩索，解放奴隸讓他們經商有獲，使你宗族家國的存在吉祥。

六三：負且乘，致寇至，貞吝。

〈譯〉依恃著資財並且是依恃戰車而來的資財，那只能招致敵寇的擄掠戰爭，靠戰爭致富，意味讓你宗族家國走向衰敗。

九四：解而拇，朋至斯孚。

〈譯〉解放奴隸去經商，讓他們自由的腳動腿往，錢財才會掙到你的身旁。

六五：君子維有解，吉；有孚于小人。

〈譯〉邦邑的領主、管君們，你們解脫對奴隸的管束，讓他們進行確有好處的經商，他們會給你增利創收。

上六：公用射隼，于高墉之上，獲之，无不利。

〈譯〉關于解放奴隸經商是好是壞，就好比大家只有借助城牆地勢才可射高飛在天的鷹隼，不論用帶索的箭還是不帶索的箭，只要能夠獲得它，就沒有不利的。

41、損

損。山澤損。艮上兌下。

損。有孚，元吉，无咎，可貞，利有攸往。曷之，用二簋。可用享。

〈譯〉減損。在獲得面前減損欲求，是吉中的首吉，也沒有過錯可犯，還會使生存得到利益，並能使所到之處都遇順利。例如，處優勢對居劣勢的告求者，縮減自奉的肉食美味用為幫助，就典型體現了這種損減之道。這種損減之道能使神靈得到享祭。

（初九）已事遄往，无咎，酌損之。

〈譯〉勢必改變的事情就叫它迅速改變，不纏綿不休，便不會造成過錯；對待這改變慢條斯理的作風，要損減。

（九二）利貞，征凶，弗損益之。

〈譯〉減損之道利于宗族家國的存在，然而用來損人利己的戰爭要導致凶災；不要損掠鄰國近邑以利己，而要減少自己的利益助益他們。

（六三）三人行則損一人；一人行則得其友；（六四）損其疾，使遄有喜，无咎。

〈譯〉一個人行路孤單寂寞，遇人則喜歡結交同行，相反，三人同行時意見往往分歧，最終有個受到冷落和孤立的人；像這種減損且不可取，應像治病追求速愈那樣減損造成大家生疑相猜的現象，如果各邦邑團結友好，就不會有什麼麻煩。

（六五）或益之十朋之龜弗克違，元吉。

〈譯〉一般邦君邑主，如果得到不配自己使用的貴重大龜，絕不利用它通神的靈驗，妄求違背身份和地位的事，能這樣損減自己的希冀，就有吉利中頭等的吉利。

（上九）弗損益之，无咎，貞吉，利有攸往，得臣无家。

〈譯〉對需求幫助的屬下，不是損減他，而是增援他——那不僅不是錯誤，而且將給你宗族家國帶來吉祥，並使你到處逢利；受增援的人因此將忠心地為你效勞，以致忘記他身家性命的存在。

42、益

風雷益。巽上震下。

益。利有攸往，利涉大川。

〈譯〉增益。合乎天意的增益使所往之處有利，其利之大，可匹安渡雄河偉川之利。

（初九）利用為大作，元吉，无咎。

〈譯〉正當的大有作為便是有利的增益之舉，是吉中之首吉，也不會有過錯可言。

（六二）或益之十朋之龜弗克違，永貞吉——王用享于帝，吉。

〈譯〉一般邦君邑主，如果得到不配自己使用的貴重大龜，絕不利用它通神的靈驗，妄求違背自己地位的利益，這便會使自己宗族家國長久存在——讓商王用大寶龜占卜，以增益溝通上帝、享有天下，才是好事。

（六三）益之用凶事，无咎。有孚中行，告公用圭。

〈譯〉增益之道用于戰爭，是不讓戰爭出現錯誤；如果目的必靠戰爭才能達到，只可增益而不可損減慎重：一定要執中公正，一定要告知公眾，取得支持，一定要龜占筮算，求得神靈同意。

（六四）中行，告公從。利用為依遷國。

〈譯〉只有執中公正，遍告公眾並受到支持，而且龜占筮算得到神靈同意的戰爭，才是增益商王改變、造就國家面貌的聖戰。

（九五）有孚：惠心，勿問——元吉；有孚惠我德。

〈譯〉一切獲得都要如此：要對得起良心，要對其後果沒有疑慮——這樣的獲得才會吉利；有獲得的行為必須无損而是有益天意。

（上九）莫益之，或擊之，立心勿恒，凶。

〈譯〉計畫著給人以增益，但一聽到不同意見就放棄這個計畫，像這般心中沒有始終為益的原則，要倒楣。

43、夬

澤天夬。兌上乾下。

夬。揚于王庭。孚號有厲。告自邑，不利即戎；利有攸往。

〈譯〉號令決斷。進行戰爭的決定、命令只可發自王庭。敵方有司

令者就有危險。號令決定應為有利的結果而為，例如被伐的城邑裡告饒求命，不聽取告饒的內容，一味地趁勢進攻，是不利的；總之，命令決定得好，則所往之處就有利。

（初九）壯于前趾，往，不勝為咎。

〈譯〉戰爭的準備十分充分，轟轟烈烈，有必勝之勢，然而命令決斷使戰爭的進行轉化成預期結果的反面，那這命令決斷便有錯誤。

（九二）惕號，莫夜！有戎勿恤。

〈譯〉擔憂敵人夜間偷襲，下令做好防禦的謀劃，一旦兵戎夜襲无需害怕。命令決斷應該有這樣的預見性。

（九三）壯于頄，有凶。君子夬夬——獨行遇雨，若濡有慍：无咎。

〈譯〉命令決斷之後的結果比以前更加嚴重，出現了向兇險方面的轉化。這多半是匆忙欠慮的結果。作為貴族出身的軍事統帥，急急忙忙的命令決斷是好是孬——假若單單只是途中遇雨，遲緩不做出避雨決定會有車馬沉陷泥濘的慍惱：這樣緊急情況下有利的命令決斷，當然不孬。

（九四）臀无膚，其行次且。牽羊悔亡，聞言不信。

〈譯〉敵方欲求解圍而謴說客奔走于雙方之間，艱難反復，乃至屁股上的肉都走沒了——口頭的告饒稱服仍潛伏著危險，只有見其司令肉袒牽羊，出城投降，危險才能消亡。總之，命令決斷要憑可靠的事實，不可輕信傳言。

（九五）莧陸夬夬，中行无咎。

〈譯〉在防備敵人偷襲的戰爭中，不得已考慮到陷人坑這類的損招，只要立場是中正不偏，做出使用的命令決定，是沒有過錯的。

（上六）无號，終有凶。

〈譯〉發動戰爭而沒有人下命令做決斷，結果必致禍凶。

44、姤

天風姤。乾上巽下。

姤。女壯，勿用取女。

〈譯〉婚姻交媾。不能娶已經嫁人有夫的女子。

（初六）繫于金柅，貞吉；有攸往，見凶——羸豕孚蹢躅。

〈譯〉制止搶婚交媾之車開動，改搶婚為聘婚，對宗族家國的存在

有好處；搶婚必遭被搶方之害——遇到被繩索栓著的母豬在路中哺乳所兆示的那種凶害。

（九二）包有魚，无咎，不利賓。

〈譯〉以鮮美的肉魚為聘婚之禮，得到了婚配繁衍後代的婦女，沒有什麼災危；準備下肉魚乃為犒賞幫助搶婚的人，絕无利處可言。

（九三）臀无膚，其行次且，厲，无大咎。

〈譯〉為通媒聘娶而艱辛地奔波往來，以致累掉了屁股上的肉，雖說操勞難為，卻沒有原則上的錯誤。

（九四）包无魚，起凶。

〈譯〉婚配不以禮聘的形式，而是縱兵動搶，這不僅不利繁衍後代，還要給祖先神靈的祭祀帶來凶禍。

（九五）以杞包瓜，含章，有隕自天；（上九）姤其角，吝，无咎。

〈譯〉為了傳宗接代祭祀祖先，即便不是搶婚而是聘娶了成婚有夫的女子，那也會遭到上天的懲罰；娶有夫之婦會引發爭斗之險，此險讓上天的懲罰顯得也算不上什麼可怕。

45、萃

澤地萃。兌上坤下。

萃。亨；王假有廟；利見大人。亨，利貞。用大牲吉，利有攸往。

〈譯〉聚兵。兵眾聚集，是為使神靈得到祭祀，是為使商王享有家國；兵眾利在資格堂堂正正之人領導下聚集。有了這些前提，神靈才會得到祭祀，宗族家國才會有存在之利。兵眾聚集越不輕易、越不隨便越好，必需隆重地上告神明並得到認可方行。能夠如此，借兵眾聚集之力，所往之處便會有利。

（初六）有孚不終：乃亂乃萃，若號，一握為笑。勿恤，往无咎。

〈譯〉征戰取不到最後的勝利：集起的兵眾自由散漫，或散或集，如對其發號施令，反招致哄笑，這純是烏合之眾，不值得怕，前往與之作戰，沒有問題可憂。

（六二）引吉，无咎，孚乃利用禴。

〈譯〉兵眾聚集以讓良辰美景延長，並沒什麼過錯，但它的延長必須合乎神靈的心意，使家國永存不敗。

（六三）萃如，嗟如，无攸利；往无咎，小，吝。

〈譯〉聚集的兵眾歎息呀，士氣不高呀，要征戰可沒利處好講：如果這就揮兵前往，前提是不出亂子，背離這一前提，災險會等著你。

（九四）大，吉，无咎。

〈譯〉在正義的前提下，為維護統治者而缺少一些程式的聚兵，是好事，也不算過錯。

（九五）萃有位，无咎——匪孚；元永貞，悔亡。

〈譯〉受王命、代王行命的聚兵征伐，沒有過錯——但它不能以參與者個人獲得為目的；能這樣聚兵征伐是參與者讓宗族家國長久存在的首要條件，也不會由此招來災險。

（上六）齎諮涕洟，无咎。

〈譯〉正義的聚兵，敵方為之悲傷哭泣，不是壞事。

46、升

地風升。坤上巽下。

升。元亨，用，見大人，勿恤。南征吉。

〈譯〉上城牆。它是關係到神靈享祭的首要問題。攻上城牆和築起城牆，被正當的人操持，則不必為之擔憂。光明磊落、討伐不義的征戰，攻上城牆才是好事。

（初六）允升，大吉。

〈譯〉各邑邦都支持允許的征戰，攻上城牆的勝利才算正當。

（九二）孚乃利用禴，无咎。

〈譯〉攻城登牆的獲得能讓神靈享祭不絕，便沒過錯。

（九三）升虛邑，（六四）王用亨于岐（西）山，吉无咎。

〈譯〉戰爭違背光明正大的原則，乘虛而入別人的城邑，把乘虛而入者殺了，讓商王用來祭祀西山的祖靈，會吉星高照，沒有咎殃。

（六五）貞吉，升階。

〈譯〉宗族家國存在之吉，是靠人口繁盛、封侯建國築起神殿公堂以體現的。

（上六）冥升，利于不息之貞。

〈譯〉使用夜間偷襲戰術登牆入城的人，他的行為利于其宗族家國之人渡過子孫滅絕的一生。

47、困

澤水困。兌上坎下。

困。亨，貞，大人吉，无咎。有言不信。

〈譯〉刑罰所。它對于神靈得以祭祀、生命得以存在來說，會給正正當當的貴族帶來好處，也沒有可怕的地方。用刑的對像是有罪而无理申說明白的人。

（初六）臀困于株木，入于幽谷，三歲不覿，[凶]。

〈譯〉把犯了該用木棒打屁股的人，送到暖房幽谷去割除生殖器、投入監牢裡多年見不到外人，這般輕罪重罰，結果可怕。

（九二）困于酒食，朱紱方來，利用亨祀；征，凶，无咎。

〈譯〉用酒食優待某些有罪來王庭受罰的邦國首領，是為了促其轉化，以利于商王國運長久，永祀神靈；也可以使征戰殺伐之凶變得沒有凶咎。

（六三）困于石，據于蒺藜，入于其宮，不見其妻，凶。

〈譯〉把該站在嘉石上羞辱一下的罪人，投入蒺藜荊棘圍擋的監獄監禁多年，與外界不通音訊，致使釋放回家的時候已是妻離子散，家不成家，像這樣的輕罪重罰後果可怖。

（九四）來徐徐，困于金車，吝，有終。

〈譯〉對那些受召聽命王庭，卻拖拉遲到的邑邦領主，處以禁車監押遊街示眾的刑罰，雖說對其有失體面，但能起到誡一警眾，嚴明法規的結果。

（九五）劓刖──困于赤紱，乃徐有說，利用祭祀。

〈譯〉有罪的邦邑領主，沒等問題解決而慢慢尋隙逃跑，捉回來，不妨給他們處以割去鼻子或截去腿的懲罰，注意：這樣做必須有利于神靈對宗族家國的祐護。

（上六）困于葛藟，于臲卼，曰：「動悔！」有悔，征吉。

〈譯〉對那些罪該長期隔離監禁、割鼻子截腿的邑君邦主，儘量不長期隔離監禁，不割鼻子截腿，而是從寬處理，但從寬的同時要附以嚴厲聲明：「再亂說亂動災難會等著你！」如果他們過後又鬧亂子，那就出兵殺伐其家國，獲勝收兵。

48、井

水風井。坎上巽下。

井。改邑不改井，无喪无得，往來井井。汔至，亦未繘井，羸其瓶，凶。

〈譯〉水井。井與邑居並不因邑主的改變而改變，邑主的去留，對邑居來說既无喪失又无所得，邑人往來水井，都是因為汲水。如果邑主不明白這個道理，任憑井水乾涸而不淘井清淤，讓邑人提著水罐前去汲水而无水可得，那將非常危險。

（初六）井泥不食，舊井无禽。

〈譯〉淤滯的水井不能汲水，陳年的廢井不會有人、禽前趨，假如有井不讓人用，那誰還會來用。

（九二）井谷射鮒，甕敝漏。

〈譯〉射水井裡到老長不大的鯽魚，反射破了取水的陶甕，以井謀利，必將是貪小利以失大利；

（九三）井渫不食，為我心惻，可用汲。王明，並受其福。

〈譯〉井水髒汙了，人民不能食用，這叫我傷心——如果邑主能有這種心，就能運用好井與汲的道理，治理邑邦。這樣的邑邦領管，和任用這樣邑邦領管的君王，都將得到神靈的福祐。

（六四）井甃，无咎。（九五）井冽，寒泉食。

〈譯〉把井理整好，使水源清潔，能長久地令人飲用，這對你統治者沒有壞處。

（上六）井收勿幕，有孚，元吉。

〈譯〉把井口架好鋪平，但不能因此便加蓋獨佔；只有使人汲水方便，那才會獲得人心所向的吉利，這吉利是頭等的吉利。

49、革

澤火革。兌上離下。

革。巳日乃孚。元亨，利貞，悔亡。

〈譯〉革命及改變。被改變的一方到了天令它改變的時候再去改變它，必會成功。順從天意的革命及改變，是神靈得到祭祀的首要條件，它利于宗族家國的存在，也會使災凶消亡。

（初九）鞏用黃牛之革，（六二）巳日乃革之，征吉，无咎。

〈譯〉堅固如黃牛皮革，該朽乏時它會乏敗不固，按照天的這個規律聚兵改變一個國家的歸屬，是好的，也沒有後患。

（九三）征凶，貞厲——革言三就，有孚。

〈譯〉這對宗族家國的存在有危險——責令邦君邑主改過從新，其儘量地趨從了，結果你還是出兵滅其國俘其人。

（九四）悔亡，有孚改命，吉。

〈譯〉革那些天命終止者的命，不僅无災无禍，還是好事。

（九五）大人虎變——未占有孚；（上六）君子豹變；小人革面，征凶，居，貞吉。

〈譯〉正宗貴族出身的邦君邑主，不經神的允許而去獲得，那該困難如虎豹脫換自己的毛皮；賤種卑族出身的人為你外出經商，隨行就市的獲取就像隨心扭動臉皮般輕易，這是貴族宗族家國存在的好事。貴族們，你們不經神的同意而進行戰爭並獲取，是凶的，但安守著都邑，用解放的奴隸經商卻有利於宗族家國的存在。

50、鼎

火風鼎。離上巽下。
鼎。元吉。亨。

〈譯〉鼎是統治者享國有權的象徵。它存在著，烹飪著，是吉中的首吉。

（初六）鼎顛趾，利出否——得妾以其子，无咎。

〈譯〉為清除殘餘的食物，使鼎腿倒翻朝上——就像為了生兒育女而否定搶婚為聘娶，並沒一點錯誤、異常。

（九二）鼎有實：我仇有疾，不我能即。吉。

〈譯〉如果鼎中的食物為良客賢賓而備，不是與妻子自奉自享，而且賓客請你妻子一同入席時你能說出類似「我那口子不舒服，不能伴我們就餐一堂」這般不失禮的推辭，便是有鼎者的吉祥。

（九三）鼎耳革，其行塞；雉膏不食，方雨虧悔，終吉。

〈譯〉以鼎烹飪美味招待賓客，結果鼎耳脫落，无法抬鼎從廚炊之處穿過露天到賓客面前陳列美味，如果趕巧在雨天待客，其難堪就少了些，因為這樣可以借著不讓雨水淋了美味之機，得以補救。鼎運的矛盾出現而可以解決，終究還是好的。

（九四）鼎折足，覆公餗，其形渥，凶。

〈譯〉好比鼎足折斷，把大家賴以為食的粥傾覆在地，作為邑君國主竟使大家无法生活，他就該受到重刑，得到兇惡的下場。

（六五）鼎黃耳、金鉉，利貞。

〈譯〉鼎耳移向鼎的外壁，使之中間能加上防沙塵防雨汙的蓋，把抬鼎的杠子加固以銅，使之不被鼎身壓斷墜折，如此的用鼎之道，是宗族家國存在之吉。

（上九）鼎玉鉉，大吉，无不利。

〈譯〉用裝飾著玉石的杠子抬鼎，說明你鼎中的食物專為敬神而用，這是鼎祚的大吉之事，絕對沒有不利的地方。

51、震

震為雷。震上震下。

震。亨。震來虩虩，笑言啞啞——震驚百里，不喪匕鬯。

〈譯〉天遣雷霆示怒。敬畏天帝，事關神靈得到享祭的問題。天遣雷霆轟擊的情況十分可怕，但不違天意的人卻能繼續談笑自若——震動百里的雷霆，不會擊殺敬畏天意的家國之主。

（初九）震來虩虩，後，笑言啞啞，吉。

〈譯〉雷來到眼前轟劈的景象恐怖可怕，雷走後仍舊安然喜笑、不傷不哭的人，是不違天意、得天吉祐的人。

（六二）震來厲！億喪貝，躋于九陵。勿逐，七日得。

〈譯〉可怕的雨節雷季到來了！擔心少賺錢而派商旅趕到各地丘園市場裡經商。這樣的日子不要遣人追逐經商之財了，為此少賺的錢，還會在以後貿易的好日子再賺回來。

（六三）震蘇蘇——震行，无眚。

〈譯〉對雷電總是疑懼不安的人，是畏懼天帝、怕違天意的人，雷電不會對其尋隙降災的。

（九四）震遂泥。

〈譯〉天遣雷電下地懲處人間的不義，目標一定要達到，不會中途改變。

（六五）震往來厲，億无喪，有事。

〈譯〉雷來電往十分可怖，領主、管君們，當做大事的時候，先要測度一下它有无喪天害理的地方，以免遭受雷劈！

（上六）震索索，視矍矍：征凶，震不于其躬，于其鄰，无咎——婚媾有言。

〈譯〉雷霆執行天帝的懲罰无所不到，對該懲罰之事无所不見：凡進行不義之戰的不管是誰，都要遭到轟劈，不是此人便是彼人之身，甚至被雷劈還不算什麼嚴重的天罰——這些該受罰的也包括著動兵搶婚的傢夥。

52、艮

艮為山。艮上艮下。

[艮]。艮其背，不獲其身，行其庭，不見其人，无咎。

〈譯〉止。想留住有心離開你的邦國管理人才，首先要留住他的心。就像治療在背上的致命疾病，只制止了他背上的病，卻不能制止致命喪身的病源，當走到他管理的邑國辦公廳所時，感到了他棄你而去的淒涼，還不算什麼大不了。

（初六）艮其趾，无咎，利永貞。

〈譯〉腳有病的人治好腳，行走就沒有問題了，像這樣止住手下管理人才的流失，則會有利于你宗族家國的永遠存在。

（六二）艮其腓，不拯其隨，其心不快。

〈譯〉病生在整個腿部，結果只治好了腿脛，沒止住腳丫的病，這好比你對邦邑的管理者沒十足的誠心，他們心中並不覺得高興。

（九三）艮其限，列其夤，厲薰心。

〈譯〉制止生在腰胯部位的病，結果卻火灸肋部的肉，好比要留住人才，卻使用了有害不當的辦法，這樣很危險，結果會和火燒心一般。

（六四）艮其身，无咎。

〈譯〉像止病治本救身一樣，能使人才留住，使他們全身心為你效勞，才沒有壞處。

（六五）艮其輔，言有序，悔亡。

〈譯〉像制止病人嘴上的毛病，讓其說話合乎邏輯，人才一旦成為你代言工具，危言怪話就會消亡。

（上九）敦艮，吉。

〈譯〉像厚切地制止疾病那樣，厚切地信用人才，這才有吉利可言。

53、漸

巽山漸。巽上艮下。

漸。女歸吉。利貞。

〈譯〉一步步走到女方家園求婚。娶妻的方式要和和美美；禮聘婚盟利于宗族家國的存在。

（初六）鴻漸于幹：小子厲，有言，无咎。

〈譯〉像鴻雁飛到應落的水畔：急忙給小孩子聘娶是找麻煩，將婚娶時間向他們懂事的年齡拖延，沒有什麼過失可言。

（六二）鴻漸于磐：飲食衎衎，吉。

〈譯〉像鴻雁飛到應落的涯岸：聘娶能在大家的歡宴當中進行，免去搶婚、拒搶之廝殺，該多麼好。

（九三）鴻漸于陸：夫征不復，婦孕不育，凶；利御寇。

〈譯〉像鴻雁列隊而飛，武裝隊伍使用了像挖陷阱于通途一類不管後果的詐術搶婚：這樣往往是去搶的男人回不來，被搶的女人懷孕也不能養成孩子，搶婚、拒搶的景像真叫兇殘；但抵抗搶掠戰爭，卻不妨利用如此的戰術。

（六四）鴻漸于木：或得其桷，无咎。

〈譯〉像鴻雁飛到不該落的林木當中：搶婚者遭到被搶一方的打擊，咎由自取，算不上壞事。

（九五）鴻漸于陵：婦三歲不孕，終莫之勝，吉。

〈譯〉像鴻雁飛到應落的高丘上面：聘娶他邑別邦的女子雖然多年不曾有孕，但丈夫不能對她背盟厭棄，終究還會有懷孕生子的好機緣。

（上九）鴻漸于陸：其羽可用為儀，吉。

〈譯〉鴻雁順序地飛進四通八達的云路當中：將雍容飛落的它們作為婚姻的榜樣，是吉利的。

54、歸妹

雷澤歸妹。震上兌下。

歸妹。征，凶，无攸利。

〈譯〉娶女人回歸。聚眾動兵搶娶女人婚配，凶，沒有什麼好處。

初九）歸妹以娣，跛能履，征吉。

〈譯〉娶少女婚配，如果沒有腿腳的人能穿鞋走路，那麼動兵硬搶就算好方式。

（九二）眇能視，利幽人之貞；六三）歸妹以須，反歸以娣。

〈譯〉如果瞎眼能看見，那麼閹掉生殖器官的人也可以生兒育女；沒有生殖器官的男人不能娶占女人，娶了的要送她回娘家去。

（九四）歸妹愆期，遲歸有時；（六五）帝乙歸妹，其君之袂不如其娣之袂良；月幾望，吉。

〈譯〉既是聘婚，女方同意出嫁，嫁出的日子有所拖延也會嫁來；湯帝天乙娶有莘國之女的時候，婚嫁的時間就不是男方而是任憑女方擇定的；由女方擇日嫁女婚配，是吉利的。

（上六）女承筐无實，士刲羊无血，无攸利。

〈譯〉如果婚姻還是採用聚眾驅車搶女人成婚的形式，那麼奉獻神靈之筐中的東西將沒有女人操辦了，祭祀祖先的犧牲就沒有男人宰殺了。搶婚你殺我我殺你的結果會使人口減少滅絕，婚姻不改為聘娶的形式，好處一無所有。

55、豐

雷火豐。震上離下。

豐。亨。王假之，勿憂——宜日中。

〈譯〉大房子。它的使用關係到神靈是否能得到祭祀的問題。建築大房子只有在利于商王統治的前提下才勿須擔心憂患加身——但這個大房子還必須是白天進去就像白天的明堂。

（初九）遇其配主，雖旬无咎；往有尚。

〈譯〉大房子與它的主人身份相配，即便不吉的旬日十天也沒有災禍；相配的主人使用它，會得到它的祐助。

（六二）豐其蔀，日中見斗，往得疑疾；有孚發若，吉。

〈譯〉為蓋超過身份級別的大房子，給四敞的明堂神廟式建築圈上牆壁，以致裡邊大白天如同見星見斗的夜晚，那樣進去會得疑神疑鬼的病；居住這樣的房子，那得等它倒塌之後才有吉祥。

（九三）豐其沛，日中見沫，折其右肱，无咎。

〈譯〉為蓋超過身份級別的大房子，給四敞的明堂神廟式建築圍上幔帳，使之大白天進去也如見星辰的夜晚；擁有這般居室，從上邊摔下來折斷手臂之類的災難，還算不上災難。

（九四）豐其蔀，日中見斗，遇其夷主，吉。

〈譯〉為蓋超越身份級別的大房子，反把四面敞開的明堂神廟式建築擋上箔障，大白天進去也暗如能見北斗；擁有這般居室的人，遭到誅身滅家亡國的結果，就算吉利了。

（六五）來章，有慶譽，吉。

〈譯〉在商王的封命之下建造大房子，而且將大房子恢復它作為明堂神廟的功能之時，它才會給你帶來可賀可慶的安適、太平吉祥。

（上六）豐其屋，蔀其家；窺其戶，闃其无人，三歲不覿，凶。

〈譯〉建造不配身份的高屋大廈居住，會出什麼樣的漏子？向其家門縫裡探望，裡面空空蕩蕩，一片家破人亡的淒涼！建造這樣的房子要觸刑犯法，若判以多年不得外人探視的監禁，該是多麼可怕。

56、旅

火山旅。離上艮下。

旅。小，亨。旅，貞吉。

〈譯〉商旅。商旅的外出，可以使你得到有別常規的獲得，達到祭祀神靈的目的。商人集隊而出，目的可不是征殺，是和和平平賺到錢財回來。

（初六）旅瑣瑣，斯其所，取災。

〈譯〉商隊人太少，離邦辭邑遠去，容易碰上被欺、遭掠之災。

（六二）旅即次，懷其資，得童僕，貞。

〈譯〉買賣无欺，留有後路，才能多次到一些地方從事受歡迎的商業活動，這既能賺錢，也可以放心大膽買奴隸，以利商業生活。

（九三）旅焚其次，喪其童僕，貞厲。

〈譯〉不留後路的買賣，買到的奴隸也會趁機逃回去，這可不是商業生活的祥瑞。

（九四）旅于處，得其資斧，我心不快。

〈譯〉做一次買賣便終止再度到此經商，即便賺到錢，作為一個商人也應覺得心中不歡。

（六五）射雉，一矢亡，終以譽命。

〈譯〉像射雉一樣，雉沒射著箭也飛了的事常會發生，買賣有賺有折，賠了，要安于這段時運定下的結果。

（上九）鳥，焚其巢，旅人先笑後號咷——喪牛于易，凶。

〈譯〉好比捕鳥燒掉讓鳥藏身繁生的巢窩，滅絕後路要不得！這樣的經商開始也許會得意大笑，隨後就會號咷大哭——它會將商隊主人送上被害者索命報復的處境。

57、巽

巽為風。巽上巽下。
巽。小，亨。利攸往。利見大人。

〈譯〉恭順服伏。將順服的奴隸解放，讓他們代之經商獲利，使你用這有別常規的獲得，達到祭祀神靈的目的。經商所往會有利可得。經商與正當的人接觸有利。

（初六）進退，利武人之貞。

〈譯〉讓跑腿經商的奴隸進退聽吩咐，有利于宗族家國的存在。

（九二）巽在牀下，用史巫紛若，吉，无咎。

〈譯〉為讓奴隸馴服在腳下聽話，用許多巫師為之洗腦、施法，是為了好事多多而沒有後遺症。

（九三）頻巽，吝。

〈譯〉為制服奴隸而頻繁的用方施法，是奴隸並不馴從的表現，這可有危險。

（六四）悔亡：田獲三品。

〈譯〉窘迫消逝：解放馴服的奴隸外出經商之獲，恰如解去拴繫繩索的箭可以獵獲許多獵物。

（九五）貞吉，悔亡，无不利。无初有終；先庚三日，後庚三日，吉。

〈譯〉讓馴服的奴隸經商，會給宗族家國帶來好處，他們經商拓開了財源，讓窮困的威脅消亡，讓他們經商沒有不利的地方，讓他們自由地經商，雖沒常規先例，卻有好的結果；在夏至後有利經商的雙數日子——丁、癸日經商，遇吉逢祥。

（上九）巽在床下，喪其資斧，貞凶。

〈譯〉讓馴服的奴隸僅只聽命役使在身邊腳下，而不讓他們代為外出經商，那會喪失賺錢致富的機會，讓你宗族家國在財源窄小的窘迫中毀滅。

58、兌

兌為澤。兌上兌下。

兌。亨，利貞。

〈譯〉悅服。使人悅服，是享祭神靈的條件，也有利于宗族家國的存在。

（初九）和兌，吉。

〈譯〉各方都悅意與之相應，是好事。

（九二）孚兌，吉，悔亡。

〈譯〉獲得建立在各方都喜悅的基礎上，吉利且也沒有後患。

（六三）來兌，凶。

〈譯〉不主動爭取，而是靜等著各方上門來表示愉悅，是凶劣之兆。

（九四）商兌未寧，介疾有喜。

〈譯〉作為各方的領袖——商王，主動爭取逆心不順的方國悅服，使之聯合在自己的周圍，有如嚴重的疾病康愈，可慶可賀。

（九五）孚于剝，有厲。

〈譯〉為了私利而失去了各方的悅服，那利益就是危害。

（上六）引兌。

〈譯〉讓各方對自己長久不絕地悅服！

59、渙

風水渙。巽上坎下。

渙。亨。王假有廟。利涉大川。利貞。

〈譯〉以渙散之水流環繞捍衛。它能使神靈得到享祭。它能使商王擁有家國。它帶來可比安渡危河險川的利。它利于各邦邑的存在。

（初六）用拯馬壯，吉。

〈譯〉讓渙散的水流環繞捍衛都城，如同金戈鐵馬護人離險，有很好的作用。

（九二）渙，奔其機，悔亡。

〈譯〉以渙散的水流環繞捍衛都城，能讓向上帝神靈的祈福得以實現，災悔得以消亡。

（六三）渙其躬，无悔。

〈譯〉用渙散的水流環繞捍衛都城，能使人身避免外來的侵害。

（六四）渙其群，元吉；渙有丘，匪夷所思。

〈譯〉聚居之地以渙散的水流環繞捍衛，是吉中的首吉；以環繞之水圍衛丘邑家園，使敵人入侵擄掠的心思不會實現。

（九五）渙汗其大號；渙王居，无咎。

〈譯〉使環圍的水流捍衛忠正的邦邑領管，使他們發號施令能夠正常進行；讓環圍的水流保衛著商王的都城，使之安然无恙。

（上九）渙其血去逖出，无咎。

〈譯〉使渙散之水流環繞捍衛，讓血淚鼻涕橫流的災難，變得很難出現。

60、節

水澤節。坎上兌下。

節。亨。苦節不可貞。

〈譯〉節制和自我節制。它關係到神靈祭祀的問題。欲令宗族家國存在，不可苦于節制和自我節制。

（初九）不出戶庭，无咎，（九二）不出門庭，凶。

〈譯〉節制著不出家國之門，不與外界發生聯繫雖說好在耳清心靜，但這可是自我封閉，極端愚蠢。

（六三）不節若，則嗟若，无咎。

〈譯〉沒有適當的節制，就會產生令人歎息的現象，這歎息是應該的。

（六四）安節，亨。

〈譯〉安于節制和自我節制，神靈就會得到享祀。

（九五）甘節，吉，往有尚。

〈譯〉樂意服從各方面的節制，是好的，所到之處將得到幫助。

（上六）苦節，貞凶，悔亡。

〈譯〉苦于節制和自我節制，有些情況下是宗族家國存在的凶事，有時卻又能使人擺脫兇險的處境。

61、中孚

風澤中孚。巽上兌下。

中孚。豚魚吉，利涉大川。利貞。

〈譯〉得當的獲取。宰豬烹魚用于友好交往下的獲取，是好的獲取。它所獲之利，可比安渡風險莫測的河川之利。它所獲之利，是宗族家國存在之利。

（初九）虞吉——有他不燕。

〈譯〉歡歡樂樂交往中有所獲得真好，但帶來災害的獲取，不在吉利的歡樂範圍。

（九二）鳴鶴在陰，其子和之，我有好爵，吾與爾靡之。

〈譯〉鳴唱在水畔的鶴，是相喚相應的匹偶，我杯爵裡有醇美的酒，大家何不友友愛愛共同享受，有如一家聚首。

（六三）得敵——或鼓或罷，或泣或歌。

〈譯〉攻也罷退也罷，勝也罷敗也罷——不管勝方負方，彼此都將得到仇敵，這怎比得上邦國間歡樂友好的交往。

（六四）月幾望，馬匹亡，无咎。

〈譯〉婚娶傳宗接代的女人，丟掉啟車動馬的婚搶，改為友好的禮聘，彼此沒有咎殃。

（九五）有孚攣如，无咎。

〈譯〉友好往來中得當的取獲，獲得再多，也不會招來危厄。

（上九）翰音登于天，貞凶。

〈譯〉如果邦邑間不是在友好得當中獲取，而把本該用于悅神寧人的鐘鼓，變成互相擄掠的工具，讓它鳴響在喋血的戰場，那將會給宗族帶來凶傷。

62、小過

雷山小過。震上艮下。

小過。亨。利貞：可小事，不可大事。飛鳥遺之音，不宜上宜下；大吉。

〈譯〉邪惡的超越。它關係到神靈享祭的問題。這樣才對宗族家國存在有利：以邪惡的態度對待邪惡的超越，不可把邪惡的超越奉做正

道。天讓太陽鳥在人的上空啼鳴，人在上空聽它啼鳴可就錯位顛倒：上邊的位置不敢妄越亂超，吉星就會高照。

（初六）飛鳥以凶。

〈譯〉常人像飛鳥一樣上天萬萬不能，欲想超越上天定下的社會地位，必招禍凶。

（六二）過其祖，遇其妣；不及其君，遇其臣，无咎。

〈譯〉後死者祭祀之禮豐盛于其身之上男女祖先的超越沒有過錯，君臣之間的位置不超越則沒有過錯。

（九三）弗過防之！從或戕之，凶。

〈譯〉上天給人世定的位置不能卑越尊，要防止這種超越！如果放縱自己，任卑越尊，那會惹禍殺身。

（九四）无咎：弗過，遇之。往厲，必戒，勿用永貞。

〈譯〉這樣沒有過錯：低位永遠不超越高位，把言行限制在自身位置的範圍。往更高處超越自己的位置，必遭到滅國喪家的危險。總之邪惡不正的超越，不能使宗族家國永存。

（六五）密云不雨，自我西郊；公弋，取彼在穴。

〈譯〉像祖先神靈命令西風吹走祈雨之地厚集的雨云而无雨，像我們使用帶索的箭不能夠射到鑽進洞穴裡邊的獵物，邪惡不正的超越定然有求不得，空歡喜一場。

（上六）弗遇，過之，飛鳥離之，凶，是謂災眚。

〈譯〉違背天定的社會地位，妄想像鳥一樣飛越上天，那也就要自投羅網，找死，此乃所謂的不安本分必遭天譴。

63、既濟

水火既濟。坎上離下。
既濟。亨。小利貞，初吉，終亂。

〈譯〉成功渡過邊界河川，它關係到神靈是否能得到祭祀的道理。用邪而不正的方法利己利家，開始似好，最終要出亂子。

（初九）曳其輪，濡其尾，无咎。

〈譯〉合乎天意的需求滿足，險難當然不免，所以馬拉著戰車渡過了界河，雖然濡濕了身子，並沒什麼不對。

（六二）婦喪其茀，勿逐，七日得。

〈譯〉切不要追索因成功而付出的些須代價,例如戰車既過界河,獻給河神祐護安渡的婦女象徵——簪梳,就不必再追逐打撈了,它還可在集市的日子買到。

（九三）高宗伐鬼方,三年克之——小人勿用。

〈譯〉商王武丁征伐犯上作亂的那些該死的邦邑領主,年年歲歲都勝利必獲——這是他不用卑種賤族出身之人統帥軍隊的緣故。

（六四）繻,有衣袽,終日戒。

〈譯〉為合乎天意之需求而越界渡河的軍事行動,成就了商族啊,但也應當終日戒備天意厭惡的非分覬覦。

（九五）東鄰殺牛,不如西鄰之禴祭;實受其福,[吉]。

〈譯〉鄰東邑邦殺牛、鄰西邦國奏樂,都在祭神,但得到的結果卻不一樣,因為神靈只降福給行為合乎自己心意的人。有合乎神靈心意的德性才會受到吉祐。

（上六）濡其首,厲。

〈譯〉越界過河的需求戰爭不合神靈的心意,一如大水濡濕了渡河者頭,真是危險。

64、未濟

火水未濟。離上坎下。

未濟。亨。小狐汔濟,濡其尾,无攸利。

〈譯〉不成功的越界渡河。它關係到神靈祭祀的問題。策動違背天意之不正當的需求戰爭,使用葫蘆承載戰馬拖車越界渡河,沒有長久的好處。

（初六）濡其尾,吝。

〈譯〉車馬越界渡河為了不正當的需求,即便渡過了河川,也很危險。

（九二）曳其輪,貞吉。

〈譯〉正義戰爭驅動車馬越界渡河,才是宗族家國存在的好事。

（六三）未濟——征凶,利涉大川。

〈譯〉不驅動戰車越界渡河,深知不義之戰是凶事,方有安渡凶河險川之利。

（九四）貞吉,悔亡:震用伐鬼方三年,有賞于大國。

〈譯〉這樣的成功有利于宗族家國的存在，也沒有危險的後遺症：統兵要用有資格的人，如商帝武丁許多年在迫不得已的情況下，征伐該死的犯上作亂的邦邑領主，他用的建功立勳者，都是正正宗宗的邦國領主、管君。

（六五）貞吉。无悔，君子之光，有孚，吉。

〈譯〉這樣的成功是宗族家國存在的好事，也沒有危險——有正統貴族領主、管君之風的獲取：獲取的有德性，合天意。

（上九）有孚于飲酒，无咎；濡其首，有孚，失是。

〈譯〉獲得乃是邦國間友好交往的結果，這无可指摘；如果靠著眼前取勝、本質上永遠不會成功的掠奪之戰而越界渡河，最後收穫將如大水濡濕了渡者的頭，沉沒不見了。

《易經》裡的秘密．《易經》今釋

上經

01、乾 ䷀

乾為天。乾上乾下。
乾。元亨，利貞。

初九：潛龍勿用。九二：見龍在田，利見大人。九三：君子終日乾乾，夕惕若；厲，无咎。九四：或躍在淵，无咎。九五：飛龍在天，利見大人。上九：亢龍有悔。用九：見群龍无首，吉。

彖曰：大哉乾元，萬物資始，乃統天。云行雨施，品物流形。大明始終，六位時成，時乘六龍以御天。乾道變化，各正性命，保合大和，乃利貞。首出庶物，萬國咸寧。

象曰：天行健，君子以自強不息。
乾。元亨，利貞。
釋「乾」：
《易經》（以下簡稱《易》）成書于商代末期（乾圖1），「乾」是它的篇名。它的篇名，自古習慣稱之以「卦」，如「乾卦」「坤卦」等。
古字中的「乾」，和「星」字構形的基礎相似，在象形上皆突出了星星的特徵（乾圖2）。
至少在《易經》產生之前的三四千年，中國的大部分地區已經進入了農耕社會。農耕社會生產的重要特徵，是不失農時。不失農時的根本保證是觀察天象，而地球圍繞太陽運轉時的太空各個時段呈現之星象，就成了依據。從此，「夜觀天象」也成為中國超人必具的能耐。

乾·圖1：商周器物上的筮數「乾」卦。

1：《三代吉金文存》載《父乙角》銘文上的「乾」卦。

2：《三代吉金文存》載《小臣卣》銘文上的「乾」卦。

3：《三代吉金文存》載《祖丁觶》銘文上的「乾」卦。

4：《三代吉金文存》載銅盉上的「乾」卦（見蔡運章《商周筮數易卦釋例》，載《考古學報》2004年2月）。

乾·圖2：

左：《說文》籀文「乾」。

中：金文「星」（《麓伯星父簋》）。

右：甲骨文「星」（《前》七·二六·三）。

　　《乾》卦是觀察星象以定農時的一種依據，依據的星宿是龍星。龍星即二十八星宿之東方蒼龍七宿（乾圖3）。當然，「東方蒼龍星宿」的得名，是先有了地上龍圖騰的認定，然後才附會到了天上。傳統認為：東方屬木，木色青，青即蒼，東方配龍，所以「東方蒼龍」。

　　請注意這點：雖然古人以「木」和「龍」屬配東方，但「東方蒼龍星宿」卻不是歲星。歲星是木星，因為龍屬木，所以歲星也叫龍星。和歲星運行相反的太歲星也有「龍」的名字[1]。

　　觀察東方蒼龍七宿以定農時，大概是伏羲、女媧集團（高辛氏）的發明。傳說伏羲、女媧的後代、殷商民族的祖先闕伯，曾為黃帝之後、帝堯陶唐氏集團（在西元前2400年左右）的「火正」（「正」，相當于「官」「師」）。闕伯「夜觀天象」以定農時的關鍵，是蒼龍星宿的

---

[1] 漢王充《論衡·難歲》：「太歲，天別神也，與青龍无異。」宋周密《癸辛雜識後集·龍有三名》：「王莽銅權銘『歲在大梁，龍集戊辰』者，以歲為歲星，龍為太歲也。」

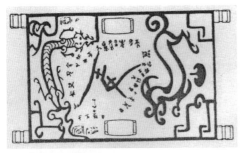
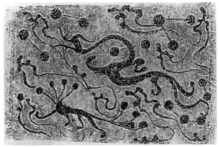

乾・圖3・古代圖像中「東方蒼龍星宿」的幾種形狀。

乾・圖4：
左：金文中的「商」（《秦公鎛》）。
右：金文中的「參」（《克鼎》）。

　　據《左傳・昭西元年》載：高辛氏的兒子閼伯、實沉日日爭斗不休，于是高辛氏「遷閼伯于商丘，主辰，商人是因，故辰為商星；遷實沉于大夏，主參，唐人是因，以服事夏商」。圖中金文商、參，它們構形的基礎，皆有象形星星之處。商星是商人圖騰星的代表；參星是唐人圖騰星的代表。高辛氏即帝嚳、帝俊、帝舜、伏羲氏——它們當是一個族係不同時段的族號。

　　商星即東方蒼龍七宿的的心宿。顧名思義，「心宿」則為蒼龍七宿的心臟，因此它可以借代蒼龍星宿。甲骨文之「文」有一體正面文身人的象形字，其文身的內容乃一「心」字——實際此「心」應當是會意蒼龍七宿所對應的龍圖騰。後面將有圖像證明：商王族的代表人物穿袞龍衣，當他們進行某種祭祀的時候，則裸體而文身。

心宿。心宿由三顆星組成，三顆星中間的較大，編號為「心宿二」；心宿二又名「商星」「大辰」「大火」「鶉火」「流火」──古詩中「七月流火」即指大火星約在秋分時節黃昏偕日欲落的狀況[2]。東方蒼龍星宿是殷商民族的圖騰星，據《左傳·襄公九年》載，商人認為大火星能兆示禍敗的發生，所以十分迷信，並認為商王族的人死後，靈魂都要回歸到大火星的附近，所以大火星又有「商星」的名字（乾圖4）。

東方蒼龍星宿七宿分別為：角、亢、氐、房、心、尾、箕。

相傳孔子為《易·乾》卦作的《象傳》裡「時乘六龍以御天」的「六龍」，指蒼龍星的角、亢、氐、房、心、尾六宿。據此，聞一多解釋為：

卦中除去《九三》沒有說到龍，其他言及龍的地方有六處；六處的《九四》「或躍在淵」，雖然沒有明確言及龍而實也言龍。

乾·圖5：
上排圖：安陽小屯出土；
下排圖：安陽四盤磨村出土：擬龍頭、人頭同體的神像。

或曰此像為藐視禮節而箕坐的人像。實際應為擬龍、人同體的神像。這種兩頭一身的神像格式多見于史前玉雕。如良渚文化的神人與龍一體、石家河文化的神人與蛙同體等。只不過良渚文化、石家河文化之兩頭一身者為想像中的神靈，此兩頭一身為神巫扮裝──作為龍頭的面具在其兩腿之間。

這種偃仰且雙手倚地、雙腿箕踞的動作，在周代被視為无禮，但在商代是通神的姿態。雙手抱膝而箕踞的動作，在商代也是通神的一個動作。

《九二》「見龍在田」，「田」即天田。《史記·封禪書·正義》引《漢舊儀》：「龍星右角為天田。」當蒼龍之角星、天田星初昏同現于東方之時，曰「見龍在田」，乃為春分登天之龍。《說文》：「龍……春分而登天。」《九五》「飛龍在天」，說的也是是春分之龍星：此時蒼龍之體盡現于南天，所以是「飛龍在天」。

───────────────

[2] 《詩經·豳風·七月》「七月流火」；毛傳：「火，大火也；流，下也。」

乾·圖6：河南洛陽出土西漢中期太陽樹兩旁蒼龍星的象徵——龍馬（右為局部。青島崇漢軒漢畫博物館藏）。

　　畫面上的馬非凡馬：它生著翅膀，能飛翔于天；它接近後腿的腹間有鳳鳥鳥頭之紋，那是此馬乃龍的曲說——「龍非鳳不舉」的古老認識，在刻畫此馬的漢代，仍然深深地被人們記憶。

　　看《山海經·海內經》說黃帝之後「駱明生白馬，白馬是為鯀」之「駱明」「白馬」，似乎夏朝已有馬崇拜的意思。《竹書紀年》載夏朝帝相十五年（西元前二十世紀初）「商侯相土作乘馬」，說馬匹開始與戰車相配，更是馬匹被崇重的說明。相土即商祖契之孫。出土的圖像表明商民族崇拜馬匹，馬匹已入多圖騰當中，成為「龍類」（參見《晉》卦圖3）。馬成為「龍類」，也許和商民族崇拜龍星也有密切的聯繫：東方蒼龍七宿第四星叫房宿，又叫房駟、天駟，《爾雅·釋天》：「天駟，房也。」《注》：「龍為天馬，故房四星為天駟。」《史記·天官書》「房為府，曰天駟」《索引》：「房為天駟，主（管帝王）車駕。」這幀畫像磚之馬背上有星星的表示，正是《星經》上《房宿》載房宿自身也有星四顆組成之謂。

　　按傳統認識，雙數為陰；東方七宿任何一宿都可以代表整個的蒼龍星宿，所以這畫像磚上的兩匹馬在代表七宿的基礎上進而代表夜晚。按傳統認識，單數為陽，畫像磚上太陽樹和三隻太陽鳥代表白晝——夜陰晝陽，在一個畫面裡呈現，是在寓意陰陽和諧常住。

　　由此圖來看，後人在詩歌中往往好將《易經》裡「時乘六龍以御天」想像成六馬行天，有一定的根據。

　　《說文》：「龍……秋分而潛淵。」說的也是龍星。《初九》「潛龍勿用」，《九四》「或躍在淵」，說的是秋分之龍星。當蒼龍星主體繫于日時，天空中的龍體伏而不見，故曰「潛龍」「或躍在淵」：此為秋分潛淵之龍（按：聞一多先生釋「或躍在淵」為秋分潛淵之龍似失。詳見下釋）。

　　當太陽運行的度次到角、亢二宿，天空中蒼龍的角首伏沒不見之時，曰「群龍无首」。《上九》「亢龍有悔」，「亢」有直義，「亢龍」即直龍。《用九》「見群龍无首，吉」，「群」讀為卷，「群龍」即卷龍。卜辭中「龍」字有尾交于首，屈身如環的形狀，或所謂「卷龍」。「卷龍」其狀如環无端，不辨首尾，故曰「无首」（不見首）。龍欲捲曲，不欲亢直，故「亢龍」則「有悔」，「見群（卷）龍无首，

吉」³。

為什麼《象傳》言及的蒼龍之體僅含六宿而沒有箕宿呢？

細看箕宿四星相連呈簸箕之形，與龍體形狀无關——難道這簸箕之形的星宿，是在擬形箕坐的人，而非簸箕？于是我想：

商代箕坐的人像在河南安陽四盤磨村出土過，那是個服裝飾眼睛紋、兩跨間有龍首紋的人像——這姿勢應是在作法通神（乾圖5）。推測《九三》「君子終日乾乾；夕惕若」或與箕宿有關：箕宿對應人間作法通神以面對龍星的人，即《易》產生時代，代表商王族倚恃「六龍」的人，亦即「仰則觀象于天」依據「六龍」以定時的「君子」（乾圖6）。

在商代，「君子」是邦君領主，是社會的管理者，是身份與龍圖騰相若而位置可與龍圖騰互換的人，正是上應東方蒼龍七宿之箕宿的人。例如商王武丁的宰相傅說，就可能是一位負責觀察「六龍」以定時的人。相傳傅說曾在傅岩之野為版築工，被武丁訪得，舉以為相，從而出現了殷商的中興局面。《星經·宿尾》載：「傅說一星，在尾（東方蒼龍七宿的尾宿）第二星東，二寸小者是其星。」傅說死後化星於尾、箕之間的事，或可為「君子終日乾乾；夕惕若」對應箕宿的參考。如此說可准，那麼商代「仰則觀象于天」的人，每臨觀天可能得有一種箕踞的儀式，觀天的工具可能是「式盤」⁴（詳見《乾·九三》釋）。

東方蒼龍七宿是古人觀察時節的依據，古人對它的崇拜，和龍圖騰不別。蒼龍星是殷商民族的圖騰星。

3　聞一多認為：當日躔角、亢二宿，天空中蒼龍的角首伏沒不見之時，曰「群龍无首」。「《史記·天官書》：『東宮蒼龍，房、心。心為明堂，大星天王，前後星子屬。不欲直，直則天王失計。』是龍欲曲不欲直，曲則吉，直則凶。《上九》『亢龍有悔』，《用九》『見群龍无首，吉』，亢有直義，亢龍猶直龍也。群讀為卷，群龍即卷龍。《詩·九罭》毛傳：『袞衣，卷龍也。』《說文》：『袞，天子享先王，卷龍繡于下常，幅一龍蟠阿上鄉。』卜辭龍字或尾交于首，屈身如環，殆所謂卷龍歟。卷龍其狀如環无端，不辨首尾，故曰无首，言不見首耳。龍欲捲曲，不欲亢直，故亢龍則有悔，見群（卷）龍无首則吉也。《易》義與《天官書》相會。《乾卦》所言天象，所謂『仰則觀象于天』者是矣。」見《聞一多全集·古典新義·璞堂雜識》。三聯書店1982年8月。

4　《莊子·大宗師》：「夫道……傅說得之，以相武丁，奄有天下，乘東維，騎箕尾，而比于列星。」「乘東維」，對照《釋文》「箕斗之間，天漢津之東維也」，推知「乘」乃倚恃之意，「東維」或據「八幹四維」而言，乃指古代式盤之地盤上所標示東方蒼龍星宿銜接北角的東維。東、西、南、北為四方，四方之隅叫「維」。式盤，我國古代推算歷數或占卜的工具，分天、地盤，天盤圓形，地盤方形；地盤上有「八幹四維」，每兩維間有二十八宿的七個星宿。若是，「乘東維」則是借式盤的東北方位置，以傳說代表商王族倚恃「六龍」的操作人，亦即觀察星象以定時的「君子」，而伏羲八卦之「東維」，正是《易經·說卦》「帝出乎震」的方位。

「乾」，馬王堆出土的《帛書易經》（以下簡稱《帛》）作「鍵」。「鍵」即「《象》曰：天行健，君子以自強不息」之「健」的通假字。

「健」，康健；似指男子的性器官，雖然字典上沒有這樣的確解，但「乾道成男，坤道成女」的古老觀念卻有暗示——《坤》卦涉及雌性生殖器，和它相對的「健」呢？漢代學者劉熙認為：凡是同音或聲音近似的語詞，在意義上就有互相聯繫的地方[5]。如「鍵」——門插栓；「楗」——令物堅挺而加筋加骨之謂；「犍」——種牛，其生殖器至今稱「犍子」；「建」，建樹，樹立之義，又，插入犁箭木決定犁頭入土深淺的栓子叫「犁建」；「健」——人能勃起是健康的第一特徵，日本民諺有「晨不勃起者不可貸以款」，今山東濰坊一帶年輕光棍歎性饑渴的話為「過健年」等等。它們是聲音近似的語詞，其在意義上的互相聯繫，似能說明「健」指男子的性器官。正因為如此，《乾》卦裡說及的龍，至今仍被民間喻男子的性器官。如，今山東一些農村還習慣稱小孩的陰莖為「小龍」，一些城市裁縫還習慣稱男褲的小便口為「龍門」。知道這些，才能明白《坤·上六》「龍戰于野，其血玄黃」之「龍」比喻的是男人。

釋「元亨，利貞」：

漢代學者鄭眾、賈逵等認為這段卦辭是周公作的[6]。這四個詞應該是卦名「乾」的評介語。《易》的卦名、經辭、爻辭均有類似統括性的評介語，它們多提示被評介事物的吉凶屬性。

「元」，商代金文象形突出了腦袋的側面人，本義是指人的頭，這裡用其本義。

「亨」，即享，甲骨文象形建築在大台基上的廟堂；在《易》產生的時代，國家大事除了關係國家存亡的戰事之外，就是關係宗族凝聚的祀事。祀事的內容是祭祀祖先、鬼神，如果祖先、鬼神按時享受到了子孫後人的祭祀，首先是一個宗族仍然存在的標誌。所以《易》當中的「亨」字，无不和這種意識有關。換句話說，「亨」就是宗族國家存在的代詞。

5　見劉葉秋《中國字典史略》54 頁。中華書局 1983 年 6 月。

6　見《左傳·昭公二年》「見《易》《象》與《魯春秋》」疏。

「元亨」，乃祖先能夠得到後人祭祀為首要之意。

排列《易》各卦就會發現，卦名下凡標明「元亨」字樣的，其內容在當時重要的程度，要高于標示「亨」「小亨」的，而不標這三種字樣的，內容重要的程度，又次之。《易》六十四卦標示「元亨」的有好幾卦，除《乾》而外它們是：

說生殖之重要的《坤》；

說聘婚之必要的《屯》；

說使用車輛之利害關係的《大有》；

說解放個別奴隸代為經商之結果的《隨》；

說繼承非分事業會帶來禍祟的《蠱》；

說兵戎臨視屬下邦邑之原則的《臨》；

說統治者行為準則的《无妄》；

說革命應當遵守天意的《革》；

說永葆國家存在之道的《鼎》；

特別還可以把強調獲取標準的《需》也算在當中，因為它卦名後面的「光亨」，很可能是「元亨」之訛等等。

相比較而言，那些不標「元亨」「亨」「小亨」的，它們許多內容是被標示者的復述再論。

「貞」，貞卜；甲骨文的「鼎」字即「貞」字。卜辭裡用今天眾所周知鼎之本義處很少，《說文》：「古文以貞為鼎，籀文以鼎為貞。」學者們一般認為「鼎」借為「貞」。估計商代貞卜用的甲骨必需事先加工，刮肉煮骨，使之脫脂脫膠，以為定型，而煮骨脫脂脫膠的重要過程，也靠鼎的神聖得以進行的；也或占卜過程與鼎有關，乃至鼎就會意貞卜，鼎的使用意義與啟用通神貞卜相類。

《禮記・喪禮》：「殷人尊神，率民以事神，先鬼而後禮。」看那時的卜骨，皆涉及商王族為自身、國家大事告求鬼神的內容，因此可以說那個時代的貞卜，是商王族宗族家國存在的基本活動，所以「貞」除特別的情況下借代「生」「生活」「生存」之外，其餘多借代「宗族家國的存在」來使用（詳見《易・坤》「利牝馬之貞」釋）。所謂「利貞」，即利于宗族家國存在的另種說法。

「元亨，利貞」可以如此解釋：觀察時節依據東方蒼龍七宿之《乾》，是祖先神靈能夠得到後人祭祀的首要條件，是利于宗族家國存在的條件。

初九：潛龍，勿用。

象曰：潛龍勿用，陽在下也。

釋「初九」：

「初」，按傳統的解釋，《易》的每一卦都由此組成：

「卦畫」；

「卦名」（又稱「卦題」，它是每一卦的論述核心，如本卦的《乾》等）；

「卦辭」（指卦名後的辭，它用于補充、比喻或直釋卦名的含義，其中最常見的是提示吉凶屬性的評介用語，如本卦的「元亨，利貞」等；偶爾還有怎樣對待來求卦者的指導，如《易・蒙》等）；

乾・圖7：商代玄鳥造型的青銅彝器。

「天命玄鳥，降而生商」。商代的玄鳥又可稱為「龍鴞」「鸞鴟」「龍雞」，它的圖像特徵是：翅膀上必盤以龍蛇，或象徵龍蛇的旋渦紋。這隻以貓頭鷹為本鳥的玄鳥不但翅膀盤以龍，而且脖子上還有商代象徵龍的龍鱗紋。它就是商族信仰中巡天的太陽鳥。

龍（蛇）陰，鳥（鳳）陽。成熟于商代的「龍中有鳳、鳳中有龍」的龍鳳圖像——即龍的身上有鳥類的特徵，鳳的身上有蛇、水族類的特徵，是「陰中有陽、陽中有陰」之理念的典型表現。

A：商代的玉龍。

B：商代青銅器上的「龍」字。

C：商代生著鴞鳥覆毛爪的龍紋。

「爻題」（指卦中「初九」「九二」……「初六」「六二」……等標誌）；

「爻辭」（爻題下所屬的辭，如本卦《初九》下的「潛龍勿用」等）。

C

商代的「龍」字承襲史前含山凌家灘文化、紅山文化之龍圖像,皆為「C」「S」形。

中國龍的最大特徵乃造型上「陰中有陽、陽中有陰」的強調,較明確的是紅山文化開始的龍圖像:它們一般是鳥(陽,鳳鳥)的特徵在頭上,蛇(龍,陰)的特徵在軀幹。如鴞首蛇軀「C」形龍,雞首蛇軀「S」形龍等。

A圖為「C」形龍,B圖「S」形龍;其以蛇軀代表陰,以麋鹿冬至以後始生的肉茸角代表陽。

C圖的龍生著有覆毛特徵的鴞鳥爪子,以見商代的「龍中有鳳、鳳中有龍」的龍圖像特徵。

乾·圖8:甲骨文「九」(《存》一九一九)、「旬」,(《合集》一一四八二;《合集》三七九〇三),金文「旬」(《王來奠新邑鼎》)。

卦畫是由陰(--)陽(一)符號排列組成的,排列的次序由下向上,「初」是卦畫最下面的位次,由最下面上數到最上面的位次,則換稱為「上」;位次分別為「初」「二」「三」「四」「五」「上」。

古人以單數為陽,雙數為陰;「九」代表陽爻(一)、「六」代表陰爻(--)——陰爻、陽爻只是爻的屬性,除此而外很難看得出什麼微言大義。

史前中國就有明確的「陰中有陽、陽中有陰」之觀念。在商代代表陰物的龍中有鳳、代表陽物的鳳中有龍;龍(蛇)鳥(鳳)二者生了日月之跡象在出土的圖像中不難尋到。「九」和「六」的變化,是「陰中有陽、陽中有陰」這一領先世界民族認識論的流露。

甲骨文的「九」象形伸爪「S」形龍。過去多認為它象形有手的人臂。我認為,甲骨文造字必有一個造字的環境(以下簡稱「字境」),「九」的字境和龍圖騰之帝俊生十日、一日巡天九日待崗的信仰有關。

巡天的鳥可以稱為「龍鷦」「鸑鷦」「龍雞」（乾圖7）[7]。待崗的龍鷦亦有龍性，故而「九」有之「S」筆劃。甲骨文凡涉及龍的字，筆劃均帶有古圖像龍軀造型「C」或「S」的特徵，如和帝俊換位之龍圖騰生的十日為「旬」，這象形龍抱日的「旬」字筆劃就有「C」狀（詳見《益‧六四》釋。乾圖8）。甲骨文「六」象形尖頂房屋的剖面圖。

《易》由八個單卦交替組合而成六十四個重卦，重卦的六個爻，可視為陰陽形態的卦文索隱標識。

釋「潛龍，勿用」：

「潛龍」，隱伏的蒼龍星。蒼龍星宿分別為：角、亢、氐、房、心、尾、箕。除箕宿而外，其他六宿像一條南為頭北為尾的龍。古人根據這條似龍之星群各組星的位置變化，來判斷節氣。當蒼龍星主體繫于日時，空中龍體潛伏不見，這時的時節是秋分。

「勿用」，指秋分之後，直到明年春分之前，蒼龍星龍體潛隱，勿再利用察時定節。

農曆六月黃昏，蒼龍星的心宿二亦即大火星現于中天，大暑後漸漸移位退伏，表明季節更換，夏去秋來——時至秋分，蒼龍星龍體隱沒。這時段古人稱為「伏火」。北周庾信《奉和初秋》詩：「落星初伏火，秋霜正動鐘。」

《坤‧初六》的「履霜，堅冰至」，節氣之標識「霜」，正為「潛龍勿用」後的季節物候。

九二：見龍在田，利見大人。

象曰：見龍在田，德施普也。

釋：「見龍在田」：

「田」，天田星，古人認為教人種百糧的稷神居住在上面[8]。古人把它與蒼龍星宿的角宿相互參照來判斷節氣。當角宿、天田星初昏現于東方之時，時令已至春分。

7　見《爾雅‧釋鳥》「狂茅鴟」清郝懿行義疏。

8　《史記‧封禪書‧集解》引張晏曰：「龍星左角曰天田，則農祥也，晨見而祭。」《正義》引《漢舊儀》：「夏則龍星見而始雩。龍星左角曰天田，右角曰天庭。天田為司馬，教人種百穀為稷。」按：商代的稷神叫柱，繫炎帝烈山氏之後。周代稷神為棄，繫周人的祖先（見《左傳‧昭公二十九年》）。一般人往往將這兩個稷神混為一談。這裡「田」為商代居住稷神柱的天田星。

釋「利見大人」：

「大」，《易》以其組詞的除「大人」外還有：「大川」「大君」「大師」「大有」「大過」「大壯」「大輿」「大首」「大吉」「大蹇」「大作」「大牲」「大號」「大事」「大國」等；它和《易》裡的「小」一樣，往往不是量詞，一般有隆重、高端、標準、正統、應當等意思。

「利見大人」一詞在《易》中僅幾例，稍一歸納，便曉其義。

《訟》：「利見大人，不利涉大川（訟事是凶事，既便贏了它，得到的也不是安渡真正河川般的順利，它僅僅只是『利見大人』）。」

《蹇》：「利西南，不利東北；利見大人（經商讓貨殖貨、錢生錢有利，戰爭掠獲則无利；商人離鄉辭國出外買賣，『利見大人』）」。

《蹇·上六》：「往蹇來碩，吉；利見大人（外出經商很艱難，卻換來了家國的豐碩，這是吉利的；但經商之中『利見大人』）。」

《萃》：「王假有廟；利見大人（王借著人民聚結擁戴而得有國家；但聚結之事『利見大人』）。」

《升》：「用，見大人，勿恤（築城、攻城之道，『用，見大人』則沒有可怕的後果）。」

《巽》：「利有攸往，利見大人（讓順服的奴隸代為經商，所去之處有利，但所到之處『利見大人』）。」

顯然此「大」，即《泰》「小往大來」之「大」，有正統的意思——它是人品行、地位的評語。「人」，在《易》中它不包括奴隸，換言之，奴隸不是人（詳見《蒙》注）。

「利見大人」，即利于交往正統的人。「正統的人」含「君子」在內，並不包括「小人」（關于「君子」「小人」的概念，下文屢有解釋）。

這一爻說天田星顯現的春分之後，氣候始適人，應該合乎天時，離室出居，來往交際，但只利于與正統的人交際。

九三：君子終日乾乾，夕惕若，厲，无咎。

象曰：終日乾乾，反復道也。

釋「君子」：

在《易》中「君子」的含義與後世有很大的不同。其與「小人」相對，而「小人」的含義與後世也有很大的不同。

《解·六五》「君子維有解，吉：有孚于小人（「君子」解放可

信託的奴隸，讓他們代為經商，是吉利的：「君子」會在上升為「小
人」的他們身上獲得好處）。」──我們從此爻中得知，「小人」的
「小」，乃《泰》「小往大來」的「小」，有邪、不正統的意思，「小
人」則為身世、來歷邪曲不正的人（如靠技藝、才智獲得自由的奴隸
等。關於這些，隨釋文發展，將有分析），相反，「君子」必是出身、
家世均有公認之正統來歷的人，而且是一邦一邑有資格的統治、管理
者。

　　《大壯·九三》：「小人用壯，君子用罔，貞厲（『小人』使自己
強大了，對此『君子』卻不用使自己強大的方法，這將給宗族家國的
存在帶來危險）。」──顯然《易》時代國家結構的特點是，商王等大
領主有許多邦邑，並不都有固定的世襲統治者，而是經常更換人員去統
治、管理。這更換中的人員，照常規是貴族身份的「君子」。上引《大
壯·九三》說明「小人」是那時新上升的統治勢力，又說明「君子」是
傳統的統治勢力，這兩種勢力已開始競爭邦邑的統治之權，使傳統人員
更換的常規不常。《易》的編著者當然站在傳統一面為「君子」吶喊。

　　甲骨文「君」字上部象形手（又）持筆，為「尹」字──「尹」為
古代部落發號施令的尊長，故而又從口。卜辭有「多君」一詞（《存》
一·一五〇七），指活動在商王左右、地位較尊、屬于史官之類的人。
那時史巫的分工並不明顯（如《巽·九二》：「用史巫紛若，吉，无
咎。」），大概神、政合一、一方一邑的統治、管理者即便不是史巫，
也一定與史巫的工作關係密切。從《履·六三》之「武人為于大君（靠
動腳出身變成『人』的人，竟然成為管理邦邑的高端之君）」的用意分
析，《易》所謂「君子」的資格，當指有文化修養、通巫史的貴族。
可能「君子」的「君」，亦含有爵位的成分（其指卑于王而位于君的爵
稱[9]）。

　　釋「終日乾乾，夕惕若，厲，无咎」：
　　「乾乾」，對照「夕惕若，厲」生義，指用心觀察天象的樣子；今
天口語加強語氣時，每會重復一個字或詞的狀態與此近似。如：整日天
象啊天象啊、終日發財啊發財啊等等。

9　　參見李學勤《灃西發現的乙卯尊及其意義》。載《文物》1988 年 7 月。

「惕」，憂。「若」，語氣詞。「夕惕若」，整天留心天象的昭示，每到夜晚來臨，擔憂星宿出現異乎尋常的變化，以致似臨什麼樣的危險。從卜辭《合》二六二「月庚從斗，征雨（月亮在庚日那天與北斗並行，將繼續下雨——月、斗相並，和雨聯繫在一起了）」中可知，商代人認為人間的吉凶禍福，與日月星辰運行的天象有關。

「厲」，指「終日乾乾」不省心、很麻煩。此爻旨在說「君子」應夜觀察天象，從而根據上天的昭示指導、調整自己的行為。

「无咎」，君子日日夜夜擔憂天象的變化，有順從天意、居安思危的意識，這沒有什麼不好的。

九四：或躍在淵，无咎。

象曰：或躍在淵，進无咎也。

釋「或躍在淵」：

此爻乃「龍或躍在淵，无咎」的節略文。

聞一多據《說文》「龍，春分而登天，秋分而潛淵」之說，認為「或躍在淵」說的是秋分之龍星，為秋分潛淵之龍。並認為：「當蒼龍星主體繫于日時，天空中的龍體伏而不見」，故曰「潛龍」「或躍在淵」。

按：「躍」字有跳起之義，正所謂「鳶飛戾天，魚躍于淵」——魚由水中跳起，人們自然可以看到，相反「潛淵之龍」則不能看到。「躍」，或可通「耀」，指星光升耀。

「淵」，淵虞。古人將一日一夜分為十五時，其名稱為：晨明、朏明、旦明、蚤食、晏食、隅中、正中、小還、餔時、大還、高舂、下舂、懸車、黃昏、定昏。《淮南子‧天文訓》：「日出于暘谷，浴于咸池，拂于扶桑，是謂晨明……至于淵虞，是謂高舂。」太陽待到「淵虞」，正是「高舂」之時，也就是下午六點多鐘的時候。時令差幾日到春分，大火便在初昏時刻裡閃現于東方。例如西元前三七○○年春分前五日大火黃昏見于東方[10]。「大火」，蒼龍星心宿的另一名稱。

10　見馮時《河南濮陽西水坡 45 號墓的天文學研究》。載《文物》1990 年 3 月。

釋「无咎」：

蒼龍宿之中的大火星，沒到春分已經于初昏時閃耀于東方，其授時逼近準確，也是正常現象，不必為此擔憂害怕。那時人對星宿的異常現象必很恐懼，所以這裡說大火提前出現是天意，不必為之驚恐。

一年之中唯春分、秋分兩天白晝黑夜的時間同等長短，文獻載「玄鳥司分」，即玄鳥主管著年年日夜長短的規律，相形之下，龍星之大火配合著玄鳥職事體現出春分、秋分的物候特徵，所以商代以玄鳥為圖騰之鳥，大火星為圖騰之星——「天命玄鳥，降而生商」，大火星又名商星。

九五：飛龍在天，利見大人。

象曰：飛龍在天，大人造也。

釋「飛龍在天，利見大人」：

當蒼龍之體盡現于南天時，即「飛龍在天」的時候，是萬物復蘇的時候，這時人當順應天時，外出活動交往，但利於正統的人活動交往。

「飛」升起。「天」，一字雙關，指天空，又指天的南方。《易》為商代之作，使用的是伏羲八卦方位——天南地北，南方為天的方位。文王八卦方位西北為天，西南為地。也許商代以前，人們有順從自然冬季蟄藏的規律，秋後春前不離戶外出交往。

上九：亢龍有悔。

象曰：亢龍有悔，盈不可久也。

釋「亢龍有悔」：

聞一多說：「《史記・天官書》：『東宮蒼龍，房、心。心為明堂，大星天王，前後星子屬。不欲直，直則天王失計。』是龍欲曲不欲直，曲則吉，直則凶也。……亢有直義，亢龍猶直龍也。」蒼龍星宿排列成為直線之狀，是不正常的，所以「有悔」。

「亢」，今山東方言說人性直乃為「直亢」（「亢」音剛，直的意思）。「龍」，古代龍蛇圖像鮮有直軀的；商代以前的龍蛇圖像軀體不為「C」形，則為「S」形；商代圖形中也常見以旋渦紋借代龍的現象。「有悔」，有災難危險。

用九：見群龍无首，吉。

象曰：用九，天德不可為首也。

釋「用九」：

與其他卦相比，此除了共有的六爻之外多出這一爻，而《坤》多出了「用六」一爻。

我認為在商代以前，《易》由陰陽符號配合而成的卦畫，可能主要是一種檢索需要的標示，所謂爻題、爻文的連屬並非本來就有，極可能是所謂「文王演周易」之後強加連屬的，其目的也許為了便宜使用自己既定方式的筮占，更可能也在完成一種自己的政治謀略。

就為了便利筮占而言，《易》多了六爻以後的筮占，每筮得一卦，又求變卦。一個卦的卦畫，只要變動一爻，就成了另一卦的卦畫。像《左傳》中稱作「乾之同人」者，就因《乾》的第二爻由陽變陰，成了《同人》。在這種情況下，斷卦人往往就引《乾》的第二爻「九二」來論吉凶。筮卦本求解決尚處于神秘階段的問題，然而神秘的本質又是以不可知為前提的。所以作為筮卦的辭語，總得有些似倫非類的模棱，以使求筮人產生的「郢書燕說」式的理解。欲達到這點，筮卦的辭語就必須核心單一、以與所解決問題求得比附上的簡單可行。假若筮卜到「遇乾之坤」，其解決問題吉凶的具體比附辭語，由通常的一個爻變多了幾倍，不免散漫而難一一比附，所以這就有必要加上個「用九」，使供比附的辭語因窄狹而趨模棱，以更好地達到求卜、施卜彼此認同的可能（《坤》的「用六」亦同此式）。

就為完成一種政治謀略而言，周文王、周武王蓄謀推翻商朝已久，他們的謀略體現在《易》核心的改變上。例如，他們將《易》依靠的陰陽順序進行了顛倒：他們將水、北顛倒為陽，火、南顛倒為陰。不要小覷了這一顛倒，它在當時造成的思想動盪不可言喻——也許西元20世紀將資產視為罪惡、貧窮奉為光榮的思想後果可以比擬。

周人能顛倒《易》所依賴的陰陽，自然不能對《易》中體現的商族傳統的道德觀念无動于衷。但是《易》畢竟是那時中國文化信仰的核心，否定了它，无疑是否定了信仰核心。然而它的道德標準，恰恰是對周人推翻商朝行為的束縛。既要傍大款那樣傍《易》，又要將《易》之道德无礙于己，于是，周人便用了設置爻題並將爻題連屬一定卦文的斷章術，讓爻題下的爻文意義獨立，從而可以比附求卜者的問題，以得出「郢書燕說」式的結果。

釋「見群龍无首，吉」：

「群」，對照「无首」生義；與《渙‧六四》「渙其群」的「群」義同，指環合之狀。「群龍」，龍體環合而難辨首尾；婉言龍體捲曲。聞一多釋其為「卷龍」，很正確。古人描摹物象很著重特徵刻畫。自然形態的龍蛇特徵，就是捲曲著，首尾難別（乾圖9）。「无首」，指日躔角、亢二宿，天空蒼龍星之角首伏沒不見的狀態。

乾‧圖9：內蒙古翁牛特旗紅山文化遺址出土的玉「C」形龍。

「C」形龍的蛇軀代表陰，龍頭上鳥的翎毛代表陽。當時標準的龍圖像一定要體現出「陰中有陽、陽中有陰」的特性。

古代魚為龍類，可以借代龍。這件玉雕上有四條魚和兩條龍，即《易經‧彖傳》之「大明始終，六位時成，時乘六龍以御天」的「六龍」。玉佩的龍和魚之間有一個首尾相連的蜷環，當是《乾‧用九》「群龍无首」形象的理解。另外，兩隻鳥是司管春分、秋分的玄鳥，因為六龍御天的時段在二分之時。

A

A：商代青銅彝器上的卷龍。

「吉」，商王族的祖先大昊（帝俊、帝嚳、伏羲氏）以龍為主圖騰，蒼龍星宿自然就是龍圖騰在天空的虛擬形象；「群龍无首」是龍圖騰本體之龍蛇的常規，從而借說龍圖騰之商王族的天下永遠正常，吉利不已。

有說甲骨文「龍」字本像蒼龍星宿。這也等于說，蒼龍星宿的命名，是因其與地上的龍蛇特徵相似。

B：湖北荊州院牆灣一號戰國中期楚墓出土的六龍御天玉佩（右為剖面圖和線圖）。

文言曰：元者，善之長也，亨者，嘉之會也，利者，義之和也，貞者，事之幹也。君子體仁，足以長人；嘉會，足以合禮；利物，足以和義；貞固，足以幹事。君子行此四者，故曰：乾：元亨利貞。

初九曰：潛龍勿用。何謂也？

子曰：龍德而隱者也。不易乎世，不成乎名；遯世而无悶，不見是而无悶；樂則行之，憂則違之；確乎其不可拔，乾龍也。

九二曰：見龍在田，利見大人。何謂也？子曰：龍德而正中者也。庸言之信，庸行之謹，閑邪存其誠，善世而不伐，德博而化。易曰：見龍在田，利見大人。君德也。

九三曰：君子終日乾乾，夕惕若，屬无咎。何謂也？子曰：君子進德修業，忠信，所以進德也。修辭立其誠，所以居業也。知至至之，可與幾也。知終終之，可與存義也。是故，居上位而不驕，在下位而不憂。故乾乾，因其時而惕，雖危而无咎矣。

九四：或躍在淵，无咎。何謂也？子曰：上下无常，非為邪也。進退无恒，非離群也。君子進德修業，欲及時也，故无咎。

九五曰：飛龍在天，利見大人。何謂也？子曰：同聲相應，同氣相求；水流濕，火就燥；云從龍，風從虎。聖人作而萬物覩，本乎天者親上，本乎地者親下，則各從其類也。

上九曰：亢龍有悔。何謂也？子曰：貴而无位，高而无民，賢人在下而无輔，是以動而有悔也。

潛龍勿用，下也。見龍在田，時舍也。終日乾乾，行事也。或躍在淵，自試也。飛龍在天，上治也。亢龍有悔，窮之災也。乾元用九，天下治也。

潛龍勿用，陽氣潛藏。見龍在田，天下文明。終日乾乾，與時偕行。或躍在淵，乾道乃革。飛龍在天，乃位乎天德。亢龍有悔，與時偕極。乾元用九，乃見天則。

乾元者，始而亨者也。利貞者，性情也。乾始能以美利利天下，不言所利，大矣哉！大哉乾乎！剛健中正，純粹精也。六爻發揮，旁通情也。時乘六龍，以御天也。云行雨施，天下平也。

君子以成德為行，日可見之行也。潛之為言也，隱而未見，行而未成，是以君子弗用也。君子學以聚之，問以辯之，寬以居之，仁以行之。易曰：見龍在田，利見大人。君德也。

九三、重剛而不中，上不在天，下不在田。故乾乾，因其時而惕，雖危无咎矣。

九四、重剛而不中，上不在天，下不在田，中不在人，故或之。或之者，疑之也，故无咎。

夫大人者，與天地合其德，與日月合其明，與四時合其序，與鬼神合其吉凶。先天下而天弗違，後天而奉天時。天且弗違，而況于人乎？況于鬼神乎？

亢之為言也，知進而不知退，知存而不知亡，知得而不知喪。其唯聖人乎？知進退存亡，而不失其正者，其為聖人乎？

02、坤 ䷁

坤為地。坤上坤下。

坤。元亨。利牝馬之貞。君子有攸往，先迷後得主。利西南，得朋，東北喪朋。安，貞吉。

彖曰：至哉坤元，萬物資生，乃順承天。坤厚載物，德合无疆。含弘光大，品物咸亨。牝馬地類，行地无疆，柔順利貞。君子攸行，先迷失道，後順得常。西南得朋，乃與類行；東北喪朋，乃終有慶。安貞之吉，應地无疆。

象曰：地勢坤，君子以厚德載物。

釋：「坤」：

本卦在「伏羲八卦方位」為北方，我們今天形容時空遼遠的「天南地北」一詞，前提就基于這種方位（坤圖1）。

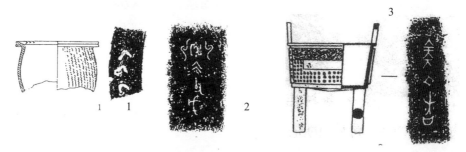

坤‧圖1‧商周器物上的筮數「坤」卦。

1：洛陽市東周王城西北隅戰國早期窯內出土Y5：12陶鬲上的「坤」。

2：《商周金文遺錄》二五三載父戊卣銘文上的「坤」。

3：《殷墟文字外編》448所載卜骨上刻有「上甲」卦辭的重卦「坤」（見蔡運章《商周筮數易卦釋例》。載《考古學報》2004年2月）。

坤‧圖2：甲骨文中的「川」（《寧》一‧四八二）和「尾」（《乙》四二九）。

本卦產生時我們民族的認識應當如此：東方的少昊氏生了北方的顓頊氏，顓頊氏生了女媧氏，女媧氏與其丈夫並兄長伏羲氏生了以十個太陽、十二個月亮為信仰的商族之祖；女媧氏主圖騰乃本鳥為貓頭鷹的鳳鳥（見《山海經·大荒東經》《大荒北經》《大荒西經》），伏羲氏主圖騰為龍蛇。從民族學的角度上看：女媧、伏羲兄妹兼夫妻乃他們出于同族而同族婚；女媧為我們民族母係社會之族號，伏羲為我們民族進入父係社會之族號。史前中國的北方，應被商民族認為母係的重要族源地，所以无所不生的土地，和信仰中的北方方位產生了聯繫。

《帛》之「坤」作「川」。「川」可能是《坤》的一種古名字（坤圖2）[1]。《山海經·北山經》：「倫山……有獸焉，其……川在尾上。」郭璞注：「川，竅也。」「竅」，當然指這獸的竅，雌性的。《說文》說「坤」是從土從申的字。「土」，甲骨文可能是在象形雌性的生殖器，從而由此會意土地乃生育萬物之門。古人思維規律「近取諸身，遠取諸物」（《易·繫辭下》），當他們發現雌性性器官是動物種群延續之本時，自然也會聯繫到萬物的出處而造這一會意字。

「川」字啟示我大膽地推測：此卦的「坤」本來或寫作「牝」，甚至就作「匕」。為什麼這樣說呢？

一、《易》各卦的卦題，幾乎全能在當卦卦辭或爻辭中，找到呼應的相同字（如《乾》之卦名呼應在「君子終日乾乾」當中），唯獨本卦例外，只有與「坤」讀音近的「牝」字出現。

二、本卦《六二》之「含章可貞」、《六五》之「黃裳元吉」，都暗說了「牝」的功能。

三、漢晉間仍流行「西南人門坤」的文王八卦方位之說：所謂「人門」，人生命的誕生之門——這也間接顯示了「牝」被「坤」覆蓋過的痕跡。

四、本卦是宣揚生殖繁衍重要之卦，而「牝」對生殖繁衍的意義不言而喻。

五、1993年3月江陵王家台15號秦墓出土編號213的《易》占竹簡，其也有「在北為牝」的記載[2]——「北」伏羲八卦的「坤」位。

那為什麼說這「牝」本該寫作「匕」呢？在甲骨文中，母牛的專用名詞作「牝」，有時被分寫為「匕牛」二字，這可見「牝」的初文為「匕」，因為要和女人生殖器的會意字「匕」分別開來，所以把指稱母

---

1 見《癸巳存稿》卷十四《玄牝》條。

2 見荊州地區博物館《江陵王家台15號秦墓》。載《文物》1995年1月。

牛的「匕」，加上一個牛旁。古人釋「牝」字為「有穴可受入者」[3]，仍然直接繫義于「近取諸身」的「匕」，而不是「牝」，就能說明這一點。另外《離》卦卦辭「畜牝牛吉」的「牝」，本義就是匕牛（有「匕」的牛），也能說明這一點。

「受入」後能懷孕產子的「牝」，或者乾脆說「匕」生殖繁衍功效的強調，即是本卦卦題的實義。

釋「元亨。利牝馬之貞」：

「元」，首。「亨」，享；甲骨文「亨」字象形神靈享受祭祀的廟堂。《易》中凡「亨」字均指祭享。在那時，祭享神靈意味著宗族家國的存在。「元亨」，「坤」道即生殖之道的循守，是神靈能夠得祭祀的首要之首。

「利牝馬之貞」，今通釋「牝馬」為「母馬」，謂其是用來繁殖馬群的；馬當時主要目的是用于車戰的，所以那時人對馬極為重視。這種解釋是誤解了《象傳》「牝馬地類，行地无疆」的結果。看它的前後文如下：

「坤厚載物，德合无疆。含弘光大，品物咸亨。牝馬地類，行地无疆；柔順利貞，君子攸行。先迷失道，後順得常。西南得朋，乃與類行。東北喪朋，乃終有慶。安貞之吉，應地无疆。」

應該指出上引文「行」字都不用為動詞：「君子攸行」指君子的行為，「乃與類行」指商業和能生萬物的土地一樣，以錢生錢、貨生貨為行當，而「行地无疆」則指「牝馬」與大地同行相類，也會无邊无限地生殖下去。顯然「行地无疆」不是指「行地之物」的「馬」在無疆的大地上行走。「牝馬」不是「母馬」，這還得先從「貞」字在《易》中使用的範圍裡著手。

在當時人和神鬼交通的手段之一是貞卜。能向神鬼貞卜，說明貞卜人還活著，他所在的宗族、家國還存在，所以它在《易》中被借用為生、生活、存在、宗族家國之存在的代詞——而且无論是「貞」還是「利貞」還是「利x貞」，它針對的前提无不是人（其「利x貞」，指利什麼類型的人，或利人在什麼類型的環境裡活著、存在，前者如《家人》之「利女貞」，後者如《大畜·九三》之「利艱貞」）。因此，「利牝馬之貞」就不會把人的特定前提換成「母馬」。

3　見張政烺《帛書〈六十四卦〉跋》。載《文物》1984 年 3 月。

或問曰：「利牝馬之貞」乃指利于母馬之于人的生存。這不但有嫌增字解經，還違背《易》反對涉戰車馬參入人口繁衍活動的初衷，和人類生殖繁衍意義的宣揚。

《易》關係到婚姻的辭句，凡涉及用車也必涉及用馬，且對其使用均持強烈的反對態度。如《屯》之「乘馬班如（用于婚娶的車馬返回呀）」、如《賁》之「舍車而徒（婚娶要步行，不要用車馬）」、如《睽》之「喪馬，勿逐（如果動用車馬婚娶，馬匹跑失就別追了）」，如《姤》之「繫于金柅，貞吉（婚娶不發動車馬，對宗族家國的存在有好處）」、如《中孚》之「月幾望，馬匹亡，无咎（欲娶女人成婚，而沒有車馬，沒有什麼壞處）」等，就是這態度的反映。當時人用車馬于婚娶，意味著要以戰爭的手段擄取婦女婚配。此種繁衍方式，必因擄取和反擄取的戰斗而消滅人口——這顯然與宣揚生殖繁衍重要意義的本卦之核心矛盾抵觸。況且殷商自武丁時代開始興盛車戰[4]，馬匹自是車戰驅動的關鍵，從而在當時人的意識中，馬與車戰必已彼此聯類難分，恰似我們涉及汽油、柴油必聯及靠其驅動的交通工具。作為處身這般社會環境之《易》的編著者，想必不能在宣揚生殖繁衍之要義的卦中，宣揚消滅人口之關鍵工具——馬匹的繁殖，以造成那時人的誤會。

我認為「牝」乃指「有穴可受入者」，代雌性而言。「馬」音義同「母」（甲骨文中「女」「母」二字在大多情況下通用），猶今天的「媽」。「牝馬」謂有生殖腔能孕育的母性、女性。「利牝馬之貞」謂生殖繁衍之道的根本原則，是利適于生育的女性好好存在著、生活著。

《易》所以這樣強調，乃焦慮搶婚造成不利女人生存的現況。像《小畜·上九》「婦，貞厲，月幾望，君子征，凶」、《漸·九三》「婦孕不育，凶」、《歸妹·上六》「女承筐无實，无攸利」等，均見其編著者對搶婚不利女子生存的灼慮、焦心。若變搶婚為禮聘婚，則女人就會免去了險厄，便也就「利」而可「貞」了。

崇拜祖先的民族必重視繁衍後代。我們民族至今仍把代代相續之道視為人生第一原則。我的以上解釋合乎這個原則，也和本卦的卦、爻辭相諧不悖。

或問：既然「利西南，得朋，東北喪朋」是指經商，那經商不是需要馬駕車麼？事實上殷人經商的特定交通工具是牛車，而不駕以馬，這好比今紅十字救護車有它獨自的標識意義。這些我在有關商業卦中皆有證釋。

4　卜辭《乙》七七九五裡有戰爭用車的記載。據專家考證，這是車戰盛行的時代——武丁時代。

釋「君子有攸往，先迷，後得主」：

「君子」，《乾·九三》已有注釋。從《井》所反映的內容分析，當時商王屬下的邑落並非都有固定的封君。也就是說，一些邦邑的管理人員不是世襲不變的，而在經常更換。在《井》外的其他卦裡，繼續得到這樣的證明並不難。如《遯·九三》：「繫遯，有疾厲；畜臣妾吉（強迫「君子」留下來，會伏下危機；應對待心腹人臣、親密妻室般對待有心離去的「君子」，這才會好起來——「君子」顯然是一些可以自由留去的管理者）」。再如《明夷·初九》：「君子⋯⋯有攸往，主人有言（『君子』要離開『主人』，應該在『主人』對政治黑暗負有直接責任的前提之下——『主人』應是商王之流的大領主，『君子』是其手下一方一地的管理者，並有來去自由的身份）」。又如《艮》：「艮其背，不獲其身，行其庭，不見其人（只想留住『君子』之身，不曾留住『君子』之心，『君子』會離開他的辦公廳所，棄你而去——『君子』是一方一地的管理者，並能自由離開）」。「君子」能自由離開他所統治的地方，這地方當然不歸他所有。既然如此，那此地的管理權就會常常更替。聯繫下文「有攸往」，這個「君子」是商王委派前去管理一方一地的身為貴族的官員。

「先迷，後得主」，朱熹對此斷句為：「君子有攸往，先迷後得，主利。」他把下一句的「利西南」之「利」提到了前邊。《易》有兩種以「利」字為吉凶斷語的句式，均沒有這種結構，其中「利」字置句前的姑且不論（如「利有攸往」「利涉大川」「利貞」之類），置末的計有：《坤·六二》「直方，大，不習，无不利」、《屯·六四》「乘馬班如，求婚媾，往，吉，无不利」、《蒙·六三》「勿用取女，見金、夫，不有躬，无攸利」、《大有·上九》「自天佑之，吉，无不利」、《謙·六五》「不富以其鄰，利用侵伐，无不利」、《臨·九二》「咸臨，吉，无不利」、《剝·六五》「貫魚，以宮人寵，无不利」、《无妄·上九》「无妄，行，有眚，无攸利」、《頤·六三》「拂頤，貞凶，十年勿用，无攸利」、《大過·二》「枯楊生梯，老夫得其女妻，无不利」、《恒·初六》「浚恒，貞凶，无攸利」、《遯·上九》「肥遯，无不利」、《大壯·上六》「羝羊觸藩，不能退，不能遂，无攸利」、《晉·六五》「悔亡，失得勿恤：往，吉，无不利」、《解·上六》「公用射隼于高墉之上，獲之，无不利」、《鼎·上九》「鼎，玉鉉，大吉，无不利」、《歸妹》「征，凶，无攸利」、《歸妹·上六》「女承筐，无實；士刲羊，无血，无攸利」——共十八例，均不類朱熹

的斷句。

「君子有攸往，先迷，後得主」的立意基礎與《明夷·九二》「明夷……君子于行，三日不食；有攸往，主人有言」相似（譯：政治黑暗下，「君子」應有寧可多日不吃不喝，也不附逆的操行。如果「君子」要丟棄「主人」投奔他方別國，前提是「主人」乃這黑暗的直接責任者）。其時社會格局大致是以商方國（卜辭稱為「大邑商」）為中心的多方國聯合。商王與其他與之聯合的方國領主手下，都有許多不固定管理人員的邑邦。作為這些邑邦有資格的管理者——「君子」，在失意此方領主的情況下，可以轉投他方領主，尋求得意（倒有些像唐中期國家的格局：除個別公開不寧的藩鎮外，各藩鎮都在唐王朝的名義下各自自主，並相互羅致人才預政、預軍。大曆名詩人李益失意長安，越河北上求取得意的事蹟，就是人才在其中有所往的一例）。如果我的推想合理，那這句話便可如此解釋：「君子」在一些方國領主那裡謀事，只要他知道管理邑邦的根本任務是生殖繁衍人口，即便他先前失去了邑邦的管理權，後來總還會得到信用他的領主。當時掠奪之戰此伏彼起，各領主們急需戰爭人才。這勢必讓一批不精通軍事的「君子」失去了地位和價值，故此曰「迷」；但无論如何，社會的一切最後還得靠人創造，眾領主們必定要重視這一點，所以作為邑邦人口合格的管理之才「君子」，「迷」後必「得主」。

「攸往」，所往。「迷」，失。「主」，指商代的各方國領主。

釋「利西南，得朋，東北喪朋」：

這種斷句的理由是因其句式與《解》「利西南」，和《蹇》「利西南，不利東北」一致。「西南」「東北」是兩個代詞，在文王八卦方位上「西南」為「坤」，「東北」為「艮」。然而，特別值得注意的是：今通行本《易》反映了商代的道德理念（詳見後述），是商代之作。商民族認為自己是帝嚳伏羲氏的後代，所以，反映商民族道德的《易》必定使用了伏羲八卦方位——伏羲八卦方位「西南」為「巽」，「東北」為「震」。對照通行本《易》，我們知道《巽》卦為商業卦，進一步知道伏羲方位「西南」之「巽」主旨是說商業；而伏羲方位「東北」之「震」，主旨是說天懲罰的威力（詳見後注）。對照甲骨文，知道「震」字本義泛指「王師」的活動，即天授君權之商王所屬軍隊的行動，因此，我們又可以進一步得知，作為伏羲方位之「震」，又借代國家名義的戰爭。所以這裡的「西南」借代商業，「東北」借代戰爭！

從卜辭中得知，商代已有四方神名和四方風的專名。特別應當重視的，這四方神名與伏羲方位卦圖中的四仲卦名相合（乾、坤、離、坎四仲卦）。如：

東方神曰「析」，「析」與東方卦名「離」同義——析，離析；

南方神名「因」，「因」與南方卦名「乾」同義——《說文》：「因，就也。」段玉裁注：「『就』下曰：『就，高也，』……」乾為天，天高在上；

西方神名「彝」，「彝」與西方卦名「坎」同義——「彝」象形兩手捧雞，會意祭祀，甲骨文用為表示西方的專用名詞，如《隨‧上六》：「拘繫之，乃從維之，王用亨于西山（將叛逆的經商奴隸綁起來，讓商王用來祭祀「西山」）」；又「彝」通夷，有刈殺之意，《坎》為牢獄卦，有刑殺的含義；

北方神名「夗」，「夗」與北方卦名「坤」同義——甲骨文中「夗」字構形極似「匕」字，所不同的是，「匕」字象形抬臀伏地的人，「夗」字在象形抬臀伏地之人的前提下，或將人的臀以下擬龍軀（甲骨文中凡和龍有關係的字，構形均有近似「S」「C」的筆劃），或在人的膝蓋上強調三個短短的橫畫（坤圖3）。我認為甲骨文造字的字境，乃傳說中人頭龍軀之伏羲、女媧被商族奉為祖先的時代，又是伏羲、女媧與圖騰玄鳥可以位置互換的時代，于是我們在甲骨文中看到了「夗」字龍蛇之軀的表示，也在後來的《山海經‧大荒東經》裡看到了「女和月母之國，有人名曰鵷；北方曰鵷」（女和月母，指女媧，貓頭鷹，玄鳥的本鳥）的記載（坤圖4）。

坤‧圖3：甲骨文「匕」字和「夗」字的兩種寫法。

《山海經‧大荒東經》說女媧圖騰為貓頭鷹。商代凡玄鳥圖像大多為貓頭鷹形，這說明商族認為自己的老祖母為女媧氏。「女和月母之國」亦即女媧氏族源在「伏羲八卦方位」的北方，其方位神是可以和女媧位置互換的貓頭鷹——它在甲骨文裡作「夗」，就是《大荒東經》裡「北方曰」的「鵷」；對照商代玄鳥圖像的爪子皆有覆爪毛，因此甲骨文「夗」字于人膝蓋上強調三個短短橫畫者似乎是在擬貓頭鷹的覆爪毛；「夗」字的另一體之人軀呈「S」者，應該在擬龍蛇之軀。女媧自史前圖像就有人首蛇軀的形象，這緣自她和伏羲為兩口子、兄妹一家人的傳說。

A   B

坤‧圖4：歷代圖像中的商王族祖先。

A：石家河文化龍蛇之軀的伏羲、女媧。
B：玄鳥與人同構的商祖王亥玉雕像。
C：商代與鴟鳥換位之女媧及和龍換位的伏羲玉雕。
D：漢代畫像磚上的龍軀伏羲、女媧。

C   D

　　我們從四方神名與四方卦名對位中，推知商代已利用八卦卦圖布散用事，其順序與伏羲卦位元（先天卦位）相合[5]。

　　既然商代已經利用八卦卦圖布散用事，既然「西南」借代商業，「東北」借代戰爭，我們對照強調生殖意義的《坤》卦題，知道「利西南」是婉言利于經商（詳見《蹇》釋）；經商的特徵是利生利，所以「朋」在此指的是錢——甲骨文「朋」象形兩串串聯的貝齒，是那時的貨幣單位，借代錢財。貝齒，又名寶貝，半橢圓形，上被琺瑯質光澤，並有很好看的花紋，多產自中國南海；現代出土的殷商墓穴中多有發現，它被那時人用做貨幣。貨幣流通，是商業的反映。「得朋」「喪朋」針對商業貿易而言，古人理解商業貿易為「貨殖」，即以貨物或貨幣生殖貨物或貨幣，也就是靠商品流通賺錢或物。「得朋」，經商會得到錢。「東北喪朋」，為了財富的戰爭，即便是獲得財富理由正當的戰爭，最終都會喪失錢財。

　　這段卦辭是我國商業特徵論的源頭，其內涵之大，讓以後這方面許多宏論，好比如來佛掌心，總難令孫行者翻得出去。特別其中關于以商品流通代替戰爭掠奪財富的論述，真是超越時代的見解。關于這些，下面有關章節有分析。

<hr>

[5]　胡厚宣早有《四方風名考》。甲骨文四方神名見趙誠《甲骨文簡明字典——卜辭分類讀本》。中華書局，1988年。

釋「安，貞吉」：

「安」，從女從宀，象形屋裡跪坐一女子，是會意字。甲骨文用作動詞，有舒服、安適的意思。這裡指「坤」道得以行施的條件。生殖繁衍的前提是安定。今天有的地區叫助產婦為「穩婆」，似也延續自這種古老的意義。「貞吉」，有安定條件的繁衍，對宗族家國的存在是吉利的。

初六：履霜，堅冰至。

象曰：履霜堅冰，陰始凝也。馴致其道，至堅冰也。

釋「履霜，堅冰至」：

此與下一爻相合才能成為完整的意思。

我認為，《易》中凡當爻沒有吉凶斷語的爻辭，辭義皆不能獨立，它必須和上爻或下爻有吉凶斷語的辭相合，意義才會完整。其實它們原本一體，只是到後來要更加適宜算卦，才被按上爻題，生硬地分割單列起來（詳見本書《前言》）。

此爻與下一爻例說天意不可違背，謂：踏著霜的時令之後，繼而就是堅冰節氣，這是天意的體現，是不可更改的。能順從天意，又能「直方」以「大」，便會「不習，无不利」。

六二：直方，大，不習，无不利。

象曰：六二之動，直以方也。不習无不利，地道光也。

釋「直方，大」：

「直」，當、臨的意思。《儀禮·士冠禮》：「主人玄端爵韠，立于阼階下，直東序西面。」「方」，從甲骨文看，那時「方」字有四方和方國兩種含義，此義即《比》「不寧方」的「方」，指在某一方的邑國。據卜辭反映，商王朝是一個多方國、邑邦的聯合體，商方國在當中最大，是這個「聯邦」的頭頭（詳《比》釋）。這些加入「聯邦」之方部有的時常叛亂，有的長期依存。它們的首領有被稱為「伯」的，有被稱為「侯」的，「伯」基本上不屬于商宗族，「侯」基本上屬於商宗族。「直方」，擔任商王等大領主一方屬地的管理。對照《六三》「或從王事，无成有終」的意思，推知當時「直方」者分兩類，一是為商王管理下屬邑國的（即「從王事」者），再就是為加入商王「聯邦」者管理下屬邑國的（「或從王事」的前提是商王之外的其他「主」，或為從

事對象）。「直方」者即《易》中每每涉及到的「君子」。

在《易》卦辭和爻辭裡，「大」多含有正統、正當、正義、正規等意義。今山東濰坊一帶農村方言口語，仍可見此「大」的類似意義，如稱國家標準尺寸的磚為「大磚」等。這裡特指合乎天意「坤」道的管理邑國政策。

釋「不習，无不利」：

「習」，教習、仿習等意思，與《書・盤庚上》「盤庚教于民」的「教」義近。

此與上一爻相合之大意是：能知道霜後而冰的時令變化乃天意，就該知道世間萬物的生殖繁育也是天意，因此作為「君子」來說，在被任用管理一方一邑時，只要執行的政策符合使萬物蓄育的天意，即便被管理的人民一時不接受你的教習，也无不利之處。

六三：含章可貞；或從王事，无成有終。

象曰：含章可貞；以時發也。或從王事，知光大也。

釋「含章可貞」：

「章」，義同《姤・九五》「以杞包瓜，含章，有隕自天」、《豐・六五》「來章，有慶譽，吉」的「章」。我認為「章」即「璋」字。據《說文》「剡上為圭，半圭為璋」之說，知道璋、圭是一類的東西，只是璋乃圭的一半。《禮記・祭統》：「君執圭瓚祼尸，大宗執璋瓚亞祼。」圭與璋在周代用于灌祭，都是作用相同的禮器。灌祭，又名祼祭、果祭等。

商代圖像中，圭璋有豎在冠上的，有立在祭祀場所的（坤圖5）——前者的冠可謂「皇」冠，這種冠帽應該是羽毛冠的別體，它本裝飾在羽冠之中，相當于後世貴官冠帽上稱為「金博山」的對象（這種「金博山」發展到今天，是國家公務員制帽上的帽徽。「金博山」，顧名思義，其源自于「山」，大汶口文化五峰山上有圓天的圖形、良渚文化五階臺上有太陽鳥的圖形，是其前身）；後者在四川三星堆遺址出土的實物中得到很好的說明：祭祀場所豎立圭璋，是讓想像中的太陽鳥停留的象徵物（山東莒縣出土的雙鳥銅圭是後世承襲前世這一概念的證明。圭璋象徵著山，山是大地的代表）。

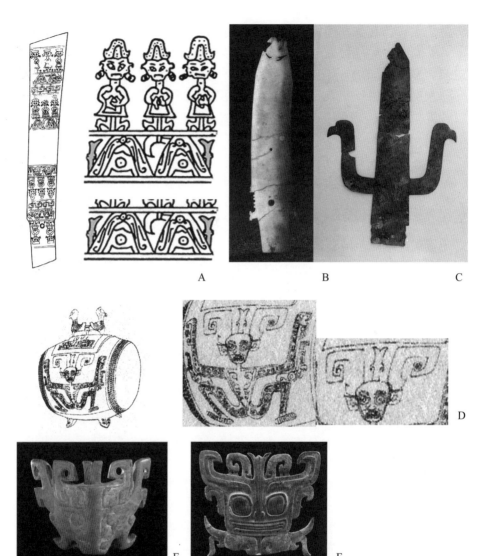

坤・圖5：圭璋的一種用途。

A：四川三星堆遺址出土之刻在圭璋上的立在祭祀場所的圭璋。
B：三星堆出土之太陽鳥停留在象徵太陽家山的圭璋。
C：山東莒縣出土的棲息雙鳥之銅圭璋。
D：日本名古屋博物館藏商代銅鼓紋——頭戴圭璋的神人；
E：大英博物館藏玉雕——頭戴圭璋的商王族一頭雙身龍族徽；
F：三星堆出土的戴圭璋之神靈青銅浮雕。

A   B   C

坤・圖 5：圭璋的一種用途。

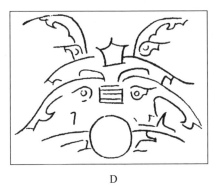

A：大汶口文化五峰山上有圓天
的圖形。
B：良渚文化五階臺上有陽鳥的
圖形。
C：良渚文化羽冠中飾圭璋的神
像。
D：龍山文化羽冠中飾圭璋的神
像。
E：漢晉王公冠飾之金博山。

D   E

　　如果以上推論可准，那麼我們可以說：圭璋是太陽鳥家山的象徵
體，在這個前提下，圭璋可以借代太陽鳥，進一步可以代表與太陽鳥圖
騰位置互換的傳人──由此可見「含章」之「章」，即籍典婉言「太陽
鳥圖騰的傳人」，「含章」亦即腹中有了孕，孕了太陽鳥的傳人。

　　何以見得？經典上記載的中國最初民族為少昊。少昊主圖騰為鳥。
商族出自大昊，大昊來自少昊，商族的主圖騰為玄鳥，即太陽鳥。四川
三星堆遺址原居民出自少昊、大昊，主圖騰當然也是太陽鳥。山東莒縣
出土的雙鳥銅圭，是春秋時代莒國貴族用于祭祀的遺物，莒國乃少昊之
後，太陽鳥是其主圖騰。鳥圖騰的傳人自然也是鳥，是與鳥位置可以互
換的人。

　　「可貞」：「可」，適宜。「貞」，對照下文「王事」生義；義同
《用六》「利永貞」之「貞」，指宗族家國的存在。

釋「或從王事，无成有終」：

「或」，如果。「王」，在《易》中專指商王。「事」，指給商王管理「大邑商」屬下邦邑的人口。從《遯》《明夷》《艮》等卦中可以得知，當時有很多「君子」失意于商王，而為其他方國領主效事，故而此處特強調以「或從王事」，以區別這些非效力商王的人。

「成」，功。「終」，結果。「无成有終」，如果你（指「君子」）治理商王的邦邑，使人口大大地繁育增加，即使你无明顯的功勞而言，也會有可稱道的結果。

六四：括囊，无咎、无譽。

象曰：括囊无咎，慎不害也。

釋「括囊」：

此與《上六》對照生義。《上六》「龍戰于野，其血玄黃」是指男人與男人集聚在一起，沒有婚姻家庭生活的結果。此說女性沒有婚姻家庭生活的情況。

「括囊」，紮結口袋；口袋的口被紮結住，外邊的進不去，裡邊的出不來。這用以借喻女子不婚媾交接。《象傳》「括囊无咎，慎不害也」，是說女子怕受傷害而不婚不育，雖說「无咎」但也「无譽」。

釋「无咎、无譽」：

「无咎」，對照「无譽」生義，指「牝」既不受入也不孕出，沒有什麼亂子。「譽」，義同《蠱·六五》「幹父之蠱，用譽」、《蹇·初六》「往蹇來譽」、《豐·六五》「來章，有慶譽」、《旅·六五》「終以譽命」的「譽」，安也。「无譽」，女人不與男子婚媾交接，即使不鬧亂子，也不會相安无事。古民謠「老女不嫁，踏地喚天」，今民諺「女兒中嫁不中留，留在家裡造怨仇」「寡婦門前事非多」等，可以當此注腳。

六五：黃裳，元吉。

象曰：黃裳元吉，文在中也。

釋「黃裳，元吉」：

「黃」，即《上六》「其血玄黃」的「黃」，指土地的顏色。「黃裳」，黃土地顏色的裙子，借代生殖繁衍的追求。在崇尚生殖的先民眼裡，大地能生出一切有生命的東西，而且能把這些東西再生出億萬的

坤・圖6：甲骨文「土」。

這顯然不是象形一堆封土，乃古人認識物象「近取諸身」的結果——它象形雌性生殖器，從而會意土是生萬物者也。據歐洲舊石器時代的考古材料，以及世界各地民族志大量的資料，三角形和橢圓形是女性外生殖器的一種抽象符號或簡化表示（詳見朱狄《原始文化研究》。三聯書店，1988年版）。

坤・圖7：甲骨文「黃」（《合集》六〇八〇）。

甲骨文「黃」字除象形矢穿物一體的外，還有象形人的腰胯之間有物的一體，這物可能強調和「黃」字字義有關的東西。

坤・圖8：商代與龍圖騰換位的伏羲及與鳳圖騰換位的女媧（女媧生著龍的角，伏羲生著鳳的爪）。

109

子孫。甲骨文把極為抽象的土象形雌性生殖器（坤圖6），從而會意土是生萬物者也——天下神奇莫過于土。于是先民將裙裳染成土的黃顏色，並認為這個顏色貼近下體，必會使自己也傳染上了土的極強的生殖力。《象傳》「黃裳元吉，文在中也」，即指巫術賦予黃裙、黃褲的生殖意義。

甲骨文「黃」除象形矢穿物一體的外，還有象形人腰胯之間有物的一體——這物可能是強調「黃」字字義的關鍵（坤圖7）。《詩・大雅・旱麓》「瑟彼玉瓚，黃流在中」，說「黃」是一種能夠「流」的液體，不知和象形人腰胯之間有物一體的「黃」字，有否內在聯繫。今山東沿海一些地帶，仍有人把男子泄精稱作「滋黃」，仍有人把蝦、蟹、螺、貝的精和卵稱作「黃」，也許這還留著古意吧。黃色衣裳在《詩經》成書的時代仍被廣泛穿著，如《邶風・綠衣》裡就有反映。到後來，黃色變成了很神聖的專利之色。這個道理借此或許能說明白：崇尚

暴力革命的政黨以「紅」名軍名、旗名、政權名、機構名、思想名⋯⋯從而擁護者為表達自己的革命願望，便把一切有關的東西弄成紅色。

「元吉」，吉中之首吉，猶今口語「吉利到了頭」的意思。

「裳」，《帛》作「常」。

上六：龍戰于野，其血玄黃。

象曰：龍戰于野，其道窮也。

釋「龍戰于野」：

「龍」，借代男人。《乾》反映了商族蒼龍星宿崇拜，這崇拜也是商族多圖騰崇拜之龍崇拜的必然——商祖闕伯以龍星為舉族靈魂居住之星，而伏羲（帝嚳、大昊）更是以龍為主圖騰的商族遠祖；天上的龍星居住著商族的靈魂，商族遠祖在商代的圖像中乾脆就是一條龍（坤圖8），商族男人當然堪稱龍的傳人，所以此「龍」代稱男人。《易》的時代，龍的稱號可能還沒被帝王所專有（在卜辭中，商的敵對方國有「龍方」，如果「龍」高貴如後世一般，敵對國的國名就很難无條件地冠以「龍」字）。

「野」，即《同人》之「同人于野」的野，邑邦外的郊野，指作戰的地方。「玄」，天的顏色，借代天。「黃」，地的顏色，借代地。「其血玄黃」，男人和男人在一起，會征戰不休，其爭戰死傷之尸血，遍灑天上地下，這是都能見到的兩敗俱傷之結果。此與《六四》都在說同性與同性在一起不得婚配，沒有安寧。

據近代學者研究，《楚辭·天問》「舜閔在家，父何以鰥（舜的母親有家可居，舜的父親為何无家而鰥居——舜是伏羲氏在夏朝以前某個時段的族號）」，反映了母係社會存在著女子聚居，男子鰥居的現象。這現象在我國一些少數民族中仍有發現。再者，母係社會解體和父係社會形成的前奏，成年男子離開部落，集中聚住一起的現象，也許是這一爻的前提。《詩·大雅·公劉》「觀其流泉，其軍三單。度其隰原，徹田為糧」，乃周人對祖先業績的追述，專家認為「其軍三單」就是指男子（「軍」）聚住在一起（其處曰「單」），以耕以戰的。

用六：利永貞。

象曰：用六永貞，以大終也。

釋「用六：利永貞」：

「用六」，義見《乾‧用九》注。

「貞」，這裡不指遇事求教巫史的貞筮占卜，乃家國宗族存在的借代。古人遇家國大事每要貞卜問神，所以一個家國能夠繼續「貞」問，也就意味著它存在不息。「利永貞」，《坤》之道是繁殖生育之道，其道利于宗族家國的永久存在。

文言曰：坤至柔，而動也剛，至靜而德方，後得主而有常，含萬物而化光。坤其道順乎？承天而時行。

積善之家，必有餘慶；積不善之家，必有餘殃。臣弒其君，子弒其父，非一朝一夕之故，其所由來者漸矣，由辯之不早辯也。易曰：履霜堅冰至。蓋言順也。

直其正也，方其義也。君子敬以直內，義以方外，敬義立，而德不孤。直，方，大，不習无不利；則不疑其所行也。

陰雖有美，含之；以從王事，弗敢成也。地道也，妻道也，臣道也。地道无成，而代有終也。

天地變化，草木蕃；天地閉，賢人隱。易曰：括囊；无咎，无譽。蓋言謹也。

君子黃中通理，正位居體，美在其中，而暢于四支，發于事業，美之至也。

陰疑于陽，必戰。為其嫌于无陽也，故稱龍焉。猶未離其類也，故稱血焉。夫玄黃者，天地之雜也，天玄而地黃。

03、屯 ䷂

水雷屯。坎上震下。

屯。元亨，利貞，勿用有攸往，利建侯。

彖曰：屯，剛柔始交而難生，動乎險中，大亨貞。雷雨之動滿盈，天造草昧，宜建侯而不寧。

象曰：云，雷，屯；君子以經綸。

屯·圖1：甲骨文「春」（《乙》五三一九）、「屯」（《京》二〇七一）及金文「屯」（《頌鼎》）字。

釋「屯」：

舊注多釋其為「難」。其實它的真正意義已在卦辭裡間接說明，那就是：「勿用有攸往」。什麼東西「勿用」讓其「有攸往」？細究各爻爻辭，或明或暗，无不與車有關。因此，「屯」應該是針對車馬而言。車馬勿用有所去往，便是停車駐馬。可見這「屯」的本義是停留、停頓。甲骨文有「屯」字（屯圖1），可讀為春，一說象形草木發芽。當是會意留住。這卦與《賁》《睽》《漸》《歸妹》等用意一致。《易》編成以往，邦邑聚落間的婚姻，仍存在彼此搶婚之俗；被搶的一方不僅一個女子遭搶，也不僅未婚適齡的女子遭搶。伴著這婚姻搶掠，必有反搶掠的戰斗。雖然傷亡每會出現，但搶者徒步，反搶者阻撓，彼此傷害較弱。自從速進易退、能沖善撞的車馬被普遍用于搶婚，搶婚者掠搶的範圍、力量大大增加之同時，反搶者傷亡的範圍也大大增加起來，一場原本為了繁衍的婚娶，反變成了削減人口的屠殺。對此，《易》的編著者，作為一個主張人口繁衍為生存第一原則的哲人，當然要否定傳統的搶婚婚習，推揚合乎時代的婚姻形式——聘婚。在這樣的前提下，針對動用車馬搶婚已經造成的惡劣印象，本卦又告誡道：即便是禮聘婚娶，也要廢棄動用車馬，以免引起女方邦邑聚落的誤會。

本卦的內容很該重視，它除了力斥野蠻時代的婚娶方式之外，在力倡文明婚姻的同時，又提出了婚聘女子的年齡下限：「女子貞，不字，十年乃字」。

釋「元亨，利貞，勿用有攸往」：

調停止搶婚之婚姻方式，是讓神靈得以祭祀的首要條件，對于宗族家國的存在也有利。「勿用有攸往」，指不要動用車馬載眾持兵去襲劫女人成婚。

釋「利建侯」：

「建」，設立、委派。「侯」，據胡厚宣《殷代制度考》說，那時被外派代表宗族掌握部分政權、奴隸的分族負責人，或在王都近郊的分族執政者，被稱為「侯」。「利建侯」，利開疆拓土，建立國家，使宗族人口四佈的意思。群婚使人類自身的品質惡化，搶婚雖優于群婚，但這勢必形成搶方和被搶方的對立仇殺，反造成不利繁衍的後果。如果採用聘婚，在追求增多人口目的中又不減少繁生的因素，還可以借此媒介，將孤立弱小的族落吸收在較強大部族四周，彼此相依共存。這樣的生存環境，是「利建侯」的前提。

初九：磐桓；利居貞，利建侯。
象曰：雖磐桓，志行正也。以貴下賤，大得民也。
釋「磐桓」：
即「盤桓」，停留不進之意；指用于襲劫婦女的車馬。

釋「利居貞，利建侯」：

「居」，居住，聚集；在《易》中一般指都城而言。「貞」，在《易》中它有兩種相近的含義：借代宗族家國的存在，借代生、生活、生存。如本卦《六二》的「女子貞」、《恒·六五》的「恒其德，貞，婦人吉，夫子凶」、《家人》的「利女貞」，其「貞」與此義同，均為生、生活、生存。

「利居貞，利建侯」，停止以搶婚為目的的車馬出動，有利於聚人設立都邑，有利于商族宗族的繁衍，家國四佈。

六二：屯如邅如，乘馬班如，匪寇婚媾：女子貞，不字，十年乃字。
象曰：六二之難，乘剛也。十年乃字，反常也。
釋「屯如邅如，乘馬班如」：

「如」，語助詞。「邅」，回轉方向之意。《楚辭・離騷》：「邅吾道夫昆侖兮，路修遠以周流。」「乘」，車。「班」，回、還。《書・大禹謨》：「班師振旅。」

釋「匪寇婚媾」：

「匪」通非。「婚媾」，婚姻。「屯如邅如，乘馬班如。匪寇婚媾」，摹擬向搶婚車馬隊伍勸阻的口吻，大意說：停留下來呀，讓車馬返轉回來呀，你們本為了婚娶生子的好事而去，可不是為了入侵掠殺的目的！

釋「子女貞，不字，十年乃字」：

「女子貞」，女子過婚姻生活。「字」，從宀從子，象形有室家兒子；這裡指女子和男人組成家庭；即出閣字人、待字閨中的「字」。「不字」，指女子不曾與人成家婚配孕育。那時人搶奪他邑的婦女，自然不會事先瞭解被搶對象是否婚偶，是否年齡適婚能育。如果採取聘婚的方式，就可避免了這些盲目。

「不字」今較通行的解釋是「不能生育」，非。《姤・九五》「以杞包瓜，含章，有隕自天」是對搶娶或聘娶已「字」女子的詛咒，這詛咒反能證明「不字」不作「不能生育」解（詳見《姤》釋）。

「女子貞，不字」，聘娶女子婚姻生活，要娶未婚无夫的。《易》的編著者在提出聘娶女人首要條件是「不字」者後，繼又提出了聘娶女子的最小年齡：「十年乃字」。

「十年」，十歲，此約計年齡而言。「乃字」，乃可娶來組成家庭。《禮記・內則》說女子「十有五年而笄」，這裡「十年乃字」的提法顯然比它要早，故而更少科學性。「十年乃字」，聘娶「不字」的女子為妻，其年齡不宜太小，一般說要過十歲。

六三：即鹿无虞，惟入于林中，君子幾，不如舍，往，吝。
象曰：即鹿无虞，以縱禽也。君子舍之，往吝窮也。
釋「即鹿无虞，惟入于林中」：

「鹿」，喻婚娶對象。「即鹿」，接近鹿，猶逐鹿、獵鹿。「虞」，古代為貴族領主掌管山澤苑囿、田獵的官，貴族領主來這些地方打獵時，其職責又近似後來熟悉山林、擔任狩獵嚮導的人；比喻禮聘婚姻的媒使之類。《姤・九三》：「臀无膚，其行次且，厲，无咎（為

聘婚跑來跑去，屁股上肉都走掉了，這雖然不盡人意，但卻沒有魯莽搶婚所惹的危險）。」說明《易》讚賞那時為禮聘奔走的媒使。「惟」，語助詞。

釋「君子幾，不如舍，往，吝」：
「幾」，近。或與「即」通。有正在進行的意思。
「舍」，捨棄。「吝」，危險。此爻比喻驅車動眾搶婚的盲目和危險。
大意說：進山澤林莽打獵，如果沒有虞人帶路幫助，不止有迷路的危險，所以天生高貴、理智的人寧可不圖獵物，也不蹈未知的危險。同此道理，身為「君子」的人，其對待婚娶也就不聚人動搶，而是使用事先通信、瞭解從而禮聘的婚娶方法，以避免沖進生疏的邑落遭受兇險。

六四：乘馬班如，求婚媾，往，吉，无不利。
象曰：求而往，明也。
釋「乘馬班如，求婚媾，往，吉，无不利」：
「求婚媾」，指改用禮聘的方式去求娶于女方。
「往，吉，无不利」，制止搶婚，將使用于搶婚的車馬返回，改強娶為禮聘，而且表示誠意，不讓女方顧慮，徒步迎娶，那麼所往將「吉」而「无不利」。
從《賁·初九》「賁其趾，舍車而徒」之內可知，《易》認為禮聘婚之相適形式，乃不以車馬而是步行迎娶。提倡這種方式的前提，自然是因車馬與掠殺關係太密的緣故（關于這點，請見《坤》「利牝馬之貞」釋）。另外，這一爻的「乘馬班如，求婚媾」，顯然不是制止車馬婚娶反主張徒步搶婚，而是要求在女方同意嫁人之後徒步迎娶成婚──《賁·六五》「賁于丘園，束帛戔戔，吝，无咎」、《上九》「白賁，无咎」、《歸妹·六五》「其君之袂不如其娣之袂良」等都可證明這點。

九五：屯其膏；小，貞吉，大，貞凶。
象曰：屯其膏，施未光也。
釋「屯其膏」：
「屯」，停。「膏」，指注入車軸中的油脂，即今謂的潤滑油。《左傳·襄公三十一年》「巾車脂轄」的「脂」，亦即這裡的「膏」。

「屯其膏」，停止給搶婚的車輛注上潤滑油；婉言不能搶婚。當時車的輪軸都是木制的，不上足潤滑油，行車的困難是可以想像的。

釋「小，貞吉，大，貞凶」：

「小」「大」，指給車輪注上潤滑膏的多少。車軸間潤滑油上得少，是不欲車遠行的特徵，多，是欲用車遠行。車不遠行，就是在邑落附近為生活運行，車遠行，則是以搶婚為目的的運行。車發明的正常目的為遠行，「小」亦指用車違逆發明目的。

此爻可理解為「屯其膏；膏小，貞吉，膏大，貞凶」的節文。

「貞吉」「貞凶」，車馬是要用的，但只能從事正常的生活和邑落防御，不能用在搶婚上，能這樣，就對宗族家國的存在有利，反之就會遭致兇險。當時馬匹多用于戰事，搶婚的車多半也是可以作戰的車。《易》的編著者反對侵掠戰爭，卻贊許抗擊侵掠者于邑郊的戰爭。抗擊侵掠者，自然「貞吉」，抗擊侵掠者的戰場只在自家的邑邦之郊，而不是遙遙的國度，車輪潤脂，自然要「小」。這些是我釋「小，貞吉」有用車馬御衛邑落之意的原因（關于邑邦間抵御入侵之敵在郊野的觀點，詳見《同人》釋）。

上六：乘馬班如，泣血漣如！
象曰：泣血漣如，何可長也。
釋「乘馬班如，泣血漣如」：

「泣血漣如」是「乘馬班如」的原因。「泣血」，淚流已盡，血也哭了出來；極言搶婚引起戰爭的悲慘惡果。「漣」，水波，喻血淚之多。

這一爻仍擬勸阻搶婚者的口吻：車馬回來呀，搶婚付出的代價，是血淚如泛波之水呀！在我國西南少數民族如瑤、壯、苗等地區，還留著搶婚的遺風，但往昔的動武搶奪，已演變成一種婚禮儀式了（海南島黎族有些地方所存的象徵性搶婚，其大況是：男方迎親隊伍到達女方村口時，燃放一串鞭炮，新娘聞聲躲避，迎親者進女家門內便四處覓找新娘，發現新娘後由迎親陪娘兩人強拉上路，新娘要佯裝掙扎狀——黎族，應是中國史前古族祝融氏的後裔。祝融氏，太陽神之族，而太陽則是傳說中伏羲、女媧的兒子）。

04、蒙 ䷃

山水蒙。艮上坎下。

蒙。亨。匪我求童蒙，童蒙求我。初噬告。再三瀆，瀆，則不告。利貞。

彖曰：蒙，山下有險，險而止，蒙。蒙亨，以亨行時中也。匪我求童蒙，童蒙求我，志應也。初噬告，以剛中也。再三瀆，瀆則不告，瀆蒙也。蒙以養正，聖功也。

象曰：山下出泉，蒙；君子以果行育德。

釋「蒙」：
迷昧（蒙圖1）。

金文「蒙」（《中山王𧊒昔壺》）

釋「亨。匪我求童蒙，童蒙求我」：
「亨」，享祭。謂對「蒙」之認識關係到享祭神靈的問題。

蒙·圖1：商代卦數的記載——1982年安陽苗圃北地殷代墓葬M80出土紅色粗砂石一件（三面六組筮數）及安陽劉家莊殷代遺址95TIJI：4號卜骨（上面三組筮數）。

磨石：1·七六六六六七「頤」卦；2·七六八七六七「賁」卦；3·六六五七六八「小過」卦；4·八一一一六六「咸」卦；5·八一一一一六「大過」卦；六六七六六八「豫」卦。

卜骨：1·上部右側：九一七「乾」卦；2·上部左側：一一一六一五「中孚」卦；3·中部六八八八六六「坤」卦。

「匪」，通「非」。「童」，喻「蒙」，指幼童或奴隸──古稱奴隸為童（在這個意義上，後來書寫為「僮」），大概這意味著奴隸不算正式的人，恰如沒長大的兒童不算「成人」一般。山東人以往稱很有年紀的女僕也為「丫頭」，這源于商代以後孩童頭髮結成雙角如「丫」字之故。我國很多地區至今稱苦力或地主的長工為「兒漢」（兒音倪），那因往昔社會的主宰不將他們當正式的人看待，仍類屬于尚沒長大「成人」的兒童──稱奴隸為「童」，至今還能找到遺痕。

「匪我求童蒙，童蒙求我」，對照《六五》「童蒙，吉」，知道這裡旨在闡明卦題「蒙」的含義，不是針對「童蒙求我」的應付之策；求我的人，是因為他在所求之事上迷昧如孩童、奴隸，而他知道我對此卻能夠清楚明白。清楚明白的反面，就是「蒙」的本義。

釋「初噬告。再三瀆，瀆，則不告。利貞」：

「再三」，對照「瀆」生義，不確指次數，猶「再一再二不再三」「一而再，再而三」的「再三」，有執迷不悟而頻頻問詢之意。《帛》之「告」作「吉」。據今天學者考證，商代人不僅使用龜甲占卜時以三卜為常[1]，而且筮占也三卜為常[2]。因此推想那時為一事求筮不僅初次「吉」，再次、三次亦「吉」。所以「再三、瀆」不指筮卜的次數，乃指以輕慢不恭的態度懷疑神示而再三者。

「初筮告，再三、瀆，瀆則不告」，這幾句與「匪我求童蒙，童蒙求我」，雖然都在闡明「蒙」的本義，但係兩個敘述範圍。作為一個筮師，求你卜筮算卦的人，必是為此迷惑的人，然而你給他算一卦又一卦，他仍然執迷不悟，這不但是褻瀆神靈的行為，也是「蒙」的具體表現。

「利貞」，對照「瀆則不告」的含義，知其大義當為：對為「蒙」而筮卜者，進行因勢利導的教育，是有利宗族和家國的事。

初六：發蒙，利用刑人，用說桎梏以往，吝。
象曰：利用刑人，以正法也。
釋「發蒙」：

「發」，去。「發蒙」，去掉迷昧。《帛》作「廢蒙」，意思較

---

[1] 宋鎮豪《殷契「七十朋」的釋讀及其意義》。載《文物》1978 年 8 月。

[2] 蕭楠《安陽殷墟發現易卦卜甲》。載《考古》1989 年 1 月。

優。《豐‧六二》「有孚發若」與此處的「發」，均當借作「廢」。對照「用說桎梏」，推知「發蒙」的對象，是因「蒙」而被收押監禁的人。

釋「利用刑人，用說桎梏以往，吝」：

「人」，對照《解‧六五》「君子維有解，有孚于小人」，得知《易》凡涉及「人」的，均指貴族和自由民。顯然《易》編著者眼裡奴隸不算人。「刑人」，因犯罪而受刑割去部分肢體和器官的人。「利用刑人」，讓迷昧无知而觸法者明白法不可犯，利用一些受刑者當他們的反面教員。

「說」，借作「脫」。「桎梏」，手腳上的刑具，功用同今天的手銬腳鐐；借代監禁。「往」，離開監押之地而去。「吝」，不讓因迷昧无知犯法者明白犯法的程度，只監禁一陣就放走了他，他還有會故過重犯的危險。

九二：包蒙吉；納婦吉；子克家。

象曰：子克家，剛柔接也。

釋「包」：

即《泰‧九二》「包荒」、《否‧六二》「包承」、《姤‧九五》「包瓜」之「包」，亦即「匏」字，本義指葫蘆瓜，但這裡應當是特指婦女。關于葫蘆瓜和婦女的聯繫很難從古代文獻裡直接看到，但我們從陶仿形匏瓜亦即葫蘆的一些記載裡仍可推想一個大概。

傳說伏羲、女媧誕生于葫蘆。聞一多對此進行了詳細的考證，他認為女媧之「媧」讀音作瓜；伏羲、女媧又有包犧、包媧之名，實際他們的名字本來就是匏瓠或匏瓜。也就是說他們本是圖騰崇拜中的葫蘆。甲骨文暫時還難見瓜的象形字，但卻有壺的象形字。從史前的陶器，一直到商周的青銅器，我們可以肯定壺類器皿的造型，是仿生葫蘆的結果，「壺（字）與瓠（字）古通用」，其根據應當因為壺脫胎自瓠（蒙圖2）——這可見我們民族曾有一個葫蘆崇拜的時期[3]。

蒙‧圖2：甲骨文、金文「壺」
（《前》五‧五‧五、《尚壺》）。

[3] 參見曾凡《關于「陶匏」壺問題》。載《考古》1990年9月。

蒙・圖3：史前葫蘆和孕婦異質同構的祈子陶質禮器。

A：洛南出土。

B：長武出土。

C、D：甘肅秦安大地灣出土。

E：青海樂都柳灣出土。

F：崧澤文化遺址出土。

　　遠古時代的人，認為用葫蘆作為飲食器皿，會將它多子多產的能力吸收進自己的體內。將葫蘆與婦女異質同構成為容器，是這種願望的證明。在我國史前文化的遺物中，常能看到把婦女和葫蘆合一的陶器。如甘肅秦安大地灣出土的距今約五千多年的遺物──人首陶瓶：其腹部圓鼓，瓶端即是一位婦女的頭像。甘肅秦安寺嘴坪出土的一件屬于馬家窯文化石嶺下類型的人首陶瓶，也是瓶端塑以婦女頭像，陶腹圓鼓。更典型的是青海樂都柳灣馬家窯文化遺址出土的陶壺──壺頸上塑著人頭，頭下的軀體塑在圓鼓的壺腹上，雙乳突起，還特意用黑彩點出乳頭；腳的刻劃較簡略，細緻塑出的雙手扶在生殖器兩側；生殖器刻劃得十分誇張突出（有人認為這是一個兩性合軀塑像。在我國古代雕刻繪畫中，凡出現男女同軀的形象，都與生殖意義緊切相關。今天的若干民間剪紙中，仍能見到男女同身的新房窗花）。這些陶器儘管名「瓶」名「壺」（到目前為止，山東很多農村稱「瓶」為「壺」，這說明「瓶」是「壺」之名的衍化），本質上都是葫蘆亦即匏瓜崇拜的結果。

　　龍蛇與女人異質同構的形象，和葫蘆與婦女異質同構的形象，均可理解為以女媧為代表的生殖女神祖神之像。女性生殖祖神當然要有傳人，在這種語境下，人間可以懷孕的婦女自然都成了女媧之類生殖神的傳人，於是人們在語言中就出現了葫蘆和葫蘆崇拜者相互借代的情況。這就是《易經》裡以「包」「瓠」等借代婦女的前提。

從今天我國一些少數民族至今崇拜葫蘆之風俗上推測（云南哀牢山的彝族人，尚有供奉「神靈葫蘆」的[4]），遠古時代的人，見葫蘆內產子極多，便認為用它作為飲食器皿，會將它多子多產的能力，一併吸收進自己的身體內。這種願望的極端，就是將葫蘆與婦女異質同構，成為容器：在我國史前文化的遺物中，就常看到把婦女和葫蘆合一的陶器（蒙圖3）。這又說明葫蘆自生殖崇拜之時，就和婦女孕育的概念並舉相聯。

今天民間口語或文學語句裡，仍會發現葫蘆與女性聯繫的地方。如：

說女性初次性交為「開瓢」（瓢，指葫蘆器）、「開包」（包，即匏）、「破瓜」（瓜，即匏瓜。古詩有『碧玉破瓜時，郎為情顛倒』者，前人多釋『破瓜』為瓜可二八分剖。故隱語二八一十六乃女子好年華之意。實際破瓜即破開葫蘆，以為婚禮合巹儀式所用。『合巹』，就是以一瓠分為兩瓢，夫與婦各執一片，在婚禮上共飲酒。可能這種酒的意義在于使男女雙方迷于性交活動——恰所謂『酒為色媒人』——並藉以將葫蘆多產子易蕃生的特性也吸入了各自的體內）、說女性同性戀為「磕瓢」，特別是寧波一帶，稱女性生殖器為「卵匏」等。顧頡剛在《關于廣州兒歌》裡引劉萬章搜集的粵地歌「搖櫓櫓，賣櫓櫓，阿斧撐船過海娶心抱」「雞公公，尾彎彎，做人心抱甚艱難……」與蘇州兒歌「搖大船，擺過渡，大哥船上討新婦」「陽頭山上花小籃，新做新婦多許難……」發現「心抱」即媳婦、新婦[5]。「抱」應該是此處「包」。

葫蘆和婦女形象異質同構，可理解為這就是生殖祖神女媧神貌的寓形。作為既是葫蘆又是女媧的女祖神當然要有傳人，因此人間可以懷孕的婦女，自然而然都成了這種祖神的傳人，在如此的語境中，人們語言裡就會出現葫蘆和葫蘆崇拜者相互借代的情況。這便是《易經》以「包」「瓠」等借代婦女的前提。

4　《彝族社會歷史調查研究文集》。民族出版社。1980年版。

5　顧頡剛《史跡俗辯》四十四。

甲骨文的「包」（胞）應當象形女陰之中有人，以會意婦人（蒙圖4）——造此字的字境顯然已經將婦女與匏瓜混稱，乃至「胞」借「匏」名。

蒙·圖4：
甲骨文「包」字（《合集》三八九〇五），此字似乎是由「土」（象形雌性陰戶）和「人」來會意的。

易經今註今譯——易經裡的秘密

122

釋「包蒙吉；納婦吉；子克家」：

如果上述情況合理，那麼「包」在此典籍特指婦女。

「包蒙」當釋為：對女性著迷——猶今天所謂的「老婆迷」之意。「包蒙，吉」，對婦女迷戀，這是好事。在《易》產生的時代，人類認為生殖是天地間很重要的活動，故而此處以「吉」讚揚之。

「納婦」，正式禮聘婚娶納入女人。這個字眼反映了《易》之編著者的慧心。那時代仍風行搶女人成婚，在其眼中，如果迷于女人而搶女人成婚，是不好的；相反，以禮聘納娶，才是吉利的。黜斥搶婚，提倡聘納，在《屯》中述說已很充分，這裡是這一思想的繼續發揮。

「子」，對照「家」生義，即《中孚·九二》「鳴鶴在陰，其子和之」的「子」，指女子亦即「納婦」的對象而言。「克」，能。「家」，義同《家人·九二》「閑有家」的「家」。「子克家」「包蒙」者之妻是通過女方同意而納娶，故能全心全意為丈夫擔當起家庭事務。搶婚所得之妻則不然，她們來非情願，既被勉強羈住也因情緒抵觸而不利家庭。或謂「子」指男子，非，《家人》已說明當時一個家庭的內務由婦女分擔。

六三：勿用娶女，見金、夫，不有躬，无攸利。

象曰：勿用娶女，行不順也。

釋「勿用娶女」：

此與《九二》是一句話的屬爻分置。如果我們把它們合在一起，意義就十分豁然了：

「包蒙，吉，納婦吉，子克家。」「勿用取女，見金、夫，不有躬，无攸利。」

男人著迷女人是好事，但著迷不在女人身上，而在「金、夫」上，甚至

「不有躬」，這就「无攸利」了。

「取」同「娶」。「勿用取女」，指人「蒙」，卻不是著迷女人的「包蒙」。

釋「見金、夫，不有躬，无攸利」：

「見」，即見殺、見欺之「見」，有被動的意味。卜辭中「餘見蛊（我被害——《前》七·三三·一）」之「見」的用法同此。「金」，黃金，指銅；對照《噬嗑》之《九四》《六五》「噬幹肺，得金矢」「噬乾肉，得黃金」得知此「金」借代戰爭武器。「夫」，男性，這裡指可用于作戰的人。「躬」，身體。「見金、夫，不有躬」，猶心思全被武器、男人的事占去了，似乎忘記了自己的存在。「无攸利」，沒有什麼好處。

這兩爻具體反映了《易》編著者對人類繁衍的重視：人類應該著迷于繁衍後代，而不應該著迷于戰爭。我認為「金、夫」二字是戰爭的婉言。那是個崇尚戰爭掠奪的時代，黃金亦即銅被高貴，乃因它能製出有利戰爭的武器。所謂的「夫」，恰又是使用這些武器的男人。《左傳·僖公十八年》載：「鄭伯始朝于楚，楚子賜之金，既而悔之，與之盟曰：『无以鑄兵。』故以鑄三鐘。」這後來的記事足可令人想見先秦「金」與戰爭的密切關係。甲骨文「夫」象形超過了一般身高的正面人形。《周禮·地官·鄉大夫》說那以前的徵兵，身高要求是城邑之中七尺、鄉野之間六尺。可見這「夫」字流露著從戰爭角度上對超過一般身高者的劃定。如果這些看法合理，那本爻泛指的是忘記人口繁衍之重要，一心癡迷發動戰爭以獲利的邦邑領主、管君們。

六四：困蒙，吝。

象曰：困蒙之吝，獨遠實也。

釋「困蒙，吝」：

「困」，義同《困·初六》「臀困于株木」的「困」，刑罰之義。

「吝」，危險。被刑罰的人迷昧自己受刑罰的原因，是危險的。即，懲罰人要讓其明白實際的原因，這樣才會使人知錯改錯，引以為戒。《象傳》云「困蒙之吝，獨遠實也」，就是這個意思。

六五：童蒙，吉。

象曰：童蒙之吉，順以巽也。

釋「童蒙，吉」：

「童」，同「僮」，指奴隸。

「吉」。奴隸迷昧无知，是好事。因為奴隸太明白事理了，很難服從聽命。顯然《易》的編者視奴隸應該是聽命馴服的工具。《象傳》云「童蒙之吉，順以巽也」，很準確。甲骨文「巽」字象形雙人共跪，會意馴服。

上九：擊蒙；不利為寇，利御寇。

象曰：利用御寇，上下順也。

釋「擊蒙」：

「擊」，對照「為寇」「御寇」生義；不應釋為攻擊之義：《戰國策‧齊策一》：「轂擊摩車而相過。」《注》：「擊，礙也。」《廣雅‧釋言》：「礙，閡也。」可見其義特指阻礙戰車的發動。當時戰爭的主要形式是車戰。「蒙」，這裡指對戰爭著迷，猶打仗迷。

釋「不利為寇，利御寇」：

「寇」，侵掠。「御寇」，對抗侵掠戰爭。這一爻大意說，阻礙戰爭迷發動戰車，目的不是讓他們侵掠別人，但他們為抗擊敵人的侵掠而迷心忘身，卻是應當鼓勵的。

《易》的戰爭觀是：反對主動攻擊性的侵掠戰爭，提倡自我保衛性的防禦戰爭。這種觀點始終貫徹于各個有關戰爭的卦、爻辭裡。這是其重要的道德觀念。

05、需 ䷄

水天需。坎上乾下。

需：有孚，光亨，貞吉。利涉大川。

彖曰：需，須也；險在前也。剛健而不陷，其義不困窮矣。需有孚，光亨，貞吉。位乎天位，以正中也。利涉大川，往有功也。

象曰：云上于天，需；君子以飲食宴樂。

需·圖1：甲骨文「需」（《佚》七四三）。
甲骨文的「需」象形濡身而不濡頭的正面人。

釋「需」：

舊注一般釋其義為「待」，即等待。對照卦、爻辭辭義，再對照甲骨文「需」，覺得「待」是「需」出現後的一種現象，无論積極和消極的等待，本質在于欲求。

甲骨文「需」象形正面濡身之人，專家說這是「濡身之禮」，是古代的祭祀之禮。甲骨文象形之人濡身而不濡首，對照《既濟·上六》「濡其首，厲」、《未濟·上九》「濡其首，有孚，失是」，讓我們知道古代的「濡身之禮」不太可能「濡其首」——似乎「濡其首」不吉祥（需圖1）。《既濟》《未濟》是因獲取需求而越界戰爭之卦，想必是需求戰爭之前的祭祀之禮，旨在消除越界過河遭遇水流滅頂危險的憂慮，故而有濡身而不濡首的規矩吧。

周代的金文「需」有象形正面人頭之上天在下雨者（需圖2），據此學者釋「濡」乃「天雨，濕也」，顯然這和商代「濡身之禮」的「需」，屬于兩種字境的字：可能這和周武王發兵滅商時天降大雨的事情有關。據《易》許多卦中反映，在商代，出兵下雨是凶兆（詳見《夬·九三》釋）。因為凶兆，面臨水注如流的大雨，周軍懼怕，于是周武王安定軍心說，這是天老爺昭示幫助我們的「天灑（洗）兵」（見《說苑·權謀》）——如此字境的「需」，則不怕「濡其首」的忌諱。

甲骨文象形正面分腿站立之人，比象形側面人者多半顯得隆重，似乎這正面站立之人，身上承擔著超乎常人的責任，應是那時的「大人」

（需圖3）。如果此說可准，那麼商代甲骨文「需」，會意超乎常人責任者在需求祭祀之禮上濡身忌濡首，周代金文的「需」，會意超乎常人的責任者等待天降雨水以滿足需求。「需」涉及到戰爭滿足需求之事，對此商族忌諱雨天征行，周族反而將雨天征行視為吉利。商族、周族兩種軍事道德觀，此現一斑。

《帛》之「需」寫為「襦」，即《周禮・夏官・羅氏》「羅氏，掌羅烏鳥。蠟則作羅襦」的「襦」，指細網──細網的使用在于需求，似乎意思更近之。《離》卦之「離」甲骨文象形以網捕獲作為圖騰的鳥，可見商民族把需求之獲取看得十分慎重，這是應當注意到的。此卦卦文的「有孚」二字，特指「需」的用途，也是「需」字字義最古老的意義之一。

需・圖2：周代金文「需」（《盂簋》）。金文的「需」象形天雨濡遍頭和身體的正面人。

需・圖3：分開雙腿站立的玉雕像。

商代和商代以前，圖像上有交通人神地位者多分開雙腿站立。甲骨文、金文強調這種有些「馬步」站立的人形，值得注意（右，商代；左，商代以前）。

釋「有孚。光亨，貞吉。利涉大川」：

「孚」，俘獲，獲取。「光」，廣。《左傳・昭公二十八年》：「昔武王克商，光有天下。」此用以標示「亨」的重要程度。在《易》中，凡意義重要的卦，卦辭裡不僅出現「亨」的字樣，還每在其前冠以「元」字等為程度上的標示，如《乾》《坤》《屯》《大有》《隨》《蠱》《臨》《无妄》《升》《革》《鼎》等十一卦，就是因首等重要而標以「元亨」二字的，以此對照本卦，其重要性更大于它們。推想「光亨」可能乃「元亨」之訛（「光」與「元」字形近似）。「亨」，對神靈的享祭。謂《需》卦關係到神靈得以享祭的重要問題。「貞吉」，《需》卦所揭示的道理，有利于宗族和家國的存在。

「利涉大川」，在《易》產生的時代，因交通工具落後，涉渡大河很是困難。甲骨文《京》四四七〇載了一段卜辭：說商王要畋獵，渡過

滴水到某地，沒有災害。滴水即漳水，是環繞著殷墟的一條河，商王過這條河外出，還得占卜求神指示吉凶，足見「涉大川」是極重要的大事情。在甲骨文裡「災」字直接把大水波濤的形象會意災害，可想滾滾水流的恒久河川給那時人的認識。這也見「利涉大川」的「利」是很大的。

《易》出現「利涉大川」字句的，有《同人》（共同抗御侵掠）、《蠱》（禍祟事業之繼承）、《大畜》（正當的積聚物力）、《益》（合乎道德的有益）、《渙》（建防御敵人的設施）、《中孚》（禮節往來的獲得）。它們均沒有有關「涉大川」的具體論述，足又見「涉大川」只是一個比喻，以喻「利」的大小。這一卦的「利涉大川」是指遵守「需」的準則所將獲利之大。「大川」，指真正意義上的江河。

初九：需于郊。利用恒，无咎。
象曰：需于郊，不犯難行也。利用恒，无咎；未失常也。
釋「需于郊。利用恒，无咎」：
「郊」，指各邑邦所屬之地，借代各邦君邑主自己統轄的地盤。「恒」，久。「利用恒」，在自己統轄的地盤獲取所需，應從利益久遠的角度上著眼。「无咎」无壞處。
這裡說不要竭源盡獲之意，即：只有在獲取物長久存在的基礎上，才有長久獲取的利益。它不僅規勸邦邑之主索取所需時手下留情，似乎還說了：天造萬物以養人，人絕萬物以自養，恰恰也絕了自身。也許中國古代賢哲們提出對自然界動物網罟刀斧弩箭之下留情的主張，本來自此。或許此在向邑邦之主們婉說不可覬覦他人財物，要把欲望限制在自己地盤所存在之東西上。但這與《六四》之義重復。

九二：需于沙，小有言，終吉。
象曰：需于沙，衍在中也。雖小有言，以終吉也。
釋「需于沙」：
「沙」，指獲取方法和獲取策略的淘汰選擇。大概沙是水流沖汰洗滌的結果，因而在此引申為獲取之法的選擇。唐李賀《昌谷詩》有「沙汰好平白，立馬印青字」句，其「沙汰」便是水沖洗之意。
「需于沙」，廣泛選擇獲取的不同意見，去劣存優之意。《象曰》：「需于沙，衍在中也。雖小有言，以終吉也。」釋「沙」以

「衍」。「衍」有廣大和推演之意，亦沙汰之意。

釋「小有言，終吉」：

「小」，此與《易》的「大」意義相對，有不正規、卑微等義。「言」，借為「愆」，過失。「終吉」，獲取的意見和方案需要汰選，即使卑微、過頭的意見也要聽取，所以最後出現的結果仍是好的。《易》在此反對「一言堂」，提倡議事民主。

九三：需于泥，致寇至。

象曰：需于泥，災在外也。自我致寇，敬慎不敗也。

釋「需于泥，致寇至」：

「泥」，對照上爻「沙」義，阻滯、拘泥之意。《論語・子張》：「子夏曰：雖小道，必有可觀者焉，致遠恐泥，是以君子不為也。」「寇」，泛指聚眾擁兵以侵掠為目的的人。此爻說獲得的方法、策略不能適時應變，而是拘泥一定之見，那必然要落後於發展不止的社會局勢，變得弱小可悲，從而被那以侵掠為獲取方法者吞食。

這一爻用意近於《大壯》，也是鼓動「君子」衝破傳統獲取方法的囿限，走經商致富之途的。那時心理上成為定式的獲取，一是依靠天賜的農牧，一是靠發動戰爭擄掠，要致富，前者難，後者易。對此，《易》提出了經商以代替戰爭擄掠的致富之策，但此策略並沒被當時邑君邦主們普遍接受（詳見《小畜・初九》《九二》注），故這裡以拘泥舊觀念易使國衰民弱之說勸之。國弱易被欺，國家強弱往往關鍵在執策者的意識。《易》編著者的如此卓見已被世界近代歷史所證實。

本爻的「泥」和上爻「沙」字近喻義近本義，極易造成理解的表面化。

六四：需于血，出自穴。

象曰：需于血，順以聽也。

釋「需于血，出自穴」：

此與下一爻為屬爻分置之辭。

《易》原先大概沒有爻題，後人為便於筮占而發明了爻題，並把原有的卦辭大致上以吉凶斷語為單元，繫屬在其下。但有一些配合這類單元的卦辭過少，不夠分配于爻的數量，便出現了裂辭分置爻題之下的現象。所以我們只要看到吉凶斷語沒在當爻出現（極個別的情況下例外，

如《蠱・上九》「不事王侯，高尚其事」之後脫失了一「凶」字），即可視為屬爻分置之辭，遇此，必將分置之辭合起，意義才能完整。

「血」，借代祭神的血、肉和酒類，猶「血食」。那時代有殺牲取血灌入地中的宗教活動，而且祭神常常有酒——酒與「血」是聯屬並舉的東西，故而此處取特徵以借代。「穴」，動物的巢穴、窩。「取自穴」，獲取自動物所居的巢穴之中。對照下爻「貞吉」，它婉言祭神、宴享的血肉，應該來自合理的獲收。此「穴」與《六五》「入于穴」之「穴」不同，後者指公共山野中的動物之穴，這裡指領地內名分上歸于自己的動物，主要是自己豢養的。

九五：需于酒食，貞吉。

象曰：酒食貞吉，以中正也。

釋「需于酒食，貞吉」：

「酒」，從先秦文獻來看，殷商以人飲之酒為「酒」，凡祭禮之酒曰「鬯」。「酒食」，對照「貞吉」生義；借代酒宴，但不指為了自己口腹之欲而設，而是為了友好關係置辦的酒食。《中孚・九二》「鳴鶴在陰，其子和之；我有好爵，吾與爾靡之」——好酒待人，是為了這種關係。《漸・六二》「飲食衎衎，吉」——快快樂樂地飲酒咀肴，是為了這種友好的關係。《鼎・九二》「鼎有實，我仇有疾，不我能即，吉」——酒食不讓家人享受，用以款待客人，是為了這種友好關係。《睽・六五》「悔亡，厥宗噬膚；往，何咎」，讓所娶之妻的宗親吃著美味的禮物，是為了這種友好關係。《坎・六四》「樽酒，簋貳……終无咎」讓權要人犯在監禁中有酒食，是為了這種友好關係……「需于酒食」，指友好往來之中禮客友賓所需的酒食之類。

「貞吉」，它是此與上一爻的吉凶斷語；它旨在說：祭神的酒犧牲和禮友的酒食都獲取自自己，而不違背天意去擄掠他人，便是有利于宗族家國存在的獲得。

上六：入于穴，有不速之客三人來，敬之終吉。

象曰：不速之客來，敬之終吉。雖不當位，未大失也。

釋「入于穴」：

「穴」，與《六四》之「穴」字含義不同，其泛指自己領地中豢養的動物的巢窩，這裡指公共山林中的野獸巢穴。從下文對不速之客「敬之，終吉」來看，那時邑邦所鄰的大山是公共的。史載伯夷

叔齊在商朝滅亡之際，隱居于首陽山采薇而食，以示自己不是周朝的臣屬，似可說明至少在商代時期一些大山是公共的，沒有十分具體的歸屬，到了「普天之下莫非王土」的周代，山便成為天子、諸侯的私產了。

「入于穴」，欲獵獲的對象在巢穴中，還沒出來，婉言其沒被捕獲，歸屬未定。「不速之客」，不召而到的人；指同是狩獵于山林卻非同夥的人。這一爻指出在公共的山林中獲獵應具的態度──對別處來此狩獵的人要「敬之」。

釋：「有不速之客三人來，敬之終吉」：

「三」，不確指數字，代言多。「三人」，若干人。

「敬之，終吉」欲獲取之物還沒歸某一人專有，當別人不期而至也來獲取時要友好相待，不是獨佔獨專，待之非禮，這樣最終結果是吉利的。

06、需訟 ䷅

天水訟。乾上坎下。

訟。有孚，窒。惕中吉。終凶。利見大人，不利涉大川。

彖曰：訟，上剛下險，險而健訟。訟有孚窒，惕中吉，剛來而得中也。終凶；訟不可成也。利見大人；尚中正也。不利涉大川；入于淵也。

象曰：天與水違行，訟；君子以作事謀始。

釋「訟」：

朱熹注云：「爭辯也。」這當然是指同等地位、身份、階層者，即貴族、邦邑領管之間的爭辯，為各自能夠「有孚」而爭辯。

《易》認為這彼此間的爭辯絕无好處，故指出其中的種種弊端，以為善意的勸阻。可歎的是，這善意卻給以後數千年計的中國人心中，陶鑄了對訟事的憎惡。眼下民間還以「生不入衙門」「一輩子不見官」等，作為對有道德、老實忠厚人的讚揚，而批評一個人的根據往往是「三進宮」，「派出所好像是他家開的」「訟棍」「官司油子」「惡人先告狀」「好人不打官司」等。其實二者的源頭都在于此。

釋「有孚，窒。惕中吉。終凶。利見大人，不利涉大川」：

「孚」，獲得。「窒」，塞。「有孚，窒」，訟可以使獲得利益的途徑堵塞。「惕」，義同《乾・九三》「夕惕若厲」之「惕」，恐懼、害怕。「吉」，指訟事的勝利。

「惕中吉，終凶」，訟事的勝利，是恐懼擔心中的勝利，從長遠角度看，這些勝利是潛伏著危機的壞事。

「見」，有表示被動的成分，這裡乃碰到、攤上之意。「大人」，正人君子。「利見大人」，爭辯的事端攤在正人君子身上有利，因為正人君子對訟事每是「不永所事」的。

「不利涉大川」，當時交通工具很落後，人們沒有把握在渡河過川中操縱自己的命運，所以能渡危河險川，也意味著保全了最寶貴

的生命，相反，「不利涉大川」就是說不利於生命的保全。

卦辭《帛》作：「有復，洫寧。克吉，冬凶。」「洫」，疏泄，泄之使其空虛。《管子·小稱》：「滿者洫之，虛者實之。」「寧」，願。《書·大禹謨》：「與其殺不辜，寧失不經。」《莊子·秋水》：「寧其死為留骨而貴乎？寧其生而曳尾于塗中乎？」「洫寧」，泄虛訟者壓勝對方不惜一切的心願，使其不訟（這是中國文化對待訴訟的精神根本。這精神似源于此。今天我國各單位多設有有關糾紛的「調解小組」，當源于此）。「克吉，冬凶」，「冬」通「終」；對于訟者來說，勝訟是吉，但終究還是凶。《帛》似優。

初六：不永所事，小有言，終吉。

象曰：不永所事，訟不可長也。雖小有言，其辯明也。

釋「不永所事，小有言，終吉」：

「永」，長久，指久久糾纏在訟事當中。「事」，所爭辯的事。「言」，借為「愆」，錯失。「小有言，終吉」，對放棄糾纏于訟事的人來說，即便眼前顯得有點吃虧氣餒，但最終還是沾光逢吉的。

九二：不克訟，歸而逋其邑人三百戶，无眚。

象曰：不克訟，歸而逋也。自下訟上，患至掇也。

釋「不克訟，歸而逋其邑人三百戶」：

「克」，勝。「歸」，邑邦的領管從裁決之處爭辯而回。「邑人」，與《比·九五》之「邑人不誡」之「邑人」相同，均應指邑中的人民。今天的許多注家認為「邑人」是指奴隸。我認為當時的奴隸一般不被稱作人，更難能獨立成「戶」。理由如下：

一、《易》凡涉及到奴隸的卦，奴隸均不被稱為「人」。如《隨》，其稱奴隸為「小子」「丈夫」。

如《解》，其在奴隸赤腳无履的特徵上曰「解而拇」（解放的奴隸——「拇」在一定程度上借代腳，轉而又代表奴隸），又稱解放為自由民的原奴隸為「小人」。這個稱呼雖然出自卑薄的口吻，但畢竟說明自由民是「人」，沒解放的奴隸不算人。如《巽》，其稱奴隸解放後，代主子走腳經商者為「武人」（「步武」之「武」，義近《隨》之「隨」字；其實這種自由人的名字亦可叫「隨人」），雖然這種「人」

和「大君」是人的兩個極端（《履‧六三》：「武人為于大君。」），但終究不再是奴隸。

二、《易》中凡綴以「人」字的社會成員，都有著奴隸沒有的行為。如：

「大人」——要想有利，就當與其人接近（《乾‧九二》：「利見大人。」）。

「小人」——其中有些分子的社會能量已超過了「君子」（《大壯‧九三》：「小人用壯，君子用罔，貞厲。」）。

「丈人」——軍隊的統帥（《師》：「丈人，吉。」）。

「匪人」——和這種人接近，足可使家國產生危險（《否》：「否之匪人，不利君子貞。」）。

「幽人」——因刑罰割去生殖器的人，為了裝門面而要娶女人為妻，足見其社會地位不是奴隸（《歸妹‧九二》：「眇能視，利幽人之貞。」）。

「同人」——應急自衛的軍事組織，相當于今天的民兵（《同人‧初九》：「同人于門，无咎。」《六二》：「同人于宗，吝。」「宗」，同宗；「門」，國門、邑門，指國人、邑人）。

「家人」——貴族領主的妻子（《家人》）。

「宮人」——貴族官員的老婆（《剝‧六五》：「以宮人寵，无不利。」）

「行人」這種人可自由自在地到別地他邑去，足見其不是沒有外出行動權利的奴隸（《无妄‧六三》：无妄之災；或繫之牛，行人之得，邑人之災。」）。

三、《易》中奴隸較直接地被稱作「童」（詳見《蒙》注、《觀‧初六》「童觀」釋）。

可見此「邑人」即卜辭中的「眾人」，他們是自由民。當然「邑人三百戶」的各「戶」之中，也不乏家長制下的奴隸。他們在邑主處于劣勢時逃離，恰如《易》中「君子」在「主人」令之傷心的情況下離去他適，都能看到當時邑邦家國之間競爭的焦點是人和人才。「三」，泛指多數，猶今謂之若干。「三百戶」，逃亡的人家多以百戶計。

「眚」，災禍。「无眚」，邑主纏身訟事，不僅失去了凝聚邑人的力量，還帶給他們禍及己身的恐懼，故而大批的逃避而去，但這比起訟事本身潛伏的危機，還算沒有災禍。統治者的統治基礎是自由民，自由民紛紛逃離，這對統治者就是最大的災難，說不算災難，是反語。「邑

人」為什麼逃離？那時的訟事大致是弱者對強者的爭辯，或同等強弱間的爭辯。從弱對強角度上看，弱者不勝，不可逆料的災難會旋踵即至。從同等強弱角度上看，訟事失敗的一方，會因勢力削減，處在受辱的情況中。受辱是不甘心的，而雪恥的報復必又鑄出惡性循環的內容。這兩者都不免將无故的邑人拖陷進去，所以他們借逃避以求安。

六三：食舊德，貞厲，終吉——或從王事，无成。

象曰：食舊德，從上吉也。

釋「食舊德，貞厲，終吉」：

「食」，蝕損、虧蝕，亦即「蝕」。「德」，《恒·六五》：「（田无禽）恒其德，貞，婦人吉，夫子凶（已无禽獸可獵，仍長久堅持其「德」，對于家來說，婦人這樣是吉行，男人這樣便是凶事）。」其「德」有「事」的意思，其「事」合乎特定時空公認的行為法則。對照下文「或從王事」之意，知道此處與上例之「德」意義近同。「舊德」，指以往對王室忠心效事的結果。

「貞厲，終吉」，訟事爭辯涉及到了以往對王室忠心效事的成績，這對爭辯的一方必有輸掉的危險，另一方會得到最後的勝出。

釋：「或從王事，无成」：

「舊德」是「從王」效「事」的成績，訟事最終不會成功。「或」，如果。「王事」，指「舊德」的內容。

「无成」，指涉及到「舊德」的訟事不會成功。因為「舊德」是過去為王事效勞的成績，是商王滿意自己利益被維護的表示，如果存心觸及它而爭訟，存心者便意味著對商王以往的行為表示不滿，故所以「无成」（詳見《上九》注）。

當時商王之流大貴族領主都有自己的行政管理機構，機構中的官員，卜辭中稱為「臣」，《易》中稱為「君子」。這裡的「或從王事」和《坤·六三》「或從王事」者，是指為商王效事的「君子」。《易》出于對商王維護的立場，尊崇「從王事」者。此爻有「不能拿現在政策翻過去的案」之意，對以往「從王事」的成績一概肯定，是穩定商王族特權的一種措施。

九四：不克訟，復即命，渝；安，貞吉。

象曰：復即命，渝安貞；不失也。

釋「不克訟，復即命，渝；安，貞吉」：

「復」，返回，「即」，就。「命」，王命，即裁定者之令，其內容是「渝」。《易》認為邦邑之間訟事的裁定者是王——《上九》：「或錫之鞶帶，終朝三褫之」之辭可以證明這一點。

「渝」，《左傳·隱公六年》：「鄭人來渝平，更成也。」《注》：「渝，變也。」指變怨修好。

「安」，義同《坤》「安，貞吉」之「安」，指以繁衍生殖為目的的執政方針。

「貞吉」，敗訟回邑，立即執行裁定者的裁決，與爭辯者變怨修好，往後再不興訟，一心遵循天意，圍繞人口繁衍生殖的核心執政，會給宗族和家國的存在帶來吉利。

九五：訟元吉。

象曰：訟元吉，以中正也。

釋「訟元吉」：

此與下爻為屬爻分置之辭。這種分置是後來給卦辭加以爻題者所為；它除便於佈卦外，別无積極的意義。在前文裡我對此已有說明。這裡僅補充本卦《九五》《上九》是牽強屬爻以辭的理由：

一、如果「訟，元吉」獨立成義，那麼它不僅與卦辭「有孚，窒；惕中吉」的精神相迕，也與其他爻辭陳說訟事无益有害的精神相矛盾。

二、《易》中慣常用先肯定後否定的修辭方法，即好用反語敘述的方法。如《否·九五》先說「大人」的地界以沒有邊界為吉，後又反說這沒有邊界的前提，是以別人地界為界限的。再如《蠱·上九》先肯定「不事王侯，高尚其德」，後又以一個「凶」字（《帛》有一「凶」字）將其否定等。本爻的「元吉」，便是下爻否定的前提。

三、通觀《易》所有「或」字的用法，其都在標示它連接下的句子為上邊意義之補充。例如《坤·六三》：「含章可貞；或從王事，无成有終。」《師·六三》：「師，或輿尸，凶。」《无妄·六三》：「无妄之災，或繫之牛，行人之得，邑人之災。「《恒·九三》：「不恒其德，或承之羞，貞吝。」《漸·六四》：「鴻漸于木；或得其桷，无咎。」《中孚·六三》：「得敵，或鼓，或罷，或泣，或歌。」《小過·九三》：「弗過，防之；從，或戕之，凶。」（《乾·九四》

《損・六五》「或」的用法亦如這些相同，因其尚可勉強獨立，故不算為同列）。下爻的「或」字用法，與上述例子无二，只是為屬爻置辭的需要，從而割裂開來。

「元吉」，吉中之首，吉中之吉。

上九：或錫之鞶帶，終朝三褫之。
象曰：以訟受服，亦不足敬也。

釋：「或錫之鞶帶」：

此與上爻乃「訟，元吉，或錫之鞶帶，終朝三褫之」的裂置。「錫」，賜，指王的賞賜。「鞶帶」，《左傳・桓公二年》載臧哀伯說：「袞、冕、黻、珽，帶、裳、幅、舃，衡、紞、紘、綖，昭其度也；藻、率、鞞、鞛，鞶、厲、遊、纓，昭其數也。」細析其說，顯然前面是表明身份品級的衣飾，後面是表明身份品級的車飾。如果《易》的時代表明等級的車馬服飾與《左傳》相近，那麼「鞶」當指車飾，「帶」則指衣飾。大概這種裝飾不在車鞶繩和衣帶的本身，而指它們的品質或上面的附件多少。「鞶」，即鞶繩，今天畜車鞍具中仍留有其名其物。「帶」，即後來歷朝都以其區別身份的腰帶。總之，「鞶帶」在此借代封寵等。

釋「終朝三褫之」：

「終朝」，猶一天不到頭。「三」，泛言多。「褫」，奪。「終朝三褫之」，一天之內、當日之中又多次將封賜追回奪取；婉說靠著訟事取得商王封寵之榮耀是不可能的。因為爭辯雙方都在為了自身利益，如果利益違犯了商王，那原告的角度就由爭辯轉成揭發奸私了。用今天的話說「訟，元吉或或錫之鞶帶，終朝三褫之」乃：打官司爭辯真是第一大好事，好只管好，只是得到的便宜一會就剩不下了。

07、師 ䷆

地水師。坤上坎下。

師。貞，丈人吉，无咎。

彖曰：師，眾也，貞正也，能以眾正，可以王矣。剛中而應，行險而順，以此毒天下，而民從之，吉又何咎矣。

象曰：地中有水，師；君子以容民畜眾。

甲骨文的「師」象形馬銜，即用于控制馬的馬勒子——其象形的對象分兩個階段，前一個階段象形直接勒入馬嘴裡的馬銜，後個階段象形馬銜頭上連接的馬鑣（師圖1）。

商代後期車戰開始普遍，那時的戰車一如第二次世界大戰中的坦克、現代戰爭中的戰機，是最頂級的戰爭利器，然而驅動戰車的關鍵在于控制馬匹，控制馬匹的關鍵就在于「師」所象形的馬銜。于是因為馬銜的重要，控制車戰馬匹的人就成了「師」，而用于戰爭集結之人的編制，也以「師」代之。更因為控制車戰馬匹之「師」的人，是車戰伊始階段最為重要、最被崇拜的人，于是官員、師表、卓越之人也被以「師」冠之（關于這些，詳見拙作《造物未說的秘密》第四章附文：3《說師》）。

從商代的卜辭看，「師」一般泛指軍隊，或軍隊的一種編制。這就是說，「師」自那時便可代言軍隊。本卦的「師」指師旅之「師」，即軍隊的代言。

釋「貞，丈人吉，无咎」：

「貞」，可理解為「師之于貞」的節文。「貞」在這裡釋義作生、存在。《易》的「貞」字，除含宗族家國的存在之義外，也含上述的意義。如《觀・六二》「窺觀，利女貞」之「貞」，義即如此。

「丈」，學者說其為「杖」的本字，象形手持杖。甲骨文「尹」字與「父」字均從手持「｜」形，區別在于「尹」字手在「｜」上、「父」字手在「｜」下；「尹」字從手持筆形，照卜辭反映，「尹」是地位很崇高的官員，不見其為帶兵征戰者，當是一種文職官員（一

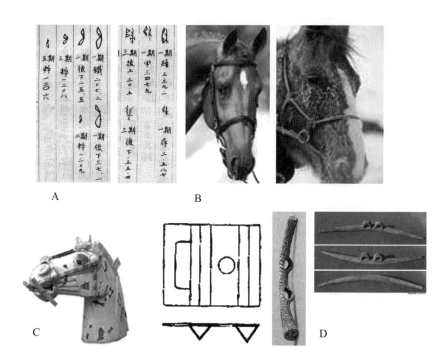

師・圖1：甲骨文的「師」及其象形對象。

A：董作賓甲骨文風格分期「一期」、「三期」之「師」字象形的變化。

B：通過馬嘴與馬絡頭上的環相接者便為馬銜。

C：橫在馬嘴上的馬鑣。

D：商周時代的馬鑣。

　　「師」字象形馬銜，其象形的對象分兩個階段，就董作賓甲骨文風格分期而言，「一期」階段象形直接勒入馬嘴裡的馬銜，「三期」階段象形馬銜頭上的馬鑣。

說「尹」即「君」字）；「父」字從手持斧鉞形，是「斧」的本字（「斧」的使用者為男性，所以「斧」又是父權的象徵，後來用作父母、君父的「父」，似從這種意義上引申出來的）。從本卦之「丈人」一辭所處的位置上看，「尹」「父」二字有些暫時說不清道不明的關係。

　　「丈」似不僅指計量單位，因為出土的商尺長度約有16釐米──一丈只有1.6米。應當通「杖」，依仗之義，「丈人」即可倚仗、依託事情的人。《左傳・襄公八年》：「杖信以待晉，不亦可乎？」也許當時認為身高至少得過1.6米才是有資格被倚仗的人。《周禮・地官・鄉大夫》記載周代徵兵身高的條件國中為七尺以上、鄉野為六尺以上，周尺約折今天的23釐米。《莊子・盜跖》載：孔子對盜跖說，天生領袖所具備的首要條件

中，有身高的強調。這固然是小說之言，但卻表明了崇拜身軀高大的心理絕非突如其來。今天讚揚男子漢大丈夫之美必說「身材高大」也見其心理因素盤根之深遠。如果這些推想合理，那麼「丈人」當指有資格統領軍隊的人。「吉」，有資格統領軍隊的人統領軍隊，軍隊才會吉星高照，長存不敗，即便遇有險，也沒有大的問題。

其實本卦「丈人吉，无咎」的前提乃針對「輿尸」之「凶」而言。所謂的「輿尸」，當指軍隊中商王的代表人之類。顧名思義，這代表人必有高過軍隊指揮的權威，因為他們並不一定是作戰打仗的行家，所以往往壞事以「凶」。清楚此理，我們就明白為什麼這裡高標「貞，丈人吉，无咎」了。

除外，我們還從「輿尸」窺知了鮮為人所知的一件事：商代王家的軍隊出征，如不是商王親臨，大概每要派一個「尸」——商王的替代之身，象徵、代表商王督軍臨戰。

初六：師出以律，否、臧，凶。

象曰：師出以律，失律凶也。

釋「師出以律，否、臧，凶」：

「律」，軍隊行動的規律。「否、臧」，壞、好，其針對「尸」——即商王的代表忽視「律」而言；指「尸」在軍隊指揮上的任意。「否、臧，凶」，指揮軍隊行動，自有其不移的規律，如果不尊重這一要點，任感情好壞來左右，則會導致凶果。

九二：在師中，吉，无咎，王三錫命。

象曰：在師中吉，承天寵也。王三錫命，懷萬邦也。

釋「在師中，吉，无咎」：

「在師中」，對照「吉，无咎」，則知當為「丈人在師中」的節文；「師中」，即中軍，主帥所在。「吉，无咎」，有資格指揮軍隊的人在軍中統帥，是吉利的，也不會有什麼錯。

釋「王三錫命」：

「王」商王。古代的王脫化自巫覡，巫覡是神靈在人間的代表，到了有王的時代，王自然成了天上神靈的人間代表。「命」，先秦的人認為，人生命的一切是天給的，王公在一些情況下則是代表天來造命的。「王三錫命」，王多次賜于「丈人」之生命的榮耀；此婉言軍中用了有

資格的統帥，便屢建功勳，受到王多次嘉獎，可見「丈人」有效地運用了指揮之權，受到王的信用。這一爻針對的前提，是商王派出的隨軍代表，常常干涉將帥的軍事事務。後來所謂「將在外君命有所不從」用意與此相近，都是因王室干涉軍事而生的反對之鳴，只不過這裡圓外方內，口氣極為委婉而已。

六三：師或輿尸，凶。
象曰：師或輿尸，大无功也。
釋「師或輿尸，凶」：

「師」，用作動詞；指出師，征戰。「輿尸」，今多釋為運送傷亡者，我認為不妥。

理由之一：《易》中所有的「輿」字，如《小畜‧九三》之「輿說輹」、《大畜‧九三》之「曰閑輿衛」、《大壯‧九四》之「壯于大輿之輹」……等，均為名詞，不作動詞用。而凡涉及以車載運，則均作「載」或「乘」，如《大有‧九二》之「大車以載」、《睽‧上九》之「載鬼一車」，《屯‧六二》之「乘馬班如」、《解‧六二二》之「負且乘」等等。

理由之二：《六五》「長子帥師」和「弟子輿尸」並出，其「貞凶」的斷語共指「帥師」和「輿尸」，如果「輿尸」是「運送傷亡」，則是指戰爭的細部，而「帥師」顯然是軍隊組織中的職務。《九二》「在師中，吉；无咎」已說「帥師」這一軍隊組織形式是正確的，此處則不會以「貞凶」否之。可見「輿尸」也應是軍隊組織中的一種職務。

「尸」，《楚辭‧天問》中「載尸集戰，何所急」的「尸」字，據《章句》云：「尸，主。」這個「主」就是《史記‧周本紀》所說文王死後，武王伐紂用車載著的文王神主。它什麼形狀？《穀梁傳‧文公二年》：「作僖公主」。《注》謂：「主，蓋神之所憑依，其狀正方，穿中央，達四方。」看來這種神主和「輿尸」沒有關係。因為它雖然可以用車載著去參戰，但畢竟是假想的死人靈魂之依附物，絕不會和「帥師」者有兩個心思、兩個意見，竟至于導致「凶」的地步。請注意《易》中凡「輿」字均指專門用于戰爭的車；甲骨文「尸」字象形某些地區人死後屈膝下葬的形象。這兩個線索叫我想起了「尸位素餐」的「尸」，它指儀式上一種人的位置——「輿尸」便是出師征戰裡的一種不該起指揮作用的位置，是上述之「王」的替身或代表，有如唐代中期平藩戰爭中常常發揮作用而且是極壞作用的「監軍」。這些「監軍」是

皇帝派在軍隊中的閹宦，他們不懂或者也不該指揮戰爭，只是名義上代表著帝王參與了戰爭——因他們的存在，師出之名便堂而皇之地冠以「王師」。正因為他們身份代表著皇帝，所以他們在軍中的位置就无形中好似「太上皇」，即實際上的軍事決策人。

照軍事之規律，軍中出現了「帥師」「輿尸」兩個司令部、兩個指揮核心，難免使戰事出現凶象。故而《六五》強調「長子帥師，弟子輿尸，貞凶」。如果上述推測可准，「輿尸」似可理解為「輿使」，即當時的王每每派入軍隊中的代表。「凶」，出師作戰，一軍之中兩種司令係統，後果可怖。

六四：師左次，无咎。

象曰：左次无咎，未失常也。

釋「師左次，无咎」：

「左次」，有釋為在左邊駐紮的，或釋為駐紮某地多日的，蓋都拘泥於軍旅「再宿為信，過信為次」的傳統說法。其實這是聯綿詞，應釋為「趑趄」，即《夬·九四》「其行次且」、《姤·九三》「其行次且」的「次且」，徘徊不進的樣子。「无咎」，沒有危機、問題。在合格的統師帶領下，軍隊徘徊不前，是戰勢的需要，並不是戰事失利的跡象，所以「无咎」。

六五：田有禽，利執言，无咎。長子帥師，弟子輿尸，貞凶。

象曰：長子帥師，以中行也。弟子輿師，使不當也。

釋「田有禽，利執言，无咎」：

「田」、田獵，狩獵。「有禽」，獲得禽獸。「田有禽」，狩獵的目的在于獲取禽獸，這裡曲說戰爭俘獲。「執」，甲骨文象形用幸（一種刑具）箝制人的兩腕，會意執捕；此指得到俘虜。「言」，借為「愆」，過失、罪愆。「利執言」，戰爭的結果利在滅敵獲俘。這裡將田獵和執敵共出，是因為古代把田獵與軍戰同等對待的緣故。「无咎」，針對下文「貞凶」而言；比起「長子帥師，弟子輿尸」造成的「貞凶」之惡果，不要「輿尸」的介入，從而使戰爭達到了「有禽」的目的，這是沒有害處的。

釋「長子帥師，弟子輿尸，貞凶」：

「長」，兄長。「子」，男子的通稱。在我國自父繫社會確立之

後，一家之中兄長的權威遠在弟輩之上。此將家庭中權威不及兄長的「弟」承擔實質上超過兄長權威的職務，以說軍隊中兩個司令部之不妥。

「長子帥師，弟子輿尸」可理解為：既讓有資格指揮軍隊的人「帥師」，又讓沒資格統軍參戰的人為實質上超過「帥師」權威的「輿尸」。如果這理解可准，那麼「輿尸」便是王的代表，而非像武王伐紂時所載的那種「尸主」。《尚書‧甘誓》：「用命賞于祖，弗用命戮于社。」《注》：「天子親征，又載社主謂之社事，不用命奔北者，則戮于社前。」這說明古代出征所載的「社主」亦即「尸主」與「輿尸」无關。「社主」是不能下達命令的，只是下達命令者的假託物。「貞凶」，軍中兩個司令部，「帥師」者受「輿尸」者控制，這是與戰兵眾生靈的凶兆。

上六：大君有命，開國承家，小人勿用。

象曰：大君有命，以正功也。小人勿用，必亂邦也。

釋「大君有命」：

「大君」，這一詞在《易》中出現每都與戰爭相牽。如《履‧六三》《臨‧六五》等。它的含義是什麼？我們得從「大君有命」的對立面「小人勿用」上進行一番考慮。

《易》裡「小人勿用」之類句子的出現也都與戰爭相牽。如《大有‧九三》：「公用，亨于天子，小人弗克（戰車可用于公共安全保衛，可用于維護商王統治，不能讓小人掌握著對它的使用）。」《既濟‧九三》：「高宗伐鬼方三年，克之，小人勿用（商王伐該戮殺的方國，多年動兵終能勝利，是不用小人為統帥的結果）。」對照《未濟‧九四》「震用伐鬼方三年，有賞于大國」的意思，知道「大君」指為商王立下軍功而獲得「君」位者，亦即「大國」之「君」。既然「大君」的相對面是「小人」，那麼「大」即《泰》「小往大來」的「大」，有正統、正規、正式之義，「大國」之「君」則可釋為受商王之封賜的貴族國君。換句話說，「大」是說其來路的，「君」是說其位置的。

順著這一思路向下發展，我認為「大君」稍稍有別于「君子」，似乎「君子」多指為商王等大領主管理邑邦的貴族而言，而「大君」卻是因軍事才幹終身受邑封國的貴族——後者當中不乏異姓人，這因為那時戰爭主要是生命和生命的較量，勝負決定著政權歸誰家的問題，所以統兵帥軍僅僅靠著同姓本家是不夠的。《易》的編著者顯然明白這點，否

則就不會在《同人·初九》《六二》裡說出「同人于門，无咎」「同人于宗，吝」這般深沉的話來了。本卦「師，丈人吉，无咎」「師，或輿尸，凶」恰是這般深沉話的另種說法，而說這樣話的人，必不摒除異姓貴族進入「大君」之概念的。另外，凡「小人」即邪路出身成「人」的人，都不可能是商王同宗之人，「勿用」他們統帥軍隊的前提，是因大量的異姓人——有身份貴族者，也有身份低微者，為商王統帥著軍隊。

「有命」，天授之命。「大君有命」，即有命成為正統國君邦主者。這句話的前提可能是當時出身不正統而獲得「君」位者很多。

釋「開國承家，小人勿用」：

「開國」，封國建邑。「承家」，受國立家。「開」「承」同義，「國」「家」同義。「邑」從口，「口」即「國」字的「口」（圍牆）。卜辭說「作邑」亦為「作家」。「開國承家」，指「丈人」為商王在軍隊中指揮作戰，功績赫赫，因而有命得以封國立家。或許這些因功受封的貴族，就所滅國家的地盤，成立商的翊衛國吧。

「小」，即《泰》「小往大來」的「小」，有邪、不正、下賤等意思。「小人勿用」，軍中的「丈人」統帥要用貴族出身者，萬不能用低賤不齒的人。當時大貴族領主間相互掠奪成風，大批出身低賤的人被用于其中並成為骨幹，登上了歷史的舞臺，這必然要使貴族的地位受到威脅，所以這裡才有「小人勿用」的告誡。

「大君有命，開國承家」，《帛》作「大人君有命，啟國承家」。似優。

08、比 ䷇

水地比。坎上下坤。
比，吉。原筮。元永貞，无咎：不寧方來，後夫凶。

象曰：比，吉也，比，輔也，下順從也。原筮元永貞，无咎，以剛中也。不寧方來，上下應也。後夫凶，其道窮也。

象曰：地上有水，比。先王以建萬國，親諸侯。

釋「比」：

甲骨文中的「比」「從」二字較難區別，只能隨文義來釋為「比」或「從」。由《象傳》「比，輔也，下順從也」。《象傳》「比，先王以建萬國，親諸侯」的解釋看，它的意義是下順從上、上偕同下。顯然下順從上、上偕同下，是商王讓國家永遠存在的踐行目標。然而達到這種目標是要靠策略的，這策略除了君權神授的不容置疑，就是必要的殺伐威懾。它主要強調了殺伐威懾。

釋「比，吉。原筮。元永貞，无咎」：

「比」在甲骨文當中也是卜得吉兆的表示[1]，所以這裡以「吉」襯托「比」。

「比」的釋義還包含在「原筮」二字當中。「原」《廣雅‧釋言》：「再也。」當卜筮過一次或兩次，接連的結果都與初筮相同，這便也就體現出了「比」的意義。可見這與「比」下順從上、上偕同下的意義一致。

「元」，商代金文象形側面人形，突出頭部，後來「元」字又可釋為首，便與此有關；這裡有頭等、首要的意思。「永貞」，義同《坤‧用六》之「永貞」，指宗族家國永久的存在。「元永貞」，下順從上、上偕同下是「永貞」的首要、頭等的條件。「无咎」，沒有錯誤；指「不寧方來」表示順從而言。

---

[1] 見徐中舒主編《甲骨文字典》916頁。

釋「不寧方來，後夫凶」：

「方」，地方、方國。「不寧方」，從卜辭裡分析商和各方國的關係，可以說商王朝是「一個以商為首和不同方國的聯合體」。在這些聯合體中，有一些「時而臣服時而反叛」的方國（如「盂方」「周方」等）[2]，這是些不安寧的方國，也就是此處所謂的「不寧方」。「來」，來而到，指不安寧的方國領袖已來到商王王庭表示順從。

「後」，過後、嗣後、繼後。「夫」，人。「後夫凶」，對于來到王庭表示順從回去又反叛鬧亂子的方國領主，要嚴懲不貸。此可理解為「後不寧之夫凶」的節文。

我之所以這樣釋「後夫凶」，是因為《易》對「不寧方」來王庭均較客氣，如《坎·六三》：

「來之坎……入于坎窞，勿用。」（「不寧方」來到王庭情願受坎監之罰，以示臣服，再把其坎監起來，就沒有必要了）再如《困·九二》：「困于酒食，朱紱方來，利用亨祀。」（為了商王能夠享有天下而祭祀神靈，對來到刑罰場所接受處分的「不寧方」之首領要寬大，並優待以酒肉飯食）——兩者都表明，對「不寧方」來王庭之舉應得到區別一般罪犯的優待。更何況本卦《初六》「終來，有它，吉」也在說明，「不寧方」來王庭順從的時間不論先後，只要「終來」了，雖然「有它」，還是「吉」的。

初六：有孚比之，无咎，有孚盈缶。終來，有他，吉。

象曰：比之初六，有他吉也。

釋「有孚比之，无咎，有孚盈缶」：

「有孚」，有所獲取。《易》中「有孚」全是站在主動一面而言的，其對面是被「孚」者。如：《解·六五》「君子維有解，吉，有孚于小人」、《益·九五》「有孚惠心，勿問，元，吉；有孚惠我德」、《井·上六》「井收勿幕，有孚，元吉」等，可以證明。相形之下被「孚」者是「有孚」者之勢力控制的人。

「有孚，比之，无咎」，對供我獲取的人，我與其協同相聯，並沒過錯，因為這會使我「有孚盈缶」。「盈」，義同《坎·九五》「坎不盈」的「盈」，滿之義。

2　見趙誠《甲骨文簡明詞典——卜辭分類讀本》135 頁。

「缶」，陶制容器。「盈缶」，滿缶，喻「有孚」甚多。今山東膠東一些地區的俗語，猶以「滿罐」「滿井」肯定物品的多和好。「有孚盈缶」，我對供我獲取的人偕同相聯，從而將會更多更好的獲取。

釋「終來，有他，吉」：

「終來」，不安寧的方國最終還是來到了王庭，表示臣服、順從。「有」，與无相對，即今天的有過、已有。「他」，即「它」，甲骨文象形蛇，卜辭中用為災害、禍患之意。「終來，有他，吉」，「不寧方」雖然對我有過禍害，但終于還是來臣服了，這就是吉利。《兌‧六三》說「來兌，凶（被動地等待方國來王庭才對其和悅，是凶事）」，《兌‧九四》說「商兌未寧，介疾有喜（主動地和悅不寧之方國，很嚴重的癥結都會變好）」，說明殷人主動地聯合偕同各方國之政策的目的，是因為各方國特別是「不寧方」一旦臣服，便會使商王「有孚」的緣故。由此情況看，「終來，有他，吉」應是「有孚，比之，无咎：有孚盈缶」的例證。

六二：比之自內，貞吉。
象曰：比之自內，不自失也。
釋「比之自內，貞吉」：

「內」，內部，族親、集團之中，「貞吉」，族親、集團之內以商王為核心的偕同，對宗族家國的存在有利。

六三：比之匪人，[凶]
象曰：比之匪人，不亦傷乎！
釋「比之匪人，[凶]」：

「匪人」，即「非人」，謂不算人的人；《易》中「人」的概念是自由人。「比之匪人」，與不該與之偕同的傢伙偕同相共。「凶」，指「比之匪人」的結果。《釋文》引王肅本「匪人」下有「凶」字。從《象傳》「比之匪人，不亦傷乎」的釋說來看，比爻即使原无「凶」字，其歇後義也是「凶」。

六四：外比之，貞吉。
象曰：外比于賢，以從上也。
釋「外比之，貞吉」：

「外」，據《象傳》「外比于賢，以從上也」的說法，此當指族親、集團之外與「匪人」全然相反的人。「貞吉」，和宗族、集團以外的人偕同相共，對宗族國家的存在有利。

九五：顯比，王用三驅，失前禽，邑人不誡，吉。

象曰：顯比之吉，位正中也。舍逆取順，失前禽也。邑人不誡，上使中也。

釋「顯比」：

「顯」，甲骨文有象形跪坐之人舉首望日者，有人釋作「顯」字，看此爻之義，大概它就是顯的本字。「顯比」，對照下文「吉」生義，指顯明而清楚的吉利之偕同順從。

釋「王用三驅，失前禽，邑人不誡，吉」：

「三」，多的意思。「驅」，驅車獵場，逐捕禽獸。「前」，表示野獸與驅車者的位置。「失前禽」，車前逐捕的對象逃了，婉言沒打到獵。「邑人」，王所居住的都邑之人，即國人。「誡」，《帛》作「戒」，當借為「戒」，即《泰·六四》「不富以其鄰，不戒以孚」的「戒」，憂懼之意。「邑人不誡」，王動用了很多車馬去打獵，雖然一無所得，但舉國之人並不擔心他心情為此不歡，從而遷怒于人。古人每把戰爭和狩獵等同起來。「邑人不誡」，亦應含有領主戰爭失利，邑人並不為之害怕遷怒于己的意思。「吉」，王有怨怒而无辜的邑人並不害怕，是吉利的，因為這是人民與王最明顯的偕同相共。

此爻婉言商王與人民應該有的相處關係：王治理國家不感情用事，人民不因王的私怒而遭受不幸。

上六：比之无首，凶。

象曰：比之无首，无所終也。

釋「比之无首，凶」：

「首」，首領、領袖，指王而言。「凶」，各方各部需要偕同相聯而沒有統一的核心和領袖，是凶事。或釋「无首」是指沒有原則順從而結果丟腦袋，亦通。

《易》在此似乎曲言婉諷沒有商王為首的「比」是可怕的。或許因為當時各大方國紛紛自為核心，與一些小方國聯合相偕，離異於商，令其作者擔心之故。

09、小畜 ䷈

易經今註今譯——易經裡的秘密

風天小畜。巽上乾下。

小畜。亨。密云不雨,自我西郊。

小畜·圖1:甲骨文「畜」(《合集》二九四一六)。

彖曰:小畜;柔得位,而上下應之,曰小畜。健而巽,剛中而志行,乃亨。密云不雨,尚往也。自我西郊,施未行也。

象曰:風行天上,小畜;君子以懿文德。

釋「小畜」:

「畜」,甲骨文此字由絲束的象形字、田地的象形字構成,以會意繩索拘繫著田中的獸類(小畜圖1)。將獸類拘繫在田中,有財產聚集于一處之意,所以本卦的「畜」,含聚得、集留的意思。

卦題與《大畜》意義相反。「小」,這裡用作貶義詞,猶今所謂小道消息、小聰明、小心眼、小器量、小人的「小」,有不正的意思。「小畜」的含義在「密云不雨,自我西郊」的例說中。

釋「亨。密雲不雨,自我西郊」:

「亨」,謂如何對待「畜」之道的不正,有關神靈能否得以祭祀。

在今天,山東、河南、山西等地農諺中仍有「雲彩向東,一場空風」「雲往東,刮大風」「雲往東,雨必空」「雲往東,有雨變成風」之說。雲凝將雨,西風一吹,雲去雨散。可見「自我西郊」應理解為「自我西郊之風東去」的節文。「自」,從的意思。

「雲」,就甲骨文造字字境的角度看,它象形「C」形龍頭上有代表雲的符號;由卜辭裡反映,那時雲和雨的意義與後代不同,和現代的含義更是不同:古人認為「雲從龍」[1]。雲乃龍圖騰之商王族祖先神靈操縱雨水下或不下的工具(小畜圖2)。商王族認為祖先就是上帝,他們不但可以使雲變雨,也可讓風吹雲而去。假若一地區該雨不雨,應晴不晴,就是這地區的領主、管君犯了不合上帝、祖靈心意的言行。所以,密雲在需求雨水之地上空聚而又去,就意味著那裡的領主、管君於事於心都有違犯天帝、祖靈的地方。換句話說,這些領主、管君言行

---

[1] 見《易經·乾·文言》。

「小」，所以看似聚集的密雲又隨風而去，不曾雨惠他們的地域。甲骨文「風」字由伏羲、女媧所姓的「凡」字和長尾大雀的象形字構成——「凡」是風的本字，大雀可能象形商代以前及商代初期西南地區仍存的石家河文化之鳳鳥。這種鳳鳥長尾，尾上有孔雀膽翎。西南地區為伏羲八卦方位之巽方，卦象為風。甲骨文所象形長尾大鳥頭上有一「辛」字符號，那是高辛氏伏羲的「辛」，說明「風」字造字時石家河文化區域已為商朝所控制，而此鳥又可能名「風伯」。

這「西郊」有雙關義，一指商王首都的西郊，一指郊祭，即祭天之處。從卜辭中得知，商代已有四方神名和四方風的專名：西方神名「彝」，「彝」象形兩手捧雞，會意祭祀，在甲骨文裡是西方的專用名詞（詳見《坎》釋）；這「彝」與伏羲八卦西方卦名「坎」同義，「坎」為水、為月，月主水，商代西郊祭神，求雨當為重要願望。因而「自我西郊」則在說，「小畜」讓急需雨水的地方，失去了「雨水」——儘管密密的雨云在自己邦邑上空籠罩，儘管為了雨水而祭祀祈求了西方司水的神靈。

因此，「小畜」的本義應為：不正當的聚得、集留。

小畜 圖2・甲骨文「雲」（《存》下九五六）
此字應該象形「C」形龍頭上有代表雲彩的符號。

初九：復自道，何其咎，吉。

象曰：復自道，其義吉也。

釋「復自道，何其咎，吉」：

「復」字在《易》中出現，幾乎均與商業有關，其含義近似今日的貿易、買賣等。它的詳解請見釋《復》。「道」，義同《隨・九四》「有孚在道」的「道」，即今俗語「君子愛財，取之以道」的「道」。「何其咎」，經商買賣合乎事理和道德，由此聚得了錢財，又有什麼過錯呢？「吉」，指經商獲得。

請注意：《易》把商業所得歸于「小畜」這一總題下，表明當時社會上許多族邦，把做買賣經商視為有違正統大道的事，視其獲得同樣也如此。《易》認為，較之為富足而戰爭掠奪，經商則是應該大力提倡的獲得，之所以其把這種獲得歸入「小畜」之下，是針對當時一些與商王族聯合的族邦，不認識經商之利的心態而為。悠悠歲月，直至上個世紀七十年代末，有很多人還把經商視為下賤、不正當之舉，追究本源，實是這個時代就有的奴隸主心態在作祟（例如俗語嗤人「商人氣」「一身銅臭」「市儈氣」「買賣人」等等，就是這心態的遺跡）。

九二：牽復，吉。

象曰：牽復在中，亦不自失也。

釋「牽復，吉」：

「牽」，牽牛。《說文》：「引前也。從牛，象引牛之縻。」這個字的本義與繩穿牛鼻以掣牛有關。「牽復」，經商應該牽著牛車。

一說做買賣謂「商人」，出自殷商民族經商的傳統。傳說商王族遠祖帝嚳伏羲氏發明了互通有无的經商。《尚書・酒誥》：「肇牽車牛遠服賈。」說周代商人是牽著牛車出外經商的。從《旅・二九》「喪牛于易」的內容來看，商代商人更是牽著牛車到遠鄉異域去經商的。為什麼《易》要強調以牛車來經商呢？

商代晚期，戰爭之戰車普及起來。毫无疑問，車戰不但因讓馬匹成為決定戰爭勝負的關鍵而金貴，馬駕車的出現更也是戰爭標誌。相形之下，駕牛車旨在表明其目的就是經商，恰如今戰場上紅十字汽車有別于戰車。

我認為商代《易》的作者，反復強調互通有无的經商以取代掠奪戰爭，是做買賣謂「商人」的濫觴——商朝滅亡以後，商族有些遺民不得不以經商維持著生存，仰人鼻息于周人如日中天的氣焰之中，是「商人」一直卑賤到上個世紀七十年代末的濫觴（關于戰車和經商、經商之車的問題，後面有關的卦將專門解釋）。

「吉」，那時遠出經商的人員並不是領主邑君本人，而是大多由他們信任的奴隸充任。這些人為主子獲得的財富，較傳統習慣的農牧、戰爭掠奪之獲自然不算正統，但它卻是友好互利下的獲得，所以其名雖「小」，本質卻「吉」。

其實「牽復，吉」就等于說，貴族們解放奴隸，讓他們牽著牛車代自己幹不正統、不上道的商貿，是吉利的。

九三：輿說輻——夫妻反目。

象曰：夫妻反目，不能正室也。

釋「輿說輻」：

此與《六四》《六五》為屬爻分置之辭。

「輿」，義同《大畜・九三》「曰閑輿衛」的「輿」，指軍車。「說」，借作「脫」。「輻」，車輪的重要支援部分，借代車輪。「輿說輻」，軍車的車輪與車廂脫離開來，婉言軍車不用，沒有戰爭。

上世紀六十年代以前，我國農村尚不普及橡膠輪胎大車時，一般北方人家用完車後每將車輪從輪箱上卸下，分別放在屋簷或其他遮陽避雨的地方（多是車體順牆立起，車輪推到牆邊），其原因之一是為節約居住活動的面積。在《易》的時代，為車準備車屋的情況不一定普遍，車子平時也可能採用分開放置的方法。這大概是「輿說輻」為喻的基礎。

釋「夫妻反目」：

猶夫妻翻臉，鬧意見；借喻「輿說輻」。今河南俗諺：「天上下雨地下流，夫妻打仗睡一頭」。是說夫妻反目的時間不久，一會又和好了。「輿說輻——夫妻反目」，沒有戰爭的和平期，好比夫妻翻臉時間之短暫。不正常的聚得、集留，必然導致戰爭，如果沒有戰爭也是暫時的。對照《六四》《六五》，知道這種聚得指「富以其鄰」所引起的戰爭。

此爻的前提同《大畜‧九二》「輿說輻」相反，結果也相反。在「大畜」之下，不會有戰事，從而「輿說輻」而不用，在「小畜」之下，難免戰爭，故而「輿說輻」如「夫妻反目」。

151

六四：有孚，血去惕出，无咎。

象曰：有孚惕出，上合志也。

釋「有孚，血去惕出，无咎」：

「有孚」，有獲得。「血」，借為「恤」，憂患。「惕」，義同《乾‧九三》「夕惕若，厲，无咎」的「惕」，擔憂。「血去惕出」，意義同《渙‧上九》的「血去逖出」，指憂患懼怕離身體而去。「无咎」，有獲得而不為這獲得害怕，沒有什麼不好。

此爻吉凶評斷連接《九三》《九五》兩爻的敘義，不能將它們割裂開來理解。

九五：有孚攣如，富以其鄰。

象曰：有孚攣如，不獨富也。

釋「有孚攣如」：

此與上兩爻可理解為「小畜，輿說輻——夫妻反目；有孚，血去惕出，无咎；有孚攣如，富以其鄰」之割裂前的原句。

「攣如」，朱熹注：「攣固」，李鏡池注：「捆得緊緊的」，較普遍的解釋是「聯繫」。

《泰・六四》「翩翩，不富以其鄰，不戒以孚」——說自己不掠俘別人，就不怕人家來報復，你掠奪人家，人家反過來掠奪你，這種關係是「翩翩」的。《中孚・九五》「有孚攣如，无咎」——說中中正正的獲得乃友好互利，這種關係下的獲得是「攣如」的。

上例「翩翩」「攣如」都含有來往彼此相聯的意思，可見釋「聯繫」者意思近之。「有孚攣如」，獲得的結果是彼此間相聯繫的。

釋「富以其鄰」：

《泰・六四》說不為自己富足而掠奪鄰里，就不擔心別人報復；《謙・六四》說在「謙」的前提下，非為掠奪他人而進行戰爭是不會不利的（「不富以其鄰，利用侵伐无不利」），相反，你「富以其鄰」，從而聯及別人「富以其鄰」于你。簡單地講，你掠虜別人，也會招致別人反過來掠虜你。

《九三》《六四》《九五》三爻的意思是：靠不正當的戰爭之聚得、集留是不永久的，它將導致戰爭的惡性循環，使和平短暫得像夫妻反目；如果你的獲得正當就不必害怕；相反，你掠奪鄰邦近邑，也招致對方對你戰爭掠奪。

上九：既雨既處，尚德載。婦，貞厲。月幾望，君子征凶。
象曰：既雨既處，德積載也。君子征凶，有所疑也。
釋「既雨既處，尚德載」：

「既」，甲骨文以象形盛飯食的簋、象形跪坐回首欲離的人構成，會意食畢的意思。卜辭用它為動詞時，有完了、結束之義。「既雨」，已下過雨。「處」，居住。《詩・召南・殷其雷》：「何所違斯，莫敢遑處。」「既處」，指密雲結束在一個地方停留，婉言不下雨。「尚」，義同《泰・九二》「得尚于中行」的「尚」，幫助、祐助的意思。

「德」，《易》涉及的「德」分兩類，一是為主子忠心效事之謂，如《訟・六三》「食舊德」之「德」，一是辦事不違天意神意之謂，如《恒・九三》「不恒其德」之「德」（詳見《恒》注）。這裡乃後一類。「德載」，天所喜歡的被承載于身上。「既雨既處，尚德載」，天帝神靈祐助人間邦君邑主的雨水，既定下，既定不下，要看他們身上有沒有承載著合乎天之心意的德性。

「既雨」兩句呼應卦辭「密雲不雨，自我西郊」。它婉言只有具備順天之德的領主邑君方會得神的祐助。言外之意非正當的獲得者，即把富足建立在掠奪鄰里上（「富以其鄰」）的人，是不會得神祐護的。

釋「婦，貞厲，月幾望，君子征，凶」：

「婦，貞厲」，對照下文「月既望，君子征，凶」，知道這是指「小畜」即不正當聚得、集留前提下獲取女人成婚而言。「貞」，生，生存。「貞厲」，以搶劫之不正當的方式得到女人婚配，是對生存的威脅。

「月幾望」，對照《歸妹・六五》「帝乙歸妹，其君之袂不如其娣之袂良，月幾望，吉（帝乙禮聘娶婦，婦人嫁過來的時間，是按女方意願定的，所以『月幾望，吉』）」，和《中孚・六四》「月幾望，馬匹亡，无咎（『月幾望』需用馬駕車，恰恰沒有馬可用，讓搶婚不成，『无咎』）」，推知它指的是婚娶。既然婚娶的對象是女人，那麼「月幾望」之中的「月」必指女人。為什麼這樣說呢？

傳說商族的祖先帝俊亦即帝嚳伏羲，其妻「羲和……生十日」（見《山海經・大荒南經》），其妻「常羲，生月十有二」（見《山海經・大荒西經》）。羲和、常羲乃女媧之別名，也就是說帝俊妻女媧生了日、月。日為陽為男，日為天之精，月為女為陰，月為地之精——商王族的男子多以日名（甲、乙、丙、丁、戊、己、庚、辛、壬、癸）為名，因為他們都是太陽的化身，同樣，女子便是月亮的化身，以此為基礎，一切女人均可喻為「月」（小畜圖3）。

如果上面推理可准，那麼「幾」義如《屯・六三》「即鹿无虞，惟于林中，君子幾不如舍」的「幾」，有近、到、就的意思。「望」，願望、企望之意。「月幾望」，讓女人接近自己的願望，即娶女人為妻的願望。

「君子」，這裡指受商王統轄的邦君邑主以及給商王等大領主管理邑邦的官員。「征」，義同《歸妹》「征凶」之「征」，指興師動眾搶婚之行。

在《否・六二》中，《易》的編著者指出，只有「小人」才把搶婚當成好事，這裡的言外之意，是「君子」應把搶婚當成壞事。或許當時此邑人與彼邑人個體之間往來稀少，所以適齡者婚配問題必得有領管邑邦的「君子」組織解決，因此，在沒有媒問之先例的情況下，難免組織大規模的人員進行搶婚。說「君子征，凶」，旨在讓「君子」用權力制

止這種後果很劣的婚姻形式，從而出面組織聘婚。

「凶」，搶婚必以突然襲擊的方式進行，被襲的情況可想而知。假若被襲的一方也搶婚，被搶的一方狀況又將如何？如此下去，本為繁衍後代的婚姻，反成了消滅人口的動力，所以搶婚是「凶」的。

「婦，貞厲，月幾望，君子征凶」，其與《漸‧九三》之「夫征不復，婦孕不育，凶」、《歸妹‧上六》之「女承筐无實，士刲羊无血，无攸利」的用意完全一致，均在說搶婚對男女雙方的害處。

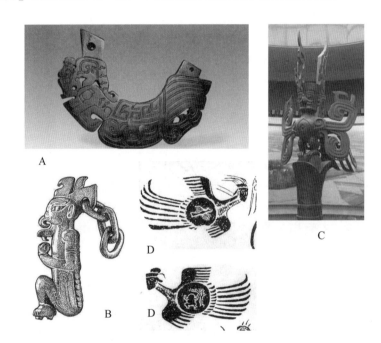

小畜‧圖3：太陽鳥與月亮鳥。

A：商代化為龍形之帝俊伏羲在化為鴞形的女媧頭上。《山海經‧大荒東經》載：「有女和月母之國。有人名曰鵷」此就是鴞，亦即貓頭鷹。「女和」就是女媧，「月母」常羲、嫦娥是女媧的別名，羲和也是女媧的別名──因為女媧可以和鳥圖騰換位，所以她和帝俊、帝嚳伏羲生了十個太陽鳥、十二個月亮鳥。男陽女陰，換位為圖騰鳥的傳人，則月亮鳥是女人。

B：商代鴞與人異質同構的商祖王亥像。商王亥曾做過奴隸，所以他身上鎖著鎖鏈；王亥是太陽鳥和月亮鳥的後代，所以他具有鳥喙、鳥冠、鳥爪、鳥翅；作為商族人，他又是人，故而有如此鳥、人異質同構之身。

C：商代與人異質同構之太陽鳥復原像。四川三星堆遺址出土的太陽樹上太陽鳥生著人頭，這說明三星堆遺址原居民為太陽鳥的後人，他們的祖先生了太陽鳥的伏羲、女媧。

D：四川出土的漢代畫像磚上的人頭太陽鳥、月亮鳥，至少說明太陽、月亮都可以化形鳥，並且與他們的傳人換位──太陽可以換位男人，月亮可以換位女人。

10、履 ☰

天澤履。乾上兌下。

[履]。履虎尾，不咥人，亨。

彖曰：履，柔履剛也。說而應乎乾，是以履虎尾，不咥人，亨。剛中正，履帝位而不疚，光明也。

象曰：上天下澤，履；君子以辨上下，安民志。

釋「履」：

標題的「履」字原經文无，因與下文重，故省。

「履」，《說文》曰：「足所依也。」《爾雅・釋言》云：「履，禮也。」這兩個解釋雖然有歧異，卻有一定的內在聯繫。本卦《上九》之「視履考祥」似乎可為它構字初義的解釋。

很有意思的是，《易》中大多數與奴隸有關的卦，都強調了奴隸的特徵——腳。如《咸・初六》之「拇」，《巽・初六》之「武人」，《隨》之「隨」，《蹇》之「蹇」等。這是說那以前的奴隸與奴隸主的區別特徵在於穿鞋與不穿鞋。

清人檀萃《說蠻》記道：「峒丁」——峒族人「椎結斑衣，兒時燒石烙跟蹠，沁以蛇油，重繭若鞮，穿菁走棘，若履坦塗。」這種現象直延續到近代：1940年代及以前，西南大、小涼山的彝族，捕捉漢人為奴隸，先迫使他們赤腳奔走山石間，待其腳掌破裂流血，然後燒熱石以烙之，使腳掌結成厚繭，以利山行[1]。由此推想，我們的先民在鞋履沒有發明以前，有過炙足令足底厚如足墊的赤足時代。《莊子・盜蹠》裡說的「盜蹠」，是些以火燒石塊，炙足令其生繭的社會反抗者。這可以說明在履發明後很長的時間，仍有赤足終生的人，而且這些人大多數是社會地位低下的人。

傳說黃帝時代的于則發明了履。我想，履的初發明至普及使用之時，其中有一個神聖的階段，這階段應是足下之履與「禮」的某些內涵相聯繫比屬的時期。換言之，用來便足的鞋，由此便被賦予了象徵意

---

[1] 見于省吾《「盜蹠」和有關史料的幾點解釋》。載《學術月刊》1962年9月。

義。可能那時執權用事的人用它作為標誌，與今天兵士的肩章可以表示級別職位的道理近似。如果上邊的推測合理，那麼本卦產生的時代，還是把可穿的履與可恃的禮意義相合的時代。

古代的祭祀，有脫靴升祭壇，祭畢降壇再納腳于靴的儀程，大致能透露些履的古老的尊嚴。今天有些偏遠地區的農民，平時光著腳上坡下地，一旦走親戚辦要事，必穿上鞋，這習慣怕也能為古代鞋的禮儀和實用關係間的說明（履圖1）。

顯然我國史前曾有履崇拜時代（履圖2）。

「履虎尾，不咥人」當是這「履」字的釋義。「履虎尾」甚是危險，但這老虎卻「不咥人」，不是張牙舞爪的真正老虎——它的意義旨在解釋前者。可見「履」是統治者得以立足統治的位置，這位置讓人戰戰兢兢，恰如外國寓言裡那個寶座頂上以髮絲懸著利劍的王位。

今天民間一般人遇到迫不得已而挺身或「破罐子破摔」的狀況時，常有一句「反正我也不是穿鞋的」套語，也許這反能道出「履」古老的些許意義。

履·圖1：商代著履的上層人物和赤腳的巫覡（右下圖為周墓出土）

四川三星堆遺址出土的著履人應為領袖級別之人物。同遺址出土的巫覡作法通天時卻要光著腳，似乎這樣能夠溝通天地——通天地的巫覡赤腳作法是特別的需要。當時的奴隸一般是不著鞋履的。周墓出土的人身飾日月，裙上佩紱，是貴族男子的裝扮——他足下著履，更說明他的身份並非常人。作為一個能夠穿鞋納履的人多麼不簡單，倘若一不慎重，就會失去鞋履，變成光腳的人——即變為奴隸。可見當時頻繁的戰爭，會使很多有履階層淪為无履之人。

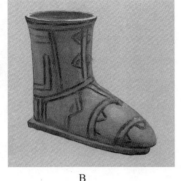

B

A

履·圖2：
A：紅山文化著靴陶人殘像（遼寧淩源牛河梁出土）。
B：新石器時代靴形彩陶罐（青海樂都出土）。
新石器時代靴履著足，是部族之特殊身份者地位的象徵——
他們應當是領袖。

釋「履虎尾，不咥人，亨」：

「履」在此作動詞用。「虎尾」一詞在此卦當中明裡出現過三次：
《初九》《九二》《九五》雖沒確切表示，但所指的前提也是「虎
尾」，它是借喻，借喻統治者的位置。為什麼它被借喻這位置？我們首
先要考察一下虎崇拜。

商王族認為自己的祖先乃帝俊亦即伏羲。伏羲多圖騰崇拜，虎是其
主圖騰之一。一般說伏羲也可寫作「虙戲」，「虙」和「戲」的構字都
留著「虎」字的成分，是其虎圖騰的反映。伏羲又稱大昊，據《左傳·
昭公十七年》說，龍是大昊的主圖騰。商王族也是多圖騰崇拜，其主
圖騰之龍，即繼承自大昊。從商代龍的圖像裡可以得知，伏羲的的確
確有虎崇拜，因為商王族的龍，基本上不是虎形龍就是虎頭蛇軀龍——
伏羲的虎崇拜，至少疊合在了商代龍圖騰的身上（履圖3）。如果此說
可准，「虎」在多圖騰崇拜的語境裡特指神聖不可輕慢的位置，「尾」
是虎之敏感部分，在此以修飾「虎」位置的可畏——今天俗語「老虎屁
股摸不得」，可視為「虎尾」意義的延伸；「虎尾」借喻天帝授予或圖
騰授予的統治權威。「不咥人」不被神靈授予的權威吞噬了。「亨」，
「履」天授君權的位置，而不為這個位置吞噬，才會讓祖先神靈享受自
己的祭祀。

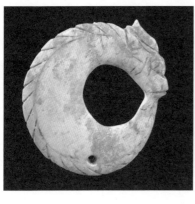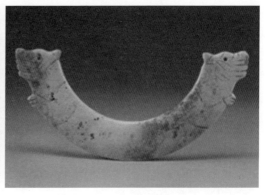

大汶口文化、含山文化、紅山文化關係密切，它們是商文化的源頭。含山文化明顯地影響了晚期的崧澤文化，繼承崧澤文化的良渚文化，又影響了石家河文化。這些文化的龍，最明顯的特徵要麼軀體呈「C」或「S」形，要麼龍頭呈虎頭。虎頭為龍的異質同構之體，說明虎崇拜的的確確存在著。

履・圖3：安徽含山文化遺址出土的虎頭蛇軀魚鰭玉龍和虎頭鳥爪龍並封玉雕。
A：商代虎形鴞爪龍。
B：商代的虎頭麟角蛇軀龍。

A

B

A圖虎形龍的爪有覆爪毛，那是玄鳥的爪。玄鳥的本鳥為貓頭鷹。貓頭鷹一般都生著覆爪毛。虎形龍的尾巴上有商代的龍鱗標誌，這種標誌在B圖虎頭蛇軀龍的軀體上，有明顯的體現。

商代的龍圖像往往與虎異質同構，說明虎崇拜是其多圖騰崇拜的一種，這種圖騰當繼承自伏羲氏。

初九：素履往，无咎。

象曰：素履之往，獨行願也。

釋「素履往，无咎」：

「素」，《帛》作「錯」。「錯」，迭替的意思。《禮記・中庸》：「辟如四時之錯行，如日明之代明。」「錯履」，履交相迭替；婉說穿著履行走。因為平時穿鞋行走的特徵，是隨腳的移動而鞋也相互迭替。《象傳》：「素履之往，獨行願也。」其釋與「錯履」近似。

「素履」，地地道道穿著護腳的履。「素履往，无咎」，履，僅只穿著行走的履，穿它有所去往，沒有什麼可怪的。它在說平常生活裡的鞋履，上層人穿著在身，不算什麼問題，它有別于本卦要說的牽扯人間統治者利害位置之履。

此爻亦可理解為：本來「履虎尾」的人去「履虎尾」沒有害處。

九二：履道坦坦——幽人貞吉。

象曰：幽人貞吉，中不自亂也。

釋「履道坦坦」：

「履道」，統治者得以立足統治位置之道路。「坦坦」，寬闊。如果統治之位像寬闊的道路人人可去涉足，那麼「幽人貞吉」。

釋「幽人貞吉」：

「幽人」，目前有兩種解釋，一釋為隱士，一釋為幽囚，即坐牢的犯人。後一種解釋往往把周文王牽扯了進去。前種解釋顯然泥于《說文》「幽，隱也。從山，中茲，茲亦聲」的說法。甲骨文「幽」從火從絲，不從山。由火的象形字，和兩束並列的蠶絲象形字組成。卜辭中有「幽牛」一詞，有釋「幽」借為黝，「幽牛」則為近乎于黑色的牛，以區分卜辭中「黑牛」一詞。實際上「幽牛」義同「幽人」。

我認為「幽」是會意字，火上出絲，會意蠶室，亦即專門養蠶的地方。養春蠶需要一定的室溫，要蔽風，且又要安靜少光，所以後來又引申出了「幽」的其他意義，像靜、暖、隱、暗等等（履圖4）。

古蠶室的營建方法，從北魏賈思勰著的《齊民要術・作豉法》裡仍可側面看到一個大概：「……作暖蔭屋，坎地深二三尺，屋必以草蓋，瓦則不佳，密泥塞屋牖，勿令風及蟲鼠入也，開小戶，僅容得人出入，厚作槁蘺以閉戶……三間可得作百石豆。」這種窖室相當現在北方農村一些半地窖式的加火溫室。所謂的「幽人」，就是住過一陣子這類溫室的人。

我們理解的幽字一般有黑暗、幽靜、隱蔽等意思。《說文》認為它是個「從山，中茲」的字。「鳳隱于林，幽人在丘」（陶潛《命子》），所以後來的隱士也叫「幽人」。

甲骨文「幽」字從火從茲不從山，這說明商代「幽」字的造字字境裡，絲和火關係十分密切；考慮到古代將男子割除睪丸的宮刑又叫「幽刑」，實施「幽刑」的人畏風，行刑要在「蠶室」裡進行，因此可以確定甲骨文「幽」字由絲、火會意催蠶孵化的溫室、暖窖，因為這種原因，它又引申為受宮刑、被閹割的意思。若此可准，那麼卜辭裡似乎不用「幽」來表示顏色，如《粹》五五〇之「幽牛」，便是專門用來祭祀的閹牛。《易經·履》《歸妹》裡的「幽人」即指被閹割去勢或天閹了的男子——《易經》的作者反對給喪失生殖能力的男子娶妻，因為他們一旦娶妻，他們的妻子就會喪失了為國家生育、繁衍人口的可能。顯然閹人為了自尊心而娶妻的現象遠自商代就有之，並不僅僅出現在當今的影視故事裡。

《易經》裡的「幽人」，竟是指被閹割去勢或天閹了的人，而不是後人所謂的什麼隱士、退士！

作為知識的載體，甲骨文「幽」字說明至少在商代人們就深諳以火催蠶生絲。火催出蠶與新生的桑芽同步，可知絲織已成為職業。由此而言，在商代崇拜紡織神、織女神理所當然。

甲骨文暫時沒發現「玄」字。《說文》：「玄，幽遠也。黑而有赤色者為玄。象幽而入覆之也（《說文》釋：「幽，隱也」、「覆，蓋也」）。」《說文》的解釋讓人似懂非懂。金文「玄」字象形扭成「8」形的一束絲（《師奎父鼎》）。「玄」應當衍生自「幽」，以絲形成的過程來會意——祖先發明「幽」而成絲之歷史久遠、桑蠶孵化吐絲過程之奇妙、火對絲形成之助力……等等，不僅形成了它的本義，也促成了它的引申義。

履·圖4：甲骨文「幽」字

上及這類溫室，在《易》形成的時代應該被稱作「幽谷」，即《困·初六》「入于幽谷」之謂。為什麼如此說呢？答曰：

一、《歸妹·初九》之「歸妹以娣；跛能履，征吉（欲婚某方某族的女子，如果沒有腿的人也能穿鞋走路，採用興師動眾搶劫的方法是吉利的）」、《九二》之「眇能視，利幽人之貞（如果瞎眼的人能看見東西，那麼「幽人」婚娶也可以生育後代）」這兩爻之辭顯然都是用一件萬不可能的事證明另一件萬不可能的事，第一件是「跛能履」，另一件是「眇能視」。

二、本卦《六三》又出現了「眇能視，跛能履」，與其並出的「幽人貞」，自然也是謬之謬。這「貞」顯然指家庭、後代得以出現的繁殖交接行為。

三、《困・初六》「臀困于株木，入于幽谷，三歲不覿」的「幽谷」，它是罪犯被施以刑罰的地方。顧名思義，「幽谷」是幽刑執行之「谷」──正北魏賈思勰所謂「作暖蔭屋，坎地深二三尺」之謂。

四、古代存在著一種次於死刑的刑罰，這就是在「蠶室」裡服刑的宮刑。先秦文獻中出現的「寺人」等，說明這種刑罰早就存在。所謂「蠶室」正是「幽谷」──亦名「隱宮」。

這種刑罰的處置情況，在秦代前後的文獻中略可見些大致。《書・呂刑》：「宮辟疑赦。」《傳》：「宮，淫刑也，男子割勢，婦人幽閉，次死之刑。」《史記・秦始皇本紀》：「隱宮徒刑者七十余萬人。」《正義》：「宮刑，一百日隱于蔭室養之乃可，故曰隱宮。」《後漢書・光武帝紀下》：「詔死罪繫囚皆一切募下蠶室。」《注》：「蠶室，宮刑名。宮刑者畏風，須暖，作窨室蓄火如蠶室，因以名也。」如果上述例說不錯，那麼「幽人」在《易》的時代指幽刑之後去掉了生殖能力的人（可能還包括近親或非優生婚配生下的沒有生殖力者）。

「幽人貞吉」，喪失生殖機能的人能有生育之吉──其用來證明「履道坦坦」的荒謬。此爻大意說，如果統治者的位置很容易坐，像行平坦寬闊大道般沒有險阻坎坷，任何人可以涉足，那麼沒有生殖機能的人便也能生育後代了。總之統治者之位非一般人能「履」之，不要抱著非分之心。

六三：眇能視，跛能履，履虎尾，咥人，凶──武人為于大君。

象曰：眇能視；不足以有明也。跛能履；不足以與行也。咥人之凶；位不當也。武人為于大君；志剛也。

釋「眇能視，跛能履，履虎尾，咥人，凶」：

「眇」，目盲。「跛」，指不能行走的人。「履虎尾，咥人」，對照「武人為于大君」生義，指絕對正統的統治者竟被其當然的位置吞噬。「眇能視、跛能履、履虎尾，咥人」，是三件不可能的事，這裡用其以謬證謬，說「武人為于大君」之不可能。「凶」，指「武人為于大君」的結果而言。

釋「武人為于大君」：

「武」，即《詩・大雅・生民》「履帝武敏」的「武」。目前一般釋「敏」為「拇」，釋「武」為光著腳的腳印也。其實「武」即腳。

「武人」，《巽・初六》之「武人」指人身解放後代主人跑腿的經商奴隸（詳見《巽》釋），可見它可以理解成腳人，即奔走操勞的人。甲骨文強調了腳部特徵的字，很多與辛苦的下等人有關。《易》中凡與腳有牽聯的工作，必也是下等人所為（詳見《隨》釋）。《蒙》裡我已說過，當時稱奴隸為「童」（僮）而不是「人」，「人」是統治階級及自由民的專有名稱。所以這裡的「武人」應指靠動腳操勞上升為「人」的人，《易》又稱其為「小人」。他們多是靠賓士戰場、奔忙貿易的成績躋身入統治階層的，他們沒有舊貴族的特權及傳統的社會地位，因此在「大君」位置的資格面前，出現了被《易》編著者認為荒謬的狀態。「為」，甲骨文像手牽大象形，是會意字，這裡有「大有作為」之「作為」的意思。「大君」，正統的邦邑君主（詳見《師・上六》釋）。

「武人為于大君」，如果絕對不可能的事成為可能，那麼身份下賤的人也能成為正統的邦君邑主。

這話的前提是，商末大量的才能之士（「小人」）從下層崛起，與舊貴族（「君子」）展開了社會主角的競爭，而舊貴族已不再佔有主動的優勢。《易》的編著者想借著神靈的旨意（其本是要代神靈說吉凶而著書的），為舊貴族爭回失去的優勢。

九四：履虎尾，愬愬終吉。

象曰：愬愬終吉，志行也。

釋「履虎尾，愬愬終吉」：

「愬愬」，恐懼的樣子。「終吉」結果是好的。

置身在統治者的位置而感到害怕，終究還是好的。

九五：夬履，貞厲。

象曰：夬履貞厲，位正當也。

釋「夬履，貞厲」：

這一爻與《上九》相合生義。

「夬」，「快」的本字，其與下面「視履考祥」相反，有些草率的意思。「夬履」，不感到恐懼，不再三衡量己彼，快而近乎草率的去

「履」，雖然有資格可憑，但這樣卻于「貞」有「厲」。「貞厲」，對家國宗族的存在有危險。

上九：**視履考祥，其旋元吉。**

象曰：**元吉在上，大有慶也。**

釋「視履考祥，其旋元吉」：

「視」，審察。「履」，統治者得以立足統治的位置。「考」，甲骨文裡其與「老」同字，象形老者拄杖而行或倚杖而息；此對照「視」生義，有考察之意（遇事考察，恰是世故老成者的行為）。「祥」，吉凶的徵兆跡象。《左傳・僖公十六年》：「是何祥也，吉凶焉在？」

「旋」，甲骨文象形人隨旌旗周旋，是會意字；這裡有周旋、運轉于統治者得以立足行令的位置之意。「元吉」，吉中之首，猶頭等的吉利。

此與上一爻大意謂：正統、老牌的貴族雖然有「履虎尾，不咥人」的條件，但「夬履」還是有危險于「貞」的，如果經過「視履考祥」之後再周旋左右于統治者之位，才是妥善又妥善的事。

11、泰 ䷊

天地泰。坤上乾下。

泰小往大來。吉，亨。

彖曰：泰，小往大來，吉亨。則是天地交，而萬物通也；上下交，而其志同也。內陽而外陰，內健而外順，內君子而外小人，君子道長，小人道消也。

象曰：天地交泰，後以財成天地之道，輔相天地之宜，以左右民。

釋「泰」：

「泰」的意義就含在「小往大來」當中。

甲骨文的「大」象形正面下蹲的人。這種下蹲似的動作，是那時候通神的姿勢。史前文化遺址出土過這種似下蹲的人形圖像；商代玄鳥圖像幾乎多強調了下蹲狀的鳥腿——玄鳥是商族的主圖騰，「天命玄鳥，降而生商」，玄鳥既然是商族的圖騰神鳥，那麼與它可以位置互換的人，自然是通神的人（泰圖1）、代表天的人、地位高尚的人。

A   B   C

泰・圖1

D

E

A：含山文化蹲立人。
B：石家河文化蹲立人。
C：商代腰間佩綬的文身蹲立人。
D：商代蹲立的玄鳥。
E：商代蹲立的祖神。

C圖之商代腰間佩綬的文身蹲立
人，本是一男一女雙面玉雕像，
是昭示性交繁衍之必需的族神；
其身上的文身和佩綬，是商代男
性貴族表示身份的飾物。

D圖是商代玄鳥圖騰玉雕像。商
代的玄鳥幾乎均作蹲立狀，它凸
出的膝蓋正是擬下蹲的樣子。

E圖商代蹲立的祖神和D圖蹲立
的玄鳥，正是圖騰和祖先位置可
以互換的說明。

165

泰・圖2：與「泰」字可通的甲骨文「太」（《合集》
一二七四四）。

　　釋「小往大來。吉，亨」：

　　在《易》裡，「大」和「小」的概念與今天通常的認識稍稍有別。
它與卜辭中「大示」「小示」之「大」「小」義近[1]。一般說「小」代
表著邪、非正規等，「大」代表著正、正統等。前者的意思與今日常言
「小道消息」的「小」近似，後者的意思有似「康莊大道」的「大」。
「小往大來」意味著邪往正來。邪的去，正的到，這局勢就是「泰」。
可見「泰」就是通順，就是好。或者還可以說，「泰」就是上述意義的
「大」（泰圖2），「否」就是上述意義的「小」。「泰」應該就是代
表天意的人，本卦所及之事，就是作為代表天意之人應該注意的事情。

----

[1] 　《屯南》一一一五：「庚子貞，伐卯于大示五牢，小示三牢。」

「泰」的對立一面是「否」。通觀《泰》《否》的卦、爻辭，均在闡說當時人最為看重的大事——戰爭與祭祀，而且，祭祀和戰爭密切相關，因此推想，「泰」和「否」的概念，原本產生在對于戰爭的希望、態度，和實際出現的效應、結果之轉化難以逆料當中。這兩卦設置的目的，自然是在給難以逆料的轉化，找出可以料知之趨勢的依據。

俗語所謂的「否極泰來」，是針對本卦和下一卦貌似相反的狀況而言。其實正與邪、大與小，好與壞等等，是一個概念的兩端，概念的兩端距離越遠，對立越大。老子、莊子的一些思想，是這兩端起點上的發揮。

「吉」，皆合乎「泰」之道的戰爭是好的。「亨」，指本卦關係到神靈得以享祭的問題。

初九：拔茅茹，以其彙，征，吉。

象曰：拔茅征吉，志在外也。

釋「拔茅茹，以其彙」：

「茹」，根相牽引的樣子。「茅茹」，對照「彙」生義。「彙」，即「類」，亦即「禷」，古代祭祀名稱的一種。關於禷祭，有釋作祭天之祭名的，但比較過本卦和《否》卦，就知道它具體應是師祭，即出師征行前對神靈祭祀的一種名稱。可見《爾雅・釋天》「是禷是禡，師祭也」的說法是有根據的；它在這裡借代戰爭出師。「拔茅茹，以其彙」大概是指將茅草連根拔出，與禷祭儀式共為出師戰爭的需要。但這又為什麼呢？分析古文獻的有關記載，推想有這種可能：

茅草是表明戰爭出征的特定物品。從《易》中反映，商民族反對戰爭使用偷襲，宣揚光明正大的興師動眾（詳見後釋），「茅茹」是商民族興師動眾之時用其表示光明正大的特定物品。《爾雅・釋言》：「茅，明也。」郭璞注：「《左傳》曰『前茅慮无』。」郝懿行義疏：「郭引左氏宣（公）十二年《傳》云：『前茅慮无』杜預注：『茅，明也。』《正義》引舍人曰：『茅，昧之明也。』杜注又引『或曰：時楚以茅為旌識』然則茅旌亦取鮮明為義。」——「楚以茅為旌識」，楚國貴族和商民族同山于少昊、顓頊之後，為「東方君子之國」的後代，發動戰爭「以茅為旌識」來表示「鮮明」的光明正大之態度。

一般釋《左傳・宣公十二年》「前茅慮无」為「春秋時楚國出兵行軍，前哨如遇敵情時舉茅以示警」。按：從圖像反映，楚國的「茅」已經成為旌旗上面的象徵物（泰圖3）。以郝懿行《爾雅義疏》釋

泰・圖3・A：
圖中凡如柳絲的旗帶，應該就是飾「茅」。

「茅」初始可能擬太陽樹的枝條。因為我們在同一圖像建鼓支柱上方看到了這種「茅」（圖3
・C）。我認為「建鼓」可理解為建木之鼓。「建木」為太陽樹的一種名字。建鼓又叫「晉鼓」，
甲骨文的「晉」及《易經・晉》之「晉」意義完全相同：光明正大的進軍征伐——而「茅」之
飾軍旗，正是表示光明正大的意思。

泰・圖3・B：
戰國銅鑒之水陸攻戰圖上背後飾「茅」的軍士
圖中背後「茅」的軍士不知是否為先鋒？先他沖入敵陣的揮劍勇士，可是所謂的「名列前茅」？

泰・圖3・C：
戰國銅壺之水陸攻戰圖上飾「茅」的建鼓。
建鼓支柱上方的「茅」，和A圖軍旗之
如柳絲的旗帶一致，可知建鼓之上和軍旗
的旗帶，所擬應當為「茅」。

泰圖3・D：
山東沂南漢代畫像磚上的建鼓
建鼓的鼓皮上畫著一隻太陽，說明此鼓取
自太陽樹之一段樹幹做成。建鼓上的鳥是
太陽鳥。建鼓上的羽葖，實際就是在擬太
陽樹的枝條——這枝條和戰國圖形建鼓上
的「茅」相差不遠。

「茅」,對照《易》凡出兵必需光明正大的強調,則推知商以前東方民族曾用茅草或代表茅草的東西裝飾旗幟,高高舉起,以宣明出兵征行。

如果上述「拔茅茹」的推測可准,那麼其義為:連根拔出茅草以飾旗幟,為光明正大之王師出征的宣告。

釋「征,吉」:

「征,吉」,對照《否・初六》「貞吉,亨」的含義,此應指「拔茅茹以其彙」的結果而言。因為戰爭有「茅旌」高標,是光明正大的,所以進行的戰爭結果該是好的,因為這種結果是合乎「泰」之道的。

「泰」之道戰爭的結果需要循守大致如下原則:

一、沒有侵掠別人的念頭(《九二》);

二、不侵伐擄掠別人以富己(《九三》《六四》);

三、不用戰爭掠劫婦女的方式以繁衍後代(《六五》);

四、出師用兵要按照天的意志(聽從王命──《上六》)。

九二:包荒,用馮河,不遐遺──朋亡,得尚于中行。

象曰:包荒,得尚于中行,以光大也。

釋「包荒,用馮河,不遐遺」:

「包」,聞一多釋其為「匏」,甚是;即今天謂之葫蘆。葫蘆古稱瓠又稱匏。「荒」,廢。「包荒」,即苦葫蘆。陸佃在《埤雅》中說,「長而瘦上曰匏;短頸大腹曰瓠。瓠性甘,匏性苦。」其實「匏」「瓠」本是一個字的兩種寫法,而且也不一定此苦彼甘。現在菜農種植的葫蘆多是「長而瘦上」的,因為這個品種即便偶有苦的,也可勉強當菜吃,相反「短頸大腹」者苦的也不少。葫蘆是莖、葉、果均可嫩時食用的植物,如果在它可食時被發現苦味,自然要被廢棄。《詩・邶風・匏有苦葉》:「匏有苦葉,濟有深河。」其說苦葫蘆不能食,但可以用它熟乾後中空含氣的特點,濟渡深深的河流。《論語・陽貨》:「吾豈匏瓜也哉,焉能繫而不食。」說苦葫蘆任其在藤蔓上的原因,是為以後濟河涉水做為工具的。《國語・魯語下》載叔向「苦匏不材于人,共濟而已」的說法,也說明苦葫蘆的特殊用途。這幾個晚于本卦的記載,恰恰能夠說明本卦產生的時代,是人們一旦發現葫蘆味苦多會丟棄的時代,也是苦葫蘆成熟被用為渡河工具的時代。《物原》載「燧人以匏濟水」,這種傳說下,以葫蘆助渡可能也有一定的信仰意義。否則《易》的編著者,不會舉出這個問題為例。

「馮」，同「憑」。「馮河」，依憑著葫蘆渡河。今天黃土高原臨近黃河一帶的農民，仍有以葫蘆渡河的，其往往是把葫蘆套在網袋裡，再聯結在羊皮或其他牲畜皮製成的皮筏四周，或繫于小船或其他載渡物的四周以助穩定；微山湖一帶船上人家，還有將葫蘆繫在孩子身上，以防落水的。這種葫蘆名字叫「腰舟」。《鶡冠子・學問》：「中河失船，一壺（瓠）千金，貴賤无常，時使物然。」仍見戰國時代葫蘆在渡河上的價值。

「遐」，遠。「遺」，棄。「不遐遺」，苦葫蘆雖不能食，但留著它，以後用于涉河渡川，不要遠遠地拋棄它不理。

釋「朋亡，得尚于中行」：

「朋」，一般多釋為朋比之朋或錢串之朋，很難令人信服。

就本卦是戰爭卦之前提，我認為這個「朋」即《大有・九四》「匪其彭」的「彭」，特指軍車。它後來被寫作「輣」，又被寫作「輣」。《說文》釋：「輣」為「兵車也」，而「輣」則與「輣」通。在《易》中它們被寫作「朋」或「彭」，借音而已。

「朋亡」，戰車不用；婉言車輛濟河渡川不是為了外出侵掠之戰；當時一個邦邑、方國與另一個邦邑、方國每每以自然障隔做為界線，戰車渡過這些障隔，意味著越境入侵之戰。當時車輛渡河，似是以葫蘆圍托住車的車廂，讓牛馬游水拖車而過（詳見《既濟》《未濟》注）。

「尚」，輔佐。《詩・大雅・抑》：「肆皇天弗尚。」「中行」，對照《復・六四》「中行獨復」、《益・六三》「有孚中行」、《六四》「中行，告公，從」、《夬・九五》「莧陸夬夬，中行无咎」等，得知其義指中正不偏的往來活動。「得尚于中行」，駕車去鄰邑他國，不是為了擄掠，行為且又中正不偏，在苦葫蘆的幫助下，會順利渡河的。

從《易》反映的國家往來之主張看，其「得尚于中行」的範圍大致在：

一、商業往來；

二、友好交往；

三、按天意、受王命兵征。

這些我將在以後有關卦的注釋中一一指出。

「包荒，用馮河，不遐遺」概說為外出家國長途拔涉而蓄備物資，「朋亡，得尚于中行」補說所蓄物資不應是發動不義戰爭之備。也就是

169

說，合乎「泰」道的外出，不是以損人利己為目的。

九三：无平不陂，无往不復。艱貞无咎。勿恤其孚，于食有福。

象曰：无往不復，天地際也。

釋「无平不陂，无往不復。艱貞无咎」：

「陂」，高地。「无平不陂」喻「无往不復」。「无往不復」對照「无恤其孚」生義。「往」，指首先發兵入侵他方別國。「復」，還；指被掠劫者的報復之戰。

「艱」，《說文》：「土難治也，從堇，艮聲。」甲骨文象形巫者反縛在火上燒烤，是古代天旱祈雨的一種程式，會意旱災；「土難治也」則屬于後出的引申義。這裡它指災害帶來的艱難。那時人認為災害是天的意志。「貞」，宗族家國的生存。「无咎」，指安于天定的艱苦條件沒有什麼不好。

釋「勿恤其孚，于食有福」：

「恤」，憂愁擔心。「孚」，通「俘」；與「有孚」略有區別：此指彼方對我方發動報復性的俘掠，是被動的，「有孚」則是主動向彼方的。「食」，吃飯，借代生存、生活。

此說讓宗族家國安於天意所給的艱辛生存條件，不去掠奪別方以求暫時的寬裕，便算沒有危險和禍害，因為這不必害怕對方報復性的殺戮；能這般安安穩穩地活過去，就是足足的福氣。

「勿恤」二爻之意不僅是老子相輔相成觀的張本，也是《易》的編著者對面臨自然災害之邑邦提出的渡災觀。

六四：翩翩——不富以其鄰，不戒以孚。

象曰：翩翩不富，皆失實也。不戒以孚，中心願也。

釋「翩翩」：

《字彙·羽部》：「翩，往來貌。」「翩翩」應釋為重復相往來的樣子。它對照「不戒以孚」生義，指你傷我、我報復你反復往來的拉鋸式戰爭而言。

釋「不富以其鄰，不戒以孚」：

「戒」，害怕。「孚」，指被動的戰爭俘掠。「不富以其鄰，不戒以孚」，不把自己家國之富足建立在對鄰國近邑的俘掠上，不必害怕對

方對你進行以牙還牙的報復。

這一爻是中國人人際、家際、國際關係思想方針的一大源頭，它陰柔的部分，產生了老子守窮據陋，鄰里老死不相往來的思想；它陽剛的部分，產生了「人不犯我，我不犯人」的原則；它持中的部分，產生了「和平共處」的觀念。

六五：帝乙歸妹，以祉元吉。

象曰：以祉元吉，中以行願也。

釋「帝乙歸妹」：

此一般被釋為商紂的父親帝乙，把少女嫁給了後來的周文王。非。我的理由如下：

一、《史記·殷本紀》裡「帝乙」這一稱謂是指商紂王的父親（他「帝」的稱謂目前還沒未在卜辭中發現[2]），但本卦之「帝乙」不一定就是商紂王的父親。從卜辭裡反映，殷人稱早期的人間君主為王，如王亥、王恆等，到後期才開始把上帝之「帝」稱死去的人間君王，如帝甲、帝丁等等。說「帝乙」不一定指紂王的父親，恰如卜辭中的帝甲和帝丁，也可能是沃甲或祖丁。商代先王皆以日名（甲、乙、丙、丁、戊、己、庚、辛、壬、癸）為名，而在卜辭裡以「乙」為名的先王就有多人，且他們都又是在商代後期卜辭裡稱為「帝」的。顯然這位「帝乙」未必是商紂王的父親。

二、紂王祖父文丁在死前不久殺死了周文王的父親季曆，紂王父親帝乙似乎不可能在世短短九年當中國威下滑，得以將自己的女兒下嫁周文王以為討好之舉。相反，即便為了討好商紂王的父親，謀略超人的周文王求娶了帝乙的女兒，他也不會如《詩·大雅·大明》所反映的那樣，忘記商王之女的高貴，大張旗鼓地迎娶有莘國國君長女于渭水之上（有莘之女生下了周武王）。顯然這位「帝乙」嫁少女給周文王的證據似嫌不足[3]。

2　見趙誠《甲骨文簡明詞典——卜辭分類讀本》28頁：「中壬、沃丁、帝乙、帝辛四位，卜辭未見其名」。

3　見《今本竹書紀年疏證》之《文丁》《帝乙》。

泰‧圖4：甲骨文「歸」
（《後》上三〇‧五）。

本爻是將某位商王之「歸妹」不循搶婚舊俗而得益之事為榜樣，以移化當時一些邦邑部族間仍然搶婚之風的，所以其「帝乙」必指某一代以「乙」為名，用禮聘迎娶妻子的商代帝王。我認為他就是相傳與有莘氏通婚、得到陪嫁奴隸伊尹從而滅夏立商的商湯。

有莘氏，一支居住于今山東曹縣北，夏禹母親脩己是此地的有莘之女（夏姓以母繫），商湯王娶了此地的有莘之女為妻。周文王所娶的有莘之女，是夏啟所封庶子一支，姒姓，在今陝西合陽縣東南。因為商湯王娶有莘之女而有滅夏朝得天下的吉祥，所以周民族視周文王娶有莘之女也為取代上一個王朝之吉祥重蹈。《詩‧大雅‧大明》所反映周民族娶有莘之女的歡慶，正說明《易》此處的「帝乙」乃商湯。

商湯在卜辭中被稱為「大乙」（讀作「太乙」），《史記‧殷本紀》稱其為「天乙」，他與有莘氏通婚，得到人才伊尹，擢以為相，成為滅夏的杠杆。有莘氏與夏同姓，若搶奪其君主之女為妻，必是後來的敵人；正因聘其女成婚，這才能爭取其為同盟，成了湯滅夏的倚靠力量。姒姓有莘國在商末仍存，這說明其國在商湯革命建國時仍保持著不可更變的地位，進而又說明湯是聘娶其國君之女成婚的。總之，滅夏建商之功與湯聘婚有莘國之女有至要的關係，故而他這種婚姻聯盟方式是「大人」們欲永久保家存國所必須採取的，所以《易》中反復提及，許為楷模標準。

「歸」，甲骨文此字由「師」和「帚」構成，「師」象形馬勒或馬鑣，借代戰車；「帚」象形掃帚；今稱「掃帚菜」，整棵老後可作為掃把用來掃場清除，它是古代婦女最普遍使用的勞動工具，故被用以代表婦女（泰圖4）。卜辭中「歸」用作動詞，為歸返之義。對照《易》所有的婚姻卦都力斥搶婚之情勢，知道這個字的原始內涵，乃動用武力搶別族他部女子回返婚配之舉，而不含女方情願的因素。雖然到了《易》的時代，它的內涵已有了改變——它既保留著原始內涵中野蠻搶奪的一面，又合入了文明演進的聘娶一面，但在當時一般人的認識裡，這二者的後一面還是極微弱的。因而《易》的編著者在此強調「以祉」，以提醒其與習慣上理解的「歸妹」之「歸」並不一樣。換句話說，其編著者

認為「帝乙」之所以能夠因婚姻而「以祉」，就是靠「帝乙」不按習慣之法「歸妹」（即搶女人回返以婚媾）的結果。

釋「以祉元吉」：

「祉」，福祐。「以祉」，帝乙以禮聘的方式娶妻，得到了神的福祐。「元吉」，像帝乙這樣的婚姻方式，是好中的頭等之好——因為婚姻形式改變了，不僅免去了婚娶戰爭死傷及報復，還帶來了婚姻聯盟，大家的子孫由此代代相安，不斷地享國受福了。

上六：城復于隍，勿用師。自邑告命，貞吝。
象曰：城復于隍，其命亂也。

釋「城復于隍，勿用師」：

「復」，同「覆」，毀敗的意思。「隍」，溝壕。《列子·周穆王》：「⋯⋯藏諸隍中，覆以蕉，不勝其喜。」這裡對照「城」「邑」生義，指沒有水的護城壕。「城復于隍」，城邑因環衛四周的護城河乾枯而即將毀敗。

研究《渙》卦，再對照近年來考古工作者對陝西西安半坡及臨潼姜寨氏族聚落的挖掘，得以確知：商以前保護邑落安全的重要建築設施是護邑河（詳見《渙》注）。由這一現象推想，當時的城牆還不足以單獨完成護邑衛城的作用，後來那著名的欲把城牆漆光、漆滑以御沒有護城河阻隔之敵軍的笑話，恰可對此做個遙追的說明。在那時，一座邑落的護邑河在軍事對峙狀態中枯竭了，是天心神意令其毀敗的特徵，所以此下文才有「勿用師，自邑告命，貞吝」的爻辭。戰國之《象傳》「城復于隍，其命亂也」的說法，至少可以證明到了那時還認為「城復于隍」是天意要滅其邑國的表示。

「勿用師」，對「城復于隍」者不用兵。

釋「自邑告命，貞吝」：

「自」，從。「告」，現有的卜辭凡「告」字，幾乎都用于人告知神或下告知上。《易》中「告」字的運用，如「初筮告，再三、瀆，瀆則不告」（《蒙》）、「中行，告公，用圭」（《益》）、「告自邑」（《夬》）等，也都在「下告于上」這一特定的前提下，而不是後來的泛泛通知的意思。因此，「告自邑」不應釋為「從邑裡來了命令，要停止前進」，更不是「戒占者不可力爭，但可自守」。

「自邑告命」，聽從「城復于隍」之城邑中告饒求命之言語。猶聽從天令其亡之邑主的花言巧語。《夬・六四》「牽羊悔亡，聞言不信」是說對敵國告饒求命的話不要聞而輕信，最終要看他們有沒有「牽羊」投降的行為表示——這正是「城復于隍，勿用師，自邑告命，貞吝」的確注。

「貞吝」，我合乎光明正大的「泰」之道而出兵，敵國城邑不攻自毀，這是天和神有意敗亡其處的表示，如果我在這時輕信其邑主空口无憑的告命求饒，停止用兵，是違背了天和神的意志，其于宗族和家國是有危險的。

這種不聽「自邑告命」的用兵，顯然是指受商王之命的光明正大的出征用兵。《易》要求這種用兵一勝到底，不給敵方以喘息再起的可能。猶今天所謂的「痛打落水狗」精神。

本爻旨在說明以茅為旌識的王師光明用兵，目的昭昭不可違背，若有違背，則會導致禍害。

12、否 ䷋

地天否。乾上坤下。

[否]：否之匪人，不利君子貞，大往小來。

象曰：否之匪人，不利君子貞。大往小來，則是天地不交，而萬物不通也；上下不交，而天下无邦也。內陰而外陽，內柔而外剛，內小人而外君子。小人道長，君子道消也。

象曰：天地不交，否；君子以儉德辟難，不可榮以祿。

釋「否」：

卦題應有一「否」字。原經文似嫌與下文重復而省之。

《說文》認為「否」字的意義為「不也」，是「從口從不」的字。「不」，甲骨文用作副詞，表示否定，為借音字，用作語氣詞，表示疑問，亦借音字。用在句末的「不」，後代文獻寫作「否」。古文字學家說：甲骨文「不」象形花托。花托今天仍有「花不朵」一名；可能它是個會意字，花托非花非果，可謂什麼也不是（否圖1）。

「否」，舊釋多為閉塞之義。其實「匪人，不利君子貞」已喻及了它的意義。與此卦相對的「泰」既然就是代表天意的人，那麼「否」當然是違逆天意的人、不能代表天的人、无資格通神的人。

否‧圖1：商周器物上的筮數重卦「否」。

安陽殷墟四盤磨SP11出土的卜骨右側一條為「否」——卦辭為「曰魁」。

甲骨文「否」（《續》五‧九‧一）。

釋「否之匪人，不利君子貞，大往小來」：

「匪人」，即非人，亦即沒有資格算人的人，照今天的話說，就是壞人。「否之匪人」，乃「否」如壞人，作為壞人，當然不利身份為「君子」者的宗族家國存在。

初六：拔茅茹，以其彙。貞吉，亨。

象曰：拔茅貞吉，志在君也。

釋「拔茅茹，以其彙。貞吉，亨」：

此爻《象傳》釋「拔茅貞吉，志在君也」，其「君」指君王，「志」指君王意志下的出兵，義同我釋《泰》「拔茅茹以其彙」為拔茅草以飾旗幟，為光明正大之王師出征的標誌。它除了與《泰・初九》所屬的卦相反外，還有「征，吉」與「貞吉，亨」的區別。「征，吉」是說合乎「泰」之道的出征光榮而吉利，「貞吉，亨」則應是說，王命之下，即便心存以「否」的狀態，出兵也必須拔茅茹以飾旗幟，遵守光明正大之王師出征的要求，這樣才會有宗族家國的存在，和神靈得以享祭的條件。言外之意，不是這樣就要出大麻煩。這裡的「亨」應指祭享神靈和被神靈享祭。在《易》編著者的眼中，祭祀人如果沒有合乎神靈心意的德性，儘管獻祭奉享虔誠，也難得到吉佑。看來神靈不情願接受違背自己心意者的祭祀。例如《恒・九三》「不恒其德，或承之羞，貞吝（不長久具備合乎神靈心意的德性，妄想借獻祭的虔誠邀得神祐，這是對宗族家國帶來危害的行為）」、《小畜・上九》「既雨既處，尚德載（神靈佑不佑助需求雨水的邦邑，要看邦邑領主財產的獲得是厚德還是損德）」等，就是證明。這種德性怎樣才能獲得？具體在《泰》中都有交待：

一、有戰事先敬請神的裁決（《初九》）；

二、外出不是為了損害別人（《九二》）；

三、安守艱苦的生活處境，不以鄰為壑（《九三》）；

四、不為自己的富足而動兵侵掠（《六四》）；

五、革去搶婚劣俗（《六五》）；

六、受王命出師，堅決勝利，絕不手軟（《上六》）。

根據這些，可知此爻的意思是：動師用兵，如果得自王命而且又光明正大、合乎宗族家國存在的原則，神靈會吉祐的。

六二：包承。小人吉，大人否亨。

象曰：大人否亨，不亂群也。

釋「包承」：

「包」，在《蒙・九二》「包蒙」的注釋中，我已初步解釋了《易》形成時代「包」字的內涵。為更明白起見，這裡再把有關的詞句通釋一下。

《蒙‧九二》：「包蒙」——女人迷、搞老婆迷；

《姤‧九二》：「包有魚」，「不利賓」——魚，為禮聘女子而備，不能為招待幫助搶婚的人而備；

《姤‧九四》：「包无魚，起凶」——婚配不是以禮聘，而是搶娶，那將帶來兇險。

《姤‧九五》：「包瓜含章，有損自天」——娶有夫之婦為妻，會遭天懲。

《易》所有的「包」字，都是「匏」字的初文，當中除去《泰‧九二》的「包荒」之「包」實指葫蘆而外，其餘皆以葫蘆借指婦女。上面例子可以讓人明白，本卦的「包」字不是「庖」字的假借，也非「包容」之「包」。

「承」，甲骨文「承」「奉」為一字，象形雙手從陷阱裡向外取人，或象形雙手將人舉起。對照下文「大人否亨」，可知此用為取得之意——《易》認為「大人」婚娶「包」應該聘婚，相反「小人」婚娶「包」則動武動搶。

釋「小人吉，大人否亨」：

「小人」，本指出身、來歷低賤的人。這裡喻堅持搶婚為婚姻方式的人。「大人」，正統的人，指身為貴族的領主、管君。「亨」，同「享」，祭神。「小人吉」，只有不夠格的人認為搶婚是好事。「大人否亨」，「大人」不為搶婚之舉而祭神求佑；婉言「大人」應該文明的聘婚。《泰‧六五》「帝乙歸妹，以祉」，就是其編著者向現實中一般領主、管君們所舉的歷史上「大人」因聘婚而獲有國家的例子。

六三：包羞。

象曰：包羞，位不當也。

釋「包羞」：

此爻與下一爻為一句話的分置。

「羞」，即《恒‧九三》「不恒其德，或承之羞，貞吝」的「羞」。甲骨文象形以手執羊，後代演化成了羞，從羊從丑，謂美味，也指熟肉；卜辭中一般用作祭品，這裡有享有之意。「包羞」，《象傳》釋曰「位不當也」，不該得到的得到，乃「位不當」的得到；指以非正常的方式得到了婦女——即非搶婚之目的得到婦女，而是受王命出征滅國、犁庭掃穴從而享有的婦女。大概當時有罪被滅之國的婦女成為消滅者的戰利品。

九四：有命无咎，疇離祉。

象曰：有命无咎，志行也。

釋「有命无咎」：

甲骨文中「命」「令」同文，多用作天帝和商王的命令[1]。此「令」即《訟·九四》「不克訟，復即命」、《師·上六》「大君有命，開國承家」、《革·九四》「有孚，改命」的「命」，指商王之命。「有命」，以光明正大之戰爭手段獲得被滅邦國的人和財，是商王代表上天的授予。「无咎」，因戰爭而獲得家國乃天命、王命的結果，是沒有過錯的。

釋「疇離祉」：

「疇」，卜辭中此字用作祈禱之義；與「禱」字同。「離」，甲骨文象形用一種網具獲取鳥類，會意獲取（詳見《離》注）。「祉」，福祐。「疇離祉」，禱告神靈因而得到福祐；指「有命」者伐罪獲封之用兵前禱祭神靈，神靈因祈求祐助的戰爭合乎心意，從而讓其戰勝得福；婉言合乎王命的軍事行動是正確的、必勝的。

這一爻同上一爻是屬爻分置之辭，謂合乎天意、受自王命、光明正大的興師伐罪、犁庭掃穴而得到的人口、財產、土地等一切是可以據有的。

九五：休否，大人吉。其亡其亡，繫于苞桑。

象曰：大人之吉，位正當也。

釋「休否，大人吉」：

「休」，甲骨文象形人倚樹木，會意休息、休止。「否」，對照「大人吉」，指「否」道下的戰爭。參照《泰》，這類戰爭是：

一、興師動眾，搶女人婚配（《六二》）；

二、侵掠別人以致富（《六四》）；

三、任用沒有帥師用兵資格的「小人」用兵（《九四》）。

其中「三」是關鍵。「休否」的關鍵是用兵帥師的人選。《師·上六》「大君有命，開國承家，小人勿用」、《既濟·九三》「高宗伐鬼方三年，克之；小人勿用」強調的是這種資格的重要。換句話說，在《易》編著者眼裡，即使正義的戰爭，只要把用兵帥師的資格予以「小人」，其戰爭也變為「否」道下的戰爭了。所以「休否」的人選是「大

---

[1] 「辛巳卜，貞，（昇）帚好三千，（昇）旅萬，乎伐……」（《庫》三一〇）。

人吉」。

釋「其亡其亡，繫于苞桑」：

「其」，語助詞。「亡」，甲骨文讀如「无」。「其亡」，「休否」于无。

休止「否」道下的戰爭，手段很大程度上也是戰爭。《易》中「休否」戰爭如《同人‧上九》「同人于郊（御敵于國邑之外）」、《漸‧九三》「利御寇（打擊入侵之敵是正確的）」等能說明這點。

「繫」，拘繫、繫礙。《帛》作「擊」，優於「繫」。《戰國策‧齊策一》「轄擊摩車而相遇」，《注》：「擊，閡也。」《廣雅‧釋言》：「礙，閡也。」對照《帛》之「擊」，知道「繫」在這裡亦特指阻礙戰車前進，因而此句可理解為「繫礙戰車于苞桑」的節略文。

「苞桑」，《詩‧唐風‧鴇羽》有「苞桑」一詞，《注》謂叢生的桑樹。20世紀五十年代初，在土地「合作化」（改土地私有為集體公有）之前，山東若干農村農民的田界仍以種桑為界。如果這種種桑為田界的習俗早在商周之際就存在，釋「苞桑」為家園、國界亦通。據說種桑為田宅之界起于井田制度：以五畝之宅，樹之以桑，故有桑井為家園、宅界之稱的說法。朱熹云：「『苞』與『包』同。古《易》作『包』。」我認為「苞」通「包」，借指婦女，進而借代家國的屬民；「桑」借代田地、家園，進而借代國邑。

「其亡其亡，繫于苞桑」，「大人」驅戰車消亡「否」道的戰爭，其消亡的界限，只拘礙在自己的家園邑國之內：婉言消滅不義的戰爭，不能借機擴大到自己的國土之外——外面的侵掠等要抵御、要消滅，但卻不可借機攻入他人的國家為虐為害。《同人‧九四》「乘其墉，弗克攻」說邑邦間抵御侵掠的戰爭，最大程度只能把敵人打回自己的城邑裡去，決不可趁機進入別人的城邑。

上九：傾否，先否後喜。

象曰：否終則傾，何可長也。

釋「傾否，先否後喜」：

「傾」，覆、倒。「傾否」，將「否」顛倒過來；指把「否」道下的戰爭倒轉。「喜」，義同《兌‧九四》「介疾有喜」、《无妄‧九五》「无藥有喜」的「喜」，本指病癒，這裡轉喻「否」的消逝。

「先否，後喜」，「傾否」之舉是讓開始的「否」，後來停止。

13、同人 ䷌

同人

天火同人。乾上離下。

[同人]：同人于野，亨。利涉大川，利君子貞。

彖曰：同人，柔得位得中，而應乎乾，曰同人。同人曰，同人于野，亨。利涉大川，乾行也。文明以健，中正而應，君子正也。唯君子為能通天下之志。

象曰：天與火，同人；君子以類族辨物。

釋「同人」：

原經文省略卦題，今補之。

從字面上看，「同」義為聚，「同人」乃聚人，亦即聚眾。聚眾幹什麼？看卦辭的解釋是「于野」，看爻辭的解釋是「于郊」。聚眾于郊野幹什麼？對照《六三》之「伏戎于莽，升其高陵」，及《九四》之「乘其墉，弗克攻」來看，聚眾是要離邑邦到郊野做戰。原來「郊」「野」都指戰場而言，而聚眾則是動兵之舉。

《九五》「同人先號咷而後笑，大師克相遇」說明這聚眾動兵是臨時應急性的。一邑一邦臨戰聚眾，自是沒有常備部隊，雖然這樣，所聚之眾的成分也不能沒有選擇，《初九》《六二》中可以看到這選擇的條件是什麼。根據如此特徵，我認為「同人」應指介乎今天民兵、自衛隊式的「土武裝」，《九四》的「乘其墉，弗克攻」是說這種「土武裝」的功用僅僅只在于自衛，不得進展到毀城滅邑。他們所以只能如此，說明他們邑邦軍事保衛的職責，名義上應歸商王。關于這點極重要，它是研究商代軍事制度的可貴線索。

這一卦產生的背景必因邑邦間「同人」式武裝出現了違背傳統的紊亂，因此它重申「同人」式武裝應該循守的原則：

一、人員要選自除奴隸而外的各方面人（《初九》）；

二、人員不能由一宗一家壟斷（《六二》）；

三、不得攔劫哄搶來往的客商（《九三》）；

四、不能攻陷他人的城邑，進行虜掠（《九四》）；

五、自衛戰發生時要速與就近駐紮的正規軍取得聯繫（《九五》）；

六、「同人」武裝的軍事許可權，只在御敵于邑城之外（《上九》）。

釋「同人于野，亨。利涉大川，利君子貞」：

「野」，邑外為郊，郊外為野；這裡指城邑外的戰場。《坤・上六》「龍戰于野」之「野」，與此義同。

「亨」，享祭，指「同人」御敵之作用，能使神靈得到祭享。「利涉大川」，「同人」應急而起，侵掠之敵不能得逞，其利之大，可與安全渡過險川洪流之利相匹。「利君子貞」，本卦的原則，有利於邦邑領管者的存在。

初九：同人于門，无咎。

象曰：出門同人，又誰咎也。

釋「同人于門，无咎」：

「門」，對照《六二》的「宗」生義。「宗」，同祖同宗，一宗一族。本為抵御突然而來的侵掠，而只聚合同族同宗之人，其人員不僅少，力量也必定弱，所以「同人于宗，吝」。相反，如果聚眾于相互同處的各族各宗，力量比一家一宗要強大，所以「无咎」。可見「門」應解釋為邑門、國門等。「无咎」，沒有害處。

或釋「門」曰「王門」，謂戰爭出兵前在王門接受訓練。這與整個卦的卦義不合。如果釋聚眾王門、聚眾得統一在王的命令之下，雖然勉強可通，但又與下爻「同人于宗，吝」矛盾。

六二：同人于宗，吝。

象曰：同人于宗，吝道也。

釋「同人于宗，吝」：

「宗」，宗族、家族。「同人于宗」，為抗敵入侵，只是在一個族的家門裡聚集人眾。「吝」，危險。

或釋「宗」為宗廟的，即出兵先到宗廟向祖先卜筮禱告等。設想在遇事必定求卜求筮、祭神祭鬼的時代，戰前到宗廟卜筮禱告怎麼會被認作「吝」呢？

九三：伏戎于莽，升其高陵，三歲不興。

象曰：伏戎于莽，敵剛也。三歲不興，安行也。

釋「伏戎于莽，升其高陵」：

「伏戎」，聚眾持兵到城邑外埋伏下來，「莽」，林莽。「伏戎于莽」，對照「升其高陵」生義；指聚眾埋伏在隱蔽處，以攔劫過路的商人。

「升」，義同《升》之「升」；指武裝登上。「陵」，在《易》中多為有集市之丘園的代稱；《震·六二》「震來厲，億喪貝，躋于九陵」之「陵」，亦指這種有集市之丘園。古代曾有水位普遍高于今天的時代，為了應對這樣的環境，我們的祖先創造發明了陵臺居地，這種居地目前仍有遺跡，在中國的北方，它的名字叫「堌堆」[1]，在《山海經·大荒北經》中它叫「山」（九山，即九陵）、「臺」（眾帝之臺），在《賁·六五》裡稱「丘園」；古代文人詩歌裡「家山」一詞是它的記憶，現代考古學中良渚文化的大土臺子是它的遺跡。陵臺居地是人工堆土建築而成，它的四面直下如牆，史家津津樂道的大禹治水，實際就是「降丘宅土」了不少這種陵臺居地，人民居住在上面可躲避不期而至的洪水，又可以據守抵禦外人或野獸的侵害（同人圖1）；因為人民在上面居住，自然就有經商貿易的對象、經商貿易的專門場所，故而《易》中特指集市——這種集市應該和居住區域分開（詳見《震》釋）。

「升其高陵」，聚眾持兵，到丘園集市搶劫商人。

同人·圖1·山東濰坊寒亭區高廟（又名「雲臺山」）——堌堆遺址。

這裡是殺死後羿之寒浞的寒國國都所在，也是傳說嫦娥奔月的地方，是古代建于大土臺子上的丘園遺址。可惜當地居民已經將大片的土堌堆挖平建房了。也許出于特有的保護方式，僅有的土堌堆上建立了一座沒有和尚的僧廟，廟的東北一隅，還留了「寒浞爺」與城隍爺同處的一間小房。

---

[1]　郅田夫《菏澤地區的堌堆遺址》。載《考古》1987 年 11 月。

釋「三歲不興」：

「三」，泛指多。「興」，甲骨文此字像四手抬一大盤形，會意「起」；又用作祭祠之名。如果按祭名解，「不興」謂神不受享祭，亦即不保佑之意。如按其會意解，「不興」謂不興盛之意。《復・上六》「迷復，凶，有災眚；用行師，終有大敗，以其國君凶，至于十年不克征」，說動用軍隊搶劫商隊所帶來的「凶」，乃「十年不克征」，意近此處的「三歲不興」。那時人認為「克征」「不克征」的關鍵在于神祐或不祐，因此「不興」也可理解為神不祐之義。後代典籍釋「興」祭為「喜也、歆也」，「歆」義則為「神食氣也」。其實祭名也可用作祭祀的借代。「三歲不興」，聚眾動兵，攔截過路商隊或搶劫市場，將導致神怒，從而讓你的家國多年不興旺。

有釋此爻謂「把武裝力量隱蔽在深山裡」，「佔領了制高點」，「但也長期不能取勝」的，殊不知《易》極反對戰爭中使用詭道，如《豫・上六》「冥豫，成有渝，无咎」、《離・九三》「日昃之離，……凶」、《晉・九四》「晉如鼫鼠，貞厲」、《升・上六》「冥升，利于不息之貞」等等，都是其對使用偷襲、夜襲者的詛咒。此「三歲不興」及《復》之「十年不克征」，亦為相同出發點下的詛咒。

九四：乘其墉，弗克攻，吉。

象曰：乘其墉，義弗克也，其吉，則困而反則也。

釋「乘其墉，弗克攻，吉」：

「墉」，城牆。「乘其墉」，登上敵國邑落的城牆；此以戰勝對方的典型特徵，婉說戰爭勝利。「克」。甲骨文用作助動詞，有「能」的意思。「攻」，《說文》：「擊也。「弗克攻」，不能乘勝進城。「吉」，雖然登上了敵國的城牆，穩操勝券，但卻不進城擄掠，這是吉利的。婉言「同人」打擊侵掠之敵的目的在自衛，不是趁機陷城滅國，虜俘掠財。

這一爻旨在說「同人」用兵的程度和目的。侵略者被「同人」拒于國門之外，「同人」回撞侵略者也只到其國門外，由善良的角度認識，這是以道義的形式向敵方訴說自己的強大，這樣便也會避免以武力報復來報復去的惡性戰爭。報復戰爭是以仇恨為動力的，其殘酷程度遠非掠財擄人的戰爭可比。遺憾的是進入文明時代的今天，我們的文藝作品中仍在把報仇雪恨當作天經地義的壯舉。看來《易》編著者對報仇本質的認識，比當今天多數文藝家先進。

九五：同人，先號咷而後笑——大師克相遇。

象曰：同人之先，以中直也。大師相遇，言相克也。

釋「同人，先號咷而後笑」：

「號咷」，哭號。「先號咷而後笑」，先哭後笑；婉說戰事由不利而後轉勝利，進而又婉言「同人」御敵行動的同時，要告急就近駐守的「大師」。

釋「大師克相遇」：

「大」，義同《泰》「小往大來」的「大」。「大師」，正規軍、王師。當時的正規軍大概除了王室擁有，再就是經商王賜准的諸侯可以擁有。如果各個邦邑均能擁有正規的軍隊，就不必有「同人」之舉了。「克」，能。「克相遇」，「大師」所以能來救援「同人」，是因它的職能在保護其軍區下的各個邦邑。言外之意似說各邦邑不搞軍事獨立，急難時王師才會出頭救援，反之只好號咷而已。總之，本卦產生的原因應該和各個邦邑紛紛設立正規軍，脫離商王的軍事控制有關。

上九：同人于郊，无悔。

象曰：同人于郊，志未得也。

釋「同人于郊，无悔」：

「郊」，指邦邑之外迎擊進犯之敵的戰場。「无悔」，「同人」抵御進侵者于國門之外，而不是攻人城、犯人國，這樣就會免災避難。

14、大有 ䷍

火天大有。離上乾下。

大有。元亨。

象曰：大有，柔得尊位，大中而上下應之，曰大有。其德剛健而文明，應乎天而時行，是以元亨。

象曰：火在天上，大有；君子以遏惡揚善，順天休命。

釋「大有」：

《易》中「大」和「小」的概念多與今天通常的理解不同。這裡的「大」和「大畜」「大過」「大壯」等「大」的意義一致，有標準的、正統的、合理的、應該的等含義。「有」，金文象形手拎肉排，會意富足。《詩・魯頌・有駜》「自今以始，歲其有」、《詩・小雅・魚麗》「君子有酒，旨且有」的「有」，與此「有」的意義相同，豐富也。

當時一般人對財富來源的著眼點，一是田地畜牧的收穫，再就是戰爭掠奪。但是，田地畜牧給予的多少，要取決于對其投入物質的水準，及自然與其諧調的狀態。相形之下，倚恃興師動兵的掠奪，財富來得就

大有・圖1：車用的啟始人奚仲像。

左為北京琉璃河西周燕國出土奚仲形象的車轄。奚仲被髮，身上文身以鴞鳥（玄鳥），說明他是商文化係統的祖神；他的跪坐之姿，也多見于商代的圖像。右為洛陽西周墓出土的奚仲形象車轄，他頭戴竹冠，說明他和商王族同樣崇拜竹圖騰，他雙手放置胸前的姿勢，反映的是商代禮節。

金文「有」（《索護爵》）

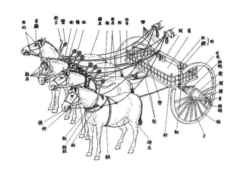

大有・圖2：戰車車轄的位置。　　　　　　　　戰國的車軎。

更有把握。本卦便是針對一般邦邑領主這種著眼，提出的富有標準。

　　本卦各爻爻辭，差不多或明或暗地涉及到了車。這因為邦國富足的特徵，在于擁有車輛的多寡。後來，春秋戰國，稱道某邑某邦富強每以「千乘之國」「萬乘之君」，恰是這個特徵尚未泯滅的證明。所以，像今天善良的窮人說富人該怎樣花他的錢才對那樣，本卦反復說得是「大有」者怎樣用他的車輛。

　　傳說奚仲發明了車，相土發明了以馬駕車。相土是商湯王十一輩祖宗。奚仲是商王族文化係統的祖神（大有圖1）。這一卦是遠古車輛發明的記錄，其中有關戰爭用車的告誡，則是這一偉大發明轉又使用于戰爭之結果的反映。《易》之六十四卦多記古代極大影響人類的發明，這該不應忘懷。

釋「元亨」：

　　正當的富有是得以祭享神靈的首要條件。祭享神靈，是那時領主們家國仍存的必然活動，故其可為家國不敗的象徵。

初九：无交害，匪咎，艱則无咎。
象曰：大有初九，无交害也。
釋「无交害，匪咎」：

　　「害」，《釋名》：「轄，害也，車之禁害也。」可見「害」通「轄」。我國古代的車輛，車輪收束輻條的中心部分叫轂，轂的中心有孔可貫穿車軸。古車的車軸是固定的，車行走時，輪和轂在軸上不停地轉動（大有圖2）。為了使輪和轂不脫出車軸，便要在車轂的外邊加一

舝。舝裝在軸上通過轂後露出的末端，是用來括約和保護軸頭的。舝的內端有鍵孔，車轄就貫穿在這個鍵孔裡；轄端又有孔以皮條貫穿縛住，使其不脫。商代已有銅制的舝[1]。「交害」，貫穿、交合車轄；婉言開動車輛。

「匪咎」，即非咎；沒有壞處。「无交害，匪咎」，對照「大車以載，有攸往，无咎」生義；說不給戰車交上車轄，免得參加戰爭，並不是壞事。

釋「艱則无咎」：

「艱」，困難；謂啟動兵車，是很難辦的事，婉言輕易不進行戰爭。「无咎」，沒有壞處。「艱則无咎」是「无交害，匪咎」的補充。

《易》反對侵掠戰爭，但卻認為抗御侵掠、受王命征伐的戰爭是應該的，所以這裡以「艱」來補充說明「无交害」是有前提的——不算抵御侵掠、受王命征伐的戰爭在內。20世紀六七十年代在農村常聽到的一種解釋政策的語氣，頗可用為此爻敘述的參考：堅決不得殺耕牛，但對非殺不可的經有關部門批准，宰殺才可。

九二：大車以載，有攸往，无咎。

象曰：大車以載，積中不敗也。

釋「大車以載，有攸往，无咎」：

「大車」，對照《九四》》「匪其彭，无咎」生義。指非軍事用途的乘載車輛，它與兵車有別。《說文》：「輦，大車駕馬也。」段玉裁注：「古大車多駕牛，其駕馬者謂之輦。」對照《易》的說法，那時的車分兩類，一是用于戰爭的「輿」，或名「彭」，見《九四》；一是非軍事用途的「大車」。

「大車」載貨，在串邑走國的經商時則必用牛駕。後來「大車」一般仍指用于拉貨的車。

《睽‧六三》「見輿曳，其牛掣」，說以牛駕「輿」的荒唐，可見其必以馬駕。後來人稱這種「輿」為「小車」，也叫「輕車」或「戎車」，即戰車。

---

[1] 見孫機《中國古獨輈馬車的結構》。載《文物》1985 年 8 月。

出土材料告訴我們：車戰普及在商代的武丁時期（專家從兵器戈的造型分析：安陽殷墟早期到中期的出土裡，其設計重視較近距離的叨擊，這說明當時作戰的形式還是步兵為主；到了殷墟晚期，即商高宗武丁時代，援部上仰之有胡有穿的戈出現了，並逐漸代替了叨擊的戈，這說明車戰普及了），這之前，當然較普遍的車不是「輿」「小車」。

顯然「大車」在《易》作者眼裡是傳統的車，發明使用遠在「輿」之前，與之相比，它正統，所以叫「大車」。言外之意「輿」亦即戰車，是不入《易》作者之眼的非傳統的車，應是「小車」。

「大車」非用于戰爭的車。「大車」在此可能特指商旅用的牛車，因為《易》的「有攸往」均指離開國邑，到別鄉他邦去，所以「大車以載，有攸往」且又「无咎」的，唯邑邦之主派出的商隊車輛為多。

「載」，乘坐。「有攸往，无咎」，駕駛「大車」到要去的地方，沒有害處。

九三：公用，亨于天子，小人弗克。

象曰：公用亨于天子，小人害也。

釋「公用，亨于天子」：

「公」，猶今謂「公家」之「公」，大家之意。《益‧六三》「有孚，中行，告公，用圭」的「公」與此義近。「告公」謂將用兵的事遍告大家，即遍告有關的邑國。對照下文「天子」，「公用」當指為保護「天子」的利益，大家均可以使用兵車。

「亨于天子」，使君王得以亨有天下。

本爻的「天子」似應是稍晚時代的稱謂，詳見《明夷‧六五》「箕子」、《升‧六四》「岐山」釋。

釋「小人弗克」：

「弗克」，不能。「小人弗克」，即便大家的戰車都要為君王永享天下而動用，「小人」也不能動用戰車，亦即「小人」不能藉口君王的利益之緣故而操縱戰車，指揮軍隊。

《師‧上六》：「人君有命，開國承家，小人勿用。」《既濟‧九三》：「高宗伐鬼方，三年克之，小人勿用。」也是強調不能讓「小人」掌握軍事指揮之權。這些「小人」是出身微賤的自由人，在邑邦間相互掠奪、火併為常的時代，他們投身戰爭，正是讓舊貴族的社會特權減削的關鍵。從「小人勿用」「小人弗克」這些警告中，倒可以看清商

王朝走入末路時舊貴族的心態。

這一爻與下爻是屬爻分置之辭。它們原應為「公用，亨于天子；小人弗克——匪其彭，无咎」。即兵車是為天子享國而用之，「小人」不得借此而操縱兵車、指揮戰爭，但他們駕著適于經商或其他勞作的車為貴族服務，卻是无咎无過的。

九四：匪其彭，无咎。

象曰：匪其彭，无咎；明辨晰也。

釋「匪其彭，无咎」：

「匪」，同「非」。「彭」，即「輄」，通「輣」。「輣」，《說文》：「兵車也。」《泰・九二》「朋亡，得尚于中行」的「朋」即「輣」，亦即這裡的「彭」。

此與上爻為一句話的分割。意謂「小人」不能使用戰車，但是使用其他的車為貴族領主效勞，則沒有過錯。《易》不遺餘力提倡貴族們讓「小人」經商的另種原因是：不用「小人」于戰爭，「小人」就不會有機會因戰功得以裂地封邑，貴族世襲的利益就不會為此動搖。換言之，《易》想讓貴族領主們明白，讓「小人」經商的好處是「小人」將永遠屬于你們貴族領主，他們絕不會因此而使貴族領管們喪失了邦邑土地。

六五：厥孚：交如威如，吉。

象曰：厥孚交如，信以發志也。威如之吉，易而无備也。

釋「厥孚：交如威如，吉」：

「厥」，語助詞，猶「之」。「厥孚」，指「大有」之道下開動車輛之獲得。

「交」，即「无交害」的「交」，借代車輛的開動。《隨・初九》「出門，交，有功」、《睽・九四》「交孚」的「交」，也指交合車轄。「如」，語助詞。

「威」，從戌從女，甲骨文象形女人雙手交叉跪坐，強調了女人順從之特徵。《帛》此字作「委」，通「倭」，《說文》釋「倭」為「順兒」。對照《家人・上九》「有孚威如，終吉」的意思，「威」當通「倭」，「委如」義近委蛇、逶迤、委移、委遲、威遲、威夷等，指隨順的樣子。「交如威如，吉」，合乎「大有」之道的獲取，車輛開動，一切都是順利无阻的，吉利的。《賁・九三》「賁如濡如」、《晉・初六》「晉如摧如」、《萃・六三》「萃如嗟如」等句式，均與此處同，

並都與車輛啟動有關。

上九：自天，祐之，吉，无不利。

象曰：大有上吉，自天祐也。

釋「自天，祐之，吉，无不利」：

這一爻可理解為「交，自天，祐之，吉，无不利」的節文。

「自」，從。「自天」，使用車輛要順從天意、不違背神靈的心。對照《九三》「小人弗克」之意，知道順從天意的用車是讓「小人」驅之「大車」經商串國，而不是駕兵車縱橫戰場。「祐」，福祐，祐助。「吉，无不利」車輛之用順從天意，天就會保祐你富有，使你沒有不利的地方。

15、謙 ䷎

地山謙，坤上艮下。

謙。亨，君子有終。

象曰：謙，亨，天道下濟而光明，地道卑而上行。天道虧盈而益謙，地道變盈而流謙，鬼神害盈而福謙，人道惡盈而好謙。謙尊而光，卑而不可踰，君子之終也。

象曰：地中有山，謙；君子以裒多益寡，稱物平施。

釋「謙」：

《帛》之《豫》作《餘》，「豫」和「餘」在聲音和意義上都有相通的地方，所以與其相對卦的「謙」，便含有「有而不居」的意思。

《說文》釋「謙」為「敬也」，大致上說，敬是「謙」的靈魂，這種「敬也」，似乎出自《易・謙》背後的敬神態度，借神靈制定的戰爭道德原則。本卦主旨基本是說戰爭的目的。須知商民族出自周代文獻上所嘲笑的「君子之國」，所以它所反映出的戰爭道德觀念乃「有而不居」。

江西新幹大洋洲商墓出土過一件身繫鎖鏈的玉雕神像，我釋它是商祖王亥像。《山海經・大荒東經》載商王亥曾「僕牛」，《海外東經》載商王亥為「豎亥」。「僕」「豎」都是奴隸的別稱，鎖鏈是防止奴隸脫逃的必需——商王族將王亥曾為奴隸的卑微特徵刻之于玉石，以示子孫世世莫忘，這正是恪守「謙」道的表現，更是「謙」為六十四卦之一的基礎（謙圖1）。

這一卦是六十四卦中較易明白的一卦，其主要原因在于它的思想仍主導著當今中國人的言行，仍為言行得失的評判尺度。

謙・圖1：江西新幹大洋洲出土的商代玉雕王亥像。

191

釋「亨，君子有終」：

「亨」，指處事謙謙會使神靈得到祭祀。「君子」，指貴族出身的邦邑領主、管君，及其身為貴族的蓄君。「終」，甲骨文象形絲線出自終端的兩隻蠶繭，表示終極之義。「有終」，義同《坤・六三》「无成有終」、《睽・六三》「无初有終」的「有終」。「君子有終」，「君子」有好的結果；此用以曲語釋說「謙」的意義。

這裡要特別指出一點：在《易》中，「君子」和「小人」相因而生。當「君子」一詞出現在某卦字面上時，必因「小人」站在其今我們不見的對面（例如《觀》卦的《九五》《上六》，其說「君子」「觀我生」「觀其生」沒有禍咎，而相對的潛臺詞是「小人」之「觀我生」「觀其生」有災咎）。打個比方說，《易》中「君子」和「小人」相倚不分如一個對半兩色的球，如果我們看到的是它單一的顏色，那是因為還有令它呈現的另一面。明白這一點，也就不奇怪「君子有終」的意猶未盡了。

初六：謙謙君子，用涉大川，吉。

象曰：謙謙君子，卑以自牧也。

釋「謙謙君子，用涉大川，吉」：

「謙謙」，謙而又謙。「用」，指「謙謙」的美德作用于面對的事物。「涉大川」，《易》每以這三個字喻「利」之大，如《需》「利涉大川」，說能遵守「需」的準則，其利如安涉危險的河川。但是欲在「涉大川」之險面前有利，則必須具備著上天福佑的美德。這美德我在前面一些有關的卦中已有分析。本爻「謙謙」則是《易》對此美德內涵的又一說明。「吉」，貴族出身的邦邑領主、管君有「謙謙」的美德，再大的危險對之都會轉化為吉利。

六二：鳴謙，貞吉。

象曰：鳴謙貞吉，中心得也。

釋「鳴謙，貞吉」：

《易》中不少以鳥為比喻的地方，推想這和當時鳥崇拜的語境有關。商族來自大昊，大昊來自鳥圖騰的少昊，商族繼承之，故而「天命玄鳥，降而生商」。鳥崇拜的語境以鳥為喻，當有一種今天難以理解的力量。

「鳴」，甲骨文從口從張嘴鳥，會意禽鳥鳴叫。但在《易》一些卦中，它當借代戰爭中「鳴金收兵」之鐘敲響，轉而借指戰爭。為什麼這樣說呢？

對照《上六》「鳴謙，利用行師，征邑國」，我們知道「鳴」是為了「用行師，征邑國」的，那麼我們可以斷定「鳴」是與戰爭有關的東西。再對照《中孚・九二》「鳴鶴在陰，其子和之，我有好爵，吾與爾靡之（像鶴在水畔呼喚同伴那樣的將佐歡助樂的鐘擊鳴，為了互相友好宴飲）」，和它《九四》「翰音登于天，貞凶（「翰」鐘的聲音響于天上，貞凶）」，我們知道那時的鐘用于邦交宴會，也用于戰爭——宴會戰爭，鐘都會「鳴」（詳見《中孚》釋）。戰爭鐘鳴，是收兵的信號；這裡因為參與王師用兵，所以有必然勝利而罷兵的意思。

「鳴謙」，對照《上六》「鳴謙，利用行師，征邑國」推之，這裡當指隨從王師「有而不居」的戰爭「謙」道。「貞吉」，戰爭勝利的目的在于「有而不居」，是宗族家國的吉祥。

九三：勞謙，君子有終，吉。

象曰：勞謙君子，萬民服也。

釋「勞謙，君子有終，吉」：

「勞」，對照下文「君子有終」，知道這是指下對上從事奉勞而言，因為，當時「君子」在統治地位上競爭之對手——「小人」，從來都把謙恭奉勞主子，視做生命存在的關鍵。《說文》釋「勳」曰「能成王功也」，釋「功」曰「以勞定國也」，這可見「勞」自身就有勳勞、功勞的意味。「君子有終」，貴族出身的邑邦領管，其對所奉事的上屬勤勞謙敬，就會无災无禍，得以善終。

「吉」，對照《豐》、《小過》中，我們可以看到《易》反對位置在下的人僭越位置、翻下為上，此「吉」當指奉事的上屬謙敬的結果。

六四・无不利——撝謙。

象曰：无不利，撝謙；不違則也。

釋「无不利——撝謙」：

「撝」，同「揮」。「揮」，《說文》：「奮也。」奮，「翬也。」翬，「大飛也」。從以上轉輾引釋來看，「撝」的本義近同甲骨文「為」，「為」——象形手控大象，會意很了不起、大有作為之意，與下一卦「豫」字本義有相通的地方。我認為「撝謙」乃「豫」而

「謙」的意思（詳見《豫》釋）。

「无不利」，做大事業、有大成就而能持「謙」之道，沒有不利的地方。

六五：不富以其鄰，利用侵伐，无不利。

象曰：利用侵伐，征不服也。

釋「不富以其鄰」：

不將自己的富足建立在對相鄰邑邦的虜掠上。

釋「利用侵伐，无不利」：

「利用」，利于使用「不富以其鄰」的原則參與侵伐戰爭——《易》將其認為正義之戰。「侵伐」，從《易》對戰爭的反映來看，當時的戰爭分為三大類，乃：

虜掠致富的戰爭、抵御侵犯的戰爭、受王命或代王行命的戰爭。

我們已知《易》將侵掠別人的戰爭視作不義之舉，《同人·九四》也說過，邑邦間抵御侵犯的戰爭，目的也只在于趕跑敵人為止，這可見「謙」之道反映在戰爭上，是受王命或代王行命的正義「侵伐」。

「无不利」，在正義的「侵伐」戰爭下，將會面對著失敗、滅亡之敵國許多人口財物的誘惑，但是「謙」之道是「有而不居」之道，所以在受王命或代王行命的侵伐戰爭中，沒有不利的地方。這是軍事上「謙」的原則，這也是《易》要求諸侯為王室軍事效勞要遵守的原則。能堅持這一原則，所以才「无不利」。

上六：鳴謙，利用行師征邑國。

象曰：鳴謙，志未得也。可用行師，征邑國也。

釋「鳴謙，利用行師征邑國」：

「鳴謙」，戰爭「鳴金」之「謙」，即戰爭以鳴金收兵之勝利卻守謙道。「行」，使用。「征」，對照《六五》，這裡不指一般意義的出征，是指上臨下的征伐，即後來所謂的征討。「邑國」，國家。「利用行師征邑國」，受王命或代王行命征討有罪的國家，以兵勝卻「有而不居」的「謙」道才會有利。

從《既濟·九三》、《未濟·九四》中看，當時侵伐有罪不寧的方國，其軍隊是由各方國領主集兵參加而組成。面對各路諸侯、一國之主而言，「鳴謙」是應該恪守的軍事原則。

16、豫 ䷏

雷地豫。震上坤下。

豫。利建侯、行師。

彖曰：豫，剛應而志行，順以動，豫。豫，順以動，故天地如之，而況建侯行師乎？天地以順動，故日月不過，而四時不忒；聖人以順動，則刑罰清而民服。豫之時義大矣哉！

象曰：雷出地奮，豫。先王以作樂崇德，殷薦之上帝，以配祖考。

釋「豫」（豫圖1）：

舊注謂和樂、安樂之義。也許古人認為樂則生非，故而又釋作怠、佚之義。《帛》此題作「餘」。

《說文》：「豫，象之大者。賈侍中說：『不害于物。』從象予聲。」所引「賈侍中說」甚好，大象經人馴化，自然「不害于物」——野象不經馴化，害人害物極為可畏，一經馴化，成為人的強大幫手；將大象馴化而「不害于物」的地方，就是古「豫」地得名的原因。顯然「豫」卦的構成原本與大象有關。

漢王充《論衡·書虛》有帝舜「葬于蒼梧，象為之耕」的記載，說帝舜死後大象為他下葬（葬地在今天山東、江蘇交界之連云港的古蒼梧）。大象曾是帝舜氏的圖騰之一。帝舜是帝嚳伏羲氏某時段的族號，他的後人為商民族。商民族繼承了祖先的大象圖騰（豫圖2），所以今天出土了許多商王族象紋的彝器、雕刻。傳說商紂王用象牙為筷子而讓他的叔父箕子十分恐懼，認為他從此便會藐視圖騰、神靈，无拘无束操縱國家機器（見《韓非子·喻老》）。足見大象在商代的地位。

豫·圖1：商周器物上的筮數變卦「豫」之「歸妹」。

安陽殷墟出土GT409④：6號陶簋內刻紋。

豫·圖2：商王族多圖騰崇拜中的大象。

　　左，玉雕大象。右，青銅大象——青銅彝器中的象形動物，多意味著商王族獻身祭祀的替身。商王族祖上有大象圖騰，他們的後人自然也是大象的傳人，大象傳人為祭祀之獻身，在巫術原則下，便成為承載了食物的大象形狀之器皿。

　　從安陽武官村北地商代祭坑中發掘出的象骨，和卜辭中有關象的記載獲悉，那時中原地區有象，並且是捕獲、馴服的對象[1]。捕象、馴象幹什麼？從後來文獻的轉述中可以窺見大概。《呂氏春秋·古樂篇》說「商人服象為虐于東夷，周公乃以師逐之，至于江南」。商族人馴服大象，利用它的力量，作為戰爭的工具。能將大象用于戰爭，也就能把大象用于生產。大象不論在戰爭、生產為人的幫手，將人的獲利擴大化了，巨大的獲利給人帶來了滿足，于是就有了和樂、安樂的引申義。我認為「豫」可通「餘」，也就是說此卦《帛》之「餘」即「豫」的同義詞。准此，「豫」義即富饒寬裕的狀況。

　　這是一個宣揚致富發家強國的卦，其鼓勵的生財形式，是經商。

　　商代最後的首都在大象馴化使用率較高的「豫」地一帶，商朝滅亡，商王族依靠大象的利益不復存在，由此而來的和樂、安樂已經成空，究其原因是樂則生非，故而「豫」又引申作怠、佚之義乎？

釋「利建侯、行師」：

　　此是《易》對「豫」字意義的注釋。

　　「建」，建立。卜辭中的「侯」為地方首領，其統治的地域在商的四周，邦國多靠近商，當是商王同族的人。「利建侯」，富饒寬裕的狀況，有利于同家共族的人員到別處建邑立邦，發展繁衍。《屯》之「利

---

[1]　　如《前》三·三一·三之「隻（獲）象」。

建侯」可為這種解釋的依據。「屯」，意謂止住搶婚之眾，改搶婚為聘娶，這樣更有利于生殖繁衍、種族壯大，種族繁衍壯大，則就能分出人員，到其他地方開拓、生活。「行師」，富饒寬裕，其為戰爭的目的就不再是虜俘掠財，故而也就有利于使用戰爭這一工具。

初六：鳴豫，凶。

象曰：初六鳴豫，志窮凶也。

釋「鳴豫，凶」：

此與《謙·六二》意義相反。

「鳴豫」，戰爭「鳴金」之「豫」；指依恃富饒寬裕而發動的戰爭獲勝收兵。「凶」，因為富饒寬裕而發動戰爭，勝利了也會招來凶禍。

李斯《會稽刻石》有段文字可借為此爻的注腳：「六王專倍，貪戾傲猛；率眾自強。暴虐恣行，負力而驕……遂起禍殃。」

豫·圖2：
甲骨文「介」
（《前》一·
四五·六）。

六二：介于石，不終日，貞吉。

象曰：不終日，貞吉；以中正也。

釋「介于石」：

甲骨文「介」字象形人身上穿著片片連綴在一起的甲介（豫圖2）；此處對照卦名「豫」、下文「石」生意，為堅固義。「石」，史前民族少昊、大昊就有石頭崇拜，而玉石崇拜是石頭崇拜的至端；商民族是兩昊之後，以石頭為喻則出于石頭崇拜的語境。

釋「不終日，貞吉」：

《象傳》釋「不終日，貞吉」為「從中正也」。這「中」是什麼呢？我們不妨將《象傳》「中」字的用法比較一下：

《豫·六五》：「恒不死，中未亡也。」——「中」，正當。「中未亡也」，家國的生存出了問題，觀念正當而不會滅亡。

《帥·六五》：「長子帥師：以中行也。」——「中」，正當。「以中行也」，帥師者能正當地使用軍隊。

《泰·六四》：「不戒以孚：中心願也。」——「中」，正當。「中心願也」，正當的「君子」心中之意願。

《同人·九五》：「同人之先：以中直也。」——「中」，正義。

「以中直也」，「同人」憑著正義抵擋入侵之敵。

《大有・九二》：「大車以載：積中不敗也。」——「中」，正當。「積中不敗也」，正當的積累，是不會造成毀敗的。

上例之「中」都有正義、正當之義。因此這一爻應是說：「豫」而正當、正義，乃堅固勝于石頭，沒有終了的日期，是宗族家國的吉利。

「介」，《帛》為「疥」，指皮膚病，借代小毛病。「石」則為藥石。《素問・病能論》：「夫氣盛血聚者，宜石而寫（瀉）之。」唐王冰注：「石，砭石也。」《左傳・襄公二十三年》：「季孫之愛我，疾疢也；孟孫之惡我，藥石也。美疢不如惡石。」「介于石」，頑固的疾病受針藥的治療。「不終日」，一天不到頭；形容時間之快。「貞吉」，好比富人有財力在最短的時間內治療好厲害的病，富饒之邦君邑主解決耗費大量財力方可解懸的問題也極容易，從而更好地使宗族家園存在。

六三：盱豫，悔，遲有悔。
象曰：盱豫有悔，位不當也。
釋「盱豫，悔」：

「盱」，較通行的解釋作張目、上視之義。此字應對照「遲」生義。《帛》文「盱」作「杅」。似為「迂」的假借字。《說文》釋「迂」為「避也」，這與甲骨文「遲」字的意義相同；「迂」也有遠的意思。「盱」「遲」都是對「豫」的態度而言的，「悔」「有悔」都是這種態度的後果。因此這個「豫」與下一爻「豫」字意義相似，均指經商

豫・圖3：甲骨文「遲」（《甲》三七九六）。

獲得富饒寬裕。《易》反復強調奴隸主放手讓奴隸以求經商之利，足見那時人普遍對此缺乏認識，所以這裡就此提出批評。

「盱豫，悔」，對經商致富的途徑持觀望不近的態度，是不對的。

釋「遲有悔」：

「遲」，甲骨義象形十字路口內兩人前後相背（豫圖3）；用作動詞，有回避、避開之義，可見「遲」的古義近「迂」。

這一爻可理解為「盱遲豫，悔，盱遲豫，有悔」的節略文。「遲，有悔」，回避以經商致使富饒寬裕的方法，是不會得到好處的。

那時致富之途无非耕牧、搶掠、經商，耕牧之途艱難緩慢，搶掠、

經商之途迅速直接。如若急趨富裕而又回避採用經商的手段，那只有使用戰爭掠奪的手段了，故云「有悔」。

九四：由豫，大有得。勿疑。朋盍簪。

象曰：由豫，大有得；志大行也。

釋「由豫，大有得。勿疑」：

「由」，字義應與《頤·上九》「由頤」相同，乃憑藉的意思。「大」，即《泰》「小往大來」的「大」，正當、正義之謂。「得」，甲骨文從手拿貝，表示得到了朋貝；此處指靠貿易得到了錢。「勿疑」，不必懷疑大量得到的錢財。「大，有得，无疑」與《益·九五》「有孚，惠心，无問」的意思，近之。

釋「朋盍簪」：

「朋」穿成串的貝殼，借代錢。當時的「朋」是取中國南海的貝齒做成的，為了便于交易，將其按一定數量穿成串（豫圖4）。

「盍」，通「合」。「簪」，通「鐕」，連綴、聚集之義。

按：商民族乃屬于古「披髮文身」的東夷民族，從出土的商代及其以前的圖像分析，這一民族到商代以被髮、束髮、辮髮為常，後來常見于圖畫上髮髻高攏加尖頭條簪，頗為少見；然而髮飾之簪不乏，且多插在帽箍、髮辮間（豫圖5），這種簪飾是首領、尊長身份的表示，所以它也就隨同首領、尊長連綴、聚集人群的身份，成了連綴、聚集人群的象徵——准此，此處「簪」為修辭之象徵義：象徵連綴、聚集之狀。

「朋盍簪」，錢幣聚合得很多的意思。

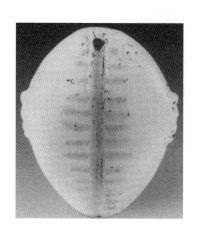

豫·圖4：商代以玉石仿製的貝齒。

商代的錢幣多為成串的貝齒，它的計量單位叫「朋」。以玉石仿製錢貝，是對錢貝的聖化。

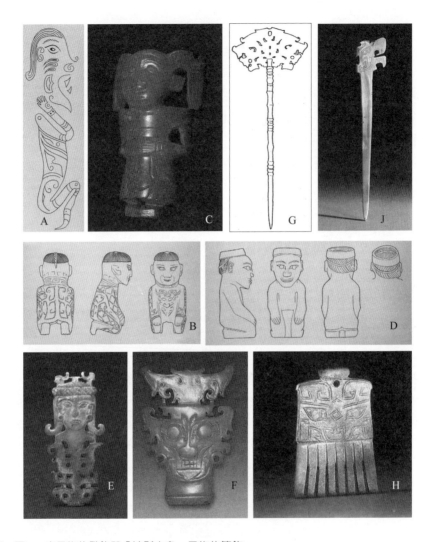

豫‧圖5：商民族的髮飾即「被髮文身」民族的簪飾。

A：商代被髮文身人像──如果給這種髮式加簪，需要戴上帽箍。
B：商代辮髮文身人像──這種辮髮即文獻上所謂的「越王約髮」之「約髮」，是後來越地「斷髮文身」民族首領的特殊髮飾；出土自商代的圖像中有辮髮而帽箍者，此帽箍則可插簪。
C：周墓出土束髮佩紱人像。
D：商代辮髮戴帽箍人像。
E：石家河文化帽箍旁簪插雙鳥的人像。
F：石家河文化帽箍上飾飛鳥的人頭像。
G：山東龍山文化遺址出土的首領冠上之簪插。
H：商代的簪梳（其用法似插在帽箍裡）。
J：商代的簪插（其用法似插在帽箍裡）。

這爻大意說，憑藉經商可得富饒寬裕，只要經商手段正當，就不必為其生疑生慮；經商所得的財物極多，它會使「貞疾，恒不死」。

此爻沒有吉凶斷語，它與下爻為屬爻分置之辭。

六五：貞疾，恒不死。

象曰：六五貞疾，乘剛也。恒不死，中未亡也。

釋「貞疾，恒不死」：

此與上爻本應為「由豫，大，有得，勿疑；朋盍簪，貞疾，恒不死」的裂置。

「貞」，宗族家國的生存。「疾」，病患；喻一般的家國災患。「恒不死」，靠戰爭掠奪得到的富足饒裕，會招致滅族亡家的報復，但以互惠互利為本的經商致富，卻不會引起這樣的下場，如果有些災災難難，也是自身內部的小問題、小毛病，很難導致宗族家國的毀滅。

《易》總結了掠奪戰爭的惡性循環，是當時邦邑毀滅的原因，故而在《九四》《六五》爻中，提出了靠經商可以獲得富饒寬裕從而保持宗族家國長存的看法。

上六：冥豫，成有渝，无咎。

象曰：冥豫在上，何可長也。

釋「冥豫」：

「冥」，夜，喻黑暗、不光明的手段。「冥豫」，猶以見不得人的手段獲得了富饒寬裕。以這種手段的致富，倍受《易》的詛咒。在一些有關的卦中，它多指為掠奪而偷襲邑國、夜晚用兵，以及攔襲商旅、洗劫市場等。大概這裡指攔劫商旅、搶奪市場之類的致富手段。

釋「成有渝，无咎」：

「成」，成功，指達到了「豫」。「渝」，變化、違背。「无咎」，靠著不光明的手段，即便達到了富饒寬裕，也會向著喪失、毀滅的方面變化；不過即便出現了這種變化，也算不上什麼災禍。

這一爻是反語，它與《升·上六》「冥升，利于不息之貞（偷偷摸摸地登上人家的城牆，打人措手不及，這有利於你宗族滅絕，家國毀亡）」，在立意、構句、語氣上都很相似。

17、隨 ䷐

澤雷隨。兌上震下。

隨。元亨，利貞，无咎。

彖曰：隨，剛來而下柔，動而說，隨。大亨貞，无咎，而天下隨
時，隨之時義大矣哉！

象曰：澤中有雷，隨；君子以嚮晦入宴息。

釋「隨」：

從《咸·九二》「咸其股，執其隨」、《艮·六二》「艮其腓，不
拯其隨」當中，知道「隨」是腳的意思。對照甲骨文中著意突出腳部特
徵的字，如「俊」（帝俊）、「武」（湯武），推想商民族曾有過對腳
的崇拜。一雙好的腿腳，在生產工具很原始的時代，其意義也許堪比今
天奧運會跑道上的選手吧。

對照本卦的內容，知道「隨」是跑腳經商者的代詞，亦即經商奴隸
的代詞。不知道「隨從」的意思，是不是源于這種代奴隸主經商之奴隸
的身份。不過奴隸身份以腳來代稱，到《易》成書後的許多年代裡，還
能在生活口語裡見些蛛絲馬跡。例如過去以「腳力」稱差役和民丁，今
天山東人稱僕從跟班為「跟腳子」等等。

其實《易》推崇的經商致富，並非讓邑邦之主辭國別家親為親躬，
乃是要他們讓奴隸代為操辦。在眼下深信階級對立難以調和的人來說，
這是令人迷惑的現象。其實截至1940年代末，富足人家的家奴，也有地
位高于其家庭成員的人。西元八、九世紀，以興「宮市」有劣名的唐德
宗，他宮市的經營者都是宦官，而這些身份是「家奴」的閹人，其所以
強行征買民間的貨物，就是倚恃了他們乃皇帝「自家人」的關係[1]。其
實下對上的忠誠曾是一種遏制強食弱肉如動物之做人規範，這對今天習
慣階級斗爭論的人來說，不好理解。

此卦的主旨是動員奴隸主放任奴隸經商，和指導奴隸主如何使用奴
隸經商。從中能夠看到，它的編著者對奴隸階層使用價值的清醒。所
以，其提出解放奴隸，給他們自由，恰說明其著眼點在于管制奴隸給奴

---

[1] 參見韓愈《昌黎集》外集卷七《順宗實錄二》等。

隸主帶來的不利。如果以上的分析可准，那麼這「隨」字有信任、任用奴隸，讓他們隨意、隨便的意思。

客觀地說，本卦的主張，能促成奴隸最終的解放。

釋「元亨，利貞，无咎」：

《易》之所以動員貴族放任奴隸為自己經商，本是想讓他們用貿易致富的方式，以取代彼此間掠奪致富的戰爭，所以「元亨，利貞，无咎」是說解放奴隸代為經商是貴族能夠享祭神靈的首要大事，也是利于宗族家國存在的大事，是更不會有災咎的大事。

初九：官有渝，貞吉。出門交有功。
象曰：官有渝，從正吉也。出門交有功，不失也。
釋「官有渝，貞吉」：

「官」，或注此為「館」的本字，指旅館而言。這便必導致對下文的望文生義。我認為它是「錧」的借音字。「錧」，車轂兩端的金屬帽箍，它像一個大螺絲帽，套在轂端的外邊。出土的西周初期車上已見銅錧普遍使用，它的發明應在商代末期，即《易》產生的時代。

「渝」，變；甲骨文也用作變化之意。

「官有諭」，中國的戰車，車軸是固定的，車行靠輪和轂的轉動。轂上承車廂的載重，又受到車輻轉動時的張力，還要抵擋車軸的磨擦，是非常吃力的部件。這個部件一般用堅固的圓木製作。由於車廂的承重直接靠轂來支持，轂越長，支撐面也越大，行車時可以更穩些。但這樣的轂在車子傾斜時受到軸的扭壓力較大，轂口容易開裂，因此後來又在轂上開始安裝以銅帽箍，這個帽箍叫「錧」[2]。車轂經過銅錧的加固，比起以往不僅等于加大了它的承載力量，也加強了它向更遠更多地方行駛的能力，所以，有可能在《易》編著者眼裡，車帽箍的改變，是存心經商者有利經商的一個大好條件。

「官有渝，貞吉」，車輨的改變，是進行經商者宗族家國存在的吉利事。

2　參見孫機《中國古獨輈馬車的結構》。載《文物》1985年8月。

釋「出門交有功」：

「出門」，讓奴隸出門代自己經商。

「交」，交合車轄。轄，貫穿車軸兩端以礙車輪脫出的銷子。這個銷子一旦交插在車軸上，就意味著車轂中上足了油，車輛就要開動了，因此「交」字就可借代車的行駛。《大有·初九》《六五》「无交害」「交如威如」、《睽·九四》「交孚」的「交」，均為車輛開動的借代。

「有功」，得到自由的奴隸趕著車經商，有功于主子的家國。

「官有渝，貞吉」之語，能夠證明本卦編成在商周之際，大致在商代的晚期。或許要問：銅轄使用的時間，出土的西周車子不是最好的證明嗎？實際不然。出土之西周初期車上已見銅轄的普遍使用，這只說明車轄發明已經推廣開來。顯然「官有渝，貞吉」是站在宣傳、稱道這種發明的角度上的說辭。我的理由如此：

一，當時一些重要利器的製造成功，至少都應經過和工匠階層關係極密的巫覡施法祝禱，也就是說，任何技術發明巫覡最先知道其應用之利。作為巫覡的一分子，《易》的編著者自然會先認識這一發明，並宣傳推廣這一發明[3]。

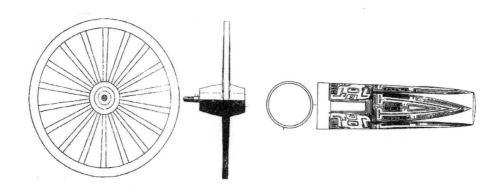

隨·圖1：山東青州前掌大商代墓葬出土的車轂、車軎前掌大出土的車轂已有車轂外端小于內端的變化，車軎也變為青銅的了。

3　據《周禮·春官·筮人》載，周時筮師有「巫（筮）」之責。所謂的「筮式」，就是對所製造的器皿施巫術以堅固的一套程式，周因商禮，所以這裡引以論商代的事。

二，從安陽大司空出土的殷代車上，車轂已明顯地有了靠車廂端粗、向外端細的變化，這就足以使車輪的承重及行駛能力大大加強。其實這一改革變化已是銅車輨出現的先奏，那它是不是可以認作「官有諭」已個別地出現了（隨圖1）？

六二：係小子，失丈夫。

象曰：係小子，弗兼與也。

釋「係小子，失丈夫」：

此與下爻應是一句話的屬爻分置。

「係」，係結、綁結，借說看管、控制奴隸，不讓他們隨便活動。「失」，逃失。

六三：係丈夫，失小子。隨，有求，得，利居貞。

象曰：係丈夫，志捨下也。

釋「係丈夫，失小子」：

「小子」，小的奴隸。「丈夫」，大的奴隸。看管住了大的奴隸，小的又趁機逃走了。這兩爻擬反復述說的語氣，謂奴隸用拘制管押的方法，會顧此失彼，反難保留住他們，因為這只係住了奴隸的身體，沒得到奴隸的心，不如改用「隨」的方法對待他們。

釋「隨，有求，得，利居貞」：

「隨」，指任用、信用奴隸。「得」，甲骨文此字作手持貝形，有憑持貨幣的媒介進行交易之義，此即用其義，指商業交易的收益。「求，有得」，奴隸代主子去貿易求財，主子從而有得。

「居」，對照「隨」生義；「隨」指被信用的奴隸遠出經商，此則指在都邑中安適的奴隸主。「利居貞」，放開奴隸，讓他們外出經商為你賺錢，這利于守在都邑中奴隸主的宗族家國之生活。

在《易》當中，「居」字用作名詞時，有首都之義（詳見《渙》注）；作為動詞，有住于邑邦當中的意思。

九四：隨有獲，貞凶。有孚在道，以明，何咎。

象曰：隨有獲，其義凶也。有孚在道，明功也。

釋「隨有獲，貞凶」：

「獲」，甲骨文象形抓住禽鳥，用為捕獲野獸及敵人之義：當時人視狩獵為准戰爭，故而此處用作兵戎擄俘掠物之義。

「貞凶」對照下文「明」生義，指奴隸主使用奴隸做的事見不得光天華日之意；主子給奴隸以人身的自由，放任他們為自己俘掠，這將會給自己的宗族家國帶來凶災。

釋「有孚在道，以明，何咎」：

「有孚」，對照「何咎」生義，指正當的獲取，即經營商業的收益。「道」，即《小畜‧初九》「復自道，何其咎」的「道」，指合乎天意的經商之道、貿易之途。「明」，猶今所謂的光明磊落。「何咎」，如果放任奴隸為你的獲得在于經商之道，這樣的光明正大之舉，又有什麼過錯呢？

九五：孚于嘉，吉。

象曰：孚于嘉，吉；位正中也。

釋「孚于嘉，吉」：

「嘉」，卜辭中此字多指生育之事，這裡借指貿易貨殖之舉。貿易貨殖，歷來有貨生貨、錢生錢之說。「吉」，給奴隸以自由，讓他們為主子以商業手段獲得財貨增殖，是吉利的。

上六：拘係之，乃從維之。王用亨于西山。

象曰：拘係之，上窮也。

釋「拘係之，乃從維之」：

「拘」逮捕。「係」，綁；對照下文「維」，這裡和《六二》《六三》的「係」字意義相同，指管制約束起來。「從」，甲骨文象形人後面跟一人，這裡可能用其本義。「維」，綁結。「從維之」，將解放後不聽話的奴隸逮捕起來，一個從一個地綁結起來，送給王，讓王「用亨于西山」。

釋「王用亨于西山」：

「王」，目前較權威的看法，此指周文王。全面排列《易》中「王」字的使用，會發現其均指與筮卜者同時代的王，而不指已故的先王。已故的先王直稱其廟號，如「帝乙」「高宗」等。如果這個王是周文王自指，或周文王的屬下指周文王，也不可能，因為被商紂王逮捕又釋放後的姬昌，只是一個「西伯」，尚不能公開稱王。所以這個王，最早只能指《易》編著者同時代生活的那個王。我想它原指商王，後來在修飾《易》的文字或按爻屬辭的時候，將它按文王演《周易》的傳說，指向了周王。

「亨」，同「享」，王把獻給他的奴隸用于祭祀「西山」。

這裡讓「王用亨」的奴隸，顯然是各邦邑奴隸主奉獻給王的。這似說明當時邑邦之主不能恣意殺死罪人，甚至曾是奴隸又經解放的「小人」（解放了的奴隸被稱作「小人」，詳見《解‧六五》釋）。商代曾有過各邦邑向王獻俘、獻犧牲的規例。琢磨《謙‧六五》及《益》卦的意思，大概當時各邦邑也不應自己殺俘私祭。有可能犯罪該殺的奴隸也在被獻俘、獻犧牲的行列。商王要向他的祖先神靈獻俘奉牲，各邦國的奴隸主向王獻俘奉牲，以「通過商王供獻給他們的祖宗和神靈[4]」。從殷墟卜辭裡看，武丁時代人祭的數量最大、殺祭的次數最多，這以後逐漸變少，至帝乙、帝辛（紂王）時代就極少了。武丁時代祭用人牲的原因當然和他多年征伐得勝有關——他征伐，各方國集兵以隨，所俘獲的敵首獻給他，讓他祭神。帝乙、帝辛時代人祭少，除去作為生產力的人被普遍受到重視而外，最大的可能是王的勢力今非昔比，各方國自成核心，不必再靠貢獻俘獲以示忠心了。如果這個推想合理，此處則針對已趨衰微的方國獻俘制度而言，也見商王朝走向末世的一斑。

「西山」，今多據《升‧六四》「王用亨于岐山」之文釋為岐山，因為周文王東遷于豐後，所棄置的原居在其西邊的岐地，故而謂之。我認為「岐山」為周人的篡改「西山」而為。

「西山」應是《益‧六三》「王用享于帝」之「帝」塚所在「山」。如《山海經‧大荒北經》記載的「附禺之山」就有「帝顓頊與九嬪葬焉」。大概這種「山」的所在為一方土地之象徵，所以家國又稱家山、國山，如《山海經‧大荒東經》的「禹攻共工國山」等。

4　郭沫若《中國史稿‧第二節‧商代的社會階級關係》。人民出版社 1976 年版。

殷人的「帝」有雙重意義：即有至上神的意義，又兼有祖神的意義。商代死去的帝王稱「帝」，後期活著的帝王也稱「帝」。

雖然文字文獻說上古人死後葬而不封土、不種樹，但有考古材料證明：古有塚、墓之別，塚為高大的墓，葬王者之類（文獻記載夏代有塚），考古材料證明，商代王有封土塚，上面就有祭祀建築。這種封土塚也叫「山」。大概這種「山」也是家山、國山的象徵。如《大荒南經》記載的「帝堯、帝嚳、帝舜葬于嶽山」，其帝堯和帝嚳、帝舜的葬處，才是「嶽山」稱號的內容。

如果上述可准，那麼「西山」即西亳之帝山的意思，「王用亨于西山」乃商王殺死不盡心盡責的經商奴隸，用于祭祀西亳之帝「山」——西亳在今河南偃師，據考古學研究的結果表明，這裡是商代第一個首都所在。商滅夏之後，在離夏都不遠的地方建立了一座小城，為監督、控制夏人的地方，學者們認為此乃商湯的都城，為西亳[5]。可能因為商代開國的帝王葬于此，才被《易》稱此為「西山」。

甲骨文「亳」象形高土堆上有亭堂類建築。商王族的宗廟、墓塚上的享堂等設施均建築在高大的臺階上。商代的帝王就有從這種高大台基捧下來的情況：武丁卜辭記載：癸丑日占卜，王占曰有咎。果然，丁丑日王祭祀仲丁時捧倒在「庭阜」（《合集》一○四○五正。「庭阜」，由庭到建在高臺基上的廟堂的階阜）。

偃師西亳北臨黃河，南倚嵩山。卜辭中涉及祭祀的「亳」「嶽」大概與其有關[6]。

從卜辭中得知，商代已有四方神名和四方風的專名：西方神名「彝」，「彝」象形兩手捧雞，會意祭祀——在玄鳥圖騰崇拜的語境裡，兩手捧雞用于祭祀，足見西方神的重要。與伏羲八卦西方卦名「坎」相同，「彝」是卜辭中西方的專用名詞（詳見《坎》釋）。

5　高煒、楊錫璋、王巍、杜金鵬《偃師商城與夏商文化分野》。載《考古》1998 年 10 月。

6　趙誠《甲骨文簡明詞典——卜辭分類讀本·上帝與自然神》。

18、蠱 ䷑

山風蠱。艮上巽下。

蠱。元亨，利涉大川。先甲三日，後甲三日。

象曰：蠱，剛上而柔下，巽而止，蠱。蠱，元亨，而天下治也。利涉大川，往有事也。先甲三日，後甲三日，終則有始，天行也。

象曰：山下有風，蠱；君子以振民育德。

釋「蠱」（蠱圖1）：

甲骨文中有「蠱」字，一般是象形兩條蛇（龍）在器皿中，其與《左傳・昭公元年》：「于文，皿蟲曰蠱」所載意思相同（蠱圖2）。

甲骨文中「蠱」用作禍祟之義。以禍祟之義對照本卦卦名，知道乃是「禍害事業之繼承」的意思，進一步可以知道禍祟是甲骨文「蠱」字的本義。

在「蠱」字產生的時代，既然禍祟人的力量來自皿中之蟲，皿中之蟲當然也可以產生福祐人的力量，因此皿中之蟲只能是神蟲、聖蟲，是

蠱・圖1：商周器物上的筮數重卦「蠱」。

陝西岐山縣鳳雛村出土H11：85卜甲上刻的「蠱」——卦辭為「曰其矢既魚」。

蠱・圖2：甲骨文「蠱」。

蠱‧圖3：「蠱」字字境乃自古至商「豢龍」巫術可能仍存的圖像證明。

A：山西陶寺遺址出土的一頭雙身龍。
B：二里頭文化遺址出土的一頭雙身龍。
C：商代彝器上的祝融氏豢龍標誌。
D：二里崗文化遺址出土的商王族一頭雙身龍族徽。
E：商代彝器上的虎形一頭雙身龍呵子圖形。
F：西周墓出土的商族一頭雙身龍圖形。

圖中一頭雙身龍均為雄雌二龍的合體像──它意味著兩龍交合。

C圖之上下似扣未扣的鬲是豢龍之器皿，器皿外的兩條蛇是雄雌兩龍。這是祝融氏豢龍標誌。《左傳‧昭公二十九年》提及的豢龍氏，與祝融氏同族。

受崇拜的龍蛇（蠱圖3）。

照文獻載，這種龍蛇一般為兩條，當是一雄一雌之「兩龍」，乃「乘兩龍」的前提——所謂「乘兩龍」，是一種治理天下之術，即依恃作為圖騰的雄雌兩龍之向心力，來凝聚龍的傳人。文獻載商王族同一個族繫的祖先炎帝、祝融氏及帝舜氏，都以「乘兩龍」為治理天下之策，他們施行「乘兩龍」之策的表徵是令專人（巫覡）畜養兩條龍蛇，即古書所謂的「豢龍」。這「兩龍」是商王族遠祖的一種化身，商王族自然要繼承、依仗「兩龍」崇拜之術來治理天下。顯然，「豢龍」曾是天下之主宰的專利，外界不可染指（拙作《造物未說的秘密》有論及，恕不贅述）。

不少時候人們常常談蠱色變。大家對此源頭不明。特別今天一些偏遠地區，如湘西，還盛傳通巫的人把毒蟲蓄養在器皿中培養，令它們毒力聚成，遣使它們毒害人。他們通常被稱為養蠱者或放蠱者，名聲可惡可怖。他們用毒蟲作害的傳說，是古巫術的遺力，他們可惡可怖的名聲，是「豢龍」曾為嚴禁外界染指的遺力。其實養蠱放蠱而蠱蟲毒害人，都是人的精神作用而已。

「禍害事業之繼承」是本卦討論的主題，「先甲三日，後甲三日」的提出應該是解決「禍害事業之繼承」的方法。

釋「元亨，利涉大川。先甲三日，後甲三日」：

本卦說的是下一輩面對父輩蠱害社會問題之態度問題。從這個角度理解，父輩之「蠱」在于兒輩之態度的表現，能制止這種蠱毒，就是「元亨」之事，就是「利涉大川」之事。

「先甲三日，後甲三日」，意思和《巽·九五》「先庚三日，後庚三日」大致一致，指時間而言。《象傳》釋曰「先甲三日，後甲三日，終則有始，天行也」——其「終則有始，天行也」，是指時間一個階段的終和始。

商王族認為自己是帝俊、帝嚳、伏羲之後，帝俊生了十個太陽，它們的名字可謂「日名」，分別叫甲、乙、丙、丁、戊、己、庚、辛、壬、癸；它們輪流在天上值日，十天一輪，一輪為旬。

在商代一年大致只分春、秋兩季，冬至後為春季，夏至後為秋季。後來的《禮記·月令》有「甲」代春天日名、「庚」代秋天日名之說。《易》產生的時代曾有以「甲」「庚」為夏至、冬至後計算經商貿易的起點之時。于是就出現了：

冬至後春天，辛、壬、癸、甲、乙、丙、丁——「甲」日前、後各三日的辛、丁日；

夏至後秋天，丁、戊、己、庚、辛、壬、癸——「庚」日前、後各三日的丁、癸日。

春天每旬的辛、丁日，秋天每旬的丁、癸日就是利于經商的日子。

以《易》單數為陽、雙數為陰的慣例，不難看出上列旬名日序表中「甲」「庚」為單數，「辛」「丁」「丁」「癸」為雙數。

雙數屬雌，雌有繁殖的特性，而作為欲財貨生息增殖的商業，被《易》的編著者也歸為陰性的（詳見《坤》「利西南，得朋」釋），因此丁、辛、丁、癸這樣的陰性雙數日，可能便被當成有利商業貿易的「吉日」（詳見《復》「七日來復」釋）。如果我的這種解釋能站住腳，那麼「先甲三日，後甲三日」指的是經商的時機和經商之舉。

看來，這是讓那些犯了過錯者的子輩一改父道，去致力經商。

經商的目的是幹什麼？是致富。改父道去經商，也就是改父輩的致富之道。顯然要改的父輩致富之道不在經商上，而是在父輩採用了《易》詛咒的致富手段——擁兵侵掠鄰邑他邦。

初六：幹父之蠱，有子考，无咎，厲，終吉。

象曰：幹父之蠱，意承考也。

釋「幹父之蠱」：

「幹」，干犯抵觸之義。「蠱」，指父輩過去的錯誤用事——似應指擁兵侵掠以致富。

釋「有子考，无咎，厲，終吉」：

甲骨文「考」與「老」相通；「老」，即「老吾老」的「老」，孝之義。又，金文「考」與「孝」通用。「有子考」，有子孝；和致使父輩生前錯亂行為的思想抵觸，才算父輩有了盡孝的兒子。

「无咎」，「幹父之蠱」沒有錯誤可言。「厲，終吉」，作為一個兒輩，逆著父輩以往處事的謬誤，會有很多難為，但最終的結果是好的。

九二：幹母之蠱，不可貞。

象曰：幹母之蠱，得中道也。

釋「幹母之蠱，不可貞」：

「母」，對照《家人》卦意，知道當時女人一般不再直接參預社會活動，若作為一個家的主母，只管著家務事情。

「幹母之蠱」，糾正母親管理家務的錯誤，婉說扔掉了貴族男子的本份，干預起了婦人家務瑣事。「貞」，生。「不可貞」，男人心思用到女人家務瑣事上，无益于其為貴族的人生。

九三：幹父之蠱，小，有悔，无大咎。

象曰：幹父之蠱，終无咎也。

釋「幹父之蠱，小，有悔，无大咎」：

「小」「大」與《泰》「小往大來」的「小」「大」同義。

「小，有悔，无大咎」，逆著父親以往處事的謬誤，不直接逆著，雖有麻煩，但也沒有傷害正道的問題。

六四：裕父之蠱，往見吝。

象曰：裕父之蠱，往未得也。

釋「裕父之蠱，往見吝」：

「裕」，寬大、展開。「裕父之蠱」，對父親以往處事的流毒，不是消除、糾正，而是加以擴大。

「見」，表示被動之義，猶見殺、見害之「見」。「往見吝」，將「父之蠱」向下發展的後果，將會被懲治。

六五：幹父之蠱，用譽。

象曰：幹父之蠱；承以德也。

釋「幹父之蠱，用譽」：

此與下爻為屬爻分置之辭。

「譽」，與《蹇·初六》「往蹇來譽」、《旅·六五》「終以譽命」的「譽」同義，通「趲」，《說文》：「趲，安行也。」

此爻意謂：本應抵觸父親之「蠱」，結果卻安然于父親留下的禍患。下爻是兒子「用譽」的具體事例。

上九：不事王侯，高尚其事。[凶]。

象曰：不事王侯，志可則也。

釋「不事王侯，高尚其事。[凶]」：

此與上爻乃「幹父之蠱，用譽；不事王侯，高尚其事，凶」的分列。通行本原无「凶」字，這裡根據《帛》之「不事王侯，高尚其德，凶」而增補。

「王侯」，指商王及其同姓諸侯。「不事王侯」，不為懲治父親過錯的王侯效勞；婉說堅持不違父志的孝，與罪罰父親的王侯以不合作的形式軟對抗。「事」用作動詞。

「高」，甲骨文象形在高臺基上建房舍。今天考古學業已證明，夏、商、周三代凡神聖的建築物，都建在高出地面若干的大臺基上。所以這個字起初會意高貴神聖、高高在上等義，後才引申到高矮之義。這裡即用甲骨文的初義。「尚」，助、奉。「事」，用作名詞，指父親悖亂、荒謬的行為。「高尚其事」，很高貴神聖的循守父親所幹之劣事；婉言不改父道，劣壞依然如舊。「凶」，堅持父親的錯誤和罪惡，其下場必凶。

頻頻戰爭，是這一卦產生的社會背景。雖然它的編著者從良好的願望出發，設立了正義與非正義的標準，但現實中孰正義孰非正義，往往只能「勝者王侯敗者賊」，反正得勝者總有真理。在這種情況下失敗者的接替人該怎麼辦？這兩爻顯然不同意他們採取對抗勝利者的態度，而是希望在形式上也承認父輩的罪過，以求實際上的存在——讓家國不因前輩之「蠱」而毀滅，這就是最大的孝。所謂「留得青山在，不怕沒柴燒」的對抗心的自解，似基于此。

在方國間紛紛的戰事中，此卦有一定的指導意義。這也許是根據失敗者後人多以抗拒心求卜的現狀，造出了這麼一個順天應人的卦。此與所謂剝削階級消亡了，他們人還在，心不死，我們時時不能放鬆警惕之觀點所持用心相反，一是平息復仇的心，以求得戰爭對立消滅在此卦的理解裡，一是挑動已平的心，以企製造對立而從中享成。《易》中心思想是順天而已，天生人讓人繁衍，人不要乖戾天意自取戕滅。

本卦沒有明言製造蠱毒的父輩之下場。但從《坎‧九五》「坎不盈，祇既平（被坎監的時間沒滿，受坎監者入坎的肇致戰爭之禍患已平復）」、《困‧九二》「困于酒食，朱紱方來：利用亨祀（對犯動亂罪的邑君邦主要優待以酒食：在有利商王國祚的前提下）」等中所反映的情況看，當時一方領主因罪被殺時，其所領有的邦邑仍然存在著統治者，這大概就是本卦要求「幹父之蠱」的對象吧。

19、臨 ䷒

地澤臨。坤上兌下。

臨。元亨，利貞。至于八月，有凶。

彖曰：臨，剛浸而長。說而順，剛中而應，大亨以正，天之道也。至于八月有凶，消不久也。

象曰：澤上有地，臨；君子以教思无窮，容保民无疆。

釋「臨」：（臨圖1）

金文「臨」象形人俯身視察物品。甲骨文「品」用為一種祭祀的名稱——字從三口，表示多種祭祀物品盛于器皿以獻神。

分析本卦辭句，不難得到這個認識：「臨」，上面巡理、統理屬下之謂。「臨」字一般被釋為自高對下、由尊對卑、因盛對衰等意義，也許和本卦及金文象形的意義交互相關。

卜辭中有許多關于商王離開都城外巡的記載，其與本卦相參照，則能反映出當時社會組織活動的大況：商王是一個領有很多邑落的大領主，還有很多類似他的領主，在與他相偕相聯的情形下，受他的領導；他們都按時巡視自己的屬地和其管理者的工作情況。

本卦卦名之「臨」，指商王或代表商王之「臨」，所以它還有「在上臨下之名」的戰車相從之意。其方國所組成的各邑落的管理人員，則是「在上臨下」的對象。

當時中央名義的上級之「臨」，戎馬扈從之車當有「在上臨下之名」的戰車——「臨車」，所以「臨」出現的時間恰到好處，則「元亨，利貞」。

「臨」又是古代的戰車之名。《詩經・大雅・皇矣》：「同爾兄弟，以爾鉤援，與爾臨衝，以伐崇墉。」毛傳：「臨，臨車也。衝，衝車也。」孔穎達疏：「臨者，在上臨下之名。衝者，從旁衝突之稱，故知二車不同。」

圖2：甲骨文「氏」
（《乙》。六六七〇）。

釋「元亨，利貞：至，于八月有凶」：

此處「元亨，利貞」乃「臨」的時間是在「至，于八月有凶」——「臨」的時間恰到好處，是能夠得以享祭神靈的首要條件，它利于宗族和家國的存在。

或引《禮記·玉藻》：「至于八月，不雨，君不舉。」釋這是遇旱占卜，是《易》「作者引舊筮辭作比喻，以旱之望云霓喻民之望治。」此說似欠妥。

如果按今天仍通行的古曆看，八月多雨倒是農業上的災難，因為這是個收割的季節，乾旱一些反而有利。如果按殷曆來看，其八月適逢夏曆的小滿、芒種之際，此時恰好中原地區麥子登場，黍子拖穗，太多的雨水未見有利。

其實這個「至」和《六四》的「至」相較生義，它們均不作「到了」講。

甲骨文「至」象形箭頭到了某一個地方，但它作為動詞時，其用法又和「氏」之義相同；「氏」，甲骨文象形人拎物，卜辭用法同「至」時有招致、帶領之義，而且每與戰爭相關（臨圖2）1。如果我們理解本卦的「至」即「致」的本字，那麼「至，于八月」義為：招致、帶領武裝人員於八月——《需·九三》「需于泥，致寇至」之「致」，其也有此義。

八月裡「有凶」之時而能招致、帶領武裝人員以「上臨下」則「元亨，利貞」，我認為「有凶」乃指戰爭。戰爭是「凶事」，這在《益·六三》中可以看到證明。「八月」進行戰爭，則必因掠奪和反掠奪的戰爭。夏曆八月農作物開始登場，這誘惑著掠奪者；八月節氣逢「白露」「秋分」，風高氣爽，弓弦能夠繃緊，這便利了掠奪者。顯然這是個易發戰爭的月份。《象傳》釋「至于八月有凶」為「消不久也」，「消」即《泰·象傳》「小人道消」的「消」，消滅、消逝之謂。可見「消不久」指招致、帶領武裝人員，是為了讓「有凶」的屬下邑邦遭掠奪之災消滅而不久長。

1　見趙誠《甲骨文簡明詞典——卜辭分類讀本·動詞》

這一卦是軍事卦。「至，于八月，有凶」是《易》對「臨」定下的根本原則——邦邑的領主臨下的目的，應是保護屬下生活安全。

傳說商族先祖契的孫子相土，在夏朝初（西元前二十世紀初）發明了以馬駕車——也許就是戰車的首先使用者。本卦處處顯露出的自高對下、由尊對卑、因盛對衰的氣息，或出自這種對祖先戰車發明的崇拜情結。相土乃商湯王第十一輩祖。

「臨」，《帛》作「林」。《詩·小雅·賓之初筵》：「百禮即至，有壬有林。」《毛傳》：「林，君也。」

初九：咸臨，貞吉。

象曰：咸臨貞吉，志行正也。

釋「咸臨，貞吉」：

「咸」。甲骨文用作副詞，有盡、皆、已經之義；它從「戌」從「口」，「戌」，象形戚，代表權柄，「口」，代表語言。所以「咸臨」可釋為領主在軍事、政教上遍巡的管理、統治。管理、統治的對象當是基層的各個邦邑。于軍事上對下以控制、保衛，于行政上對下以命令、協調，似是當時統治權的特徵。

「貞吉」，戎馬戛從遍巡從屬的邦邑，對宗族和家國的存在，是吉利的。

九二：咸臨，吉，无不利。

象曰：咸臨，吉无不利；未順命也。

釋「咸臨，吉，无不利」：

此爻《象傳》謂：「未順命也。」上一爻《象傳》謂：「志行正也。」兩相比較可見「未順命」指「咸臨」之目的在于各邦邑皆「順命」，因此這裡的「咸臨」乃達到屬下之皆「順命」的結果，「吉，无不利」是各邦邑「順命」之結果的評語。

《易》每有異爻同辭的現象，一些釋家便苦心區分其字義，實无必要。我認為《易》的爻題產生在它的辭句之後，一卦異爻同辭的現象，可能是爻題編著者鋪衍其辭以適應爻數的表現。

六三：甘臨，无攸利。既，憂之，无咎。

象曰：甘臨，位不當也。既憂之，咎不長也。

釋「甘臨，无攸利。既，憂之，无咎」：

此爻可做三種理解：

一、「甘臨」，李鏡池釋：「用拑制壓迫的政策治民。甘，借為拑。」

二、「甘」，嗜之義，《書‧五子之歌》：「甘酒嗜音。」嗜，情貪心好之意。《國語‧楚語下》：「吾聞國家將敗，必用奸人而嗜其疾味。」「甘臨」，按自己嗜好巡理轄屬。猶今天所謂領導以感情代替政策或法律。「既，憂之，无咎」，明白「甘臨」不好，而時時為感情用事的弱點擔憂自戒，那就會避免過錯發生。

三、「甘」對照「既」生義。「既」，甲骨文作象形人食罷欲離食具而去，表示吃完了飯的意思。「甘」，《廣雅‧釋詁二》：「緩也。」「甘臨」，巡視下屬邦邑的時間相隔寬緩。「无攸利」，車馬扈從下去詢察的時間間隔過緩，沒有什麼好處。「既，憂之，无咎」，詢察下方時間不及時，沒有好處，但時時為巡視過的地方擔憂過問，這就沒有什麼不是了。

上列的解釋哪種接近正確？從「臨」為上對下車馬扈從巡視的角度看，後一種近之，否則「既，憂之，无咎」之辭很難與「甘臨」發生聯繫。

六四：至臨，无咎。

象曰：至臨无咎，位當也。

釋「至臨，无咎」：

「至」，義同卦辭「至于八月，有凶」的「至」。「至臨」，招致、帶領武裝人員到屬下的邑邦去——其對自己的屬下當然沒有搶掠的必要，所以此指統兵解決屬下的危難而言。「无咎」，對照《象傳》「至臨无咎，位當也」之釋，此乃指帶兵解決屬下的危難而言；屬下的危難以兵臨來解決，沒有錯咎。

六五：知臨，大君之宜，吉。

象曰：大君之宜，行中之謂也。

釋「知臨」：

在這裡它應是從矢從口的字。矢，甲骨文用作動詞，表示陳列犧牲
于祭祀之義，大概它是會意字，因為箭矢總是許多枝集在一起，而戰
爭中使用箭的兵士多是列陣一起的。推想此「知」可能以代表軍陣的
「矢」、代表言辭的「口」而會意指揮、主持等義；即知府、知縣之
「知」。《左傳・襄公二十六年》：「子產其將知政矣，讓不失禮。」

釋「大君之宜，吉」：

「大君」，商王或正統的邦國之君、正宗貴族領主。「大君之
宜」，「知臨」只適宜正統的邦國之主為之。可見「知臨」不宜于「大
君」身份相反的人為之。

查《易》中標明身份「勿用」于事的人是「小人」。如：《師・上
九》「大君有命，開國承家，小人勿用」、《大有・九三》「公用——
亨于天子；小人弗克」、《既濟・九三》「高宗伐鬼方，三年克之，小
人勿用」，顯然勿用「小人」的地方是擔任軍隊的指揮、統帥。這可見
「知臨」為臨陣統軍的意思，也就是說擁有出外征伐邑國之軍事決策權
的意思。

「吉」，正統之國君身份者列陣指揮是吉利的。言外之意用「小
人」統軍佈陣是凶的。「小人」在當時社會上的位置扶搖直上，特別是
在軍隊當中位置的競爭，給貴族們的威脅最可怕，所以《易》強調軍隊
統帥不能用「小人」。關于這些我在相應的卦裡將有詳細說明。

上六：敦臨，吉无咎。

象曰：敦臨之吉，志在內也。

釋「敦臨，吉，无咎」：

「敦」，義同《復・六五》「敦復」、《艮・上九》「敦艮」之
「敦」；厚之義。「吉，无咎」，統治者以淳厚的態度車馬扈從以巡視
下屬，是吉利的，應該的。

20、觀 ䷓

風地觀。巽上坤下。

觀。盥而不薦，有孚顒若。

彖曰：大觀在上，順而巽，中正以觀天下。觀，盥而不薦，有孚顒
若，下觀而化也。觀天之神道，而四時不忒，聖人以神道設教，而天下
服矣。

象曰：風行地上，觀；先王以省方，觀民設教。

釋「觀」：

「觀」甲骨文作「雚」，是一個象形貓頭鷹的字；雚是貓頭鷹的別
名，也是是「玄鳥」的本鳥，「天命玄鳥，降而生商」，也就等于說
「天命雚鳥降而轉生了商王族」。商王族都是雚鳥的傳人，雚鳥的傳人
當然有資格管理天下，因此《觀》卦就將雚鳥夜晚明察秋毫的能力，
和國家各地的管理人員應具的著眼觀察角度含混起來，以達到「觀國

觀‧圖1：商王族玄鳥圖騰及其圖騰本鳥。

A：雚即貓頭鷹。
B：甲骨文「雚」字。
C：商代的玄鳥尊。

之光，利用賓于王（觀察各國國風，以推崇提倡對商王禮敬的國情民俗）」的要求（觀圖1）。

商代墓葬出土過這種圖像：下蹲的女人頭上有一條龍軀、人一樣下蹲的雚鳥頭上有一條龍軀。我認為女人和雚鳥頭上的單龍軀借代伏羲，而女人是伏羲的妻子、妹妹女媧，雚鳥是女媧的圖騰之身。商王族認為自己是伏羲的後代，當然也是女媧後代。《山海經‧大荒東經》中，載女媧的名字叫「鸞」、《大荒西經》中，載女媧的名字叫「狂」，「鸞」「狂」均為雚鳥的別名。作為商王族祖先的女媧既然要用鳥來命名自己，後人傳錄她的圖像一定要有亦鳥亦人之處，果然，安陽婦好墓出土的伏羲女媧合體圖像之女媧，人形者有的手或腳十分清晰為鳥爪，鳥形者有些頭上生著十分清晰的人耳朵（觀圖2）！

也許會疑惑這《山海經》是商代以後人們看古圖像、聽古傳說而寫的書。出土的甲骨文中竟也有以雚鳥的象形字作商祖先「亥」之專用名者（觀圖3）！王亥的「亥」字既然與雚鳥的象形字組合會意，後人傳錄他的圖像一定要有亦鳥亦人之處，果然，江西新幹大洋洲商代晚期墓出土了鳥喙有翼且拖著鎖鏈的王亥像！

觀‧圖2：商代鳥身或人身女媧與龍軀之伏羲共首玉雕。

左：伏羲（雚頭上的龍蛇之軀）、女媧（雚頭下的鳥軀）共首像。

右：伏羲（人頭上的龍蛇之軀）、女媧（龍蛇軀下的人身）共首像。

雚生著人眼、人耳，擬人文身、擬人屈膝下蹲。女媧的手擬鳥爪，文飾其身上突出了乳房，屁股上突出了天地的符號──這意味著天地是她生的。

觀‧圖3：甲骨文（《明》七三八）中商王亥的專名。

聞一多說：商代的玄鳥就是鳳鳥。顯然最早直接反映鳳鳥崇拜的文獻記載，應該是本卦的卦名「觀」──即本鳥為貓頭鷹的玄鳥。可是這種鳳鳥為什麼成了今天人們認為的惡鳥了呢？

周人的死敵是商王族，商王族的玄鳥圖騰自然是他們憎恨的象徵。對貓頭鷹亦即鴟鴞的憎恨早在周民族發祥之地反映民風民俗的詩歌中出現了（見《詩·豳風·鴟鴞》），所以在周人取得天下之後，還專門設立了一個「掌覆夭鳥（妖鳥，即貓頭鷹）之巢」的機構（《周禮·秋官·司寇》硩蔟氏。「硩」以石頭投擲，「蔟」，鳥巢）。這種毀壞的效率之大難以令人想像，居然直到今天我們還愚蠢地認為貓頭鷹是凶鳥，是不祥之鳥。

釋「盥而不薦，有孚顒若」：

此是對「觀」之意義的解釋，意為：祭祀神靈時，盥洗乾淨了手並不急于陳列祭品，而是先觀察一下祭品是否嚴整合格，這種態度的體現，就是「觀」的意義。「觀」，《說文》：「諦視也，從見，雚聲。」從卜辭看，禘是一種普通的祭祀之名，其對象可以是與大地有關的自然神，也可以是早已入土的先王和舊臣。

「盥」，甲骨文、金文皆象形在容器裡洗手。「薦」，與《大過·初六》「藉用白茅，无咎」的「藉」同義，均指陳列獻神祭品的席墊，這裡引申為陳列、進獻的意思，《爾雅·釋詁上》：「薦，陳也。」古代祭祀用茅草為祭品的鋪墊物，在今天山東濰坊北邊農村年節祭祖中，仍不時見到這種風俗的反映，只不過茅草由成捆的秸稈代替而已。

「孚」，通「俘」，甲骨文象形手抓小子，會意戰爭俘獲，這裡借代祭品。當時「國之大事，在祀與戎」，所以述說典型的祭祀物品每以戰爭俘虜借代。「顒若」，端正、嚴肅的樣子。「若」，語助詞。

初六：童觀，小人无咎，君子吝。

象曰：初六童觀，小人道也。

釋「童觀」：

「童」，即《蒙》「童蒙」之「童」，指奴隸；當時如此稱奴隸，猶今山東人稱長工、女僕為「兒（音倪）漢」「丫頭」。

釋「小人无咎，君子吝「：

「小人」，指出身源淵于奴隸或其他社會地位下賤，但卻有一定

社會能量的自由人。「君子」，貴族統治者，泛指當時貴族出身的邦邑領主、管君。「无咎」「吝」，站在奴隸的角度上分析觀察問題，在「小人」來說是自然而然的，在貴族出身的統治者來說，卻是危險的。

六二：闚觀，利女貞。

象曰：闚觀女貞，亦可醜也。

釋「闚觀，利女貞」：

「闚」，同窺，由門向外看；喻「觀」。從門向外看，自然是從一家一門的角度向外看，看問題之面必然很偏窄。《蠱·九二》「幹母之蠱，不可貞」與此立意相同。其說不可以把自家的利益置于邑國利益之上；猶今天眾人交讁的「家天下」。

「利女貞」，「闚觀」的角度，只利于治家理灶之婦女的人生觀。《易》認定標準婦女的職責是管家，這在《家人》中有詳細的反映。

六三：觀我生進退。

象曰：觀我生，進退；未失道也。

釋「觀我生進退」：

此與下一爻為屬爻分置之辭。

「我」，卜辭中用作代詞，不指個體的我，而是殷商這個集體。對照《九五》之「我生」與《上九》之「其生」，知道此爻的「我」指商王統轄下廣大地區而言，猶今天所謂全國上下之意。

「生」，甲骨文象形草從地下生出。其與死相對，有「活」的意思；參考《象傳》「觀我生，觀民也」之說，這裡它指生活在世間的不包括奴隸在內的人。「我生」整個生活在商王轄土內的人。「進退」，義同《巽·初六》之「進退」，指行止，行為。

六四：觀國之光，利用賓于王。

象曰：觀國之光，尚賓也。

釋「觀國之光」：

此與上爻是「觀我生進退，觀國之光，利用賓于王」的屬爻分置。

「國」，對照本卦各爻中的「我」，它指的是商王統轄下的各個方國。「光」，甲骨文象形人頭上有火（可能對象是貴人家頂燈傭人。

又，今俗諺「活人頭上有把火」，說人皆有氣焰，有可能和此字的釋義有關），當是會意字；其義與《未濟‧六五》「君子之光，有孚，吉（君子之風的獲取，是好的）」之「光」似之；風俗之義，今俗言觀看某地的風土民情為「觀光景」，仍含此意。

釋「利用賓于王」：

「賓」，義同《姤‧九二》「不利賓」之「賓」，從的意思。《禮記‧樂記》：「暴民不作，諸侯賓服。」

這兩爻旨在說，在利于聽從、順服商王統治的前提下，才能研究觀察普天下人民的動向，和各方國的風土人情。言外之義，如果心中不對商王賓服、順從，研究社會人生是不利的，危險的。

九五：觀我生，君子无咎。

象曰：觀我生，觀民也。

釋「觀我生，君子无咎」：

此爻可理解為「觀我生進退，君子无咎」的節文，它與下爻是《六三》《六四》爻的解釋。

「我」，義同《六三》的「我」。「君子无咎」，作為「君子」，研究觀察整個的社會人生沒有過錯。言外之意，「小人」不能對「我生」觀察研究。

上九：觀其生，君子无咎。

象曰：觀其生，志未平也。

釋「觀其生，君子无咎」：

此爻可理解為「觀其生進退，君子无咎」的節文。

「其」，與《六三》《九五》的「我」相對，指個體的我。「其生」，《六三》《九五》的「我生」指觀察商王統轄下的各方人民，這裡則指服從商王領導的各方各邑領主、管君觀察的自己領屬下的人民。

「君子」可以「觀我生」「觀其生」並且「无咎」，那麼「小人」若「觀我生」「觀其生」就會有咎。換句話說，貴族出身的人去「觀我生」「觀其生」沒有災咎，出身卑微下賤的人去「觀我生」「觀其生」就會有災咎，可見「觀我生」「觀其生」是一種位置和權柄。

對照《大壯》裡對「君子」和「小人」競爭邦邑領管權的反映，知道「觀我生」「觀其生」指著兩種位置和權柄，前者指任職在商王的身旁，後者指居身在商王勢力範圍內的邦邑之領主、管君。不讓「小人」去「觀我生」「觀其生」，猶如不要用「小人」在中央和地方任領導之職。它和《師・上六》之「小人勿用」、《大有・九三》之「小人弗克」、《既濟・九三》之「小人勿用」的動機、用心共出一轍，雖然後者是在強調不能使「小人」操縱指揮軍隊，但本質上都是不許「小人」躋身政治舞臺，決定天下的命運。

21、噬嗑 ䷔

火雷噬嗑。離上震下。
噬嗑。亨。利用獄。

彖曰：頤中有物，曰噬嗑，噬嗑而亨。剛柔分，動而明，雷電合而章。柔得中而上行，雖不當位，利用獄也。

象曰：雷電噬嗑；先王以明罰敕法。

釋「噬嗑」：
「噬嗑」，讀音若適合，吃東西的意思。

釋「亨。利用獄」：
「亨」，享祭，謂「噬嗑」喻及的道理關係著神靈享祭問題。
「利用獄」：指吃喝遇到的現象，有利于監獄使用原則的理解。
在《習坎》《困》等卦中，《易》的編著者曾強調給獄中有一定地位的貴族犯人以肉食，不讓他們因口腹之欲的扼制而促生不利——說明這些人與低階層人的重要區別，乃食物中是否有肉。後來人稱統治者為「肉食者」，就基于這種區別而言。本卦所列「噬嗑」之物，如「膚」「臘肉」「乾肺」「乾肉」，自然是「肉食者」常常享用之物，從而也進一步說明，本卦所針對的階層，是當時有一定社會地位的貴族。

初九：屨校滅趾，无咎。
象曰：屨校滅趾，不行也。
釋「屨校滅趾，无咎」：
「屨」，鞋，用作動詞。「校」，《說文》：「木囚也，從木，交聲。」對照「屨」，這裡指戴在腳腿間的刑枷。「滅」，滅絕。「趾」，甲骨文用它有時指腳，有時指腳趾，這裡指腳。「无咎」，把那些罪該腳上戴刑枷的犯人砍去腳，沒有什麼過錯（噬嗑圖1）。
當時有砍去腳的刖刑。受過這種刑罰的人多被當成看守人。

噬嗑・圖1：周代青銅器上刖刑後的守門人。

六二：噬膚滅鼻，无咎。

象曰：噬膚滅鼻，乘剛也。

釋「噬膚滅鼻，无咎」：

「膚」，肥美的肉。「噬膚」，義同《睽・六五》「厥宗噬膚」的「噬膚」。「滅鼻」，吃肥肉將鼻子陷進去，使鼻子呈現了絕滅不存的樣子。當人大口咬大塊肉時，鼻子總要陷進去。「无咎」，吃大塊肥美新鮮的肉則不免將鼻子貼進肉裡，這好比視貪欲的輕重而受到一定程度的懲罰，本也理當。

六三：噬臘肉，遇毒，小，吝，无咎。

象曰：遇毒，位不當也。

釋「噬臘肉，遇毒，小，吝，无咎」：

「臘肉」，指陳舊的乾肉。乾肉放久了易質變生毒。「小，吝，无咎」，吃放久了的乾肉中毒，如果毒不厲害，雖然有危險，但沒有致命的危險。

此喻刑罰。吃臘肉中了毒，得到了教訓，再吃就知道辨別好壞了。刑罰雖然危險，但只要能使人得到教訓、改好，還算沒有問題。

九四：噬乾肺，得金矢，利艱貞，吉。

象曰：利艱貞吉，未光也。

釋「噬乾肺，得金矢，利艱貞，吉」：

「肺」，肉之帶骨者。「得金矢」，吃出了銅箭頭。此卦產生在銅箭鏃、石箭鏃並用的時代，那時銅的價值極為高貴。銅質箭頭射中而逃生的動物，逃生後終被獵獲，製成的乾肉裡留著它，一旦從乾肉裡吃出了它，又不傷牙，乃一舉多得的大好事。「噬乾肺，得金矢」，吃帶骨的乾肉本來就留心骨頭，所以當吃出銅箭頭時，便不會因意外而傷牙傷嘴，反因得到超過食物價值的東西而喜悅；喻說小心刑罰的使用，會有意想不到的好處。

「利艱貞，吉」，小心使用刑罰，有利于艱難困苦條件下宗族和家國的生存，是好事。

六五：噬乾肉，得黃金，貞厲，无咎。

象曰：貞厲无咎，得當也。

釋「噬乾肉，得黃金，貞厲，无咎」：

「黃」，此字甲骨文有一體象形箭矢穿過某種物和場合，還有一體象形正面的人，但在人的腰胯間加「口」以示強調──強調的大概是生殖器官；生殖器官有構成生命的東西，它今天仍被山東沿海地區稱作「黃」。這種「黃」在違背生理狀態的情況下離開身體，就有无定準、落空的意味，它給人的早期認識，便可能和箭穿過某物或某場合會方向无准、目的落空相同。今俗語无定準、落空了往往又說「黃了」，這「黃了」還保持著甲骨文「黃」字兩個構形中同類相倫的會意。後代的人曾把應娶而无偶的成年男子稱作「曠夫」，如《孟子·梁惠王下》：「內无怨女，外无曠夫。」據而我推想這裡的「黃」當為「廣」的假借。「廣」通「曠」。准此，「黃金」當指一種矢的名稱，似指不受繩索牽制的箭。這箭射出如當場致死獵物，則能被收回再用，射不死，使其留在體內逃走，再度被他人射死製成肉乾，才會有「得黃金」之謂。如果箭後有繩索，射出无論是空是中，都會回收到箭，這也就无所謂「得黃金」了（詳見《解·九二》「黃矢」注）。

乾肉裡一般沒有骨頭，所以吃起來放心，不顧及其他，雖然這有時會意外地得到肉中遺留的寶貴的箭頭，但也可能叫它傷了牙、嘴。喻說使用刑罰沒考慮特殊情況的後果。

「貞厲，无咎」，「噬乾肉，得黃金」般的使用刑罰，即便有時會有較好的後果，但也不免有時出現意想不到的反害回傷；如果讓它造成對宗族家國的反害回傷，不如讓其沒有傷害。

上九：何校滅耳，凶。

象曰：何校滅耳，聰不明也。

釋「何校滅耳，凶」：

「何」，「荷」的初文；甲骨文象形人肩上荷戈。「何校」，罪犯受到的刑罰該是肩上擔著枷鎖。不知這種刑具是不是枷著頭和手，如京劇「起解」的那種木枷？若是，它一般處在嘴以下，肩之上。對照「滅耳」，「何校」就是一種示眾的刑罰。《周禮・秋官・大司寇》記載一種「桎梏而坐諸嘉石，役諸司空」的刑罰，其目的在于羞辱罪犯，以促使改過，是輕刑。或者「何校」即指此而言。

「滅耳」，今多注為擔枷遮住耳朵。其實這與《困・六三》「困于石，據于蒺藜，入其宮，不見其妻」、《坎・上六》「繫用徽纆，寘于叢棘，三歲不得」等意思相似，都說刑罰過了頭、超過限度；指割去耳朵的刑罰。甲骨文有「取」字，象形以手取割下來的耳朵，指戰爭獲馘。這種野蠻行徑的前身是割頭。隨著農業生產的需要，割耳代替了割頭。將俘虜割去耳朵算是一舉多得：既計了戰功，又得到了奴隸，又給奴隸留下了永生不逝的記號。正如把獲得的奴隸打瞎了一隻眼睛為記號那樣（甲骨文「臧」就象形銳器傷目，所以「臧」為奴隸之名），當時有割耳朵為奴隸標記的劣風。今山東民間恐嚇兒童有「不聽話給割下耳朵來」，或「不聽話給你割下小雞來」，耳朵和生殖器並重（商代的「幽人」，就是割去生殖器以為刑罰的罪人。詳見《履》釋），推想其原始意義一定很神聖。那時的「滅耳」也許好似「文革」中的「戴帽」、今日的「剝奪政治之類權利」之類，使人生猶死人。如果上推合理，那麼「滅耳」之刑就等于剝奪了自由人或貴族的身份，降階為奴隸。

「凶」，應該戴枷示眾的罪罰，結果卻遭到了割去耳朵降身為奴的處罰，這是刑罰的大凶之忌。《象傳》：「何校滅耳，聰不明也。」說「何校」之罪受到去「聰」之罰，是用刑「不明」的表現。意與此同。

22、賁 ䷕

山火賁。艮上離下。

賁：亨。小，利有所往。

彖曰：賁，亨；柔來而文剛，故亨。分剛上而文柔，故小利有攸往。天文也；文明以止，人文也。觀乎天文，以察時變；觀乎人文，以化成天下。

象曰：山下有火，賁；君子以明庶政，无敢折獄。

賁‧圖1：甲骨文「桒」（《屯南》四五一三）
「賁」，其本字為「桒」，在《渙‧九二》裡它被假借為「渙，奔其機」的「奔」，卜辭用為祈求之義。

甲骨文「豕」「豣」（即「豶」）「豭」（《合集》一一二三〇、《粹》三九六、《合》三五三）

釋「賁」（賁圖1）：

「賁」，其本字為「桒」，在此卦中它應該是「豶」的假借字——今天大家多理解它為裝飾之義，其實作為裝飾意義的它，只是「豶」的一種引申。

「豶」，今天通行的工具書上釋其為去勢的豬，這應是誤會。

「豶」，公豬，亦即沒去勢的豬，關于這點，《癸巳存稿》卷一《豶》條釋說極詳，此處不再冗言。

甲骨文中有豭、豕兩個字，都指公豬，前者表示種豬，後者表示被閹了的豬。所以甲骨文中的豣，實乃為「豶」的本字（賁圖2）。由此看來豣亦即「豶」，它不指特殊用場的公豬，就泛指各類公豬——作為特殊用途的公豬，它首先不是種豬，也不是閹豬；作為各類公豬的泛指，卜辭中它則不必與豭字並出[1]。對照本卦的相關之處，我猜想它是

―――――――――
[1] 《乙》‧四五四三：「甲子卜，二二于下乙。」

易經今註今譯——易經裡的秘密

230

賁·圖2：
　　《考古》2003年6月刊載了2003年4月8日在濟南大辛莊出土的商代王族祭祀某位母親的甲骨，上面記錄著用豬為祭品的情況——祭品是豴（野豬）、豭（閹豬）、豕（家養豬）、豕。在商代似乎婦女的一生和豬有密切的關係。

被隔離欄養起來的公豬，是專門用來特祭、施巫、送禮的公豬，恰如今天養雞場裡特別圈養的「童子雞」，它們要在不接觸母豬的前提下發育到成豬。《大畜·六五》的「豶豕之牙」似乎可以為我的猜想作證：作為特殊用途的豬（即「豶」），在它還是小豬的時候（豕，小豬），就應當「牙」起來（即單獨欄養），這樣做是「吉」的——請注意：《大畜·六四》說給牛加以「牿」則「无咎」，而于這裡則說「吉」，其均針對著它們特殊的用途而言：牛要役用故而「牿」，小公豬與「賁」有緣故而「牙」。

　　「豶」在商代有什麼特殊用途？

　　卜辭中有這麼一段記事：「辛巳貞，其賁（𡊏）生于妣庚妣丙牡牝白豝。」（《粹》三九六）其中的「白豝」和本卦《上九》的「白賁」應有一定的聯繫。上引文的「賁（𡊏）」有祈求之義，而「生」則指生育之事。向女祖先庚、丙祈求生育而獻公牛公羊及「白豝」，顯然「白豝」是那時人認為的利于生育的祭品。須知，一切祭品的意義，都是現實意義的轉移。在宗教上，向女祖先獻「白賁」以求賜于生育的能力，在現實中，是否也會向被求婚的家族獻上「白賁」以與之婚盟，給予能生育的女子？

　　《睽·六五》之「悔亡，厥宗噬膚（肥美的肉），往，何咎」，可以作為這個問題的回答：送「膚」給被求婚的家族，當其家族的人吃到這「膚」時再去迎娶，有什麼不好的呢？這樣做的話，以往搶婚斗殺之「悔」從而也會「亡」去。我認為此「膚」即是與「白賁」有關係的肉食——「白賁」可能是指給女方家族壯大豬群的大雄豬。如果這些推想合理，「賁」亦即「豶」，在本卦形成的時代，曾作為求聘婚的禮物，

而被當成消除以往搶婚「泣血漣洳」之慘狀的吉祥物，或者還可以說，「白賁」的出現，曾是那時代婚姻風俗上一大革命性的發明，它是搶婚和聘婚過渡時代的一種反對前者、標榜後者的形象語言。

婚姻則成家。甲骨文、金文的「家」，多象形突出了雄器的公豬（豭）在「宀」下（賁圖3），其實這只「突出了雄器的公豬」，就是本卦之「白賁」——大公豬。換句話說，甲骨文、金文「家」的字境，

賁·圖3：甲骨文「家」（《京津》二一五二）、金文「家」（《枚家鼎》）。

甲骨文、金文的「家」，多象形突出了雄器的公豬（豭）在擬屋廬的「宀」下。這等公豬，就應是本卦之「白賁」，即不去勢而從小枷養的大公豬——在甲骨文時代，向婚姻的女方獻上它，才是男女成「家」的前提。

乃以公豬為聘婚的信物，來娶婦成家的時代。

《繹史·後記》：「以其（女媧）載媒，是以後世有國（家），是使為皋禖之神。」《繹史》引《風俗通義》：「女媧禱祠神祈而為媒，因置婚姻。」女媧是商族的女祖先，她宣導婚姻成家，和她多圖騰之豬圖騰有關係。

商族的女祖先「女媧一名女希」[2]，「希」通「豨」，豬也。圖像證明，商族有豬圖騰——女媧、豬圖像的身上均有代表天地的相同符號「⊕」（此符號即《莊子·大宗師》所載「豨韋氏得之以挈天地」之謂。豨韋氏即豕韋氏，與女媧氏族源相同。賁圖4）。「豭」便是商族多圖騰崇拜的一種豬圖騰裡的公豬。

然而「賁」字為什麼又引申作裝飾之義呢？

因它一度曾是表示聘婚娶婦之禮的特定物品，這「賁」已有了禮的含義。又因飾、禮二字在某種程度上有些意義相通，如飾有假託的意思，而「豭」就是聘娶之心的假託；飾有儀、文的意思，而「豭」乃儀、文的特徵表示等……若從這一角度著眼，把「賁」釋作求婚禮儀或聘婚禮飾則更合乎實際——「豭」的前提自然是「賁（犇）」（即祈求），「豭」又是向女方部族求婚盟的禮飾，故而可以如此說。

[2] 徐旭生《中國古史的傳說時代》三皇章，科學出版社，1960 年版。

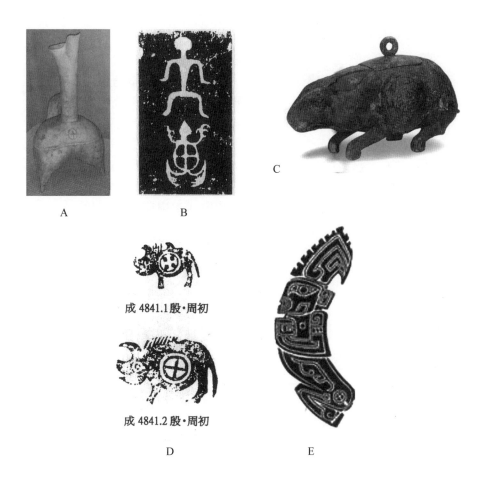

成 4841.1 殷・周初

成 4841.2 殷・周初

費・圖4：生了天地日月的商族圖騰。

　　A：大汶口文化擬鳳鳥之腹上的「⊕」符號——它外面的圓圈象徵天，裡面的「＋」象徵地。大汶口文化為少昊之後的大昊文化，伏羲氏是它的一種族號。商民族是伏羲、女媧的後人。

　　B：生著玄鳥覆毛爪的龜鱉——龜鱉是女媧的圖騰，女媧依靠鰲腿以支撐傾塌之天的傳說，正是她犧牲自己以救天下的另種說法，所以龜鱉腹間理所當然會有「⊕」符號；龜鱉背甲之「○」可能和天有關，腹甲之「十」可能和大地有關。

　　C：《山海經・大荒東經》說「女和（女媧）」為「月母」，亦即嫦娥，其多圖騰中有兔圖騰，兔圖騰與女媧換位，女媧生的日月便為兔圖騰所生；傳說兔子生崽由口「吐子」，所以這只兔尊的嘴上就有了「⊕」符號。

　　D：女媧又稱女希，「希」通「豨」，豬也——豬為豨韋氏的圖騰，亦為女媧氏之圖騰，豬肚子上的「⊕」符號，也是女媧生日月天地的另種表示。

　　E：伏羲女媧共首像之女媧屁股上的「⊕」符號，即文獻載羲和生十日、常羲生十二月的圖證——日為天之精，月為地之精。

釋「亨。小，利有所往」：

「亨」謂禮飾婚娶會使神靈得到享祭。「小」，義同《泰》「小往大來」之「小」，有邪、不正統之義。本卦最終目的是指導和介紹最佳的婚姻方式，其作為批判和否定的基礎，是已經視為正統婚姻形式的搶婚婚俗。既然已有的搶婚是正統的，那麼繼後再興起的否定形式就是非正統的。若換當時持正統婚姻觀者的眼光看，這種禮聘的婚姻形式便是「小」的。《睽》的「小事吉」的「小」，意義亦同此處（其說「小事」其事，亦即不按正常規矩行使搶婚其事之事）。「小，利有攸往」，到某一地方婚娶，要與傳統的搶奪方式相違背，則有利。

「賁」，《帛》作「蘩」。《爾雅·釋草》：「蘩，皤蒿。」郭璞注：「白蒿。」《詩·召南·采蘩》：「于以采蘩，于沼于沚。」采蘩幹什麼？毛序：「《采蘩》，夫不失其職也。夫人可以奉祭祀，則不失職矣。」這是說「蘩」是貴族夫人用以祭祖獻神的東西。應是向神祈求生殖的祭品。白蒿，今江蘇長江兩岸的人稱它為香蒿、綠蒿，每到春季，家家采下它地上的棵莖，埋在沙土內腐其葉使其嫩，然後用來做菜肴。今浙江地帶每到春天采它，用水燙、浸後合糯米粉蒸成糕點吃，名曰「吃菁」。為什麼非要吃它，往往說不清。其實白蒿生命力、繁殖力都很強，无論地瘠地饒，石溝水畔，都能旺生成片。于是我們的祖先，特別是女祖先，就把它當成食物，吃它，或每到一定的時候吃它，希望把它的生命力、繁殖力轉移到自己的身體內部。過去人認為把白蒿煮成水，灑在蠶的繭上，以利于蠶的產卵繁殖，今天臺灣農民每每採集它切碎，摻入母豬的飼料內，以利母豬的懷胎和多產。其實這也與人吃它的原因一致。如果這些意義恰就是《帛》此卦卦題「蘩」字的內涵，那麼卦中對禮聘婚儀的強調，也是對人類最佳繁殖之道的強調。

初九：賁其趾，舍車而徒。

象曰：舍車而徒，義弗乘也。

釋「賁其趾」：

此與《九二》《九三》為同一辭句的屬爻分置。

「趾」，甲骨文用作腳，也用作腳趾；這裡借代婚娶之行。「賁其趾」，以禮聘婚的要求，約束自己前去婚娶之行。

釋「舍車而徒」：

「徒」，步行。從《屯》中看，當時搶婚之舉必聚眾興兵，駕馬驅

車。然而在禮聘婚的要求下，就該減少女方部族的誤會和錯覺，婚娶不乘車而是改為步行。商代車戰興盛于末期。我認為車戰應和搶婚動用車馬有一定的連帶關係。《易》所以要求婚娶舍車步行，就因為車戰的後果和車馬搶婚的結果相近。

六二：賁其須。

象曰：賁其須，與上興也。

釋「賁其須」：

這一爻和上下兩爻為「賁其趾，舍車而徒，賁其須；賁如濡如，永貞吉」的屬爻分置。

「須」，即《歸妹·六三》「歸妹以須，反歸以娣」的「須」，借為「嬃」，其與「娣」相對，本指姊（《說文》引賈逵說，古時楚人謂「姊」為「嬃」），這裡代稱女子，轉指被禮聘的婦女。「賁其須」，婚娶的男方不僅要行為禮貌，舍車徒步，而且還要以禮貌的態度對待被娶的女子；婉言不要野蠻地搶佔女人。

有注「須」為「鬍鬚」者，非。處在野蠻劫奪婚狀態下的族聚，往往一群男子把一個女子搶回來，輪流和她性交，以後，那女子就成為最發起搶奪她的男子之妻。「賁其須」就是針對類似的習俗而言的。

九三：賁如濡如，永貞吉。

象曰：永貞之吉，終莫之陵也。

釋「賁如濡如，永貞吉」：

「賁如濡如」，其句式與《六四》之「賁如皤如」、《屯·六二》「屯如邅如」相同，均就車馬而言。此「如」為語助詞。

「濡」，與《夬·九三》「若濡有慍」的「濡」義同，為《需》之「需」的假借字，指婚媾的需求。「賁如濡如」，婚媾需求是靠禮貌才可解決的啊，不是動車用兵搶奪的事啊。

「永貞」，義同《坤·用六》「利永貞」之「永貞」，指宗族家國綿綿不斷，永遠存在。「吉」，不搶婚，禮聘婚，乃「永貞」之「吉」。

《象傳》：「永貞之吉，終莫之陵也。」其「終莫之陵」的意思和《漸·九五》「婦三歲不孕，終莫之勝」的「終莫之勝」一致，指禮聘婚的局勢，造就了宗族和宗族的婚盟，所以出嫁的女子不會由于一些過失而受欺陵。這可見《象傳》的作者明白「賁如濡如」是指婚姻需求應

以禮聘，而不該以搶婚來實現。

六四：賁如皤如，白馬翰如，匪寇婚媾。

象曰：六四，當位疑也。匪寇婚媾，終无尤也。

釋「賁如皤如，白馬翰如」：

目前多釋為駕車迎親之類。我認為恰恰相反：此乃誡止使用車馬娶親。《易》中凡有關娶妻迎婦的卦辭爻辭，均反對動車用馬。這樣的例子除見于《屯》卦外，較明顯的還見于下：《睽·初九》「喪馬，勿逐，自復（不必因婚娶而找馬駕車，讓馬匹和往常散牧一樣，自去自返）」、《姤·初六》「繫于金柅，貞吉，有攸往，見凶（車被阻礙難開，不為婚娶所用，是宗族家國生存之吉，如果動車婚娶，會遇兇險）」、《中孚·六四》「月幾望，馬匹亡，无咎（為生育後代之故而求婚時，沒有馬匹駕車以往，沒有什麼壞處）」，由是可知，此爻的意思與《屯·六四》「乘馬班如，求婚媾，往，吉，无不利」一致。

「皤」，鄭玄本作「般」，《帛》作「蕃」；假借「班」，即《書·大禹謨》「班師振旅」的「班」，猶「班師回朝」的「班」，這裡有還回原發之地的意思。

「白」，或釋做色彩，非；乃「伯」字的初文，這裡用來指馬的高大強壯。歷來用于駕車臨陣的馬，必體健善奔，故而此處暗暗用以借代戰馬。

「翰」，舊注馬頭高舉或飛動之義，非；它應是「斡旋」之「斡」的借音字，回轉、回還之義。「白馬翰如」高大的戰馬回還呀。

釋「匪寇婚媾」：

《象傳》釋此爻：「當位疑也。匪寇婚媾，終无尤也。」其「當位疑也」指動用車馬婚娶而言，「終无尤也」指婚媾由禮聘非以搶奪而言，這與我上面的解釋近之。

這一爻擬勸阻乘車馬要去婚娶者的口吻，謂：要以禮聘婚娶呀，把戰車返回原來的地方呀，把戰馬返回原來的地方呀，萬不能動用用于戰爭的車馬呀，這可不是去侵掠為寇呀，這是前娶為你繁衍後代的妻子！

六五：賁于丘園，束帛戔戔，吝，終吉。

象曰：六五之吉，有喜也。

釋「賁于丘園」：

「丘」，商代以前，邑邦多建築在人工的大土臺、丘陵上（詳見《同人·九三》釋），卜辭中有「丘商」一語，指商而言（見《續》四·二·六·一）；此處借代邑、家。「丘園」即指被求婚者的家園或邑園。

釋「束帛戔戔，吝，終吉」：

「束」，量詞，如一棵樹、一張紙的棵、張。「帛」，即「化干戈為玉帛」的「帛」，其與玉石製品等，均為古代結盟所用的一種信物。在古代，絲織帛匹先是為了人神交往而用的（如祭祀、施巫、以神的名義盟結等等），後來它作為人神交融的一種標誌飾在身上，才可能演化成巫祝、首領的服裝，再普及為御寒遮羞之衣。「戔戔」，今多釋其為多的意思。對照藏族盟禮、敬奉所送的「哈達」之尺幅來看，我認為這種釋法恐怕有誤。「哈達」含意神聖純潔，其可視為絲帛在古代極端貴重從而用于通神的活化石——它雖然尺幅不大，卻象徵著許多的意義，因為它是費工頗巨的結晶（賁圖5）。「戔」字《釋文》云「子夏傳作殘」。「殘」有缺、減之義。顯然「戔戔」猶「殘殘」，應釋作很少的樣子。

「束帛戔戔」，婉言男方徒步到了女方家園，向女方家族獻上求得婚姻的少量信物。「吝」，指男方抑低自己向女家祈求婚盟的難為情而言。「吝，无咎」，禮聘婚求得婚盟，雖說男方為此顯得有些低聲下氣，情面難為，但最終的結果是好的。

賁·圖5：藏族同胞獻給尊者的「哈達」。

他們獻上「哈達」的用心，正是《易·六五》「束帛戔戔」含義的準確釋讀。

上九：白賁，无咎。

象曰：白賁无咎，上得志也。

釋「白賁，无咎」：

「白」，義同《六四》「白馬」之「白」，乃「伯」的假借字；大之義。「賁」，即「豶」，指不曾閹割、不令其與母豬接觸、單獨欄養的公豬。「白賁」，大豶。《大畜‧六五》「豶豕之牙」的「豕」可證明「白賁」即大豶。「豕」，小豬。小公豬在選定為「豶」的時候便欄養起來，待長大時以備禮用（詳見《大畜‧六五》注）。「无咎」，向女方家族送上表示求婚禮盟而專門飼養的大公豬，則會避免以往搶婚出現的危險，太太平平地娶妻而歸。

送這類「豶」的本質，有可能是交換被娶女子的代價。這「豶」飼養的越大，說明禮聘婚姻醞釀的時間越久；進而暗示婚姻不能起于一時之需，而是為了彼此家族久遠的存在。

23、剝 ䷖

山地剝。艮上坤下。

剝：不利有攸往。

彖曰：剝，剝也，柔變剛也。不利有攸往，小人長也。順而止之，觀象也。君子尚消息盈虛，天行也。

象曰：山附地上，剝；上以厚下安宅。

釋「剝」：

本卦在「剝」的總題下，從床的部件說到「宮人」之寵，又說到了「君子得輿，小人剝廬」。細細琢磨其中的聯繫，知道解釋它的關鍵，是在「剝床」二字上。「剝床」是很凶的事。

「剝」的意義從「小人剝廬」相對的一方即可求出：「君子得輿」之「得」的反面乃失——「剝」即失的意思。「剝」字由「彔」「刂」組成，「彔」象形從井中取水的轆轤，「刂」示意割斷汲水的繩索，其也有失去的意思。

既然「剝」即失的意思，那麼「剝床」又何必被看得如此嚴重？答案恐怕只有一個：床是那時邑主邦君等貴族位置的象徵。恰似後來天子起居有龍床龍座，今天辦公室裡的領導有專設的席座。遺憾的是我們暫還難見商代貴族們踞床以坐的形象資料。但後來如戰國青銅器上貴族領主們坐床接受供奉的圖像，和漢代畫像磚上地主官僚們坐床享受伺候的情況，似乎還可當作追想當時的一點根據（剝圖1）。

剝・圖1：故宮博物院藏戰國銅壺上的宴樂紋，右圖為局部——被伺候的踞坐者身下就是床。

這是一個政治卦。它指出作為統治者，處身行事不能失去對自己位置支持的人。它的著眼，好似落在統治者對妻室之外女色問津的劣果上。如，「剝床以足」和「剝床以辨」，或就是指其問津下屬人員妻女的結果等——我認為這下屬人員，不僅單指邦君邑主的從吏隨員，還包括《易》多次提到的對邑主邦君安危舉足輕重的「邑人」（詳見《无妄‧六三》注）。

《釋名‧釋床帳》曰：「人所坐臥。……床，裝也，所以自裝載也。」漢代人這樣的解釋是有淵源的。從今河南信陽長台關一號墓出土的戰國木床上（剝圖2），能看到《釋床帳》所說的床的特徵：一、床邊床梁互為一體，成為床框，床腿和床圍子是後附以床框上邊和下邊的。二、戰國時代的床，整體起來看很像古代的車廂；車廂是裝人的，床也是裝人的。從卦中「剝床」之喻，「得輿」之說，可以想見戰國時代的木床，和此卦形成時代的床形有相似的地方（剝圖3）。

剝‧圖2：《新中國的考古收穫》圖版陸染載戰國木床。

剝‧圖3：商代的戰車（復原圖）。

釋「不利有攸往」：

有所往則不利；此用以釋「剝」。

身為統治者，必須不能失去自身所居位置的下屬支持者，否則不管到什麼地方都將不利。

初六：剝床以足，蔑，貞凶。

象曰：剝床以足，以滅下也。

釋「剝床以足」：

「床」，卜辭每作為祭祀的名稱。對照《巽‧九二》《上九》「巽

在床下，用史巫紛若，吉，无咎」「巽在床下，喪其資斧，貞凶」，推知當時「床」的內涵，有一些相當今天「位置」的意思；這裡用以喻及統治者賴以統治、立足的地方。「足」，床腿。

　　釋「蔑，貞凶」：
　　「蔑」，《說文》：「勞目无精也。人勞則蔑然。」即眠的意思。一說「蔑」「夢」相通。釋眠、釋夢，其本質均借代睡臥。「蔑，貞凶」，床腿失去了，還要在上邊睡覺，這好比你統治的地方失去了，賴以立足的支持和安定不在了，其對宗族及國家的存在，是凶事。
　　《象傳》「剝床以足，以滅下也」之說，顯然也是支持統治者統治的基礎，喻為床腿。

　　六二：剝床以辨，蔑貞凶。
　　象曰：剝床以辨，未有與也。
　　釋「剝床以辨，蔑貞凶」：
　　「辨」朱熹注：「床幹也。」對照信陽長台關出土的戰國木床，此當指與床腿連接，上面是供坐臥的地方。這地方是由床邊（床的四邊。今俗稱其為床幫、床邊）和床的托梁結構成框架，後鋪以床板或其他東西而成的（今山東人俗稱童床四周的圍欄為「床別子」，這「別子」有分辨床裡床外界線的意思，其形態與上例出土木床的床圍也很接近，不知此「辨」和它們有沒有關係）。
　　「貞凶」，床座失去了供坐臥的地方，就不稱其為床座了，這好比統治者沒有被擁載，便會于「貞」有「凶」。
　　上爻與此爻都把比體之床的損壞看得十分嚴重，可能這因為床在初發明階段，有一定的巫術意義——床的存在與使用者的安寧，至關重要。
　　宋曾三省《因話錄》記崔大雄撰過祭床婆文，明楊循吉《除夜雜詩》還有「酌水祀床公」之語，清厲鶚除夕祀床曾作《沁園春》詞以樂神（顧祿《清嘉錄》十二《祭床神》），今山東掖縣等地除夕前還要蒸一些名為「神蟲」的麵食放在炕角、床角等，似乎都算隨著床初發明就存在的巫術意義之遺留。

六三：剝之，无咎。

象曰：剝之无咎，失上下也。

釋「剝之，无咎」：

此爻對照上兩爻生義。從喻體的意義上看，對有床者剝之有凶，對无床者剝之則无什麼凶咎可言了。這是《易》編著者的俏皮話。這類型的幽默在《易》中俯拾皆是。

《象傳》「剝之无咎，失上下也」說：失去上面的支持，失去下面被統治者的擁護，剝失于他无咎可言。

六四：剝床以膚，凶。

象曰：剝床以膚，切近災也。

釋「剝床以膚，凶」：

「剝床」，失去了座床。「膚」，即《夬·九四》「臀无膚」的「膚」；肌肉，借代身體。「凶」，好比失去臥坐之床而置身體於地下，統治者失去了賴以統治的位置，下場兇險。

六五：貫魚，以宮人寵，无不利。

象曰：以宮人寵，終无尤也。

釋「貫魚」：

歷來釋「貫」義多為穿，釋「魚」為貫穿的食用之魚。我認為「貫魚」應在「以宮人寵」的前提下生義，該為比喻。

其實「貫」的本字即「毌」字，《說文》釋曰：「穿物持之也，從一，橫貫象寶貨之形。」「橫貫象寶貨之形」指「一」橫貫的物形是寶貨，亦即貝齒。我國的貝齒多產自南海，它的底面當中有一條縫口，縫口相對生著如牙齒的細紋，縫口當中可以貫穿，使之成為串，這串，在卜辭裡被稱為「朋」（今殷墟出土的貝齒或其他材料擬制的貝齒，其縫口相對處多有一孔，這是為使繩索能從前邊通過縫口串聯而鑿磨出的）。由此能見「貫」字可會意穿，也可會意中。中，好。今山東即墨一帶方言說「蠻好」「滿中」猶為「滿貫」；江蘇南京一帶方言說「好不好」「中不中」猶為「貫不貫」。

「魚」，在此以男人的角度比喻做愛的對象。在很長的歷史階段中，我們祖先認為魚對人的繁殖生育有重要的意義。聞一多有《說魚》篇，論證我國古代文學作品中每以魚象徵婚姻，比喻匹配，列舉甚詳（見《神話與詩》）；《詩·陳風·衡門》「豈其食魚，必河之魴？豈

其取妻，必齊之姜」，即直接以「魚」和「妻」為興、比的。

「貫魚」，中意于女人、好女色。

釋「以宮人寵，无不利」：

「宮」，義同《困·六三》「入于其宮，不見其妻」的「宮」，家也。「宮人」，指當時領主、管君的妻室；猶今山東人稱妻子為「家裡人」「屋裡人」。「寵」，愛。

「貫魚，以宮人寵」，愛女色、喜歡性生活，以自己的妻室為做愛的對象。「无不利」只有在自己妻室範圍內寵注于愛，對一個統治者來說，處理一切事情都是有利的。

這裡旨在給當時的領主、管君愛女色劃定了一個不傷害統治地位的範圍。當時的領主、管君，必有奸占勾搭別人妻女的人，這些行為導致的報復及怨恨，足以動搖其統治地位或傷害其生命。有關這個問題的商代材料一時難見，但後來的《左傳》裡，卻常常有奸占他人妻室而喪命失權的記錄。例如《成公十八年》載晉厲公被殺，《襄公二十五年》載齊莊公被殺等。

此爻由喻體之床的存在問題，聯想到了床上的男女生活，又聯想到了統治者好女色而侵犯他人所愛乃致動搖統治地位的現實，所以才指出「无不利」之寵愛，以婉言告誡不利家國宗族的寵愛——寵愛女人超出了自己妻室範圍。

或有說「此言宮人射中了魚，得到了參加祭祀的榮寵」，似與卦題「剝」字風馬牛不相及。

上九：碩果不食，君子得輿，小人剝廬。
象曰：君子得輿，民所載也。小人剝廬，終不可用也。
釋「碩果不食」：

「碩果」，極多的收穫及果實。

「碩果不食」，對照「輿」「剝廬」生義；婉言居住之地突然發生了非災荒性的災難而難再留。无「碩果」而「不食」是災難，有「碩果」而不得安享的「不食」之災難，必是暴強侵凌虜掠的戰爭。

釋「君子得輿，小人剝廬」：

「君子」，指不在屬下妻室中覓愛尋歡的邦邑領主、管君。

「輿」，大致上說，先秦文獻中的「輿」多指兵車。《睽·

六三》：「見輿曳，其牛掣。」說應該馬駕的兵車卻以牛服。《小畜・九三》：「輿說輻，夫妻反目。」說軍車不用之短暫，如夫妻反目。《大壯・九四》：「壯于大輿之輹。」說正義之師的軍車无堅不摧。其「輿」均指兵車。「君子得輿」，當「碩果」不得安食的戰爭之下，那些能「貫魚，以宮人寵」、合格的邦邑統治者，得到的是眾人武裝起來驅車相隨的保衛和擁護。

前幾爻均以「床」喻統治者的統治基礎，這裡轉以「輿」來借喻其基礎。這可能因為當時載人的床座和載人的兵車車廂，形象有共同之處。

「小人」，喻「剝床」者。「小人」在《易》中本指非貴族出身、靠才智技能獲得統治地位的人，這裡顯然以他們比喻品行墮落的邦邑領主、管君們；猶今天我們批評一些行為惡劣的領導為「流氓」「小醜」等。這些「剝床」者行跡一如低賤出身的「小人」，恃自己的權柄和位置亂奸亂佔別人的妻女，激起滅身亡家之禍。此也可能比喻仍實行婚姻初夜權的邑主邦君；初夜權已是野蠻的過去，故而可能被《易》設喻戒之。

「廬」，房舍；借代家園、邑國。「小人剝廬」，當「碩果不食」的戰爭災難突降，和「君子」得到眾人愛戴保衛相反，有亂搞婦女行同「小人」的人，卻因不能克制性欲于利害之前的結果而失去擁護者，只有落得田園家國喪失的下場。

24、復 ䷗

地雷復。坤上震下。

復。亨。出入无疾,朋來无咎;反復其道,七日來復;利有攸往。

彖曰:復亨;剛反,動而以順行,是以出入无疾,朋來无咎。反復其道,七日來復,天行也。利有攸往,剛長也。復其見天地之心乎?

象曰:雷在地中,復;先王以至日閉關,商旅不行,后不省方。

釋「復」:

關于「復」的意義,「出入无疾,朋來无咎」已給我們勾畫了個大概。什麼地方「出入无疾」?什麼地方「朋來无咎」?答:那是個可以為之「復」的地方。

甲骨文「復」字,由兩旁設通道的高臺之象形、腳的象形字組成。「旁設通道的高臺之象形」,乃指塪堆建築,是古代人民聚居的地方;「腳的象形字」與之同構,會意往來——塪堆上的人民經常由此通道上下往來(復圖1)。

復・圖1:甲骨文「復」
(《乙》三四七〇)。

《詩・大雅・綿》:「古公亶父,陶復陶穴,未有家室。」其「陶穴」指挖成井狀的土穴——「陶」,這裡不指燒結過的土制物。今民間仍把由泥土製成物體稱「陶」,如山東濰坊說陶井、陶牆、陶墼,乃指挖井、建牆、脫坯等。「陶復」呢,指由土堆積起來的大土臺子。這種大土臺子今名塪堆、埠子等等,是中國史前預防洪水的建築,當然它也具備防野獸、防歹人入侵的作用。

這種土塪堆今天仍能看到。它是城池的前身——為建築它而取土,塪堆四周取土留下的溝壑成了護城河;塪堆上面四周防人跌落的高凸,就成了城牆。

《繫辭下傳》說古時「日中為市,致天下之民,聚天下之貨,交易而退,各得其所」的地方在何處?這種地方最少有固定的位置和簡單必要的建築設施。戰國時成書的《考工記・匠人》謂市場在都城的位置是「左祖,右社,面朝,後市」,如果我們把都市的規模縮小到一個個土

塸堆上，那麼它的「市」也該有個固定的地方。從《旅·六二》中反映，這種地方大概叫「次」——亦即「肆」。

《詩·衛風·氓》說一個「抱布貿絲」的「氓」，借商貿串邑走國的機會認識了一個女子，這女子對他癡情如此：「乘彼塸垣，以望復關。不見復關，泣涕漣漣。既見復關，載笑載言」；她到了應是「復關」的時間就登上塸垣，坐等「氓」來「復關」以借機相愛[1]——其「復」字乃指商人到塸堆上進行市場貿易。

本卦的「復」，它指商業貿易場所，又指商業貿易活動。

釋「亨。出入无疾，朋來无咎」：

「亨」，祭祀，指往來于「復」的做法，能讓神靈得到祭祀。

「疾」，猶今口語「毛病」。《无妄·九五》之「无妄之疾」、《豫·六五》之「貞疾」，其「疾」義亦同此，不指真正的疾病。「出入无疾」，來往于集市貿易場所，不會給經商者惹出麻煩來。當時貴族經商，一般是由手下解放了的奴隸代替，所以這「无疾」是指不給經商者的本主招致麻煩。

「朋」，錢。「朋來无咎」，貿易得到的錢是正正當當的，沒有過錯。「无咎」的前提，是當時傳統心理對經商賺錢之道的懷疑。

釋「反復其道，七日來復，利有攸往」：

「反」，借作「返」。「道」，義同《小畜·初九》復自道」的「道」，有道理、規律等意思。

「七日」，據《象傳》「七日來復，天行也」的說法，「七日」是時光流進中不停出現的日子。推想這個特定日子也是計算集市交易的日子。我的理由是：

---

[1] 《氓》之「復」或釋「重」或釋「返」．這與「匪來貿絲，來即我謀」之意不諧。所謂「來即我謀」，即來到便求我，求我並不答應，原因是「子无良媒」。顯然男子來便求女子與他私奔，女子曾經鬆口答應過，但到事後又「愆期」（即延誤了時間）了。當時邑落之間有如今天的村鎮，外人來往，定很刺眼，唯商人身份有保護色，所以可能在女子「總角」之時施以引誘，發展成戀愛。文中所引詩句是女子戀「氓」之情的刻畫。她的戀情在一定時間也許滿足，也許不能滿足，滿不滿足情繫「復關」的時間。「復關」之時滿足了，就「載笑載言」，不滿足，就「泣涕漣漣」，乃至發展到最後，私奔而去。這詩說私奔之害，如果是聘婚婚盟下的結合，女子婚後「三歲」所受的虐待，就不至于使她的「兄弟不知」了；因為是私奔，所以女子怕兄弟知道其情而「咥其笑矣」。

一、《震‧六二》「震來厲，億喪貝，躋于九陵，勿逐，七日得」、《既濟‧六二》「婦喪其茀，勿逐，七日得」，其中「七日」是「得」的日子，是特定時間的代詞。

二、從「朋來无咎」之「來」的用法上可以斷定，「七日來復」的「來」也用作到達之義，這也就是說，「七日來復」指「七日」來到之日可以從事「復」（《易》中凡「來」字无不是指到來之後的。先秦文獻中「來」字也多不指到來之過程），因知「七日」是「復」的日子，也是特定時間的代詞。

顯然，「七日」就是特定的集市貿易日子。為什麼又說這個日子指的是計算集市交易的日子呢？

甲骨文「七」字于橫畫中加以小豎，會當中切斷橫畫之意——丁山認為它有從中切斷之義，是切斷之「切」的初文。一旬十天，甲、乙、丙、丁、戊、己、庚、辛、壬、癸，按此理解「七日」是從一旬當中選出一個特定日子來切分，切分得出的日子，就是計算可以經商貿易的吉日。

《象傳》釋本卦曰「先王以至日閉關，商旅不行，后不省方」。它告訴我們：古代冬至、夏至的時間各方國關閉國門，君主不出外巡察，商旅停止經商。大致那時一年分為春、秋兩季，冬至為春的開始，夏至為秋的開始。若是，那麼夏至、冬至除外，總得有個經商貿易的日子，這日子可謂「七日」，這日子得出的依據是春天為「甲」日，秋天為「庚」日。

《禮記‧月令》有「甲」為春天日名、「庚」為秋天日名之說。從《蠱》之「先甲三日，後甲三日」、《巽‧九五》之「先庚三日，後庚三日」的語辭裡可以推知，《易》產生的時代曾有以「甲」「庚」為夏至、冬至後計算經商貿易的起點之時。

可見「七日」以春之「甲」、秋之「庚」為切分點。如此說法有何根據？

根據一：《蠱》的卦辭為：「元亨。利涉大川：先甲三日，後甲三日。」很明顯「甲」前三日、後三日去經商會有如「涉大川」之利；

根據二：《巽‧九五》之辭為：「貞吉，悔亡，无不利，无初有終；先庚三日，後庚三日，吉。」很明顯「庚」前三日、後三日去經商是「吉」的。

這又說明經商有它自己的吉日。然而這個經商的吉日是什麼日子？我們從已知的「七日」來切分，然後按春天的「甲」日、秋天的「庚」日為基礎前推後推各三日，再參照殷人計十日為一旬的習慣，就不難得

到這樣一個旬日日序表：

冬至後春天——辛、壬、癸、甲、乙、丙、丁，辛到丁「七日」；

夏至後秋天——丁、戊、己、庚、辛、壬、癸，丁到癸「七日」。

原來這「七日」是春天每旬的辛、丁日，秋天每旬的丁、癸日。為什麼這幾個日子利于經商？答曰：陰數。以《易》單數為陽、雙數為陰的慣例，不難看出上列旬名日序表中「甲」「庚」為單數，「辛」「丁」和「丁」「癸」為雙數。

天陽地陰，雄陽雌陰……陰的能夠生殖繁衍！

《易》的編著者不僅持此觀念，甚至還認為商業的本質是求得錢貨的生息和增殖（詳見《坤》「西南得朋」釋）！也許欲錢貨生息增殖的希望，使一年兩季之春季的雙數日「辛」「丁」，秋季的雙數日「丁」「癸」，成為貿易的吉日了吧。正因為如此，「七」就成了陰數吉日的代詞，「七日」更成了集市交易的時機。

「利有攸往」，以經商為目的，所到之處均可得利。

初九：不遠復，无祇悔，元吉。

象曰：不遠之復，以修身也。

釋「不復遠，无祇悔，元吉」：

「不遠復」，貿易買賣，不到很遠的地方去。

「祇」，義同《坎·九五》「坎不盈，祇即平」的「祇」；借作「氏」，指招致災悔。卜辭「氏」字用作動詞，有招致、攜領、隨帶之義，其與此處用法相同：當時的商業往往離鄉背井，在人地兩疏的情況下活動，有一定的危險性，而且離鄉越遠，危險也越大（《同人·九三》之「伏戎于莽，升其高陵」，反映一些邦邑對商旅攔劫搶奪的情況，可參照著讀）。「不遠復」就是對此提出的告誡。「祇」，《帛》作「提」。甲骨文的「氏」象形人提東西，是「提」的本字，其在「氏」借為姓氏之「氏」後，才以「是」表示手提之義，最終加以手旁，成為今天的「提」字。由這角度上分析，「无祇悔」的「祇」，即甲骨文的「氏」字。

「元吉」，「不遠復」便獲利之吉，是從事商業經營之吉的大吉、首吉。言外之意，「遠復」則吉少凶多。

六二：休復，吉。

象曰：休復之吉，以下仁也。

釋「休復，吉」：

「休」，從人依木，會意休息。「休復」，應對照《六三》「頻復」生義；指有勞有逸的「復」。「吉」，按時去市場經商，按時回家園休整，是好的。《象傳》釋「復」：「先王以至日閉關，商旅不行，后不省方」——說以前的君王，在冬至夏至之時，上應天行，閉城鎖關，不巡方、止商旅，或就是此「休復」的前提。

六三：頻復，厲无咎。

象曰：頻復之厲，義无咎也。

釋「頻復，厲无咎」：

「頻」，頻繁。「厲，无咎」，極頻繁地貿易往來，不免有所勞苦艱難，但因其利人利己，所以也沒有過錯。

六四：中行，獨復。

象曰：中行獨復，以從道也。

釋「中行，獨復」：

「中行」，不指途中、中途的意思，指行為活動中正不偏、公道光明等。《易》在一些卦中曾多次出現過這個詞，意思均同此。

「獨」，唯獨、唯有，猶今必須、一定之意。「中行，獨復」，可理解為「復獨中行」的倒裝句。謂進行商業經營唯有持「中行」的態度才成。猶似今天強調「公平交易」「童叟无欺」「誠懇待客」之類的商業道德要求。

六五：敦復，无悔。

象曰：敦復无悔，中以自考也。

釋「敦復，无悔」：

注：此和上爻應是「中行，獨復；敦復，无悔」的分置之辭。

「敦」，厚。「敦復」，厚厚道道地經商。「无悔」，經商唯有居心「中行」，待人淳厚才能沒有危險。

上六：迷復，凶，有災眚：用行師，終有大敗；以其國君凶；至于十年不克征。

象曰：迷復之凶，反君道也。

釋「迷復，凶，有災眚」：

「迷」，失。「迷復」，對照下文「用行師……」，知道它是指商旅過往地的地主，把商人的錢財貨物侵佔吞沒了。今山東平度一帶口語說人侵沒了別人的財物，仍為「迷下了」。

「眚」，甲骨文用作動詞有巡視、省察的意思。《易》中它被用作動詞，有災難盯視著受難對象的意思。如《震·六三》之「无眚」，指雷神不把降災之眼盯著怕降災者的意思，《无妄·上九》之「有眚」，指天用降災之眼盯著「无妄」劣「行」的意思。

釋「用行師，終有大敗；以其國君凶」：

「災眚」以下辭句均指上天對「迷復」者的懲罰，亦即「災眚」所及的範圍——其一為「用行師」，其二為「國君」，其三為「征」。

「用行師，終有大敗」，「迷復」者之國，動兵大事因「迷復」之舉觸犯了天意，終會得致禍害、毀敗的下場。

「以其國君凶」，「以」指具體「迷復」的人。「國君」指一方方國的領主。當時的方國可能屬轄一些邑落，這些邑落多被方國領主委托一些人員管理著。像《臨》卦裡說的臨視和被臨視的對象，就是這些方國的國君及屬邑的管理人員。如果一國國君並沒參與「迷復」，而是他的屬轄之邑落、地盤中有人「迷復」，那天懲之災也要落在國君的頭上，也就是說，國君親躬「迷復」要倒大霉，他屬下的人背著他「迷復」，他也要承擔天譴。

釋「至于十年不克征」：

此與《頤·六三》「十年勿用」的意思一致，都是《易》對不義之邦君邑主的詛咒。

「至」，義同《臨》「至，于八月有凶」的「至」；對照下文之義，指集中能參加征戰的男子。「十年」，泛言年月久長；指沒人可以為征戰兵員的時間。「克」，能。「不克征」，許許多多年都招集不到能夠出征作戰的成年人了。

這七個字是婉言，說因為「迷復」而受天罰，使其國能作戰的男子漢都死了，死得極乾淨，出現了一代人青黃不接的淒涼，乃至多少年月毫無敵抗外人侵淩的力量。《同人·九三》「伏戎于莽，升其高陵，三歲不興」的意思與本爻相似。

25、无妄 ䷘

天雷无妄。乾上震下。

无妄。元亨，利貞。其匪正，有眚，不利有攸往。

彖曰：无妄，剛自外來，而為主于內。動而健，剛中而應，大亨以正，天之命也。其匪正有眚，不利有攸往。无妄之往，何之矣？天命不佑，行矣哉？

象曰：天下雷行，物與无妄；先王以茂對時，育萬物。

釋「无妄」：

「妄」，迷亂之義。「无妄」即不迷亂。人處事不迷亂，是了不起的，但怎樣評價這種了不起呢？這就是本卦要定的標準。

釋「元亨，利貞」：

「元亨，利貞」，處事不迷亂，是神靈能得祭祀的首要條件，亦利于宗族家國的存在。

釋「其匪正，有眚，不利有攸往」：

「匪正」，不正。「眚」，災禍。

「不利有攸往」，處事不迷亂而觀念不正確，這是神靈不允許的，它不但會因此降災于你，還會使你的所往所行都遇到不利。

迷亂和不迷亂，是認識進深度的問題。同是不迷亂者，卻因觀念立場的優劣而結果大不一樣。譬如，追求生產力的發展以改變社會和堅持以烏托邦的理想來改變社會，二者是認識上不迷亂的表現，但在社會實踐上分出了優劣，原因就是所持立場是否適應人的生活規律。

初九：无妄，往吉。

象曰：无妄之往，得志也。

釋「无妄，往吉」：

此爻是針對卦辭之「匪正」「不利有攸往」而言。

持正確的觀念又不迷亂者，所往所行有吉有利。

六二：不耕，獲，不菑，畬，則利有攸往。

象曰：不耕獲，未富也。

釋「不耕，獲，不菑，畬，則利有攸往」：

「菑」，音資，墾荒後種了一年的土地；用作動詞，指墾荒。「畬」，音餘，種過三年的熟地；用作動詞，指耕熟地。《爾雅・釋地》：「田，一歲曰菑，二歲曰新田，三歲曰畬。」

「則利有攸往」，反問語；不耕種就想收穫，不墾荒就想擁有土地，這種用心指導下的「无妄」，其所行所往能得利嗎？處事不迷亂者有這種思想指導，必然要發動侵掠戰爭。

象曰：行人得牛，邑人災也。

釋「无妄之災」：

這一爻的「无妄」對照「災」生義，指「匪正」的「无妄」，亦即態度、觀點不正確的不迷亂。「无妄之災」，可理解為「无妄，匪正之災」的節文；謂邑主將兆之災。

此「災」指邑主因態度、觀點不正確而又「无妄」將會招致的災，這災具體形成的情況是：清楚過失在彼，卻因彼鞭長莫及而轉殃及于无辜的此，以泄己憤；「災」在于失去人心。《比・九五》「王用三驅，失前禽，邑人不誡」，說英明的君王不因自己的運氣不佳而怨天尤人，用意與這裡雖說相反，前提卻也近似。

釋「或繫之牛，行人之得，邑人之災」：

「或」，或如，例如。「繫」，繫礙著牛，使之不能自由行動；特指邑主不欲令牛走失。「邑人之災」，這「災」指邑人憑空受到邑主怨枉、懲處。換句話釋這一爻：某邑主把牛拴在一個地方，給過路的人順手偷去，結果與此无關的邑人反得到他的懲處。牛被外人偷走這對他是清楚不迷的，他卻肆意胡為，罪罰无辜的邑人，因此受罰被害的邑人也將給他準備下更大的災難。

《易》多處論及到邑人對邑主的安危關係，這可見當時的「邑人」絕非任邑主擺佈的奴隸。我們只要仔細體味一下《訟・九二》之邑主「不克訟」造成邑人大批逃走的情況，就多半會明白邑人和邑主所處位置如何了。

252

九四：可貞，无咎。

象曰：可貞无咎，固有之也。

釋「可貞，无咎」：

此爻可理解為「无妄，可貞，无咎」的節文。

謂觀點正確的「无妄」，利于宗族家國的存在，也不會有過錯。

九五：无妄之疾，勿藥有喜。

象曰：无妄之藥，不可試也。

釋「无妄之疾，勿藥有喜」：

「疾」，即《豫·六五》「貞疾，恒不死」的「疾」；喻正確觀點之「无妄」者的小過失。「喜」，指病癒。凡不為病情心生迷亂的病，應是一般常見的小病，不用針藥治療，也會自己轉好。

統治者觀念正確，即便有小枝小節的錯誤，也會在觀念推行時得以糾正。此猶「文革」時流行的政治術語「看大節，不要糾纏小節」之意。今稱讚人「小事糊塗，大事聰明」似亦源于此。

上九：无妄，行，有眚，无攸利。

象曰：无妄之行，窮之災也。

釋「无妄，行，有眚，无攸利」：

「无攸利」，指「行」而「有眚」的「无妄」。

此爻說觀念不正確而又處事不迷亂之人，其所作所為將被老天看在眼裡，總會得隙降譴于其人，其人即便獲利也不會長遠。

26、大畜 ䷙

山天大畜。艮上乾下。

大畜：利貞，不家食吉；利涉大川。

彖曰：大畜，剛健篤實輝光，日新其德，剛上而尚賢。能止健，大正也。不家食吉，養賢也。利涉大川，應乎天也。

象曰：天在山中，大畜；君子以多識前言往行，以畜其德。

釋「大畜」：

在《易》中凡「大」字一般含有正統的、正當的、標準的、應該的等意思。「畜」，聚留、集得的意思。「大畜」。大聚、大留、大集、大得，亦即正當、標準的聚留、集得。

這一卦總體上刻劃了一個理想國的建設方針，同時提出消除當時社會動亂因素的兩個策略，那就是一方面使「輿說輹」「良馬逐」「閑輿衛」，另方面「牿」童牛，「牙」豶豕。

釋「利貞，不家食吉；利涉大川」：

「利貞」，「大畜」之道利于宗族家國的存在。

「不家食，吉」，不在家裡吃飯，是社會出現「大畜」的標誌——《彖傳》釋此「養賢也」，是說家國聚留、集得正當，社會出現了賢人得到邦君領主敬重、供養而「不家食」的吉祥狀態。

「利涉大川」，一個家國能正當地聚留、集得，其利之大，可比人安渡素來危險的河川之利。

初九：有厲，利已。

象曰：有厲利已，不犯災也。

釋「有厲，利已」：

「厲」，危險，災害，不寧。「已」，結束。「利已」，因為社會呈「大畜」狀態，所以有災險之兆，也會利于消除。

或釋「已」借為「祀」，「利已」乃有災厲祭祀求神則會禳解得佑，似優。

九二：輿說輹

象曰：輿說輻，中无尤也。

釋「輿說輹」：

此與下爻為屬爻分置之辭。

「輿」，即《九三》「閑輿衛」的「輿」，指兵車（詳見《剝·上九》釋）。「說」，假借「脫」。「輹」，通輻；車輻，借代車輪。「輿說輹」，兵車的車輪脫離開車廂。

對照《九三》「良馬逐」，此婉說不主動發動戰爭，亦即不發動侵掠他人的戰爭。《小畜·九三》以「輿說輹，夫妻反目」，說不正當之聚留、集得成風的社會，沒有戰爭的時間甚短暫，與此處用意全然相反。

九三：良馬逐——利艱貞；曰閑輿衛——利有攸往。

象曰：利有攸往，上合志也。

釋「良馬逐——利艱貞」：

「良馬」，好馬，指用于駕駛戰車的馬；戰爭使用最好的馬，等于減少了敵人進攻的速度和力量。後來著名的伯樂哭良馬服重蹣跚于太行之阪的故事，即良馬必用于戰爭的反映。「逐」即《睽·初九》「喪馬，勿逐，自復」的「逐」，特指追趕獸類。

甲骨文「逐」字從止（趾）在豕後（豕，或作犬、兔），表示人在追趕動物之意。卜辭中「追」與「逐」的意義區分很嚴格，「逐」用作追趕動物，「追」用作追擊敵人。「追」「逐」在西周以後才成為同義詞（大畜圖1）。

《易》中「逐」字多見，用法同甲骨文大同小異，小異之處如《震·六二》「勿逐」、《既濟·六二》「勿逐」，其「逐」的前提是物，不是獸（《震》讓奴隸主不要逐利逐財而令奴隸在雷季經商，《既濟》讓渡河者不要逐趕獻給水神以利安渡的

大畜·圖1：商代甲骨文「追」（左《前》五一三七二、中《京》四三九一）、「逐」（《前》三·三三·三）。

商代甲骨文中「追」由追趕的趾、控制馬匹的銜勒同構，因為馬匹是當時作戰的工具，所以會意追趕人；追趕獸等无關戰爭的東西，用「逐」。

「茻」，這說明《易》產生的時代尚處于「追」「逐」未混用的周代以前。

「良馬逐」，婉言。「大畜」社會沒有「富以其鄰」的戰爭，但對別人「富以其鄰」的入侵卻要打擊。我這樣解釋的理由有二：

一、當時狩獵等于戰爭演習，言及狩獵也等于說戰爭準備，因此，這裡的「逐」字，在借代狩獵的前提下轉及戰爭準備；

二、《易》中所有戰爭言辭的核心，都是反對侵掠的，但對別人入侵的回擊，卻給以支持，如《同人》《蒙·上九》《漸·九三》都能證明這點；然而戰爭和狩獵有著範圍上的不同——邑邦領主們的狩獵只能在自己的領地裡，所以，這個「逐」字在借代狩獵的前提下，特又借指自己邑邦中將出現的戰爭，這戰爭是別人入侵的戰爭。

「良馬逐——利艱貞」，「大畜」社會不發動侵掠別人的戰爭，像軍車良馬這等戰爭工具，只用于狩獵和敵御侵掠，這樣即便在艱難的處境下，也有利于宗族家國的存在。

釋「曰閑輿衛——利有攸往」：

「曰」，釋家一般多謂此是「日」字形訛。按：應是發語詞。《詩·秦風·渭陽》》：「我送舅氏，曰止渭陽。」

「閑」，《帛》作「闌」。《說文》：「閑也，闌也，從門中有木。」門中有遮攔之意；此處義同《家人·初九》「閑有家」的「閑」，指家園用門阻擋內外、邑國有門限制內外之意。「衛」，兵衛之士。上文既說軍車良馬不用于發動侵掠戰爭，此「輿衛」就該是個詞組，專用于指善于車戰之士。

「閑輿衛——利有攸往」，婉言讓能戰善馭之士在家園、國門之內為抗擊入侵而發揮特長，不是用于出境侵掠，那麼所到之處都有利无害。

《否·九五》說休止不義的入侵之戰只在自己的邑國之內、《同人·上九》說「同人」御敵的範圍只在被侵的邑國之內等，其思想的落腳點與此相同。

六四：童牛之牿，元吉。

象曰：六四元吉，有喜也。

釋「童牛之牿，元吉」：

「童牛」，指雄役用牛。今山東一帶稱公馬為「兒馬」，稱雄牛為

「童牛」。李鏡池認為「童」借為「撞」，以說明「童」非喻牛之幼小。《說文》「告」部引《易》作「僮牛之告」，「僮」男性奴役之謂，喻牛。

卜辭裡有專用于祭祀而欄養的牛，其名曰「牢」，相形之下就該有專供役用的牛，猶今天之牛有奶牛、菜牛、耕牛的區別。對照下文的「牿」，其指役用牛的可能性大，因為，用為祭祀欄養的牛也有公牛，給他們制以「牿」來防備觸人，則大无必要。「牿」，牛角上的木架。今河南農村仍有將性喜觸人的公種牛頭上橫拴木棍的。《帛》此字作「鞫」。今山東、浙江有些地方稱牛鼻子穿孔貫上的鐵圈或小木柱為「牛鼻古」「牛鼻拘」，「拘」音近「鞫」，不知是否指同一樣東西。牛發起牲子來極為兇狠，一旦穿上牛鼻索就易控制了。

「元吉」，吉中的首吉，好中之頭等好；指馴服好役用牛以用於經商貿易。

或謂此爻指制止公牛觸人，使不利轉為有利等。其實不然。本卦與《小畜》所述問題僅角度的不同而實乃一致，所以，此之所有，必也彼之所具：

《小畜》之《九三》《六四》《九五》反對戰爭掠奪致富。與本卦《九二》《九三》一致；

《小畜》之《上九》反對搶婚，與本卦《六五》一致。《小畜》卦辭和《上九》要求敬天禮神，與本卦《初九》《上九》一致；

《小畜》之《初九》《九二》要求經商，則必與本卦此爻一致。

好比今紅十字車區別其他用途的車，當時商人經商駕的是牛車，以區別與戰爭關係極密切的馬駕車。將牛制服，令其不觸人，從而有利經商。《書・酒誥》說商人「肇牽牛車遠服賈」，《小畜・九二》「牽復」之「牽」，說那時經商之車必駕以牛。《易》所以提倡經商，目的在用貿易致富的手段，代替掠奪致富的戰爭——本卦《九二》《九三》希望消滅戰爭的言辭，就是這一片苦心的證明。

六五：豶豕之牙，吉。

象曰：六五之吉，有慶也。

釋「豶豕之牙，吉」：

「豶」，清俞正燮《癸巳存稿》卷一「豶正為未劇（閹割）之豕」。我認為此指不閹割又不令其與母豬接觸的公豬。從《賁》卦之反映來看。這種公豬是《易》時代用于聘娶女方的禮物——它用作表示男

方到女方邑落不是搶婚，而是聘求婚姻（詳見《賁》釋）。「豕」，小豬。「牙」，同「互」。「互」，同「桓」，木框木架之類。

「豶豕之牙」，為了有利于更好地傳宗接代，婚娶女人，將用為聘禮的公豬還小的時候就框養起來。未閹割的公豬長大後性情兇暴，能傷人，甚至食人，特別是發情時更難控制。在它小的時候框養起來，長大了既不能輕易為害，又不能接觸母豬，失去童子豬之身，而且作為聘娶禮物，也容易被移動。估計這是給女方家的種豬之類。

從《賁·上九》中看，那時用于聘禮的禮豶越大越好。聘婚為了成家，甲骨文的「家」就是以盧舍和公豬同構的會意字──「家」字的字境，就是以不失童子豬身的大公豬，為聘婚成家之信物的。

「吉」，「大畜」社會娶婦不同于野蠻的搶婚，所以把特定的婚娶信物──公豬，在很小時框養起來，以便待時而用。

《帛》「豶」作「哭」，一本作「吠」；哭豕、吠豕，猶今山東人稱公驢為「叫驢」，「叫」「哭」「吠」狀雄性別的獸，擷取其特徵的角度相似。「豕」，《帛》作「稀」。

上九：何天之衢，亨。

象曰：何天之衢，道大行也。

釋「何天之衢，亨」：

「何」，通「荷」。「荷」，承受。

「衢」，李鏡池注：「休也，祥也。瞿聲。𤰔，讀曰拘（《說文》）。休，讀曰煦（見《周禮·考工記》弓人「休于氣」鄭注）。拘、煦，均從句聲。鸜鵒也作鴝鵒，可作助證。故衢、休聲義通。」「何天之衢」，「大畜」社會承受著天的福祐。

按：「衢」，《說文》釋：「四達謂之衢，從行，瞿聲。」即四面通達之路。甲骨文「行」字象形四通路口，象形之義同《說文》釋「衢」。在《易》中凡「行」字大致有這幾種用法：

一、與別的詞合為詞組如「中行」（見《泰》《益》《夬》等）、「行師」（見《謙》《豫》《復》等）；

二、用作行走之義，如《夬·九三》之「獨行」、《艮》之「行其庭」、《震·六三》之「震行」；

三、行為、趨向，如《无妄·上九》之「无妄，行，有眚」、《坎》之「行有尚」、《明夷·初九》之「君子于行」。

根據《象傳》「何天之衢，道大行也」的解釋，我認為「衢」在這裡可能義同《易》中「行」字的第三種用法，有道路的意思，也有行為、趨向等含義，因此「何天之衢」就該解作：承受自天的通途。「大畜」社會，統治者足下的道路趨向承受于天，按天的意志活動于人世，故而「亨」。

　　「亨」，祭祀神靈。「大畜」社會統治者足下的道路四通八達，合乎天意，所以他們可以亨祭神靈，得到神靈回報的福祐。

27、頤 ䷚

山雷頤。艮上震下。

頤：貞吉，觀頤；自求口實。

彖曰：頤貞吉，養正則吉也。觀頤，觀其所養也；自求口實，觀其自養也。天地養萬物，聖人養賢，以及萬民；頤之時義大矣哉！

象曰：山下有雷，頤；君子以慎言語，節飲食。

頤‧圖1甲骨文「其」字（《鉄》二一八）、《邾王子鐘》、《王孫誥鐘》之「其」字偏旁。

釋「頤」：

舊注多以其為嘴旁的面頰，又因嘴是吃食自養的器官，從而又引申為「養」的意思——例如：「頤養天年」。

我認為本卦「頤」的本義與這些講法牽扯不大。這些講法大概和許慎《說文》中曾釋「𦣝」為「頤也，象形」有關。

「𦣝」就是「頤」。它是「其（箕）」的初文，甲骨文象形簸箕；金文「𦣝」的偏旁即「箕」字的象形（見《邾王子鐘》《王孫誥鐘》）[1]。如果分析不錯，那麼「頤」，即「其（箕）」的假借字（頤圖1）。《禮記‧曲禮》上：「百年曰期頤。」這「其（箕）」與「期」可通假，「期」與「頤」可通假，則「其（箕）」與「頤」亦可通假——1993年3月江陵王家臺15號秦墓出土的《易》占竹簡，有《頤》卦卦名為「𦣝」的記載[2]，可以作為說明。

---

1 見《金文常用字典》卷四之分析。陝西人民出版社，1987年版。

2 見荊州地區博物館《江陵王家臺15號秦墓》。載《文物》1995年1月。其「頤」之「臣」，應釋為「𦣝」。

也許我這個推斷過分大膽。但本卦所反映的情況不能不令人產生疑問：《象傳》謂「觀頤，觀其所養也。自求口實，觀其自養也」，認為「頤」有「所養」和「自養」之分。如果「頤」的意義僅指嘴旁的面頰，「所養」和「自養」之分就莫名其妙了。實際上「觀頤；自求口實」明明白白地說，「頤」本有兩種供人視觀研究的功用：

一種是「自求口實」的，像《六二》至《上九》爻辭中的「顛頤」「丘頤」「拂頤」「由頤」，說的乃其中「口實」呈現可供視觀狀態的「頤」；

另一種則是和「靈龜」即龜卜作用類似的，即《初九》之「舍爾靈龜，觀我朵頤」的「頤」——它比起「龜」之「靈」來，不免絀于「朵」，但其中畢竟還能出現可供視觀研究的卦卜。

顯然這是具備著兩種用途的「頤」。這種「頤」就是「箕」。

此「箕」大致似我們今天一些農村仍舊使用的飯箕——北方多用柳條編成，南方多用竹篾子編成；浙江一帶稱它為「筥箕」，山東沿海一帶稱它為「條帚盤」「飯淺子」「飯笸籮」，只是它們的形狀多不做簸箕形了（山東濰坊有的地方過年上供的饅頭，有必放在簸箕上的）；直到今天，它除了盛飯外偶也有用為占卜的。

飯箕用于占卜，過去多在我國南方的一些地區流行。一般是正月十五夜，將飯箕穿上人的衣服，插筷子在上邊當嘴，把灰粉類的東西放在桌子或託盤中，兩人手持飯箕以畫之，求問桑蠶及家事的吉凶。這種占卜術又叫「卜紫姑」「箕卜」。其實「紫姑」之「紫」即「箕」的訛音，「姑」即「卜」的訛音。還有一種「帚卜」（正月十四日，婦女在夜晚把裙子束在破帚上，叫「帚姑」，扶之起臥，由以占卜吉凶；又叫「帚占」），其名也是「箕卜」的訛變。

「紫姑卜」近代又叫「扶乩」（「扶」，扶架子，「乩」，占卜以問疑），又叫「扶鸞」（因傳說中的仙人都是乘坐鸞鳳降臨的），又叫「扶箕」，其技術比迎紫姑略有演化，方法大致是將木制的丁字架放在沙盤上，由兩人各扶一端，依法請神下降，木架下垂部分即在沙上畫成文字，作為神的啟示，或者神借人嘴與人唱和，表示吉凶等（山東沿海目前所見到的扶乩，多將筷子縛在面籮或糠篩一旁，由兩人扶乩以占問。還有將筆或筷子插在簸箕或飯箕上由兩人扶乩的）。其實這種占卜方法在世界各地都有，而且大都相同，多被稱為「箕卜」或「篩卜」。這說明世界各民族的發展，都有相同的履歷。

那麼本卦產生時代的「頤」或「箕卜」是用什麼形式呢？這不由得令人想到了筮占。

張政烺說，《易》時代的筮占方法很難說清了[3]。但利用蓍草，初步求得幾個數目字，藉以判斷吉凶是可能的。所以古人說「筮，數也」（《左傳·僖公十五年》）。這些蓍草的草棍在什麼地方計數或顯數呢？也許就在「頤」即「箕」上。《莊子·人間世》：「支離疏者……挫鍼治繲，足以糊口；鼓筴播精，足以食十人。」《疏》：「鼓筴，謂布蓍數卦兆也，播精，謂精判吉凶辨精靈也。……賣卜以活命，所得之物可以養十人也。」《釋文》：「司馬云：鼓，簸也，小箕曰筴。」支離疏足以養活十人的「鼓筴播精」之術，即在箕上使蓍草顯示數目的占卜技術。不知這種「鼓筴播精」的狀況，與今天道觀搖動籤筒出簽算卦的情形是否相近。

若這些推測合理，《初九》「觀我朵頤」之所指，或即後來所謂「箕卜」的前身，乃筮占——它通過飯箕而求得筮數吧。

釋「貞吉，觀頤；自求口實」：

「貞吉」，「觀頤」之舉是吉利的、合乎常理的「頤」中之飯食，是宗族家國存在的條件。

「觀頤；自求口實」，乃《易》編著者對本卦敘義的提示：這裡所觀察的「頤」，是從其盛食物以養活人口之角度上著眼的，不在它用于占卜的角度。「自」，從。「口實」，口糧，食物。

《左傳·襄公二十五年》載晏子語：「臣君者，豈為口實，社稷是養（君主豈是求口飯食的百姓，他們是社稷養活的人）。」其中反映的觀念很古老：萬民受君主所養，君主受社稷所養。社稷，即是神靈。「頤」卜時代，「頤」是神靈與人交通的一種工具，與它交通的人，當然是統治者，是邦邑的領主管君。所以《象傳》才將「觀頤」分為「觀其所養」和「觀其自養」兩個方面，一方面是受神靈所養的統治者，一方面是受統治者所養的萬民。這兩方面當然都需要「口實」養活。「自求口實」，即從口糧乃一切人所求養的角度上談「頤」。換言之，本卦研究「頤」的角度不在它可用于占卜之方面，而在其中養人活命之食物的方面。「頤」顯然本指一個飯箕。

3　見張政烺《帛書〈六十四卦〉跋》。載《文物》1984 年 3 月。

本卦是從飯箕中口糧堆集的合不合理，喻說物質財富獲取之利害的。

初九：舍爾靈龜，觀我朵頤，凶。
象曰：觀我朵頤，亦不足貴也。
釋「舍爾靈龜」：

「爾」，你；這裡泛指勢力比較強大的統治者。「靈」，神，指龜卜極靈驗而言。「龜」，用于占卜的龜。

古人把烏龜視做神物，每逢大事，則用龜殼施鑽鑿孔，再用火灼，然後根據龜甲折裂的紋理，得出吉凶，是謂龜卜。這類占卜使用的材料今已發現很多，從新石器文化到殷周，數目要以十萬計。殷代人把占卜的日期、貞者、所占的事項、對卜兆所作的判斷，以及日後是否應驗，記在兆旁，這就是有名的甲骨文。龜卜的方法早已失傳，原因大概需求占卜的範圍和階層之擴大，龜類的匱乏、減少，及龜卜的手續繁雜，筮卜的方法簡便易行等。從《損·六五》《益·六一》「或益之十朋之龜，弗克違（不可用通神極靈的大寶龜，妄求違背身份地位的利益）」中可以看到，龜卜在當時被普遍地迷信、寶貴。

釋「觀我朵頤，凶」：

「我」，即《蒙》「匪我求童蒙」的「我」，指為人算卦的巫師等。

「朵」，《說文》：「樹木垂朵朵也。」指下垂。按：它與「靈」相對，也應是形容詞。它是否與神靈高明之意相反，有低下的意思？或就是有小、卑之義的「垛」的通假字？今山東人還有稱城上的短牆為「城垛子」的。「城垛子」又名小牆、女牆、睥睨等，「小」「女」「睥睨」均是形容它比城牆短小。《帛》此字作「挩」。「挩」，或是「短」的通假。若是，「朵」當為「短」的通假字。「短」有小的意思。

此爻顯然在說：舍龜卜而求頤占之不合理，會致凶事。可推「朵頤」就該是「筮短龜長」的「短筮」——比「靈龜」占卜顯得短缺的筮卜。《易》時代龜卜和筮占同存。古人稱龜占為卜，箕占為筮（《禮記·曲禮上》：「龜為卜，筴為筮。」筴，箕也）。

「觀我朵頤」乃一語雙關：一是不使用神聖的龜版通神，反用較為低等的頤占；二是捨棄你的富足，貪圖我的不足。

《左傳·僖公四年》：「晉獻公欲以驪姬為夫人，卜之，不吉；筮之，吉。公曰：『從筮。』卜人曰：『筮短龜長，不如從長。』」《象傳》：「觀我朵頤，亦不足貴也。」上引兩文說明《易》以後的時代，龜卜和筮占不能相襲，不能先筮占再龜卜，可以先龜卜後筮占。當決定何去何從占卜結果時，應該按照「筮短龜長，不如從長」的原則[4]。也就是說，在《易》的時代也認為筮卜賤而龜卜貴。棄貴從賤，舍長取短，不合常理，這好比用違背天理常倫的手段獲取「頤」中的「口實」，要導致凶禍。

六二：顛頤，拂經于丘頤，征，凶。

象曰：六二征凶，行失類也。

釋「顛頤，拂經于丘頤」：

「顛」，對照「丘」生義，指山頂，喻箕中的「口食」。「拂」，違背。「經」，經過。「丘」，指低于山峰的嶺地，喻箕中的「口實」。

「顛頤」與「丘頤」狀糧食聚集于箕中的過程：箕中的糧食堆若山巔，但它必須經過像嶺丘那樣的堆集過程才可達到，要想不經過這個堆積的過程，那就會動用不合常理的方法，這就是「征」的方法。

釋「征，凶」：

「征」，對照「凶」生義。在《易》編著者眼裡，「不富以其鄰，利用侵伐，无不利」（《謙·六五》），這也就是說，以「富以其鄰」為目的的侵伐都是不利的，凶的。所謂「富以其鄰」，就是搶掠鄰邦近邑以致富。搶掠鄰里為求富，這富不合常理，恰如箕中的糧食堆積沒經過從无到有，到嶺丘，到山巔的過程，突然達到了山巔一般的多，自然是凶象。「征，凶」，靠搶掠之戰以獲得豐衣足食，是兇險的。

此爻可理解為：「顛頤，拂經于丘頤，而欲致顛頤，征，凶」的節文。

---

[4]　參見宋鎮豪《談〈連山〉和〈歸藏〉》。載《文物》2010年2月。

六三：拂頤，貞凶；十年勿用，无攸利。

象曰：十年勿用，道大悖也。

釋「拂頤，貞凶」：

這一爻與《六二》的「凶」，乃指同一行為的結果。

「拂頤」，是「顛頤，拂經于丘頤」的緊縮文。「貞凶」，如果獲取生活資料違背了箕中裝積口糧的規律，對宗族家國的存在是凶事。

釋「十年勿用，无攸利」：

「十年」，許許多多年；不確指年數。「十年勿用」，意思同《復・上六》「至于十年不克征」相同，乃「十年勿用征」的節文；極言掠奪致富戰爭的後遺症之殘酷，殘酷程度，以致許許多多年中沒有可用于為家國征戰的人了。

「无攸利」，「頤」中的「口食」本該靠正當的方式來獲得，如果用搶掠戰爭的方式獲得，那將會受到上天的懲罰，使你家國衰敗，甚至一代成壯年男子死絕，多少年沒有有能力作戰當兵的人，並且再沒吉利可言。

六四：顛頤吉，虎視眈眈，其欲逐逐，无咎。

象曰：顛頤之吉，上施光也。

釋「顛頤吉」：

對照《六二》「顛頤」之「凶」的原因，知道這裡指合乎正當來路的「頤」中「口食」。

釋「虎視眈眈，其欲逐逐，无咎」：

此爻可理解為：正當的「顛頤」，吉，即便外人因此「虎視眈眈，其欲逐逐」也「无咎」。

「眈眈」，盯得緊。「逐逐」，行動很快的樣子。「无咎」，因為箕中的糧食多得冒尖乃正當所獲，即便外人像老虎一樣狠狠地盯著，想如老虎捕食樣一下弄到手，也沒有什麼可怕的。

這一爻與《泰・六四》「不富以其鄰，不戒以孚」所說的道理相同。

六五：拂經，居，貞吉，不可涉大川。

象曰：居貞之吉，順以從上也。

釋「拂經」：

此乃「顛頤，拂經丘頤」的節文。

釋「居，貞吉，不可涉大川」：

「居，貞吉」，對照《六二》的「征凶」之意，推知這是一句反語，意思是：不經過「丘頤」而達到「顛頤」，是不合乎常理的，想達到這一程度，只有老老實實呆在邑邦之中才會有利其宗族家國的存在，一旦要出家離邑去實現悖理的「顛頤」，必然要給宗族家國帶來兇險，因為其「拂經」的欲望、行為，都是「不可涉大川」的。

《易》每以可否渡涉大川為衡量利的大小標準，這因為當時交通工具落後，人們沒有把握在渡急河險川時操縱自己的命運，所以能安渡危河險川，也意味著有臨難不死的大利。所謂「不可涉大川」，亦即不能安渡險川、不利于生命安存。

文獻顯示：至少在商代以前，「居」字義同首都的「都」——《易》中的「居」，多有方國都城的意思（詳見《渙》釋）。

上九：由頤，厲，吉——利涉大川。

象曰：由頤厲吉，大有慶也。

釋「由頤，厲，吉——利涉大川」：

「由」，義同《豫·九四》「由豫，大，有得」的「由」，憑藉的意思。「由頤」，對照「利涉大川」生義；憑藉正當的獲取手段達到了箕中的「顛頤」。

釋「厲，吉——利涉大川」：

「厲，吉」，正正當當獲得「顛頤」，雖然辛苦艱難，但卻是吉利的。「利涉大川」，獲取之道正當，其利之大，如同安渡急河危川之利。

28、大過 ䷛

澤風大過。兌上巽下。

大過。棟橈。利有攸往，亨。

彖曰：大過，大者過也。棟橈，本末弱也。剛過而中，巽而說行，利有攸往，乃亨。大過之時義大矣哉！

象曰：澤滅木，大過；君子以獨立不懼，遯世无悶。

釋「大過」：

「大」正之義。「過」，過頭，超出。正的超出或過頭，是好是劣？本卦列舉了一些現象，目的在于以此倫比，悟解正當之下可過或不可過的事情。

釋「棟橈。利有攸往，亨」：

「棟橈」，宮室建築以框架結框為主要形式的時代裡，棟樑的作用極為重要，這裡以棟樑被屋頂封茅壓得太重，而致彎曲，以例說「大過」的含義——房屋棟樑上茅草苫頂是正當的事情，但是苫草重量過頭的結果，就是「大過」的意義。

「利有攸往，亨」，知道正當而過頭的分寸，外出所到之處會有利，也可以使神靈的祭亨得以保持。

「大」「橈」，《帛》作「泰」「䡇」。「䡇」，即「隆䡇」。「䡇棟」，棟承力最大的中間部分隆起，是其承重力大於一般的特徵（詳見《九四》）。顯然，以「棟」例說「大過」的含義，似更確切些。

初六：藉用白茅，无咎。

象曰：藉用白茅，柔在下也。

釋「藉用白茅，无咎」：

「藉」，墊。「白茅」，多年生草，地下根白而甜美可食，花朵在育苞期也可食用；古人多用它包裹祭神的食物。推想很古老的時代，祖先們沒有更好的食物包裝用品，所以便用白茅包裝或墊托食物。後來容

器發明推廣了，但白茅作為以往時代艱難歷史的情感聯繫而保留下來，使用在祭祀中，成為一種傳統的禮儀之物。古文獻神靈喜歡清潔而以白茅墊托祭品的說法，恐怕就與上述這段歷程有關。今山東一些農村每逢舊曆年祭「柱子」（即祖主），每將替代白茅的麥秸墊蒸雞放上供桌，仍能見到以往傳統崇尚的潛在左右力。

「无咎」，白茅是易得的野草，它自身的價值較卑微，但祭祀大事必用它墊裹祭品。對于隆重的祭祀來說，用卑微的白茅可謂過分，然而這過分卻无錯誤，因為這是傳統，這是神所喜歡的。《易》認為，神靈福祐的前提是被其喜歡，被喜歡者的宗族家國才能長久地存在。

九二：枯楊生稊，老夫得其女妻，无不利。

象曰：老夫女妻，過以相與也。

釋「枯楊生稊，老夫得其女妻，无不利」：

「稊」，新生的葉。「女」，這裡指少女。「枯楊生稊」，喻老夫得到少女。「无不利」，將要終老的男人娶了少女為妻，有些過頭，可是少女能為老夫生子，就變得沒有什麼不好了。

《易》的時代，人繁衍生殖，被視為最重大的事，所以「老夫得其女妻，无不利」。

九三：棟橈，凶。

象曰：棟橈之凶，不可以有輔也。

釋「棟橈，凶」：

「棟」，屋樑中心的梁木。「橈」，彎曲。

「凶」，梁木挺直，本用來支持屋頂，使人安居于下，當它承受屋頂的重壓太大而向下彎曲時，便會走向它的反面，使房屋倒塌成害。

此說正當的事物，超過存在環境的外部極限時，便會向反面轉化。

九四：棟隆，吉；有它吝。

象曰：棟隆之吉，不橈乎下也。

釋「棟隆，吉」：

「棟隆」，指棟樑中間高起來。棟樑中間高起來，不外乎這樣幾個原因：

一、棟樑兩邊向內擠迫的作用力。如果屋頂的壓力與這擠迫的力相諧調，房屋的牢固安全還沒有什麼問題；

二、棟樑自身原本的形狀就是彎曲的。這種彎曲不管使用其上彎或下彎承力，承力的臨界線都是一致的，但在其兩端的撐聯點相同的情況下，上彎較下彎穩定；

或有意將彎料凸面向上使用，以追求心理上的安全感——現代有些建築物的大廳，因用鋼筋水泥結構，本不需要在廳中加支柱，但為了使使用者心理上安妥，多有故意加上支柱的（如北京人民大會堂會議廳），此與這種道理相似。

從「有它，吝」一語中分析，《易》的編著者認為「棟隆」是建築技術運用的問題，「棟橈」則是建築物使用出現的問題。

釋「有它吝」

「它」，甲骨文象形蛇，用作動詞時，有損害的意思。「有它」，棟樑自身存在著自我損壞的因素。「吝」，把木材彎曲的一面向上使用，本為它能特別承受屋頂的重壓，得到好處，但是梁木自身有有害的因素，反會把欲想得到的好處變成壞處。

上爻說正當的事物超越了它存在的外部條件會轉向反面，這一爻說特別正當的事物，也會因自身潛伏的有害因素，向反面轉化。

九五：枯楊生華，老婦得士夫，无咎无譽。

象曰：枯楊生華，何可久也。老婦士夫，亦可醜也。

釋「枯楊生華，老婦得士夫」：

「華」，同「花」。「枯楊生華」，喻「老婦得其士夫」。「士夫」年輕的壯夫。

釋「无咎无譽」：

「咎」，過錯。「譽」，安。「无咎无譽」，義同《坤・六四》「无咎无譽」，謂沒有亂子，也不會有安寧。

「老婦」兩句的風俗背景應是男贅女家。

那時母系社會雖已基本解體，但有些地區仍存留著它的痕跡。《說苑・尊賢》載姜子牙是「老婦之出夫」（被女家趕出去的男人），其前提即為男贅女家。恰如一元化的政治特徵隨封建社會解體而以利于民的面目再出現，母系社會解體後一些社會特徵也會以吉利的面目出現。舊俗稱女人出嫁為「過門」（不出嫁招贅為「倒插門」「招養老女婿」），可說明以往有女子頂門頂戶的社會現象。《管子・小匡》載桓

公自言好色，姑姊妹不嫁，管子以為此行可成霸業。這因女子不嫁，可倒招其他姓氏之人入國入邑，以壯勢力。

《漢書・地理志》說桓公之兄襄公淫亂，姑姊妹不嫁，于是令國中民家長女不得嫁（謂嫁者不利其家），名曰「巫兒」，為家主祠，民至今以為俗。這當然不是襄公淫亂造成的風俗，這是母氏社會形態的遺留。這種「巫兒」所起的作用大致有：

一，招一個或多個丈夫（或固定，或不固定，或夜來朝去），生兒育女留在自家；

二，這也許是「巫兒」之風其原因的另一種活化石——今天南京浦口、江浦一帶，每為大女兒招一女婿來家，這並不因家中无兒，而是由他來幫助女家生活，包括養活女家其他的兒女。而且他的兒子要從女家之姓（亦有生兒多了後，由一男兒承續他原來之姓的）。

母系社會的家是由「母」為中心形成的，進入父系社會，以往那些舊習慣、傳統借一種形式被保留、被追憶。《史記・滑稽列傳》載淳于髡乃「齊之贅婿也」，即為「巫兒」之夫。《說苑・尊賢》之姜子牙「故老婦之出夫」，即為「倒插門」者。《戰國策・齊策》載齊人田駢曰「臣鄰人之女設為不嫁，行年三十，而有七子」，則為「巫兒」招人入門之證[1]。

值得注意的是，姜子牙的封地為「東夷」，商民族亦出自「東夷」，民俗當有一定的因襲性，故而「得其士夫」之風俗自然而然反映在《易》中。

所謂「得其士夫」的老婦，她的社會地位至少類似後代的「巫兒」，所以她和年輕的男子成婚則「无咎」，但是老妻少夫結合的狀況並不能一直安穩地保持著，故而「无譽」。

此爻喻說正當的事物過了頭，即便沒有過錯，有時也會不安寧。

上六：過涉滅頂，凶，无咎。

象曰：過涉之凶，不可咎也。

釋「過涉滅頂，凶，无咎」：

「過」，越。「涉」，渡河。「滅頂」，水淹過了頭頂；婉言淹死。「凶，无咎」，據《象傳》「過涉之凶，不可咎也」的解釋，似乎這是說因渡水淹死，不可歸咎于水的意思。

---

[1] 《史記・賈誼傳》說秦地風俗，子長則出贅，贅則无戶口，逃避了賦役，並壯大了女門。這是贅婿得以保留的一個原因。參見《癸巳存稿》卷七《巫兒事證》條。

從《易》「利涉大川」的含義看，那時代人認為災難危害，都是因神靈怨怒而加于人間的結果，像渡河過這樣的危險事，最能體現神靈對渡者的態度：合乎神靈意志的，就會得以祐渡，反之就難渡。因此，在過渡當中遇到死亡之凶，不應怪罪于神靈和水。也就是說，「過涉」所以「滅頂」，是「大過」的結果，亦即正當過頭的結果。正當過頭而遭到兇險，這不該咎責天，而在于過頭就有危機。猶今天所謂真理過頭一步就是謬誤。

29、坎 ䷜

坎為水。坎上坎下。

習坎。有孚，維心亨，行有尚。

彖曰：習坎，重險也。水流而不盈，行險而不失其信。維心亨，乃以剛中也。行有尚，往有功也。天險不可升也，地險山川丘陵也，王公設險以守其國，坎之時用大矣哉！

象曰：水洊至，習坎；君子以常德行，習教事。

釋「習坎」：

「坎」（坎圖1）在伏羲八卦方位中為西方，卦象為水，為月，屬陰。水陰，至少自傳說中的伏羲時代開始（新石器時代）就是這樣。

然而在文王八卦方位中，「坎」在北方，卦象是水，屬陽。為什麼水屬陽了呢？其實這就是所謂「文王革命」的核心內容。「文王革命」的核心乃顛倒陰陽，這裡所以特別指出，是讓大家清楚今本《易經》不是所謂的《周易》——一般認為《周易》即《易經》和《易傳》的總稱，其實它們關鍵的區別是，《周易》顛倒了《易經》承襲自史前的陰陽屬性秩序。關于這些本書前言裡有說，此處不贅。

從卜辭中得知，商代已有四方神和四方風的專名：西方名「彝」，「彝」象形兩手捧雞宰殺，會意祭祀；其通「夷」，有刈殺之意——在殷商民族玄鳥圖騰崇拜的語境裡，象形兩手捧雞宰殺，足見西方神的可畏。與伏羲八卦西方卦名「坎」相同，「彝」也是卜辭中西方的專用名

坎·圖1：商周器物上的筮數「坎」卦。
《續殷文存》載一銅盤銘文上的「坎」。

詞。也許西方在商王族信仰裡的這種特殊意義，所以「坎」卦敘述核心是可畏的監牢。

《帛》之《易》傳文中「坎」作「勞」，清人馬國翰輯本《歸藏》中「坎」作「犖」，《後漢書‧應奉傳》「多其牢賞」李注：「『牢』或作『勞』。」「牢」與「坎」通，即本卦之「坎」就是監牢之義。

「坎」的本義，與《易》時代監獄稱謂相關。那時的監獄是被築成豎井的坑穴。今天山東大部分地區稱拘押人仍為「坎」（如，說把某人關押起來為「把這人坎起來」，說某人被監禁為「這人叫坎起來了」等。一般書寫這「坎」作「看」，但讀音仍如「坎」）。就方言不講，我們若干有關的用語，仍保留著坑穴監牢的遺痕，例如：「身陷囹圄」「陷人井」「坑人」「陷害」等等——「陷」「井」「坑」的源頭即在穴狀的監獄上。有名的歷史事件，如宋代兩個帝王被囚在枯井裡的事，也說明這種監獄的形式，被一些同等文明線內的民族使用過。今常令人談虎色變的水牢，是這種坑穴式監獄的進化。

《象傳》認為「坎」是「王公設險以守其國」的工具。而「王公設險」的具體方法——「坎」，是在仿習重復的前提下，設置的不同于其他用途坑坎的監獄。簡言之，「習坎」即仿效、學習「天險不可升也，地險山川丘陵也」之「險」的人工建造的監獄。

釋「有孚，維心亨，行有尚」：

「坎」初被仿造，該是用來狩獵的陷井，因為陷井中被捕的動物可以存活下來，繼而被仿造成為畜欄，繼而又仿造成牢獄。自然造就的坑坎天生危險，狩獵的坑坎潛伏危險，畜養獸類的坑坎蓄藏危險，挖做牢獄的坑坎防範危險更製造危險。作為監獄製造的危險如何消除？本卦卦辭「有孚，維心」就是對策。

「有孚」，「習坎」之設而有獲得、收穫；指監押之下轉不利因素為有利。

本卦所及之「習坎」的犯人不是一般人，更不是奴隸，而是貴族統治者。對照《比》「不寧方來，後夫凶」、《兌‧九四》「商兌未寧，介疾有喜」等辭的敘義，分析本卦《六三》《六四》《九五》，知道這些貴族統治者多是些不安分的邑邦領袖，他們入「坎」的原因，恐是自己或屬下濫用戰爭，虜掠致富，直接或間接損壞了商王的利益。他們擁有自己的勢力範圍，和筋骨相連的社會關係，雖然進了監坎，但其勢力和社會關係仍起作用，所以對他們的懲罰就不能輕輕易易，而要重在

「維心」了。

「維心」，指「習坎」所以「有孚」的措施和方法，這措施和方法對照《上六》「繫用徽纆，置于叢棘，三歲不得，凶」而求得；身為貴族統治者的犯人，進入坎中多少有些「人質」的味道，粗暴地綁起來能導致凶果，相對的方法則是不綁人身，而是綁住人的心。《六三》之「入于坎窞，勿用」的對待，和《六四》之「樽酒，簋貳」的待遇，就是「維心」的具體表現。這有如今日不進行肉體懲罰，而提倡所謂「思想改造」的建監方針。所謂「政策攻心」的源頭或也本此。

「亨」，對犯罪的邦邑之主懲罰用「維心」之法，會使神靈得有享祭。「行」，趨向。「尚」，輔助。「行有尚」，爭取犯罪的貴族統治者心服口服，發展下去會得到他們的輔助。

本卦和《困》是姊妹卦，但此在說使用監獄的慎重，彼在說使用刑罰的慎重。

初六：習坎，入于坎窞，凶。

象曰：習坎入坎，失道凶也。

釋「習坎，入于坎窞，凶」：

「習坎」，仿學、習照自然穴坑、陷坑、畜坑而造的監獄。「窞」，《說文》：「坎中小坎也。一曰旁入也。」「坎窞」，猶坎穴、井穴，也指監獄。「入于坎窞」，可理解為「入于習坎之坎窞」的節文。

「凶」，據《象傳》「習坎入坎，失道凶也」之釋，它在說仿造險坑而造監獄本是危險的事，如果故意或輕易把人監坎進去，會道致凶禍的。

九二：坎有險，求小得。

象曰：求小得，未出中也。

釋「坎有險，求，小得」：

「險」，指犯人及犯人的社會關係可能引致的風波。「小」，義同《泰》「小往大來」之「小」，正大的反面；這裡有抑制、屈扭的意思。

設置監獄自身是危險的事，是不得已而為之的事，為了使這種危險不惡劣化，不留後遺症，所以對危險之源──犯人的要求，只要不違背大原則，應該有限制地使其得到。

「險」，《帛》作「訛」。《揚子方言》：「燕代東齊謂信曰訛」。

六三：來，之坎，坎險且枕，入于坎窞，勿用。

象曰：來，之坎，坎終无功也。

釋「來，之坎」：

「來」，來到；指《比》中「不寧方」之領主亦即鬧亂子、對抗商王領導的邑邦領主之類最終來到王庭，表示能臣服。「之」，語助詞。「之坎」，把有過錯但來到商王跟前表示臣服的人坎押起來。

釋「坎險且枕，入于坎窞，勿用」：

「枕」，古文作「沈（《釋文》）」。「沈」，意義同「沉」，有深的意思。對照《九五》「坎不盈，祗既平」之「盈」「平」的含義，「枕」應通「深」字。

「坎險且枕」，參照《象傳》「來之坎，坎終无功也」的說法，「險」當指監獄自身製造的危險而言。「枕」形容這危險之大。

「入于坎窞，勿用」，即「勿用入于坎窞」的倒裝；對犯有製造動亂罪卻終于能來王庭接受處分的人，如果把他們押在坎中監禁會生出更大的危險，就不要再用監坎處置了。

六四：樽酒簋貳，用缶，納約自牖，終无咎。

象曰：樽酒簋貳，剛柔際也。

釋「樽酒簋貳，用缶，納約自牖」：

「樽」，酒壺。「簋」，盛飯的器皿，相當今天的飯盒、飯碗。「貳」，音、義通「膩」，肥膩，指肉食。《禮記·王制》：「六十宿肉，七十貳膳」。

「缶」，這裡指陶制的樽、簋。陶制的食器在品質上當然不及銅質的高貴。由此可見商代在食器上已有標誌身份的區別。

「約」，纏繫，指用繩子繫著樽、簋等。「牖」，窗戶，此處特指坑坎上的蓋板之口。這蓋板作用相當于今牢房之門。「納約自牖」，用繩子吊著陶器盛著的酒肉，從頂蓋的小窗間納入坎中，給犯人享用。

釋「終无咎」：

以酒肉善待犯人，最終不會有什麼大的過錯。

犯人飲食有酒肉，足見其來歷不同一般，社會地位亦不能不予以考

慮。犯人有酒有肉的待遇，可以不因營養不良而死去，其社會關係和一朝離坎後的犯人，也不能藉口監坎者受到虐待而生是非。

將酒肉的容器由銅質改為陶質，這表示犯人原先的社會地位此刻不予承認了。這倒近乎後來的軟禁。其目的不僅要讓犯人受到精神上的懲罰，也讓其他有心者既受教訓，又无話可說，故而結果是「无咎」。

九五：坎不盈，祇既平，无咎。

象曰：坎不盈，中未大也。

釋「坎不盈，祇既平，无咎」：

這一爻相反的意義當是「坎既盈，祇不平，有悔」。

「坎」，這裡對照「盈」生義，同為動詞。「盈」，即《比・初六》「有孚盈缶」的「盈」；滿之義。

「坎不盈」，猶監禁期不滿。「祇」，對照「平」生義。既然「坎」在這裡指監禁而言，「祇」當指被監禁的事由而言；事情由于激化而入監，激化向相反轉化，自然就平靜了。

出于上述推想，我認為此「祇」與《復・初九》「不遠復，无祇悔」的「祇」意義一樣，它們都是「氐」字的繁化（或者還可以說，「祇」借作「氐」）。甲骨文「氐」象形人提東西，其作為動詞有拿著、帶領，和招致、攜領兩種意義，而且它的使用多與戰爭有關。按這種原始的含義，《復》之「不遠復，无祇毀」意即不遠去經商，不會導致兵盜之險，這裡的「祇既平」則指導致兵禍的禍結已解。

此「祇」字亦通《臨》之「至，于八月，有凶」的「至」（此「至」字有招致、帶領兵員之義）。

這裡說的坎監者身份，是舉兵動眾有不規之舉的一方一邑之領主。《蠱》卦要求接替父輩治理邑邦的人要「幹父之蠱」（干犯、抵觸父輩的禍亂行為），就是要求兒輩抵觸父輩擁兵災害四周以利己的罪行；此處的「祇既平」，就包括父輩入坎監禁，兒輩在家善後的這一成分。

「无咎」，沒有壞處。坎監者沒離坎，其入坎的禍結已平，這自然不是壞事。

此爻的前提，是感召了被監坎的人。正因為「樽酒，簋貳」的優待，和可以讓親友探監的寬大（詳見《上六》「三歲不得」注），感化了犯人及其社會關係，所以「坎不盈，祇既平」而且「无咎」。

上六：係用徽纆，置于叢棘，三歲不得，凶。

象曰：上六失道，凶三歲也。

釋「係用徽纆，置于叢棘」：

「係」，綁。「徽纆」，繩索；三股繩經撠的繩為徽，兩股為纆（《釋文》劉表注）。

「叢棘」，古代監獄外每圍上荊棘，以防犯人逃跑。《左傳·哀公八年》：「邾子又无道，吳子使太宰子餘討之，囚諸樓臺，囚之以棘。」此處意思與《困·六三》「據于蒺藜」相似，借指有與外界隔離措施的監禁之處。

釋「三歲不得，凶」：

「三」，泛言多。「三歲不得」，義同《困·初六》「入于幽谷，三歲不覿」之「三歲不覿」，或即「三歲不得覿」的節文；指多年不得與親友等外界人見面。

「凶」，如果對貴族人犯不是維之以心，而是捆綁在監獄裡，多年不得與外界人見面，這是導致凶禍的監坎方法。

看來當時已注意到探監對犯人的攻心作用了。

30、離 ䷝

離為火。離上離下。

離。利貞，亨；畜牝牛吉。

彖曰：離，麗也；日月麗乎天，百穀草木麗乎土，重明以麗乎正，乃化成天下。柔麗乎中正，故亨；是以畜牝牛吉也。

象曰：明兩作離，大人以繼明照于四方。

釋「離」：（離圖1）

甲骨文象形以帶柄的網具捕羽禽（離圖2）。本義是上捕天上的禽鳥——《小過‧上六》「飛鳥離之」即含「離」字天上獲取之義。《雜卦傳》「離上而坎下」的說法，怕也因「離」字古老的本義，有獲取飛于天上之禽鳥的成分。

商民族是少昊、大昊的後人。少昊的鳥圖騰歷被繼承，直到商代。在鳥圖騰崇拜的語境裡，象形以帶柄的網具捕羽禽之「離」字，足見其意義的神聖。對照《小過‧上六》「飛鳥離之」的含義，此「離」有「獲取合乎天意」之意。

卜辭中有四方神和四方風的專名：東方名「析」。我們今天常用的詞「分崩離析」，正說明「離」「析」同義、同聲。「離」，在伏羲八卦方位中為東方，卦象為火，為鳥（日），屬陽。顯然，无論從甲骨文「離」字的字義，還是出土卜辭中東方的專名專稱，都可以說明伏羲八

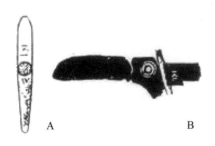

A 　　　　　　　B

離‧圖1：商周器物上的筮數「離」卦。

A：陝西長安縣張家坡西周初年居住遺址出土H172：71號骨簇上的「離」。

B：洛陽北窰西周墓M：203、210銅戈上的「離」。

離‧圖2：甲骨文「離」字（《甲》二‧七〇）。

卦通行于商代。

火陽，中華民族自傳說的伏羲時代（新石器時代）就是這樣。太陽乃火之精，這也是自古流傳下來的認識。所以本卦之「離」不僅有「獲取合乎天意」之意，還有「獲取要光明正大、光天化日」之意。

然而在文王八卦方位中「離」在南方，卦象雖然是火，卻屬陰。為什麼火屬陰了呢？其實這就是所謂「文王革命」的核心內容。「文王革命」最大的特徵是顛倒陰陽。顛倒陰陽有什麼好處呢？譬如說：「掌握財富積累和財富最大積累方式的人應該主宰著社會」，如果我們將其顛倒為「掌握財富積累和財富最大積累方式的人是犯罪分子」，革命也就接踵而至了——與此道理相似，把強調「獲取要光明正大、光天化日」的「離」的屬性翻了過來，那麼獲取的形式就不必「光明正大、光天化日」。所以，在《易》中不厭其煩的「獲取要光明正大、光天化日」之宣揚，就變成了以詭道、陰謀、奇襲為光榮的周代戰爭獲取之道德（如，周武王滅商之戰，就是用奇襲而獲勝）。明白這些，我們可以知道今本《易經》不是《周易》了。

這一卦的目的是向當時的貴族領主、管君提示認識「離」的正確角度，亦即對待獲取的正確角度。這角度怎樣才正確？那就是在獲取上要光明正大。

以往多釋此卦的意義為「明」，因此有了許多就「明」而附會的解釋，殊不知「明」本指光明正大的獲取而言。

《象傳》釋「離」為「麗也」，「日月麗乎天」的意思，其語境為那以前的人認為日、月均由東方升起。日、月並生的東方，是光明的方位，所以「麗」亦「明」也。

《帛》本題作「羅」。《揚子方言》：「羅為之離。」「羅」，捕鳥的網。

釋「利貞，亨；畜牝牛吉」：

「利貞，亨」，對照「畜牝牛吉」生義；獲取要利于宗族家國的存在，並能使祖先神靈得到享祭，但必須是光明正大的獲取。

「畜牝牛吉」，畜養母牛，使其繁殖，從而用于祭祀神靈的牛世世不絕，這才是吉利的。此為婉言。從卜辭的反映看，當時重大的祭神活動必使用牛牲，因此，牛能世代不絕地被用作祭品，也意味著被祭祀者世世代代子孫綿延，家國仍存。「畜牝牛吉」是正確認識「離」的開啟點——能使宗族家國世代不滅的獲取，才是吉利的。

初九：履錯然，敬之无咎。

象曰：履錯之敬，以辟咎也。

釋「履錯然，敬之无咎」：

「履」，步履。「錯然」，錯雜的樣子。「履錯然」，指在各方、各部落、各邑國、各領地間往來的別方他鄉之人，即頻頻經商往來的人。

「敬之，无咎」，對經過自己邑落的商旅們不要劫掠攔奪，以尊敬的態度對待她們，是沒有錯的。

《復·上六》「迷復，凶，有災眚：用行師，終有大敗；以其國君凶；至于十年不克征」，是對劫掠商人者的詛咒，《同人·九三》「伏戎于莽，升其高陵，三歲不興」，也是對聚眾攔劫商旅的詛咒。這些都可為「敬之，无咎」的反注。

本卦針對的當然是各方的邑國之主。《象傳》曰：「履錯之敬，以辟咎也。」其認為讓各邑各國尊敬往來客商，不應依仗地主之利而淩人欺生，以避免麻煩。今天，生客路過某一鄉村時狗吠人圍的狀態，倒可以為此下一絕注。「文革」期間，生人每過一鄉鎮村莊，所受盤察之狀，也可算「敬之，无咎」之誡告語境的活化石。

六二：黃離，元吉。

象曰：黃離元吉，得中道也。

釋「黃離，元吉」：

「黃」，即《坤·上六》「龍戰于野，其血玄黃」的「黃」；地的顏色，借代地，轉又指大地之道、生殖之道。古人認為地生萬物，因此大地的黃色被巫術注入了生殖的功能，便也可以利于生殖。《坤·六五》之「黃裳」，就是說穿著黃色的裙褲，會有大地那樣的生殖能力。今天民間稱性交之術仍為「黃地之術」（傳說還有一本這類的書，名曰「黃帝之術」）。「黃離」，養殖、種植、生殖所得之獲。

「黃離，元吉」的句式與《坤》「黃裳，元吉」相同。「黃裳，元吉」說人類自身生殖繁衍是吉中的首吉，這裡說不靠掠奪獲取，而是靠種植作物、養殖牲畜、繁息奴隸等獲得（還包括經商在內。《坤》「西南，得朋」即說的是經商可以貨生貨，錢生錢），是正當光明的，是吉中的首吉。

九三：「日昃之離，不鼓缶而歌，則大耋之嗟，凶」。

象曰：日昃之離，何可久也。

釋「日昃之離」：

「昃」，太陽偏西。「日昃之離」，太陽落山后的獲取；婉說夜晚出兵偷襲別國他邑以擄掠。

《易》對夜晚出兵襲擊別人深惡痛絕，其不但詛咒侵掠性的偷襲、夜擊，甚至也反對受王命、代王行命的用兵夜襲。如《豫‧上六》「冥豫，成有渝，无咎」、《晉‧九四》「晉如鼫鼠，貞厲」、《升‧上六》「冥升，利于不息之貞」等，都是這方面的反映。

顯然在《易》編著者眼裡，夜晚趁人不備偷襲掠奪，是最典型的不正大光明的獲取。

釋「不鼓缶而歌，則大耋之嗟，凶」：

「鼓缶」，鼓與缶，既為名詞，又為動詞，這裡指讓神下降的樂器。「歌」，與今天歌曲、歌舞的意義完全不同。古代最初歌舞的主要意義為降神和悅神。降神，神下降，附在人的身上借人的聲音和動作顯示意志；悅神，人摹擬想像之神的聲音和動作，使神見到自己被尊崇而快樂。不論降神和悅神，都得叫神知道。

可是神靈怎樣才知道自己被召喚呼叫呢？其道具就是各種樂器，各類神有各類的呼叫樂器，各民族使用他們認為能呼喚、通知自己族神的樂器品種。這裡的「鼓缶」，即是通知神靈的信號發出器，它們是中華民族向自己族神呼號的工具之一種。如過去四川人祭祖的儀式，每先擊鼓通知神，今天日本人祈福，每先搖鈴鼓掌以通知神。《詩‧陳風‧宛丘》「坎其擊鼓，宛丘之下，无冬无夏，值其鷺羽。坎其擊缶，宛丘之道，无冬无夏，值其鷺翿」，其反映的擊鼓擊缶「值」鷺羽而歌舞的通神方式，當如這裡「鼓缶而歌」相似——因為陳人的祖神伏羲，也是商族的祖神，通神的道具當相似。

我認為「不鼓缶而歌」或是「不鼓缶而歌舞」的節文，也或是「歌」即為舞的代表，因為降神愉神的歌舞是分不開的，而且這歌舞與奏樂一定也分不開。卜辭有「乎萬舞」（乎即呼。《甲》一五八五）、「萬叀庸奏」（庸為樂器。《安明》一八二），這個官職為「萬」的人既管舞又管奏樂，能見商代通神的舞蹈樂器相共不分。卜辭記載求雨、祭祀經常用舞，有時連商王也親自舞，這足見有器樂伴奏的舞的重要。這也意味著有器樂伴奏的歌的重要。

當僅有歌舞而无伴樂的時候，神靈應是不會留意的。所以，「不鼓缶而歌」，指非降神誤神而歌舞，亦即不是在祭神之場合下、不是身為與神交通之巫覡的歌舞，乃隨心隨意獨樂自誤之歌舞。這歌舞結果是「凶」的。為什麼？因為「則大耋之嗟」。

「則」，就、即、到之義。《漢書‧項籍傳》：「于是至則圍王離，與秦軍遇。」「大」，堂堂正正。「耋」，《爾雅‧釋言》：「老也。」「嗟」，嘆惜。「大耋之嗟」對照「凶」生意。指受人尊重的老年人死亡之傷歎。老年人死亡不是巫者在喪禮上鼓缶而歌，而是有人到那裡竟然唱歌自娛。

此《帛》作：「日之羅，不鼓而歌，即大経之，凶。」其「即大経之」與「則大耋之嗟」的含義一致：

「即」，就、到之義。「大」，重大、隆重，義同《泰》「小往大來」之「大」。「経」，古代出喪期間頭或腰上結以麻布帶子之謂；借代喪事。《帛》謂「不鼓缶而歌」的人到隆重的喪禮進行之所，違背「鄰有喪不舉杵」的人情常理，載歌載舞。其與「日昃之離」之違背人情天理一樣的「凶」。《史記‧商君傳》載「五羖大夫死，秦國男女流涕，童子不歌謠，舂者不相杵（做飯舂米的擊杵聲音都停止了）。」遇到別人的喪禮不唱歌自娛，乃《易》《史記》時代直到今天的道德守則。

「凶」，「日昃之離」恰如歡歌笑舞走到大喪極哀之家，是背逆人情天理的凶事。

九四：突如其來如，焚如，死如，棄如。

象曰：突如其來如，无所容也。

釋「突如其來如，焚如，死如，棄如」：

此與《六五》《上九》乃一句完整話的屬爻分列。按今天語言的順序習慣，這三爻的排列可看做如此：「王用出征，有嘉：折首，獲匪其醜，无咎；突如其來如，焚如，死如，棄如，出涕沱若，戚嗟若，吉。」這三爻是向各方領主、管君們指出非正常之「離」的下場。不合乎《易》認為的正道獲得，將會受到「王」的出兵征伐，征伐的後果如《九四》《六五》爻辭敘述的那樣。

《易經》認為不合乎正道的獲取，是擁兵侵掠。

「突如」，很快的樣子。「其」，語助詞。「突如其來」，各邦邑的領主、管君們，誰敢以不正當的方法獲取財富，那麼受王命、代王行

命的軍隊會很快地光顧你。「如」，語助詞。以下「焚如，死如，棄如」，均指王師懲罰之舉。

「焚如」，焚了你的房舍呀。「死如」，殺死你的人啊。「棄如」，滅絕你的宗族啊。

「棄」，甲骨文此字從「子」從「手」從「箕」，像捉住小孩扔到箕裡，或加「絲」旁，或手旁加有水滴，像繩綁或流血。金文象形兩手倒捉住小孩，扔到箕裡，均為殘害小孩之義；這裡當指絕滅非正道之「離」者的宗族之義，因為宗族生命的蓄備，在于嬰童小兒。

六五：出涕沱若，戚嗟若，吉。
象曰：六五之吉，離王公也。
釋「出涕沱若，戚嗟若，吉」：

「沱若」，水大的樣子；喻受王師懲罰者淌淚流涕之多。「戚」，憂傷。

「戚嗟若」，指受王師懲罰者憂傷歎氣的樣子。

「吉」，反語；被燒、被殺、被滅絕，使你流淚傷歎，這比起你非正道之「離」所應有的下場，還算是好的，吉利的。

上九：王用出征，有嘉：折首，獲其匪醜，无咎。
象曰：王用出征，以正邦也。
釋「王用出征，有嘉」：

「王」，商王。「有嘉」，以上戰爭的結果必須在王的名義之征伐下出現，才有佳美可言。言外之義非王的名義出征殺伐，即便是正義的，有此結果也是不對的。

釋「折首，獲其匪醜，无咎」：

「折首」，斬首，指斬殺非正道獲取者領主、邦君等人的頭。

「匪」，音義通「彼」。也可能是「匪人」的節文；「匪人」即「非人」，不合正道而「離」的人。「醜」，醜惡的人；有輕視的意味，指敵方之眾。《詩・小雅・出車》：「執訊獲醜。」《大雅・常武》：「仍執醜虜。」

「无咎」，像上述戰爭的後果，只有在「王」用兵維護正道之「離」的前提下，才是沒有錯咎的。

31、咸 ䷣

澤山咸。兌上艮下。

咸：亨，利貞，取女吉。

象曰：咸，感也。柔上而剛下，二氣感應以相與，止而說，男下女，是以亨利貞，取女吉也。天地感而萬物化生，聖人感人心而天下和平；觀其所感，而天地萬物之情可見矣！

象曰：山上有澤，咸；君子以虛受人。

釋「咸」：

中國是一個竹崇拜的民族。竹崇拜的開始時間不能確定，但它肯定是中華民族由野蠻走向文明之途的重要依靠，它的作用甚至堪與石器相匹；《山海經・大荒北經》「帝俊竹林」的記載，是它在无文字記錄時代口口相傳的追憶──「帝俊竹林」的竹子，粗大的「可為舟」，細小的自然可以為弓箭等。「帝俊」是傳說中伏羲氏的別號，他是所謂史前中國沿海「東夷」民族的始祖之一。古人認為「東夷」的「夷」字，象形海岱地區背著弓箭的大漢。「東夷」民族在大海覓食作業中竹子舟筏、籠箕等幫了忙。帝俊圖騰為龍，竹子也是他的圖騰，所以竹子和龍位置可以互換──今天竹圖騰雖然被我們淡忘了，但它的特性，卻成了中華民族品質高尚的擬體。

本卦的「咸」最初指的是「箴」，「箴」後來由「鍼」字代替；它曾是中華民族至今賴以自豪的針灸用針。在青銅發明之前，中國針灸必用竹針──竹子的竹青可以靠石器加工至極細，刺入肌膚，完成針灸。

「箴」實在是中華民族竹崇拜的內容。

　　然而針灸的「箴」為什麼在此乃為「咸」字呢？因為針灸治病的最初掌握者是巫師、部落首領兼職一身的人，這人是持石戚（斧、鉞）以表明身份的人——大概他（她）持的石戚亦即「咸」，比持「箴」來表明身份則更加彰顯。

　　甲骨文的「咸」是個由戚和口組成的字。由良渚文化遺址出土的玉戚復原的形制上看，知道它自那個時代已是象徵龍（鳳）圖騰傳人首領之權威的憑持（咸圖1）[1]；就文獻中常常有將戚作為武器、舞樂之器的記載，推知它還是持之以行巫術、通神靈的東西，這乃古時部落的首領本身也是一個歌舞通靈的巫師所致——它之所以可以借代「箴」乃因為針灸為巫術通靈的驗證物品。

　　根據本卦卦辭「取女吉」的提示分析，「咸」顯然有感動之「感」意義。細究本卦《九三》「咸其股，執其隨，往吝」的意思，不難看到「咸」與「執」是矛盾的。如果「執」的作用在于羈住不去，那麼「咸」的作用則在于放開自任，前個作用在于外來的強制，後個作用在于內裡的自覺。因此「取女吉」只是為把「咸」字闡明的意義作為比喻。「取」同娶。在《易》中，凡是有關娶女人成婚的卦辭、爻辭，通通明白

1　參見張明華《良渚玉戚研究》。載《考古》1987 年 7 月。

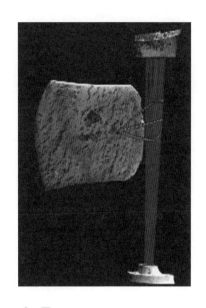

咸·圖 1.1：
良渚文化遺址出土的石戚（石鉞、石斧）復原圖。

285

咸·圖 1.2：甲骨文「咸」（《續》一·五一·五）。

此為商王朝第一代君王湯武的專用字稱謂。

咸·圖 1.3：甲骨文「武」（《續》一·四八·三）。

《易經》今譯·下經

地表示搶婚強娶凶，禮聘求嫁吉。搶婚強娶是強制女方的，故而凶，禮聘求嫁是要女方情願的，所以吉。女方的自願當然是被「咸」其心的結果，可見此「咸」字後來漸漸就會演變成「感」字。

說「咸」後來漸漸演變成了「感」字，還因為為本卦所「咸」的對象是一個整體的人。「咸」的次序是由腳趾到腳，到股，到「悔亡」之處，到背，到腮，到口及舌。那麼所感的「悔亡」之處是什麼地方？從這次序排列上看，它在「股」之上，「脢」之下，聯繫「取女吉」，推想這是生殖器，女人的。這又可見按次序被「咸」的人，是以女人為比喻的。比喻安排得很奇妙。在《易》編著者的眼裡，娶女人不是為了性的樂趣，那第一大的目標，應是生兒育女。因而在「咸」其「股」上「脢」下時，有了「憧憧往來，朋從爾思」的設說。

古老的認識曾經如此：女人一旦和男子有了性關係，便歸男人所有。男人「咸」的對象達到了「憧憧往來」的程度，從而出現了「朋（錢幣）從爾思」的狀態。這「咸」的對象本質上是指什麼人？顯然是替施「咸」者外出做生意的人。從漢代以前大莊園主多委派奴僕外出經商的情況來考慮，受「咸」的人是奴隸。他們被奴隸主委託外出經商，倒有些像唐朝為宮市（皇家商場）外出集辦貨物的皇帝家奴──宦官。自然，《易》時代經商的奴隸是國君邑主的奴隸。

當時人像今天人迷信主義、金錢一樣迷信巫術，認為巫術可以和神靈交通。因此我大膽地推測，當初的「咸」卦當即「箴」卦，可能本是巫術的著錄，是有關發明針灸治病、神巫以竹針施巫的一種追憶文字。

就巫覡施巫而言，「咸」的對象可能是雕人型以象徵的東西，然後通過一種儀式，將施巫對象的靈魂轉移入內的法術（也許傳說中的「巫咸」，是塑人施巫方面的大專家或發明人）。從雕塑史的眼光著眼，雕物塑形施以巫術，是雕塑的起源。

說「咸」本是用于巫術的著錄，還因為本卦所「咸」的對象次序，和近代針刺巫術的啟示相似：

山東一些落後的農村，如掖縣平度交界一帶，還存有借塑像行轉移巫術的方式，如「炸面人」「撕紙紮人」等等。

「炸面人」的大體過程是：向鄰里百家各索取一點麵粉，按仇人的性別塑面人，並將其生辰寫在背後，待夜深人靜，燒開油鍋，用針邊紮面人的各處器官邊喊著仇人的名字，最後在「炸、炸、炸」的叫喊中投入油鍋。據說「極靈驗」（多見于沿海地區。還有用各類材料塑好人形，寫上仇者的名姓，或紮針心口藏起來，或直接投入冀池陰溝等地方

咸‧圖1.4：良渚文化遺址出土之玉戚上人龍同身圖形。

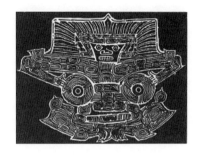

「龍中有鳳、鳳中有龍」，是中華民族距今五千多年以上近乎公認的龍鳳圖騰造型模式，這說明那時已經有了統一的信仰。本圖的龍生有鳳鳥的爪子，證明它和大汶口文化、含山凌家灘文化、紅山文化龍的造型內涵別无二致。

本圖人戴羽冠，說明其為與鳳圖騰換位的神靈，所以其人與龍共身，便是龍鳳共身。這類造型較明顯的多見于石家河文化、商文化出土的圖像之中——它和人龍共首或龍鳳共首的造型，出于相同的信仰原則。

本圖刻在當時領袖所執的玉戚上，它表示這玉戚所具有的權威是龍、鳳一起給予的。

咸‧圖1.5：山東新泰周家莊出土東周齊國竹節戈。

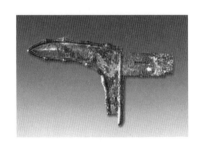

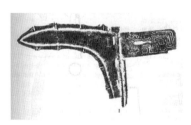

此戈頭外飾的竹子象徵龍——龍與竹均為大昊伏羲氏的主圖騰之一，它和伏羲可以在信仰中位置互換。戈的啄叨功能應該擬鳳鳥之喙——鳳鳥為伏羲之妻女媧的主圖騰。傳說竹子和龍同天生日。傳說鳳鳥非竹子結的果實不吃。這些傳說，皆可為史前竹圖騰在我們淡忘過程中的提醒。顯然此竹節戈寓以龍鳳呈祥之義。

專家說戈上銘文「王」字上加點，是齊人書寫的特點。齊人族源屬于大昊（帝俊、大昊之後姜姓。後來田齊亦為帝俊、大昊之後），竹節戈的寓意正是伏羲（龍）、女媧（鳳）相合護祐呈祥之謂。

竹節戈戈內有眼睛紋，它多見于商代少昊、大昊族繫之圖像中，可見竹節戈的寓意，反映的乃是兩昊的龍鳳信仰。

作《山東新泰周家莊出土東周青銅竹節戈歌》以概括：

新泰遺址戈出土，戈頭圍飾青銅竹，時人懶看此中殊，戈頭有心難言語。君不見中華民族龍為祖，竹命龍命五月舉，誕辰十三墜呱呱，從此竹龍相交互。又不見華夏鳳為老祖母，戈擬鳳喙驅邪惡，鳳啄戈叨摧朽枯，竹附戈邊龍鳳護，自來龍鳳須互補，龍鳳呈祥戈間寓。龍歟？鳳歟？此說可止瞌睡乎？

的）。

「搋紙紮人」的大體過程是：人死入殮送葬前，把紙糊好象徵男僕女婢的人拿到坑、池邊上，幫忙主辦喪事的人這時手執大號鋼針，蹲在坑、池的邊沿上，把紙人的頭對著坑、池，口唱手動，唱到哪裡，針紮到哪裡：搋搋（音如下棋勝負攸關之「將軍」的「將」）你的鼻子搋搋眼，搋搋你的鼻子你鼻子聽使喚（每針紮一器官，必附有「搋搋你的鼻子搋搋眼」一句）……這樣依次紮遍全身有明顯功用的器官，如手指、手，腳趾、腳等等，最終再唱一句「搋搋你的鼻子搋搋眼，搋搋你的腚眼」之後，將紙紮人焚燒，扔在坑、池內。

推測「咸」卦的敘述順序也是「咸」術的次序。

釋「亨，利貞，取女吉」：

「利貞」，將為你經商的人「咸」得十分忠誠，便會使神靈得到祭祀，並利于你宗族家國的存在。

「取女吉」，被娶的女子與丈夫情融一體的最佳狀態，就是「咸」的本質意義；比喻「咸」的作用。「吉」，佳美。

本卦爻辭中凡是人體器官的名稱，本體上是被「咸」之經商受託人，喻體上是被娶的新婦。

初六：咸其拇。

象曰：咸其拇，志在外也。

釋「咸其拇」：

此與《六二》繫屬爻裂置的同一語句。

「拇」，對照下文「腓」「股」「隨」等，知道此指腳的大指；借代腳。

六二：咸其腓，凶，居吉。

象曰：雖凶，居吉，順不害也。

釋「咸其腓，凶，居吉」：

此與上爻相合為義。

「腓」，腿肚子。「凶，居吉」，奴隸在感動下只能腿腳聽你的使喚，令其外出代之經商是凶的，但這樣的人可以在你都邑家居之地控制使用，使之對你有利。

九三：咸其股，執其隨，往，吝。

象曰：咸其股，亦不處也。志在隨人，所執下也。

釋「咸其股，執其隨，往，吝」：

「股」，膝以上部分的腿，即大腿。從喻體上講，這裡有暗示女性生殖器的意味。

「隨」，義同《隨》之「隨」；一義多關：其為腳的別名，奴隸的代稱，又含自由、隨心的意思。「執其隨」，執住腳，不任其隨意前往。

「往」，即《九四》「憧憧往來」之「往」指經商往來。「吝」，危險、困難。

本卦爻辭朦朧在虛實之間：它的本體，是奴隸主對經商奴隸的信任程度，它的喻體，是丈夫與新婦。從本體上講，「咸其股，執其隨」是說奴隸主雖然令奴隸感動得願為其經商奔走，但奴隸主卻對其外出不信任，結果是「往，吝」；從喻體上講，新婦已深感自己為丈之所有，可丈夫卻不信任她，結果也是「往，吝」。

九四：貞吉悔亡，憧憧往來，朋從爾思。

象曰：貞吉悔亡，未感害也。憧憧往來，未光大也。

釋「貞吉悔亡，憧憧往來，朋從爾思」：

這一爻可以理解為：「咸其股，任其隨，貞吉，悔亡……」的節文。

卦中「咸」的次序由下及上，從喻體上看，在股上背下的地方，或者說在股的上端，是女性生殖器的所在。《易》編著者認為，女人在這裡受到了感觸，便「貞吉，悔亡」了。

一直至今，中國的大部分農村女人還這樣認為：一個女子只要和男子有了性的關係，她即為他所有，這認識的源頭，就閃灼透露于此。

「貞吉，悔亡」，信任奴隸，讓他們為你經商，這對于你宗族家國的存在是好的，也沒有危險災悔可言。

「憧憧」，《帛》作「童童」。「童」，《易》對奴隸的稱謂（詳見《蒙》注）。這裡指奴隸代主人經商忙碌不停的樣子。「往來」，從本體上講，指奴隸往來于經商之途。

「朋」，朋貝，成串的貨幣。「朋從爾思」，只要不停地往來經商，你想得多少錢就會得多少錢。《坤》之「西南，得朋」，說商品在流通中增殖升價，意思與此爻一致。

九五：咸其脢，无悔。

象曰：咸其脢，志末也。

釋「咸其脢，无悔」：

「脢」，音每，背肉；借代身軀。「无悔」，整個身體都屬于「咸」者了，便沒有危害可憂了。

上六：咸其輔，頰，舌。

象曰：咸其輔，頰，舌，滕口說也。

釋「咸其輔，頰，舌」：

「輔」，借為「酺」。「酺」「頰」同義，即腮。

對照上一爻，此大意說，被「咸」者全身歸屬「咸」者之後，其五官之情，口舌之言，也就完全合乎「咸」者（本體的奴隸主、喻體的丈夫）之利益了。

32、恒 ䷟

雷風恒。震上巽下。

恒。亨，无咎，利貞，利有攸往。

彖曰：恒，久也。剛上而柔下，雷風相與，巽而動，剛柔皆應，恒。恒，亨无咎，利貞；久于其道也，天地之道，恒久而不已也。利有攸往，終則有始也。日月得天，而能久照，四時變化，而能久成，聖人久于其道，而天下化成；觀其所恒，而天地萬物之情可見矣！

象曰：雷風，恒；君子以立不易方。

釋「恒」：

甲骨文「恒」字大致為兩體，一體象形月亮在「二」之間，「二」象徵天地；月亮于天地上下運行長久不息，會意恒久。另一體以帶弦之弓套著「象形月亮在『二』之間」，用弦月、圓月的運行長久不息，會意恒久（恒圖1）。

卜辭中「恒」用為商王族先公的名字，即王恒。學者們說王恒就是王亥。商王族圖騰玄鳥的本鳥是貓頭鷹，王亥有一個圖形文字專名，乃「亥」上立了一隻貓頭鷹。貓頭鷹晝伏夜出的習性，有可能和本卦的卦名有些一時很難說清的神秘關係。

甲骨文「恒」字的產生，應該有一個月亮崇拜的字境。准此，本卦也應該透露一些月亮崇拜的消息。

甲骨文有一個圖形字：一跪坐的人雙手捧月（恒圖2），它應產生

恒·圖1：甲骨文「恒」（《合集》一四七六二、《前》七·一一·二）。

恒·圖2：《明》七一〇。

自祭祀月亮之字境。月亮被祭祀，月亮就該是一種圖騰。商族自認為是生了太陽、月亮的伏羲、女媧之後代，所以祭祀月亮的情況在甲骨文中出現也是應該的。《易經》中將婦女比喻為月亮，及古代七夕之日婦女拜月的風俗，是這種月亮崇拜的遺留。

本卦《六五》爻「恒其德，貞，婦人吉，夫子凶」的意思值得注意，因為它揭示了月亮圖騰崇拜的側面──在太陽是「夫子」（喻邦君邑主們）、「婦人」是月亮（喻邦君邑主的管理人員）之前提下，在「田无禽」的環境下，像月亮運行恒久不息，是「婦人」的道德，相反，作為太陽的「夫子」，像月亮般運行恒久不息卻為大忌。

《象傳》釋曰：「日月得天，而能久照，四時變化，而能久成。」──本卦指定了面臨重大世事人情之「恒」的不同階段應有的表現。如本卦《六五》以男女雙方喻說持之以「恒」的不同結果，顯然在要求當時貴族不同階層對待「恒」的態度應該有別。

釋「亨，无咎，利貞，利有攸往」：

為使神靈得到祭祀，靈活地對待「恒」之道沒有錯處，也有利于宗族家國的存在，有利于所到之處的關係。

初六：浚恒，貞凶，无攸利。
象曰：浚恒之凶，始求深也。
釋「浚恒」：

「浚」，《帛》作「夐」，《說文》：「夐，營求也。」可見「浚」乃索取、獲得之義。《左傳·襄公二十四年》：「毋寧使人謂子，子寧生我，而謂子浚我以生乎？」《注》：「浚，取也。言取我財以自生。」索取為什麼會「貞凶，无攸利」？仔細分析分析辭義較明白的《九三》至《上六》四爻，得知本卦說的是當時的國之大事：祭祀與兵戎，可見「浚恒」是指長久不休的動兵索取、獲得而言。《易》認為最好的獲取是「黃離」（種植作物、繁衍人口、養殖畜類而獲有），最劣的獲取是「富以其鄰」（靠虜掠別人以致富），所以動兵「浚恒」是「貞凶，无攸利」的。

《象傳》釋此爻為「浚恒之凶，始求深也」，似謂其「凶」指挖浚護城河而言。看《渙》所反映的現實，那時邑國四周挖掘的溝壕，是很重要的軍事防御設施，如果這設施不停地挖下去，是備戰不息的表現，也就是被別人攻擊不息的表現。為什麼會被別人攻擊不止？這只要看一

看《泰‧六四》「翩翩——不富以其鄰，不戒以孚為」就知道了：顯然《易》認為被別人攻擊不絕，是你首先發難用兵得到的回報。這就是說「浚恒」在婉言長久地招致戰爭之禍。此與前一解釋意思本質上无異。

釋「貞凶，无攸利」：

長久靠戰爭得以獲取，是宗族家國存在的禍凶，沒有一點利處可言。

九二：悔亡。

象曰：九二悔亡，能久中也。

釋「悔亡」：

「悔亡」，災危消滅。其對立概念是「有悔」「貞凶」之類。

《象傳》釋此為「悔亡，能久中也。」這個「中」不該是心中的「中」，因為心中所持之「恒」是能轉化的，它可以于「婦人吉」，也可以於「夫子凶」，它顯然是持中之「恒」。那麼持中的對象是什麼？

且看《九三》它說在宗族存在上要恒久持中于「德」和「羞」，《九四》《六五》說于家國存在上要持中于內裡不變的忠誠，和對外靈活適勢的態度，餘下的《初六》之「貞凶」和《上六》之「凶」自然是沒有持中的結果，也就是說，《象傳》「能久中也」是指戰爭觀上的持中之「恒」，這個「恒」不會致使主動的發兵（浚恒），不會造成被動地興師（振恒），乃是對永遠沒有戰爭之境的追求，能如此之「恒」，便能「悔亡」。

恒‧圖3：甲骨文「德」（《人》八七六）金文「德」（《牆盤》《卒鼎》）。

九三：不恒其德，或承之羞，貞吝。

象曰：不恒其德，无所容也。

釋「不恒其德」：

「德」，甲骨文由象形道路的「彳」，及目視懸錘（準繩；它呈現的直乃為天定）的「直」構成（恒圖3），有按標準行動、做事的意思，可見「德」有「事」之義，其「事」應當合乎特定時空公認的行為法則。

《易》中的「德」，一種意思可理解為合乎神意天志的行為，如：

《益·九五》：「有孚惠我心，勿問，元吉；有孚惠我德（在獲取方面，講良心之獲和不疑之獲，是合乎神意之行為的一種表現）。」《小畜·上九》：「既雨既處，尚德載（上帝讓雨下或不讓雨下，這要看需要雨水的人有沒有合其心意的行為）。」

《易》中的「德」，還有一種意思可理解為堅持原則的舉動，如：

《蠱·上九》：「不事王侯，高尚其德，凶（不為懲治過父輩錯誤的王侯效事，堅持追隨著父輩的行為原則繼續危害四周，凶）。」本卦《六五》：「恒其德，貞，婦人吉，夫子凶。」

這兩種「德」有區別。此處「不恒其德」是上述第一種「德」，乃合乎神意天志的舉動，有這種「德」的人會受到神靈福祐，這「德」體現於不為富己的目的侵伐虜掠別人，和不為自己宗族的繁衍出兵搶婦女婚配等等。我之所以這樣說，是因為《易》凡有關得福的敘述，都是合乎神靈意志之「德」的結果。例如《泰·九三》「勿恤其孚，于食有福」、《晉·六二》「晉如愁如，貞吉；受茲介福于其王母」等，便是說明。

釋「或承之羞，貞吝」：

「承」，義同《否·六二》「包承」之「承」；指取得、獲取。「承」，甲骨文「承」「奉」為一字，象形雙手從陷阱裡向外取人，或象形雙手將人舉起（恒圖4）。「羞」，義同《否·六三》「包羞」之「羞」，「饈」的本字，美味；本指奉獻給神靈享用的祭品，這裡借指生活物資。

恒·圖4：甲骨文「承」（《鐵》二七一·三）。

「貞吝」，對于一個國家的統治者來說，不能恒久遵循神靈喜歡的行為，即便獲取了供奉神靈的物資，也將會給宗族家國的存在帶來危險。

九四：田无禽。

象曰：久非其位，安得禽也。

釋「田无禽」：

此與下爻為屬爻分置之辭。

「田无禽」，與《師·六五》「田有禽」所指的問題的前提一致。「田」，田獵。「无禽」，沒有禽獸可以獲得。在當時田獵活動有練兵、示威等軍事意義，所以每同戰事待之。因而「田无禽」就曲指這些意義：

一、長久不停地打獵，把野獸都消滅乾淨了；

二、戰爭失敗，使領土沒有了；

三、戰事失利，面臨喪失邦土的危險。

上例三點第一點可能性不大，因為當時田獵有一定的時間限制，客觀上不會允許恒久不休的打獵，以致使領地上的野獸都被捕殺光了。第二、三點實際同屬一類情況，只不過邦國領土面臨危險的深淺有程度之差異而已。所以，這一爻可如此釋：當邦邑領主面臨著賴以統治的權力動搖之機。

六五：恒其德，貞，婦人吉，夫子凶。

象曰：婦人貞吉，從一而終也。夫子制義，從婦凶也。

釋「恒其德，貞，婦人吉，夫子凶」：

此與上爻乃「田无禽，恒其德，貞，婦人吉，夫子凶」的割裂分置。

「德」，與《九三》之「德」、《帛》書《蠱·上九》「不事王侯，高尚其德，凶」的「德」一致，有處世堅持行為原則之意，也可理解成追求、奉事不息的代詞。

「婦人」，表面指邦君邑主的主婦，實借喻邦君邑主的管理人員。「夫子」，男人，喻邦君邑主們。

「貞」，宗族家國的生存。

「婦人吉，夫子凶」，當邦君邑主統治權有了動搖的危機時，其主婦忠誠不貳地追隨著他是好事，但他對此不但不儘快地加以糾正，反而繼續堅持著製造動搖的原則行事，卻是宗族家國存在的兇險。

換言釋之：婦人堅持著從一不變之「恒」——即便家裡已面臨「田无禽」的狀況仍然「恒其德」，這是有利的，男人所持之「恒」要隨著自然、人世的變化而有所調整，否則就是凶事。

「婦人」在這裡喻邦君邑主們的管理人員、屬員，近乎所謂的「士」。「士」是中國古代貴族階層最低級別的地位，然而中華民族道德根基卻在于「士」的精神，「士无恆產，而有恆志」的中華民族精神，正是發軔自這《六五》爻。

上六：振恒，凶。

象曰：振恒在上，大无功也。

釋「振恒，凶」：

「振」，張璠和李鼎祚《集解》作「震」。按：「振」通「震」；亦即《未濟·九四》「震，用伐鬼方三年，有賞于大國」的「震」。甲骨文作，從止辰聲，用為震動、震驚之義，專指軍隊在被動的情況下被震動、震驚。

「振恒，凶」，軍隊在被動的情況下出兵，多是迫不得已討伐、對抗的正義戰爭，而非侵掠性的戰爭。雖然如此，長時間不休止地繼續下去，也是凶事。

此爻即指被動的出兵，《初六》則應指主動的出兵。

33、遯 ䷠

天山遯。乾上艮下。
遯。亨。小，利貞。

彖曰：遯亨，遯而亨也。剛當位而應，與時行也。小利貞，浸而長也。遯之時義大矣哉！

象曰：天下有山，遯；君子以遠小人，不惡而嚴。

釋「遯」：

卦題的「遯」，最初很可能記錄了古代的一種發明——盾。《釋名‧釋兵》：「盾，遯也，跪其後避刃以隱遯也。」這個說法對不對呢？本卦《六二》「執之用黃牛之革，莫之勝說」的意思如果是「將盾握和盾身使皮繩牢牢地拴在一起，不使之脫開」，似乎有一定的道理。

「遯」，「遁」的異體字。「遁」的本字當是「盾」——它作為兵器的前身，應晚于進攻性兵器的發明，是原始戰爭的產物。它的出現減少了戰爭中的死亡，作為「國之大事，在祀與戎」時代的一種恩惠生命的發明，《易》應當反映它。

古盾分木盾和皮盾兩大類，多作方形，先秦已變為長方形，中間向外弧。因為盾本來的目的是在戰爭中「捍身蔽目」（《說文》），所以當它的功用和現實生活相比較的時候，就容易和隱藏逃避的概念聯繫起來。

本卦《九四》「好遯，君子吉，小人否」，具體揭示了它產生的時代背景：這是一個「君子」與「小人」競爭權位的時代，其中「小人」當多是在素質、技能、才智、機緣都很超出的人，而「君子」卻有其對手所无的傳統觀念及社會心理的支持。就「君子」的角度看，以往的常規在這時就變得不常。顯然「君子」與「小人」在權位上產生的效益，乃彼此競爭之仲裁，故而這必然要使「君子」與觀看競爭的獲利人之間矛盾突出了起來。因此競爭中「君子」的得意與失意，就成了那時代極為搶眼的問題焦點。乃至到後來，周武王滅商的理由之一條，竟是商王蔑視、拋棄了宗親貴族（君子），重用來自「多罪、逋逃」的人（小

人）¹，足見這問題的嚴重程度，也說明本卦在那時代的意義重大。

本卦要告訴商王等大領主們如何處理「君子」遁離的問題，說明其編著者認為「君子」的隱遁，責任在于他們的「主人」。如：

《明夷‧初九》：「君子……有攸往，主人有言（君子離開他效事的領主，前題是領主對政治黑暗負有責任）。」

《艮》：「艮其背，不獲其身，行其庭，不見其人，无咎（想留下君子卻不從留住他的心著手，君子棄你而去，活該）」。

不難看出，其編著者對「君子」无可奈何的隱遁，表示贊同（這贊同又看出其所處的社會位置，與這些「君子」相近）。

釋「亨。小，利貞」：

「亨」，處理好手下人的隱遁之情，才能使神靈得到享祭。

「小」，義同《泰》「小往大來」的「小」，邪、不正之義。

「小，利貞」，邪妄不正者離遁而去，則有利于宗族家國的存在；以反說正大之人（君子）離開，不利國家。

初六：遯尾，厲，勿用有攸往。

象曰：遯尾之厲，不往何災也。

釋：「遯尾，厲，勿用有攸往」。

仔細分析《初六》《六二》《九三》三爻間的關係，知道《象傳》「逐尾之厲，不往何災也」的釋說比較合理。因為《初六》《六二》是《九三》「繫遯」的實例，《初六》《六二》是屬爻分置之辭，它們是比喻，喻體是什麼？

甲骨文「遯」字象形豕背著人腳的朝向逃走，會意躲避（遯圖1）——在這種字境裡，喻體應是一種動物；即《既濟》《未濟》「濡其尾」的「尾」；考慮商代末期王室衰敗，諸侯可能紛紛招徠人才、擁兵自重的情況，車戰需要的馬匹一定緊缺，此喻體應指馬；「尾」借代馬。

「遯尾，厲」，馬的身影逃避不見；喻說失意的人才離開商王之流的大領主，另覓合心「主人」會有危險。這有點似戰國「國无定士」格局下的狀態。在諸侯各自擴充實力的商代之末，失意的人才另覓「主人」，在實際和輿論上都有嚴重的影響，這當然是被逃避之主的危厲了。

---

¹　《書‧牧誓》：「昏棄厥遺王父母弟不迪，乃惟四方之多罪、逋逃是崇是長，是信是使，是以為大夫卿士，俾暴虐于百姓，以姦宄于商邑。」

「勿用」，《乾・初九》「潛龍勿用」、《蒙・九三》「勿用取女」、《師・上六》「小人勿用」，其「勿用」均有不能之義。「勿用有攸往」，不能讓「遯尾」之畜任意有所去往。

遯・圖1：甲骨文「遯」（《前》五・二・二）。

六二：執之，用黃牛之革，莫之勝說。

象曰：執用黃牛，固志也。

釋「執之，用黃牛之革，莫之勝說」：

「執」，義同《師・六五》「田有禽，利執言」的「執」，卜辭用作捕捉之義。「黃牛之革」，指用黃牛皮分割成的皮條，或以此皮條編成的繩索。

「勝」，《說文》：「任也」。「說」，借為「脫」。「莫之勝說」，把存心他去的馬匹拴牢，不令其逃躲遁離。

此與上爻乃「遯尾，厲，勿用有攸往，執之，用黃牛之革，莫之勝說」的屬爻分置之辭；其比喻不允許的、將會致使統治階層內部混亂和危機的「遯」。這種遁的背景極可能是人才離開商王或與商王關係親密的大領主，投到與他們為敵或有敵意的領主那裡去。

九三：係遯，有疾厲——畜臣妾吉。

象曰：係遯之厲，有疾憊也。畜臣妾吉，不可大事也。

釋「係遯，有疾厲」：

「係」，執係。「係遯」，指《初六》《六二》所說的那種必須制止的「遯」的方式。

「疾」，毛病；《易》中凡用「疾」字之處，均指統治階層內部的問題，而不指真正的生理疾病。如《豫・六五》之「貞疾，恆不死」、《復》之「出入无疾」、《无妄・九五》之「无妄之疾，无藥有喜」等，均可為證。

「有疾，厲」，指「係遯」方式帶來的後果。「係遯，有疾，厲」，此與「畜臣妾吉」是對待「遯」的兩種方式、結果，一種是繫綁住不讓逃走如待牲口，另種是像「畜臣妾」般使其不願避開，前者的後果「有疾，厲」，後者的結果則為「吉」。

釋「畜臣妾吉」：

《初六》《六二》《九三》三爻分明在敘述不允許之「遯」，和這種「遯」一旦要出現了如何對待的方法。《初六》《六二》喻必須制止將給統治階層內部帶來混亂和危機的「遯」，《九三》又追補指出，像執繫馬匹畜牲般對待會帶來「厲」的「遯」者，即使其不「遯」了，仍然會給統治者內部帶來危險和不安，繼而又指出使這種危險不安之「遯」化為「吉」的方法——以「畜臣妾」之心待之。

「畜」，養。「臣妾」，今天較通行的說法此指「家庭奴隸」。非。

卜辭中的「臣」為協助君主管理國家的各級官。因其職權有監臨下邊之故，故甲骨文「臣」字象形下視的豎目。商代的「臣」是一種較高的官名，和侯、伯一樣。卜辭當中无大臣之稱謂，只有「小臣」。這「小臣」也和後世之稱謂內容不同，其地位很高，僅次于王，近于後代的大臣；當時各方國也有「小臣」，地位也僅次于地方的領袖。在《易》中，我們也能看到這時期「臣」的地位全然不同于周代，如：

《蹇·六二》：「王臣蹇蹇，匪躬之故。」——對「臣」忘我地為王服務，給以崇揚；

《損·上九》：「弗損，益之——无咎，貞吉，利有攸往；得臣无家。」——把得到效忠乃至忘家之「臣」，視為莫大的吉利。

商代的奴隸可能被稱為「童」而不稱為「臣」（詳見《蒙》注）。其實將「臣」作為賞賜臣下的奴隸，只從西周以後的銅器銘文中才經常出現（如《矢令簋》《不嬰簋》《麥尊》等）[2]。

「妾」，卜辭中每用為貴族配偶之義，其意義與妻沒有分別，與後來所謂的妻貴妾賤之說完全不同。

歷代最高統治者每每有這麼一種心態：往往把上個王朝一些貴重的形式上的東西賤待之，《書·費誓》「臣妾逋逃」就反映了這種心態：周人把商代一批貴族之臣和妾轉為男女奴僕的同時，也賤待了往昔通行在統治階層範圍內的「臣」「妾」之稱謂。

「畜臣妾——吉」，像對待與你不可分開的臣僚和妻妾般對待那些「遯」則引起混亂的人，是吉利的。

此爻《帛》作：「為掾，有疾，厲——畜僕妾吉。」

2　參見黃淑琴《商代中期有銘銅器初探》。載《考古》1988 年 3 月。

九四：好遯，君子吉，小人否。

象曰：君子好遯，小人否也。

釋「好遯，君子吉，小人否」：

「好」，今多釋為「遯」者喜好遁避的意思，這顯然受了《象傳》「君子好遯，小人否也」之釋的影響。實際上本卦通篇在告訴商王之類大領主如何處理「遯」者的，如「係」「嘉」「肥」都指他們該或不該的行為而言，所以這裡的「好」也不會例外地指「遯」者的行為。

「好遯」，愛而不釋地對待可能遁離的人才。

「君子」，指貴族出身、有資格為商王等大領主管理屬下邦邑或統軍做戰的人。「小人」，指出身低下、在傳統心理定勢中沒有資格理邦管邑或統軍作戰的人；他們多是靠素質的優越、技能的突出、才智的超人而躋身統治階層內的下層人。

「君子吉，小人否」，作為一個大領主，你愛惜要遁離的「君子」是好的，吉利的，愛要遁離而去的「小人」是不好的。就商王之流的大領主來說，屬下的貢獻大小是其對他們任用程度的根本依據。當作出貢獻者相互競爭的時候，无論「君子」或「小人」，失意的人可能產生遁離而去的心理。《易》的編著者顯然站在貴族的立場上，認為「小人」的遁離是好事。這也可見卦辭「小，利貞」之「小」，其泛指的是同為人才而身份是「小人」的人。

九五：嘉遯，貞吉。

象曰：嘉遯貞吉，以正志也。

釋「嘉遯，貞吉」：

「嘉」，善。「貞吉」，妥善地對待有遁離之念的人，是你這領主的宗族家國存在之吉。

上九：肥遯，无不利。

象曰：肥遯，无不利；无所疑也。

釋「肥遯，无不利」：

「肥」有釋義饒裕的，有釋義遠走高飛的。《象傳》：「肥遯。无不利：无所疑也。」其「无所疑」乃針對「肥遯」而說的，也就是說，「遯」者因「肥」而「无所疑」，可見「肥」義同厚。

「无不利」，厚待要遁離的人才，對你這領主无論如何都是有利的。

34、大壯 ䷡

雷天大壯。震上乾下。

大壯。利貞。

彖曰：大壯，大者壯也。剛以動，故壯。大壯利貞；大者正也。正大而天地之情可見矣！

象曰：雷在天上，大壯；君子以非禮勿履。

釋「大壯」：

「大」，在《易》中多次出現，意義每與邪小的「小」相對，為正統、正當之義。今山東濰坊地區凡稱國家制定標準的物品還要冠以「大」，如合乎國家標準尺碼的磚為「大磚」，合乎國家衡器標準的秤為「大秤」等等，這個大的讀音每每加重。

「壯」，有強大的意思，「大」，指「壯」的屬性。「壯」屬于正義，是「大壯」，屬于邪惡則相反。這好比警員和盜賊都很強大，可是哪種強大是正確的呢？《易》當然要說「君子」之「壯」為「大」了。

這卦有關于戰爭之辭，但不是針對戰爭的；有涉及商業之辭，但也不是針對商業的。它是研究「君子」與「小人」之存在位置的卦。

《九二》說在「小人用壯」的形勢下「君子」不用「壯」，「君子」的宗族家國就有危險。可見「壯」對「君子」來說應是維持其繼續存在的方式，對「小人」來說應是自己得以成長強盛乃至令「君子」生憂的方式。「小人」的方式使《易》發出了必須調整「君子」之方式的驚呼，足知「君子」以往所持的方式是傳統的，其已不適應新的社會結構。

「小人」究竟使用了什麼方式，以致令「君子」也有「用壯」的必要呢？這是個很值得深探的問題。

從《易》中可以看出，當時「君子」和「小人」並不是兵戎相向的兩個營壘，只不過是同一營壘裡競爭統治權位的兩種來路之人。決定他們競爭勝負的決策人是商王之流的大領主，他們的競爭，當然就該體現在對大領主的貢獻上。他們從什麼角度、地位上表現其貢獻？

本卦《初九》《九二》說不要「壯」于武力侵掠，而應當經商致富，就透露出了一點「君子」與「小人」在什麼角度、地位做貢獻的消息：他們可以招致人眾動武，他們可以派人經商——顯然他們都是一些邦邑的管理人員（那時商王等大領主下屬的邦邑，管理人員不是終身的，是經常更換的，請詳見《井》釋）。明白這一點，也就明白「大壯」的本義是告誡「君子」自強不息，與時偕行，免得在與「小人」的競爭中失敗。

卦題《帛》作「泰壯」。

釋「利貞」：

「利貞」，從《初九》《九二》吉凶斷語的對立上可以清楚，當時「小人」在管理崗位上「用壯」突出著經商的特徵。因而此可釋作：「君子」用經商的方法使自己管理的邦邑「壯」起來，利于宗族家國的生存。

初九：壯于趾，征凶，有孚。

象曰：壯于趾，其孚窮也。

釋「壯于趾」：

「趾」，腳趾，借代腳，轉又借代健步能行的人。

《易》中凡從足（如「蹇」）、從止（如「復」「武」），從走（如「隨」）等字，幾乎均與商旅有聯繫。有意思的是，其中「武人」（見《履》《旅》）一詞竟是一個似商似兵的詞，而且性質更近于商。這原因可能和商旅的「旅」字構形的字境有關：「旅」，甲骨文象形旗下聚眾列隊之形，指軍隊或軍隊中的一種建制。那時代商人也是結隊而出的，所以《易》稱他們為「旅」（詳見《旅》釋）。也許商旅的集眾結隊和軍旅的集眾結隊形式上一致，所以其從屬的一般人員便也可以通稱「武人」之類，這好比我們稱軍人結集成隊為「隊伍」，也稱一般人員結集成隊為「隊伍」。如果這種想法不錯，那我們就能知道此「趾」字也是可商可兵的詞，還能知道對它的吉凶斷語也是可商可兵的。

釋「征凶，有孚」：

《易》反對以富己為目的的戰爭，提倡各邑主邦君經商致富以取代戰爭侵掠，在這一前提下，可想其必然會給侵掠戰爭以「凶」的吉凶斷語，給經商以「吉」的吉凶斷語（如《小畜·初九》：「復自道，何其

咎？吉」之「吉」，是對經商的斷語，《頤・六二》「顛頤，拂經于丘頤，征，凶」之「凶」，是對侵掠的斷語等）。所以說本爻之「壯于趾」，是指為了強大而調動武裝之「趾」，侵掠別邑他邦的戰爭。

「征」，外出征戰；指「壯于趾」的目的。「有孚」，在《易》中其多指主動的獲取。「征凶，有孚」，可理解為「有孚，征凶」的倒裝句，謂發動軍隊為侵掠而征行，是凶事。

九二：貞吉。

象曰：九二貞吉，以中也。

釋「貞吉」：

這一爻可理解為：「壯于趾，有孚，貞吉」的節文。這裡的「貞」之「吉」，與上爻的「征」之「凶」，都指著為自己的強大以動「趾」而言。既然動「趾」侵掠致富變強是「凶」的，那麼改變侵掠而動「趾」的經商致富強必為「吉」的。

「貞吉」，讓商隊外出奔走經商致富，而不是靠動兵擄掠致富，這才有利于宗族和家國的存在。

九三：小人用壯，君子用罔，貞厲。羝羊觸藩，羸其角。

象曰：小人用壯，君子罔也。

釋「小人用壯，君子用罔，貞厲」：

「小人用壯」，「小人」使用了使自身壯大強盛的競爭方式。其方式中受《易》推崇並讓「君子」仿效的，就是經商。《小畜》將經商納于非傳統但卻吉利的致富行為，既說明社會心理輕賤經商，又說明其編著者重視經商（詳見《小畜・初九》《九二》釋）。

《易》在此所謂的「君子」，乃受社會賤商心態影響的貴族，而所謂「小人」，乃本來身份低下，不受社會賤商心理的影響。想必是「小人」在為商王之流領主效力時不棄經商的手段，從而產生了「君子」固守成規之效力方式所不能企及的利益，遂抬高了自己的社會地位。經商就是《易》勸「君子」的「用壯」之實。

「罔」，空。「用罔」，猶什麼也不用。「君子用罔」，面對「小人」表現出了強大的同時，受天命王封的貴族們，卻不用使自己相應也壯大強盛的方法。

「貞厲」，在「小人用壯，君子用罔」的狀況下，「君子」宗族家國的存在將會危險。

大壯‧圖1：反映商王族多圖騰崇拜之羊崇拜的彝器。

　　《山海經‧大荒東經》：「帝俊生黑齒，姜姓。」「姜姓」指烈山氏炎帝之族——炎帝自然是帝俊伏羲氏之後。「姜」字構形以羊與人（女），羊為其舉族之人的主圖騰。商王族亦為炎帝之後，故而羊為其多圖騰崇拜之一。傳說商湯王滅夏立商遇到大旱，他曾要自焚為獻給上天的祭品。這一決定的前提是商民族有獻身祭祀神靈的傳統。既然圖騰和其信仰者在一定的條件下位置可以互換，那麼人可以在一定的條件下以圖騰作為替身。商王族許許多多動物造型的彝器，都是擬圖騰而為，當它們盛上祭品以祭祀的時候，就等于向神靈奉獻了自己的身體。

　　現在羌族當是烈山氏姜姓在民族動盪時代析出的分支。羌人祭神用羊為自己的替身。羌族巫師給人治病要用羊為病人的替罪之身（見《中國原始宗教資料叢編‧羌族卷‧前言》）——此為獻身祭祀的遺留。

　　上例商代彝器羊並逢尊的同體之中有玄鳥圖騰，這可以證明羊和玄鳥一樣，均為商王族的圖騰。附帶說明一下：商代玄鳥的造型特徵為龍鴞異質同構——這件羊並逢腹間的玄鳥，顯然生著龍的菇形角，貓頭鷹的身體。

釋「羝羊觸藩，贏其角」：

　　「羝羊」，公羊，喻「君子」。商王族多圖騰崇拜，羊是多圖騰當中的一種。商王族的青銅彝器不少擬形作羊，意為獻身祭祀當中作為自己的替身（大壯圖1）。甚至其貴族領主在國家戰爭危亡的情況下，也會以羊代替自己，獻給敵方（詳見《夬‧九四》「牽羊悔亡」釋）。在這樣的語境下，足見此喻等隆重。

　　「藩」，籬笆，喻「君子」前進途中的阻擋。「贏」，繩索纏繞，喻「君子」拒絕經商致富的見識、觀念。「贏其角」，「君子」不能與時偕行，依然如舊的觀念像繩索纏繞住角的公羊面對籬笆，雖然想去拓開籬笆，也沒有可能。

九四：貞吉，悔亡：藩決不羸，壯于大輿之輹。

象曰：藩決不羸，尚往也。

釋「貞吉，悔亡」：

「貞吉，悔亡」指下文「藩決……」而言。

釋「藩決不羸，壯于大輿之輹」：

「君子」能「用壯」，所以才「藩決不羸」；「君子」之出身家世有天命、王命的優勢，故而一旦「用壯」，其「壯」好比「大輿之輹」；「君子」用「壯」，便給自己的宗族家國之存在帶來吉利。

「藩」，喻「君子」欲求壯大而面臨的阻擋。「決」，喻體之公羊衝破籬笆阻擋。「羸」，繩索牽制，指「君子」抵制經商致富的意識、行為。

「壯」，此指「君子」所用者。「大」，正統、正義、正當等義。「輿」，兵車車廂。「輹」，車輻，借代車輪。「大輿之輹」，指正義之師的兵車，婉言受王命征討邪惡的軍事行動。喻「君子」在「用壯」後的強大的結果。

「君子」是受天命的貴族，其出兵動武必尊王命，一旦「用壯」而自身強大，更利于匯合王師討伐不義之徒，乃至馬沖車輾，所向披靡，理直氣壯。《離》卦和《晉》卦都有刻劃王師理直氣壯長驅直入之辭，可為參考。

六五：喪羊于易，无悔

象曰：喪羊于易，位不當也。

釋「喪羊于易，无悔」：

「羊」，繼上兩爻「羊」「藩」「大輿之輹」之喻而設喻。

「喪羊」，「君子」喪失了自己的身家性命；「小人用壯」，「君子用罔」，自己的位置將會喪失于「易」。

「易」，義同《旅‧上九》「喪牛于易」的「易」──朱熹謂「『易』或作疆場之『場』，亦通」──通「場」，這裡繼「輿之輹」而再度設喻；指疆場、戰場。說「君子」不「用壯」而「用罔」的結果。

「君子」不能與時偕行而「用壯」，派人外出經商以致富，最後落得國窮民弱，不僅自己的位置可能被「用壯」的「小人」代替，即便位置仍舊，一旦面對戰爭相加，戰場相向，會毀敗、滅亡。

「无悔」，反語。說「君子」不能丟掉偏見，像「小人」那樣採取經商致富而壯大的手段，導致滅國喪命于不尊王命者的侵掠戰爭，那後悔也就晚了。

上六：羝羊觸藩，不能退，不能遂，无攸利；艱則吉。
象曰：不能退，不能遂，不祥也。艱則吉，咎不長也。
釋「羝羊觸藩，不能退，不能遂，无攸利」：

「羝羊」，公羊；喻「君子」。「遂」，進。「无攸利」，「君子」不丟掉經商不正的傳統偏見，仍不「用壯」，將如羊被繩索牽制，面對藩籬的阻擋，進不得，退不得，沒有什麼好處可言。

釋「艱則吉」：

指「羝羊觸藩，不能退，不能遂」之場面的出現而言。

如果「君子」能「用壯」，使「小人用壯」所產生的危害及威脅很難出現，則是吉利的。就商王之流的大領主來說，他們看重的必然是屬下為其所做的貢獻，並不一定因「君子」或「小人」而重視或忽視這些貢獻。《易》的編著者深深明白這個癥結，並也對之无可奈何，所以才在此卦中向「君子」疾呼「用壯」，以免失去了他們作為統治者的位置。

35、晉 ䷢

火地晉。離上坤下。

晉。康侯用錫馬蕃庶，晝日三接。

彖曰：晉，進也。明出地上，順而麗乎大明，柔進而上行。是以康侯用錫馬蕃庶，晝日三接也。

象曰：明出地上，晉；君子以自昭明德。

釋「晉」：

《彖傳》釋「進也」；《雜卦傳》釋「晝也」；李鏡池《周易通義》釋「指戰爭的進攻」。三種解釋都沒有接近問題的核心。

《說文》釋「晉」為「從日從至」的字——甲骨文「至」字從矢從一，表示箭頭有所至，會意兵戎所到之處，《臨》卦「至，于八月有凶」的「至」字，就是它

晉·圖1：甲骨文「晉」（《拾》一·三·一）。

所會意的證明。甲骨文有象形雙箭矢並排的字，雖然用為動詞作陳列之義，但它的本義則應該會意兵員的陣列，這因箭矢為可以借代戰爭的武器。甲骨文「晉」字象形一雙並排的箭矢在太陽之上：太陽示意日光照耀之晝，一雙並排的箭矢示意兵員陣列，總體會意光天華日之下光明正大的集眾動兵——這是「晉」字的本義，也是本卦的中心思想（晉圖1）。

從這卦《九四》的「晉如鼫鼠，貞厲」中看，《易》詛咒如「鼫鼠」般偷偷摸摸地用兵。其實在《易》中更有詛咒這種用兵強烈甚于此者，如：

《同人·九三》詛咒攔劫商旅的人多年「不興」；

《豫·上六》詛咒用偷偷摸摸方式用兵致富的人還要變回從前；

《離·九三》詛咒太陽落山后出兵襲擊別人邑國的人要遭「焚如，死如，棄如」，「出涕沱若，戚嗟若」的報應；

《升·上六》詛咒夜晚趁人不備登城劫襲的人將斷子絕孫等等。

顯然，其提倡的用兵是那種「用錫馬蕃庶，晝日三接」式的，即受王命或代王行命的轟轟烈烈的出兵，光明正大的直接對壘攻陣，不搞詭道詐術。這種用兵極可能是古老傳說中「君子之國」的用兵原則。其取勝的特點是以多勝少，其多，必須是以共同利益為前提的結合，或心理和精神上共同被一領袖如商王組織下的結合。相反，以少勝多則要靠戰術上的詭詐之道。按《易》的角度看，詭詐之道只是少部分人為達到私己利益而用的戰術，是「小人」為向主子們表示能力而慣用的戰術。其實，用最簡捷快速的方法取利是人類本能，阻止戰爭中使用詭道詐術，是其編著者的理想。當我們今天完全把戰爭詭道詐術當成軍事英雄必備的素質來謳歌之時，不免會把這種理想視之為愚蠢。其實《易》中「君子之國」的戰術至少還被商王族很長一段時間高崇著，周武王和姜子牙滅亡商朝，就是利用了這種「君子之國」的純真，而商王族後裔宋襄公，也是在「君子之國」的踐行上，失掉了性命[1]。

釋「康侯用錫馬蕃庶，晝日三接」：

「康」，安寧的意思。「侯」，義同《屯》「利建侯」的「侯」，諸侯。

「康侯」與《比》「不寧方」的意義相反。「不寧方」指不安寧、犯上作亂的方國諸侯；在文獻裡，「不寧方」和「康侯」分別被稱為「不寧侯」「寧侯」。

本卦說的是對不安寧之方國用兵之原則。參與對其用兵的方國必為商王的「寧侯」。

「錫」，同「賜」。「錫馬」，指君王賞賜的種馬。「蕃庶」，猶蕃生、繁衍。「晝日」，光明正大。「三」，極言多。「接」，馬接尾交配。「三接」，用君王賜給的馬為種馬，讓他們在光天華日下儘量地和許多可孕的母馬交配。

「用錫馬蕃庶，晝日三接」，至少反映了商代種馬受到國家控制的情況。當時戰馬是重要的戰備物資，它的品質關係重大，因此種馬必然有一定的規格要求。「寧侯」則是恪守種馬國家規格要求者——馬的優劣，一切由「錫馬」為准。

---

[1] 史記・宋微子世家》載：宋國國君宋襄公與楚成王戰于泓，臨戰，謀士多次建議宋襄公趁楚軍列隊未成的有利條件下發兵出擊，結果都以宋襄公「君子不困人于厄」的商族傳統道德，來反對當時已成為軍事光榮的偷襲、奇襲。僅此一例，足見今通行本《易經》反對戰爭偷襲，是殷人恪守祖先「君子之國」道德的表現。

「康侯」即是「寧侯」，就是順從商王指揮、忠誠不逆的諸侯。這樣的聽王命的諸侯，須「用錫馬蕃庶」，不能背地裡找不合商王要求的種馬，偷偷摸摸與自己的母馬交配，要能夠光明正大「晝日三接」地以商王賜予的種馬為母馬配種。（晉圖2）

晉‧圖2：商代的戰馬——它尾巴上有剪尾的標誌。

甲骨文「晉」字造字的語境帶有對箭矢發明的崇敬和忌諱。崇敬在于箭矢于民族生存中的貢獻，忌諱在于它在生存競爭中的彼此傷害。其實「箭」是「晉」的古文。如：《周禮‧夏官‧職方氏》「其利金錫竹箭」鄭注：「故書『箭』為『晉』。杜子春曰：『晉當為箭，書亦為箭』。」《儀禮‧大射禮》「綴諸箭」鄭注：「古文『箭』作『晉』。」——因此可見本卦的「晉」，就是《易》用箭矢（象徵戰爭）的規定：要光明正大，不要如「鼫鼠」般偷偷摸摸。

「康侯」，一說指周武王的弟弟康叔封，他封于衛。周滅商，是軍事詭道詐術的運用結果，這必被周人視為光榮，然而本卦「晉如鼫鼠，貞厲」顯然視詭道詐術為恥辱，可見「康侯」和周武王的弟弟康叔封絕无關。

不過「用錫馬蕃庶，晝日三接」的事情，似乎不是簡簡單單用來說明光明正大的一般例子。「康侯」也可能乃「唐侯」的記音，「唐侯」就是「湯侯」「商侯」，指商朝開國帝王湯在夏朝時的爵稱。《山海經‧海內經》有「黃帝生駱明，駱明生白馬，白馬是為鯀（大禹的父親，夏后啟的祖父）」的記載，「駱明」，涉及了馬，「白馬」，也涉及了馬，不知是不是其族善長于利用馬匹？傳說商湯王的十一輩祖宗相土，在夏后相繼位十五年時發明了以馬為車乘——這只能說明夏王族有重視馬匹應用的傳統。或許在這個傳統之下，夏桀曾賜予過商湯種馬，商湯借機光明正大地用之繁衍戰馬，取得了建立商朝的光輝結果吧？（晉圖3）

晉・圖3：山西曲村遺址北趙晉侯墓地出土商代有「龍類」標誌的玉雕龍馬（右為線圖）。

《周禮・夏官・廋人》有「馬八尺以上為龍」之說，馬在一些特殊的場合下可以充龍。估計這種說法來自商代——此玉雕馬的脖子間有表示其屬于龍的符號；這種符號多見于商代龍和「龍類」身上。

出土的圖像表明商民族崇拜馬匹，馬匹已入其多圖騰當中，成為「龍類」。馬成為「龍類」，也許和商民族崇拜東方蒼龍七宿也有密切的聯繫：七宿中第四宿為房宿。房宿又叫房駟、天駟，《爾雅・釋天》：「天駟，房也。」《注》：「龍為天馬，故房四星為天駟。」《史記・天官書》「房為府，曰天駟」《索引》：「房為天駟，主（管帝王）車駕。」

商代武丁時代的戰馬繫阿拉伯馬種，是西方馬匹進入中國之實。到了周代，周穆王得八駿的事情，也是西方馬匹進入中國之實。同樣漢武帝將汗血寶馬從西域引進，更是西方馬匹進入中國之實。這些馬匹的引進當然和戰爭關係密不可分。也許絲綢在那時就是馬匹易貨貿易的東西吧。

初六：晉如摧如，貞吉；罔孚，裕无咎。

象曰：晉如，摧如；獨行正也。裕无咎；未受命也。

釋「晉如摧如，貞吉」：

「如」，語助詞，「晉如摧如」，猶光明正大地征伐呀，摧退敵醜啊。「貞吉」，光明正大受王命或代王行命的征戰，對宗族家國的存在有利。

釋「罔孚，裕无咎」：

「罔」，无。「罔孚」，對照《六五》「矢得无恤」之意，知道此乃《易》對光明之師提出的規章，這就是：戰爭不為私自富足的目的而進行，不為私自富足的目的而俘獲。

「裕」，《說文》：「衣物饒也。」這裡指俘獲物極富饒充裕。

「无咎」，受王命或代王行命的光明正大之師，參與者不以富己利私為目的，所以俘獲再多，也沒有錯誤。《謙・六五》「不富以其鄰，利用侵伐无不利」，說的意思與此相同。

六二：晉如愁如，貞吉。受茲介福，于其王母。

象曰：受之介福，以中正也。

釋「晉如愁如，貞吉」：

「愁」，與《井·六四》「井甃」之「甃」皆借作「揫」，斂也。「愁如」，對照「受茲介福于其王母」生義，指收斂住聚兵公開的搶婚之行。

「愁如」較權威的則釋為「圍聚迫降」之意。按：《易》反對武力搶婚，凡涉及婚姻的地方幾乎均伴以反對搶婚之辭。這裡既然在陳述商朝享祚之「介福」的原因，就必然追及到帝太乙湯獲得天下的歷史來，構成這段歷史的關鍵——湯禮聘有莘國之女從而結成廣泛的滅夏聯盟，也就自然會提了出來。所以「愁如」必定不會指著軍隊進攻圍迫而言，相反其與《屯·六二》《六四》的「乘馬班如」之，「班如」，《賁·六四》的「賁如皤如」之「皤如」意義一致，均指收斂、回轉軍隊以停止進攻而言。

「晉如愁如」，用今天的口語釋說為：光明正大的進軍啊，可要收斂止于搶婚呀。「貞吉」，雖然為繁衍後代而婚娶是正當的，但絕不能因此而把搶婚當成光明正大的事情，不搶婚，就是宗族家國存在之吉。

釋「受茲介福，于其王母」：

「介」，義同《兌·九四》「介疾有喜」的「介」。「介福」，堅福，固福；指商湯因禮聘婚而得到代代相傳的天下。

「王母」，指《泰·六五》及《歸妹·六五》之「帝乙歸妹」的「妹」，即商湯的妻子，商王朝開國之母。「帝乙」，商湯王太乙，他曾通過與有莘氏通婚的方法，加強了自己的實力，消滅了夏朝。他與有莘國通婚，當然是禮聘婚，因為禮聘婚是以部族間友好為前提的，搶婚破壞了部族間的友好。

有莘氏與夏王族同姓，和有莘氏的聯姻，就等于用婚盟的方式爭取到了夏族內部的支持，這是滅夏立商的必要條件之一。據說滅夏立商過程中起關鍵作用的人物伊尹，是有莘氏嫁女給湯的陪嫁奴隸。湯因這種婚姻形式，使子孫享有商國幾十代，故此云「受茲介福于其王母」（詳見《泰·六五》釋）。

這一爻的大意說，順從王命的邦君邑主出師應是光明正大之師，動兵搶婚不僅有違光明正大，並且還會給邑邦間帶來許多危害。相反，如果商湯王當初不是聘婚，而是發兵搶有莘國之女，結下了部族之仇，則

不會有商王族世代享受天下的大福。

《否‧六二》論說搶婚「小人吉，大人否亨」，就是基於禮聘婚可以締結部族家國間的婚盟，加強統治力量而言。

特別值得注意，此爻向我們展開了商王朝之所以代夏而建的秘密。它的社會背景是：商朝是許多部族方國組成的聯盟國，這樣相對安定的聯盟關係，用禮聘婚可以得到鞏固和維持，用搶婚則會瓦解分崩。

六三：眾允，悔亡。

象曰：眾允之，志上行也。

釋「眾允，悔亡」：

「眾」，即《書‧盤庚上》「王命眾悉至于庭」之「眾」，指貴族統治者。「允」，甲骨文象形人躬身低頭而雙手下垂，以表示恭敬、誠信的樣子；有果然、的確、真的之義，在此有允許、肯定的意思。「眾允」，眾貴族、領主允許和肯定。

《益‧六三》說合乎天志神意的用兵需「中行，告公，用圭」，其「告公（遍告公眾）」之意，就是為了求得「眾允」。

「悔亡」，光明正大的征伐之戰，得到各方的肯定和允許，危險是不存在的。

九四：晉如鼫鼠，貞厲。

象曰：鼫鼠貞厲，位不當也。

釋「晉如鼫鼠，貞厲」：

「鼫鼠」，田鼠，又名豆鼠，穴居在田野中，偷偷摸摸，行動無常，多在夜晚出沒，十分狡猾、膽小。

「貞厲」。受王命或代王行命的戰爭光明正大，應該張揚宣告，轟轟烈烈，普天皆知，如果使用詭道詐術，偷偷摸摸地突襲夜擊，不宣而戰，像只田鼠，這對宗族家國的存在是危險的。

六五：悔亡，矢得勿恤，往，吉，无不利。

象曰：矢得勿恤，往有慶也。

釋「悔亡，矢得勿恤」：

「悔亡」，災悔消逝。

「矢」，通行本作「失」。按：「失得无恤」與「晉」的原則不符。光明正大之師，「眾允」之師，只會有得而不會失。再者，「得」

可以「无恤」，「失」怎麼也會「无恤」呢？

《經典釋文》云：「『失』，馬、鄭、虞、王肅本作『矢』。」
《周易集解》引荀爽本也作「矢」，《帛》也作「矢」，作「矢」為
是，今從之。「矢」，甲骨文象形箭矢，用作動詞有陳列之義，從本卦
情況來分析，它應當釋為集軍列陣之義。「恤」，憂。「矢得勿恤」，
光明正大的集軍列陣俘獲之得，是不為私利之得，是正義之得，不必為
它而擔憂。《泰·六四》「不富以其鄰，不戒以孚」，說非正義、為私
利的戰爭所獲者，必擔憂報復性的俘掠，相反，正義戰爭的俘獲，自然
「勿恤」這種報復。

釋「往，吉，无不利」：
指正義戰爭所往之處逢吉逢利，不求獲得而有所獲得。

上九：晉其角，維用伐邑，厲，吉，无咎，貞吝。
象曰：維用伐邑，道未光也。
釋「晉其角，維用伐邑」：
「角」，甲骨文象形動物的犄角。犄角動物是以角相互較量決定勝
負的。義同《姤·上九》「姤其角」的「角」，角斗、較量。「維」，
僅僅。「邑」，邑國，指被伐之不寧的國家。

光明正大的正義之師出動，僅僅是與「不寧方」較量一下實力，或
表示一下教訓，結果乃「厲，吉，无咎，貞吝」——言外之意結果不太
妥當。

《姤·上九》：「姤其角，吝，无咎。」其「角」指搶婚導致了與
對方的爭斗、較量，其結果「吝（危險），无咎（難免其咎）」，用意
與此近似。

釋「厲，吉，无咎，貞吝」：
「厲」，狠狠地伐殺。「吉」，對狠狠伐殺的評價語。「无咎」，
不覺得被伐者有什麼該討伐的錯。或者指被伐者不曾受到很大的打
擊。「貞吝」，對被伐者結果「无咎」的評價語。「厲，吉；无咎，貞
吝」，光明正大地受王命或代王行命征伐之戰，對鬧亂子的方國要嚴懲
不貸，越狠越好，不能假以情面，如果手軟，使其沒受到什麼打擊，那
可是違犯光明正大之師出師原則的，這會給其宗族家國存在帶來危險。

36、明夷 ䷧

地火明夷。坤上離下。
明夷。利艱貞。

彖曰：明入地中，明夷。內文明而外柔順，以蒙大難，文王以之。
利艱貞，晦其明也，內難而能正其志，箕子以之。

象曰：明入地中，明夷；君子以莅眾，用晦而明。

釋「明夷」：

商民族自以為祖先伏羲、女媧生了太陽、月亮，自己乃日、月之
子，還認為自己民族誕生之地在東方，故而太陽、月亮也就升起在東
方。在這種語境下，「明」字的甲骨文有一體象形日月並列，會意光
明。

「夷」《說文》：「從大從弓。東方之人也。」「東方」指考古學
的海岱地區，即從遼東半島到長江北岸一帶，俗稱「山東大漢」「山東
佮子（夸父）」活動的地區，所以金文「夷」字象形正面的人背弓——
正面人擬高大的人；據《山海經・海內經》「少暤生般，般是始為弓
矢」的記載，弓箭是東夷人的偉大發明，更有以射日而著名的史前偉
人。弓矢用于獵殺較方便。正因為弓矢的獵殺的作用，「夷」字又引申
為殺之義。（明夷圖1）

明夷・圖1：《說文》篆文之「夷」、甲骨文「夷」
（《粹》一一八七）。

「明夷」一卦的產生，應該有后羿射日、射月的傳說作鋪墊。文獻
又稱后羿為「夷羿」，這因它本是東夷人後來的一種族號（后羿是一個
沿襲時間很久的族號，它至少上起帝堯時代，下至夏朝少康時代）。后
羿射日、射月的圖像多見于周、漢，那日、月多作鳥形，月偶有作兔
子形的（明夷圖2）。本卦《初九》「明夷于飛，垂其翼」、《上九》

明夷‧圖2：后羿射日、射月演變的射「天鳥」圖。

上：隨侯乙墓出土的射天鳥圖。
右：山東莒縣沈劉莊出土的射天鳥圖。

古有日食、月食射象徵日月之天鳥（妖鳥）的風俗，這種風俗乃后羿射日、射月之傳說的變態記錄，也是「非物質文化遺產」的一種，今天多被人們疏忘，這裡也只能由這些圖像來傳達了。

「天鳥」指貓頭鷹，它是商王族玄鳥圖騰的本鳥，並在傳說中與日月互換位置。周民族憎恨商王族，在他們代商之後，貓頭鷹成為了「天鳥」，乃至最終卑化為中華民族之民風民俗裡的凶鳥。

上圖出現了兔子，那是月亮的象徵；下圖樹冠上的貓頭鷹，正是商代日月本為玄鳥之于記憶的迴光返照。

「不明晦，初登于天，後入于地」，就基于太陽與太陽鳥位置的互換。

准此，「明夷」可釋為：光明被刈殺。因為本卦敘述的主要內容，是身居下位的賢明在特定的政治黑暗裡如何處身。這些賢明有為大領主管理邑邦的人，也有身為領主的人，其均為不願與居上者一同製造政治黑暗的人。《易》的編著者通稱他們「君子」，顯然也站在他們共命運的角度上為之策劃。「窮則獨善其身」的中華民族精神，當起于此。

由此而論，「明」在此為多義詞，指光明的太陽，指名義為太陽之子的高級統治者的統治，又指具有太陽之品質的賢明。「夷」，亦多義詞，聯及太陽則指晦滅，聯及高級統治者的統治則指昏暗，聯及賢明的人則指避匿。

《象傳》釋「明夷」，列舉了周文王蒙難被囚、殷箕子懼禍裝瘋之事，這些事發生的時代，即商糾王統治的黑暗時代。文王、箕子在此時隱藏起來自己的「明」，目的要伺機復「明」。可見「明夷」是教導「明」者如何在「夷」時躲避災禍的事。中國人「小不忍則亂大謀」的

名言，恐怕就從這種狀態裡衍生出來的。

「利艱貞」，危難困苦的情況下，有利于宗族家國的生存；這裡用以解釋賢明為什麼要「明夷」——高級統治者的統治出現了「明夷」的狀態，就是其屬下者宗族家國的存在出現艱難危機的時刻，在這時刻「明夷」，當然是有利的先兆。

初九：明夷于飛，垂其翼。君子于行——三日不食，有攸往，主人有言。

象曰：君子于行，義不食也。

釋「明夷于飛，垂其翼」：

「明夷」，太陽隱沒，光明泯滅。「飛」，飛禽；指太陽鳥。「垂」，與舉翅相對。「垂其翼」，光明沒有了，似太陽鳥受傷垂翅，低伏不出；喻說社會環境黑暗下「君子」的處境。

按：「明夷于飛，垂其翼」，把太陽和鳥聯繫在一起出于修辭上的籍典。在中國古代，鳥曾是太陽的象徵。那時人不知太陽與地球的運行關係，認為大地是不動的，而太陽則是由神鳥馱著天天由東至西飛落。《山海經·大荒東經》就說「湯谷上有扶木，一日方至，一日方出，皆載于鳥」等。文獻的這種記載在考古挖掘中多有印證，如陝西華縣泉獲村仰韶文化遺址出土的彩陶片上鳥負日圖等，就是較早的一例。所以《易》提及光明也自然可能類屬到了鳥。

釋「君子于行——三日不食，有攸往，主人有言」：

「君子」，此處指的是有資格給大領主管理邑邦的人；他們出身貴族，是《易》編著者眼中理應的統治者，他們的競爭者是「小人」（指出身低下卻才智技能俱很超眾的人）。下文「有攸往」說明他們的身份不是邑國永遠的所有者，否則他們就不能「有攸往」了。

「行」，甲骨文象形四通的路口，人們面臨這樣的路口均會做出抉擇，故而這裡用其會意，有未定之場所的意思——我這樣解釋的理由是因為《易》中凡在「××于×」之「于」後的字，皆在狀物，如《同人》之「同人于野」「同人于門」等等，「行」自然應釋「未定之場所」。這種「未定之場所」，正為身份不是邑國永遠所有者「有攸往」的前提。

「三」，極言多。「三日不食」，當處境如太陽落山后的黑暗，作為一個身處「未定之場所」的君子，就該和禽鳥一樣安伏下來，如果身

臨多日沒飯果腹將要餓死的饑餓，可以「有攸往」，但須是「主人有言」。

「有攸往」，指「君子」要離開「主人」他去。「主人」，指任用「君子」管理邑邦的領主。「言」，借為「愆」，罪；指主人有意讓「君子」處于「三日不食」的死局。

「有攸往，主人有言」，管理邑邦的「君子」已經到了沒法存活的程度之時，可以離開自己所從事的「主人」，但是這種沒法存活的前提，一定是主人製造黑暗的結果。言外之意，作為大領主任用的邑邦管理人員，當面臨「三日不食」的困境而非過失在「主人」之時，是不能不負責任而「有攸往」的。

六二：明夷，夷于左股，用拯，馬壯，吉。

象曰：六二之吉，順以則也。

釋「明夷，夷于左股」：

「明夷」，《象傳》釋「六二之吉，順以則也」，以此對照下文「用拯馬壯，吉」，知道這裡指由下而致的社會秩序黑暗。

「夷于」之「夷」用作動詞，係「痍」的借假；「痍」，傷之義。「左」語句修飾詞，《豐‧九三》「折其右肱」的「右」之用法與此同，均沒有意義。《詩‧小雅‧鴛鴦》「鴛鴦于梁，戢其左翼」的「左」用法也與此同。「股」，大腿；承接《初九》爻太陽鳥「垂翼」而繼續設喻；謂太陽鳥的腿受傷——腿受傷不比翼受傷，還可以勉強飛行。「夷于左股」，婉言由下而致的社會秩序黑暗程度不算太深。

釋「用拯，馬壯，吉」：

「拯」，甲骨文象形雙手由陷阱中取人，這裡用其拯救之義。

「馬」，《易》中凡及馬匹均牽涉戰爭。「壯」，強大。

「用拯，馬壯，吉」，就像腿受傷的太陽鳥乃能馱起太陽，由下而致的社會秩序黑暗程度不算太深，可以借軍隊武力得到挽救，挽救的軍隊武力越強越好。《渙‧初六》「用拯，馬壯」意思同此。

九三：明夷，于南狩，得其大首，不可疾貞。

象曰：南狩之志，乃大得也。

釋「明夷，于南狩，得其大首」：

「明夷」，高級統治者的昏暗；指君王等超級大領主。

「南」，對照「狩」生義；是一個代詞，與《升》「南征吉」之「南」意義相同。商族使用的是「伏羲八卦方位」，其南方在上，卦象為天、為乾、為君等，在此它應當借代天、君。「狩」，狩獵。當時各方國間的狩獵活動，一如今日國家各自的軍事演習，往往意味著顯示武力，故而狩獵和軍事活動在文獻上往往同義。《易》每及狩獵之事，必也關涉軍戎，如《師·六五》之「田有禽，利執言」、《比·九五》之「王用三驅，失前禽，邑人不誡」、《恒·九四》之「田无禽」等等。「南狩」，指商王等超級大領主命令下的征伐之戰；從《易》中反映，這種戰爭在諸侯來說，必須響應商王號召而參與。

「大」，此是個非常關鍵的字，按《易》中它幾乎均不指大小之「大」，對照下文「不可疾貞」的含義，此應當釋為正當、正統。「大首」，行為合乎諸侯之傳統要求的方國領袖，義近《書·益稷》「元首起哉」之「元首」。

「得其大首」一句的語境在于祭祀用人頭之風習。1976年在安陽武官村北地商殷王陵區（東區），鑽探出祭坑250座，發掘了190多座，揭露出被伐祭的无頭人骨架1000多具，這些是祭祀用人頭的遺留；殷墟還出土過一些刻有文字的人頭骨殘片，有一片上刻有「夷方伯」等字，這是祭祀用敵對領袖人頭的遺留；史書說帝辛（商紂王）自焚而死，其頭顱被周人取去等，說明直到本卦形成前後，仍有以領袖人頭為祭品的情況。「大首」應指與商王等大領主性情不合，但合乎正統要求的方國領袖等。

釋「不可疾貞」：

「不可」，不好。「疾」，病；喻「南狩」給能守諸侯之道的邑邦領袖帶來的危害。《易》中凡「疾」字均用以比喻政治危難。這個「南狩」是「明夷」之下的「南狩」，所以「得其大首」反而會造成不好之「疾」。

「不可疾貞」，製造政治黑暗的高級統治者命令之征伐，如果獲得勝利更助長了這種黑暗，那就像得了危害宗族家國存在的不好之病。

「大首」。李鏡池注：「指大頭的猛獸，如虎兒之類，甲骨文中多畫其大頭為特徵象形。」

六四：入于左腹，獲明夷之心于出門庭。

象曰：入于左腹，獲心意也。

釋「入于左腹」：

此爻沒有吉凶斷語，應與下一爻為屬爻分置之辭。

「左」，為沒有意義的飾詞。「腹」，指賢明者的肚子；婉說賢明將心深藏不露之處。

釋「獲明夷之心于出門庭」：

「獲」，獲得、得知。「明夷之心」，光明泯滅時賢明者藏匿起的心志。「門」即《同人・初九》「同人于門」的「門」，邑國之門。「庭」，即《艮》之「行其庭，不見其人」的庭，指身為賢明之貴族領主、邑邦屬理者居住、辦公的庭堂館舍。在古代，「庭」這一建築空間名稱並非一般身份的人所能居有（詳見《艮》注）。「門庭」，指賢明所屬有、屬理的國家。

「出門庭」，可能有兩種意思：一是指領主屬下的邦邑管君，因領主的昏暗而想棄職他去；二是指賢明者之心不僅用于自己的家國，還關心著外界的邦國。

按：《節・初九》《九二》之辭分別是「不出戶庭，无咎」「不出門庭，凶」，《象傳》釋它們分別是「知通塞也」「失時極也」——限制著不出邑國之門「知通塞也」，還不算什麼，但為此而「失時極也」就來了大麻煩。由此分析，「出門庭」指著外出邑邦，參與正常的外交活動。從《益》中分析，當時邦國的領主、管君，每要參與外界的一些政治活動。

「入于左腹，獲明夷之心于出門庭」，婉言其讓賢明們在政治黑暗之時不但不干預家國以外的事情，並還要慎言謹行，藏起對天下政治關心的跡象來，以免遭害。此爻換今天的話講：鑽到賢明者的領主、管君之肚皮裡，能獲知他們深居家國之內、不預外事的用心，是在等待時機，以再度出山施展抱負。

六五：箕子之明夷，利貞。

象曰：箕子之貞，明不可息也。

釋「箕子之明夷，利貞」：

「箕子」，目前通行的看法，此指商紂王的叔父箕子。因他被封于箕，故稱箕子。紂王暴虐，他進諫不聽，害怕喪命，乃披髮裝瘋佯狂。

後為紂王所囚。周武王滅商，釋其囚，使歸鎬京。據《史記・殷本紀》得知，箕子自身就是巫師。如，武王曾問他殷商滅亡的原因，他不忍心論及而言之鬼神等，即可說明。

我認為「箕」或即「筮」，占筮之義，「子」，是對施筮者的尊稱，有師長的味道，猶楚人稱巫師為「靈子」（見《楚辭・九歌・云中君》「靈連蜷兮既留」王逸注）。為什麼這樣說？

《禮記・曲禮上》：「龜為卜，筴為筮。」知「筴」可代為筮。「箕」「筴」二字可通假。《莊子・人間世》「鼓筴播精，足以食十人」《釋文》：「筴，……又音頰。司馬云：……小箕曰筴。」總之「箕子」似可指筮師、卜者，其和《巽・九二》「用史巫紛若」之「史巫」為一類人。在奉鬼成俗、事必問卜的時代，他們是貴族階層的統治者，到《易》的時代，他們即便必須謹奉主子，也是借神靈立言而左右主子的人。

「利貞」，在政治黑暗之中，作為執筮算卦的政治上舉足輕重之人，應當不匿光明，堅持傳達神明的意志，以利于合乎天意的當事者宗族家國之存在。

《象傳》「箕子之貞，明不可息也」，說賢明匿明之時，唯執筮占卜的史巫不可藏光息明，即是這個意思。

上六：不明，晦，初登于天，後入于地。

象曰：初登于天，照四國也。後入于地，失則也。

釋「不明，晦，初登于天，後入于地」：

「明」，即《井・九三》「王明並受其福」的「明」，指統治者的開明。「晦」冥，借代黑暗，指統治者的統治。

「初登于天，後入于地」，婉言太陽，轉喻統治者；不開明的統治者，他和他黑暗統治的下場，就像太陽一樣，雖然其能升起在天，但終究還要落入地下。

按：本卦此爻很可能有周人加入的內容。（詳見《升》釋）

37、家人 ䷤

風火家人。巽上離下。

家人。利女貞。

彖曰：家人，女正位乎內，男正位乎外，男女正，天地之大義也。家人有嚴君焉，父母之謂也。父父，子子，兄兄，弟弟，夫夫，婦婦，而家道正；正家而天下定矣。

象曰：風自火出，家人；君子以言有物，而行有恆。

釋「家人」：

此卦題的含義在「利女貞」當中。「家人」，當然不是家中的一切成員，而是女人，再對照各爻辭義，又知道這女人是家庭主婦。她在《易》編著者的眼裡，恰似我們今天社會輿論裡謳歌頌揚的「賢內助」。

釋「利女貞」：

「貞」，即《觀·六二》「窺觀，利女貞」的「貞」，生、生存之義。

分析《觀·六二》《蠱·九二》，知道《易》理想中的家庭主婦不應參與外界社會活動。

隨著社會財富互相掠奪成風，男人的社會地位得到了提高，因此女人也就縮減往昔掌管的範圍，退居在家務的操持上了。本卦倒反映出了這種退居的結果。

初九：閑有家。悔亡。

象曰：閑有家，志未變也。

釋「閑有家。悔亡」：

「閑」，闌，門中有遮攔之意，指家園有門阻擋內外之意。《帛》此字作「門」。「閑有家」，家園門內乃女人管理的地方。

「悔亡」，作為一個家庭主婦，明白自己只管自家的道理，方可祛禍禳災。

六二：无攸遂，在中饋，貞吉。

象曰：六二之吉，順以巽也。

釋「无攸遂，在中饋，貞吉」：

「遂」，對照「中饋」生義；通、達，引申為外出的意思。《震・九四》「震遂泥」的「遂」，義與此同。「无攸遂」，无所外出。

婦女不離開家庭外出，是《易》借天意給婦女活動的限制。

「中」，內。「饋」，食。「中饋」，在家中料理飲食；借代家務。

「貞吉」，女人不外出，只在家中料理家務，對她所在的家庭存在是好事。

據民族學的資料表明：在母權制社會，每一個家戶的家長當然是女人。如處于母系社會的北美易洛魁人塞內卡部，「每一個家戶受一個女家長管轄，她管理家戶的經濟」。[1]我國永寧納西族每個母系家庭都有一個女家長，全家「關于衣食住的計畫安排，統統由家長負責」。[2]這種相對安定的生活形式，在家族和家族、地區和地區的搶掠財富現象出現後，是不會一直保持的。

這一爻反映的是父權社會確立後的母權制餘形——最後的據點是在炊食中。

九三：家人嗃嗃，悔，厲，吉；婦子嘻嘻，終吝。

象曰：家人嗃嗃，未失也；婦子嘻嘻，失家節也。

釋「家人嗃嗃，悔，厲，吉」：

「嗃嗃」，與下文「嘻嘻」相對，應釋為嚴肅的樣子。「悔」，指對家中主婦「嗃嗃」之態感到厭惡而言。「厲」，厭惡家中主婦「嗃嗃」的治家之態，是危險的。「吉」，家中主婦嚴肅認真地治家是好事。

《易》中這類褒貶詞並出的情況，多是對一事物幾個角度認識上的評價，如《晉・上九》之「厲，吉；无咎；貞吝」，便是例子。

釋「婦子嘻嘻，終吝」：

「婦子」，即婦女；這裡為避與「家人」重復而換言之。「嘻嘻」，猶嘻嘻哈哈，不能嚴肅掌家之意。「終吝」，家庭主婦治家態度

[1] 路易士・亨利・摩爾根《美洲土著的房屋和家庭生活》，P67-P68。中國社會科學出版社，1985年。

[2] 詹承緒等《永寧納西族的阿注婚姻和母繫家庭》，P153-P162。上海人民出版社，1980年。

不嚴肅，雖然叫人感覺可愛，但終究這要使家庭陷入倒霉的。

六四：富家，大吉。

象曰：富家大吉，順在位也。

釋「富家，大吉」：

「富」，即《泰・六四》「不富以其鄰」的「富」。

據《易》所反映的富家之策，一靠戰爭掠奪，二靠經商，三靠農牧收穫，四靠高一級統治者的賞賜。這四種致富方式均是《易》編著者眼中的外部事物，是男人的事情，不關「家人」的事。可見此「富家」指女人掌家理財之事。

家庭主婦把一家之中財源去向掌握好，最少可使家中生活不呈窘迫之態，故而「大吉」。

九五：王假有家，勿恤，吉。

象曰：王假有家，交相愛也。

釋「王假有家，勿恤，吉」：

「王」，君王，當時的最高統治者。「假」，借。或釋此為格、到之意，謂王到廟中祭祖先。按：《萃》《渙》都提到了「王假有廟」，前者說王靠兵員的萃集擁戴而有家國廟堂，後者說王靠著營造保衛設施而有家國廟堂——「假」均應釋為借助、倚靠之義。「家」，國。

「王假有家」，君王借助許多「家人」掌管得很好的家，才有自己的國家存在。猶近代理論所謂家庭是國家的細胞之意。

「勿恤」，不必害怕。「家人」所治之家，是讓商王國家得到支持的家，那她就不必為這個家的安危問題擔心了。

「吉」，「家人」把家治理成商王享國的基礎，才有吉利可言。

上九：有孚威如，終吉。

象曰：威如之吉，反身之謂也。

釋「有孚威如，終吉」：

「有孚」，指「家人」治家給家中獲得的好處。「威如」，即《大有・六五》「交如威如」的「威如」，義近威遲、威夷、委遲、委移、逶迤、委蛇等，指隨順的樣子。

「威如，終吉」，「家人」主持好家政的同時，也給家裡帶來隨順的氣氛，這才是良好的最終目的。

38、睽 ䷥

火澤睽。離上兌下。

睽。小事吉。

彖曰：睽，火動而上，澤動而下；二女同居，其志不同行；說而麗乎明，柔進而上行，得中而應乎剛；是以小事吉。天地睽，而其事同也；男女睽，而其志通也；萬物睽，而其事類也；睽之時用大矣哉！

象曰：上火下澤，睽；君子以同而異。

釋「睽」：

甲骨文暫不見「睽」，但有其字根「癸」。有的學者或根據《易·繫辭下傳》「弦木為弧，剡木為矢，弧矢之利，以威天下，蓋取諸《睽》」而釋「癸」象形兩根箭矢交叉。這種解釋還可能參考了本卦《上九》「先張之弧，後說之弧」的字面意思。顯然不妥。因為「先張之弧，後說之弧」的「弧」借為「瓠」，即葫蘆，從而進一步借指婦女。

「癸」是一旬十天的最後一天，「甲」是一旬的第一天。甲骨文的「甲」作豎長橫短的「十」，所以，「癸」造字必與「甲」的造字相關聯——甲骨文「方」「录」「帚」等，字劃裡有兩「丨」中間橫「一」的結構，它往往表示无盡空間中的可知空間，如，「方」乃可知的範圍、「录」乃具體取水處、「帚」乃掃于一定的地方等。无盡時光之一旬十天乃具體的時段，所以甲骨文的「癸」為兩個「无盡空間中的可知空間」相交叉而形近「Ｘ」（睽圖1）。准此，「癸」取意此旬時段與

睽·圖1：甲骨文「癸」（《鐵》二一八·二）「方」（《合》一二四）「录」（《簠》天五）「帚」（《乙》六七一六）。

另旬時段相交——此旬頭與彼旬尾相交、「甲」送走了「癸」，「癸」離開了「甲」。

《帛》作「乖」。「睽」「乖」音義相同。「乖」，違背、離開之義——此正是我所謂「癸」的本義。

本卦是婚姻卦，它所以特別標出「睽」，是因為當時搶婚仍是常見的婚姻形式。因為我們從《易》牽涉到婚姻的辭語裡，都可以看到對搶婚的反對，所以這「睽」的準確含義應為：搶婚和理應的婚姻形式背離不合。

釋「小事吉」：

推想《易》編著者對婚姻意義的理解，應該包含著這點：它是為繁衍生命而為之，如果為了它而喪失生命（在搶婚形成的對抗及報復中，生命死傷是必然的），則為大凶了。故而與合理的婚姻形式背離不合的做法，該當「小事」以求「吉」。

「小」，義同《泰》「小往大來」的「小」，邪也。「小事」，對聚眾動兵搶婚應視為邪事，不該當成正當的事。「吉」，好。

初九：悔亡：喪馬，勿逐，自復；見惡人，无咎。
象曰：見惡人，以辟咎也。
釋「悔亡」：
危險消逝；指「喪馬」而言。

釋「喪馬，勿逐，自復」：

「喪」，失。「喪馬」，用于搶婚之戰馬走失。「逐」，卜辭中特以此字表示追趕獸類。「勿逐，自復」，馬匹走失了正好，且任它在想回來時回來，萬不要為駕車搶婚而追趕它。「悔亡：喪馬，勿逐，自復」的意思，與《中孚‧六四》「月幾望，馬匹亡，无咎」一致；婉言不驅車駕馬外出搶婚。

從《易》有關搶婚的記述中得知，那時的搶婚就是一場戰爭，搶方每驅馬駕車載眾而去。

釋「見惡人，无咎」：

「見」，比較本卦《九二》《九四》的「遇」字，知道它與一般見到的「見」顯然有異。其義應近「見欺」「見殺」之「見」，有被動的

意味。《六三》《上九》之「見」義亦如此。

「惡人」，可惡的人，猶无賴、潑皮之類人。「見惡人」，遭受到「惡人」；其有糾纏、尋釁等歇後之意味。出門遭受到「惡人」行惡，當然要避開回家不出門了。《象傳》「見惡人，以辟咎也」也是這個意思。

此爻與《九二》《六三》《九四》《上九》均婉言不要外出搶婚。

「无咎」，像出門遭受到「惡人」糾纏便躲避出門那樣，人們都躲避著婚姻用搶娶的形式，這就沒有因婚姻造成的災咎了。

九二：遇主于巷，无咎。

象曰：遇主于巷，未失道也。

釋「遇主于巷，无咎」：

「主」，君主、領主之類的高級統治者。「遇主于巷」，婉言退避、不行走，暗涉不能因搶婚而外出家國之門。從這裡可以得知，後來帝王、官員外出每要清道回避的做法，其發端至少已在《易》的時代顯露。大概那時身份低卑者有路遇高貴者回避的規定。後來有名的子擊引車避魏文侯之師田子方的故事和藺相如引車避廉頗的故事，即可從側面說明回避是示畏示敬的行為。（見《史記‧魏世家》《廉頗藺相如傳》）

「无咎」，街巷中遇到主子上峰就該避退不走，表示敬畏，以這種狀態避開搶婚之行，就會沒有婚姻的災咎。

六三：見輿曳，其牛掣，其人天且劓，无初有終。

象曰：見輿曳，位不當也。无初有終，遇剛也。

釋「見輿曳，其牛掣，其人天且劓」：

「見」，被。「輿」，《易》用以專指軍車。「曳」，拉，指兵車向後滑拽，不能順利行駛向前。「掣」，曳拉。

「見輿曳，其牛掣」。牛拉著兵車，車不但不行，還向後倒拽。牛拉兵車猶今說坦克耕地、拖拉機上炕等以狀怪異不諧的事，而車後拽不進，更是怪上加怪的事。可能當時人認為這等怪事的出現，是不利於出門的。

「其人」，指駕車的人。在《易》中，「人」的概念不包括身份是奴隸的人。「天」，通「顛」即頭頂；這裡指因犯罪而髡去了頭髮。「劓」，割去鼻子的刑罰。「其人天且劓」，婉言趕這種怪車的人是因

罪受刑的人。

從《周禮‧地官‧保氏》「保氏掌諫王惡，而養國子以道。乃教之六藝：一曰五禮，二曰六樂，三曰五射，四曰五馭，五曰六書，六曰九數」的記載看，周代前後，「六藝」是貴族子弟才可干預的事，作為「六藝」之一的「馭」，乃駕馭兵車。《易》之時代，駕馭兵車的人很受崇拜，就是後世被尊奉為「師」的人，一如我們先進戰機的控制人員，有特別的身份和素質要求（詳見《既濟‧九三》釋），所以這裡才將髡髮、劓刑的人馭軍車，當成怪異不吉的事來敘述。

欲外出則又遭受到這等背氣的怪事：兵車用牛來拉，車不但倒退不進而且馭車的人又是髡頂无鼻的刑人。這兆示外出搶婚將碰到怪異可怖的事。

釋「无初有終」：

「初」，開始，指始于發動車馬搶婚。「有終」，好的結果。「无初有終」，男女婚配不是以搶婚的形式開始，將會得到妥善的結果。《巽‧九五》也有「无初有終」之辭，其說貴族領主解放奴隸代自己外出經商，雖无先例，但有好的結果，敘述方式亦類此處。

這一爻說，自開始就像看待怪異事情一樣看待違背天理的搶婚，便會有妥善的婚姻終結。

九四：睽孤，遇元夫；交，孚，厲，无咎。
象曰：交孚无咎，志行也。
釋「睽孤」：

「孤」，假借「瓠」。「瓠」，葫蘆；它與《蒙》之「包蒙」，《否》之「包承」「包羞」，《姤》之「包有魚」「包无魚」「以杞包瓜」的「包」意義完全一致。「包」，即是「匏」。「瓠」「匏」，是葫蘆同名異寫。葫蘆在商代以前便是婦女婚姻的象徵。在《易》中它除指渡河助浮之器外，餘下的多指婚配婦女（關于葫蘆與婚姻的意義，詳見《蒙》等釋文）。

「睽孤」，背離不合的婚娶婦女形式。

釋「遇元夫；交，孚，厲，无咎」：
此以反語的形式，解釋「睽孤」之結果。

「元」，音月，可作「刖」，也可作「跀」，《困‧上六》其又作「臲」；劓、截之義。「元夫」，對照「交」生義，指受刖刑截去雙腳的人。

　　「交」，與《大有‧初九》「无交害」、《隨‧初九》「出門交有功」的「交」意思相似，不是人行走等意思，指車轄交合在車軎裡，婉言搶婚的車馬開動。

　　「孚」，獲致，指搶到女人婚配。「厲」，指搶婚的危害。「无咎」，如果遇到受刖刑失去雙腳的人可以行走，那麼動用車馬搶婚的危害災險就算不存在了。這是反話。

　　《象傳》：「交，孚，无咎，志行也。」指沒腳的人可走，搶婚无災咎，只是心中的願望而非現實罷了。

　　「遇元夫……」的敘述形式，如《履‧九三》：「履道坦坦，幽人貞吉」、《六三》「眇能視，跛能履，履虎尾咥人」，也如《歸妹‧初九》「歸妹以娣，跛能履，征吉」、《九二》「眇能視，利幽人之貞」，均用此事荒謬以證彼事荒謬之句法。

六五：悔亡，厥宗噬膚，往何咎？

象曰：厥宗噬膚，往有慶也。

釋「悔亡：厥宗噬膚，往何咎」：

　　「悔亡」，應該的婚姻形式讓危害消逝。

　　「厥」，其，語助詞。「宗」，欲娶為妻的女子宗族之人。「噬」，吃，享用。「膚」，肥美的肉，指男方聘娶女方所送的禮。古人稱豬、魚及其他獸肉都為「膚」。《儀禮‧士聘禮》：「膚，鮮魚，鮮臘。」《箚記‧內則》：「麋膚，魚醢。」

　　從《易》中反映，男方送女方的禮有：「白賁」（大童子豬，如《賁‧上九》『白賁，无咎』）、「魚」（如《婚‧九二》『包有魚，无咎，不利賓』、《九四》『包无魚，起凶』）等。

　　《易》反對搶婚，提倡聘婚，此處是在列舉婚姻禮聘的好處。

　　「往，何咎」，如果婚娶不用搶婚的形式，而是改以禮聘，那麼就設想一下，當女方家族之人享用著你送去的肥美肉類等禮物時，你再去迎娶，又有什麼危險呢？

　　以美味食物為婚娶的代價，說明聘婚是以交易為前提的婚姻。從《漸‧六二》「鴻漸于磐：飲食衎衎，吉」中可以知道，當時聘婚的禮物受重視的是食品。

「厥宗噬膚」，《帛》作「登宗筮膚」。「登」，攀結。

上九：睽孤——見豕負塗；載鬼一車，先張之弧，後說之弧：匪寇，婚媾！往，遇雨則吉。

象曰：遇雨之吉，群疑亡也。

釋「睽孤——見豕負塗」：

「睽孤」，即「睽瓠」，乖背不合常理的婚姻娶婦形式。

「見豕負塗」之義應對照《姤·初六》求取：「繫于金柅，貞吉；有攸往，見凶——羸豕孚蹢躅。（車阻止不發，不用于搶婚，這對宗族家國的存在吉利；如果為搶婚而往，則所往之處必見凶兆——「羸豕孚蹢躅」）

「見」，遭到。「豕」，即《大畜·六五》「豶豕之牙」的「豕」，小豬。「負」，即「孚蹢躅」的「孚」，本指孵化，這裡借指母豬生育或哺育小豬。《詩·小雅·小宛》：「螟蛉有子，蜾蠃負之。」馬瑞辰傳箋通釋：「負之言孚也。凡物之卵化者曰孚，其化生者亦得曰孚。」據俞樾《群經平議》說，這個「孚」乃「乳也」。「塗」道路。母豬在路中生育或餵奶，道路就會被阻擋難通，從而預兆旅途危險不順。

從圖像中反映，商族多圖騰崇拜中有豬崇拜。據《國語·鄭語》載，豕（豨）韋氏出自高辛氏火正黎，其與伏羲、女媧同一族繫，商族當有豬崇拜的淵源。「豕負塗」「豕孚蹢躅」當與此崇拜有關。

按：「負塗」「孚蹢躅」或指豬交配狀。今山東黃縣、掖縣農村出門辦事，仍忌諱見到豬或狗當途交配之俗。

釋「載鬼一車」：

指發車搶婚之人的下場。

「鬼」，甲骨文象形有可怖頭顱的人，指鬼類怪物；這裡指將去送死變鬼的搶婚者。「載鬼一車」，去搶婚者反變成一車車的死鬼。

釋「先張之弧，後說之弧」：

「先張之弧，後說之弧」也指發車動兵搶婚之結果。

「張」，對照「說」生義；「說」，假借「脫」，即《遯·六二》「執之用黃牛之革，莫之勝說」的「說」，既然「弧」能脫開失去，那麼「先張之弧」的「張」意義必然與之相對（我們通常思維的一大特點

是：波及事物此端之時也必涉及彼端，後來天對地、水對火等對字程式，即是證明），因此，「張」在此該釋為動武用械（弓矢）捕捉而得之的意思。《公羊傳·隱公五年》：「百金之魚，公張之。」其「張」字就含有動器械捕捉之意（一般理解《公羊傳》之「張」字為設網罟等器具，實際應視為動用弓箭器械也，因為古人也用弓箭射魚）。

「弧」，與下文「後說之弧」的「弧」一致，均通假「瓠」，即葫蘆，在此借指被搶為婚的女子。

「先張之弧，後說之弧」《帛》作「先張之柧，後說之壺」，「弧」分別作「柧」「壺」，「柧」當是「瓠」的異體字，「壺」則與「瓠」字相通。

此說靠動武搶得女子，即便強使成婚，因為她們不心甘情願，也要逃脫而去，使搶婚的努力成為徒然。這不比聘婚，所聘的女子是經過同意的，所以娶回後便不會逃返。

當時搶婚的一方怕女子逃歸，必有很多措施，如用繩索捆綁令其難脫、用編織物等蒙頭蓋眼令其難見歸路等。今鄉下人婚娶女人頭上蒙蓋頭，並牽以彩帶入洞房，也許就是古代搶婚捆綁和蒙頭的遺風。

釋「匪寇，婚媾！往，遇雨則吉」：

「匪寇，婚媾」，婚姻乃男方讓女方配合生殖後代，不是靠搶奪女人便可以解決的。

「往」，指駕車聚眾前往女方之處搶婚。「遇雨則吉」，反言婉說搶不成婚是好事。那時沒有今天這樣的交通條件，天一下雨路便泥濘難行，更不能發車出兵，故而這裡以遇雨阻車來婉說搶婚不會成功。在《易》中，凡及征行則忌諱遇雨，這顯然是商代民風民俗之于戰爭的一種反映。

此爻以遭到豬在路上生育或哺育擋道所兆示的發兵動車之凶、以發兵動車則盡成俘虜之凶、以搶到的女子會逃跑之凶，來證說「睽弧」之沒有必要，最後以「匪寇，婚媾，往遇雨則吉」說婚姻靠搶的形式之不行，要止住搶婚，改為聘婚。

李鏡池注：「這是寫旅人的一場虛驚：旅人在孤單地走路，看見運載著幾條大豬迎面而來，後面還有一輛大車，車上載滿像鬼一般奇形怪狀的，開始張弓搭箭，要射旅人，後來放手鬆弓了，原來他們開玩笑嚇人。這夥人不是搶劫的，而是以圖騰打扮去訂婚的。旅人照常向前，遇著下雨，卻一切吉利，沒生病也沒出事。」

39、蹇 ䷦

水山蹇。坎上艮下。

蹇。利西南，不利東北；利見大人，貞吉。

彖曰：蹇，難也，險在前也。見險而能止，知矣哉！蹇利西南，往得中也；不利東北，其道窮也。利見大人，往有功也。當位貞吉，以正邦也。蹇之時用大矣哉！

象曰：山上有水，蹇；君子以反身修德。

釋「蹇」：

難之義，指行商的艱難。這是商人獲利賺錢過程中不免的遭遇。

釋「利西南，不利東北」：

《坤》有「利西南，得朋，東北喪朋」之辭，指經商得錢，戰爭喪錢而言。由此可以知道「利西南，不利東北」借代經商活動。

按：商族是大昊伏羲氏的後代，他們用伏羲八卦方位來解釋一些既定的概念：

西南方是「巽」方，卦象為風；

風有動物雄雌相誘之義（見《字彙·風部》），相誘而交配生子，正是生殖之利的表現；

風有放之義（見《廣雅·釋言》），欲獲生殖之利而必須釋放生殖的羈絆，《巽》為經商之卦，殷代商業貨殖乃釋放奴隸的人身羈絆而代邦君邑主為之。

故而「利西南」即經商之利在于貨殖貨、錢生錢。

東北方是「震」方，《震》卦卦象為雷，殷人認為雷是上天懲罰人間傷天害理者的工具，上天、雷與人間換位者，正是商王和懲罰世間不義的王師——然而不義、正義的戰爭都是勞民傷財的；

甲骨文「震」指王師不安、移動，不安、移動，正是戰爭的體現。

所以「不利東北」，即人口、貨物、錢財之利，在戰爭之下會喪失。

釋「利見大人，貞吉」：

「大人」，正當的人。「利見大人」，經商者利于與正當的人貿易往來。

當時「人」的概念中不包括著奴隸；經商是由解放為「人」的原奴隸代奴隸主進行的，他們被《易》稱為「小人」。這種「小人」的社會地位很卑賤，如果離開邦邑經商，不與正當的人貿易往來，情形會不很妙。

「貞吉」是指經商而說的；貴族們解放奴隸，讓他們代自己經商，則有利于宗族家國的存在。

《易》的時代，一般人視農、牧業和戰爭掠奪為財源，人類有直接簡便趨利的本性，每視戰爭掠奪為直接簡便的財源，而對于商業作為財源更直接簡便的認識，並不夠深入。《易》中苦口婆心告勸邦邑的領主放棄掠奪為經商，就足以證實這點。雖然商業和掠奪都不會使社會的總財富增長，但比之損毀傷亡為代價的掠奪，商業畢竟更具直接趨利的優勢。今天的世界，野蠻侵略的戰爭愈來愈少，這是貿易的功勞。今天的世界，戰爭越來越少且多集中在觀念較野蠻的地區，這是商業的能力。幾千年前《易》中指出的真理，竟然在幾千年後才被其產生的國度羞羞答答地承認，真令人悲哀！

言歸正傳：既然那時貴族統治階層對經商認識不足且又不熱衷，如果經商一旦遇到困難怎麼辦呢？所以《易》的編著者在本卦中列舉了很多的經商好處，作為商業活動得以繼續而不致因困難夭折的理論根據。總之，這仍是一個鼓勵貴族統治者經商趨富的卦。

初六：往蹇，來譽。

象曰：往蹇來譽，宜待也。

釋「往蹇，來譽」：

這一卦六爻共一個吉凶斷語落于《上六》，說明它們本來不曾分開。它們合起來說艱苦經商之必要。

「來」，指回來之後，而不指來到的過程；《易》卦裡所有的「來」均是此義。「譽」，與《旅·六五》「射雉，一矢亡，終以譽命」的「譽」同義，安也。《詩·小雅·蓼蕭》「燕笑語兮，是以有譽處兮。」朱熹注：「蘇氏曰：『譽』、豫通，凡詩之『譽』，皆言樂也。」

此說外出經商有困難，但將換來家國的安舒和快樂。

六二：王臣蹇蹇，匪躬之故！
象曰：王臣蹇蹇，終无尤也。
釋「王臣蹇蹇」：

「王」，應指商王。「臣」，商代的臣分商王臣和諸侯之臣，他們是官員，其社會地位僅在王或諸侯之下，《遯‧九三》「畜臣妾吉」將「臣」和王或諸侯的妻室相並，可以作為他們地位的說明。（商代的「妾」不指後來所謂的「小老婆」或「不聘而娶」者，詳見《遯‧九三》釋）「王臣」，指商王屬轄及勢力範圍內的邦邑領管們。

「蹇蹇」，敘述方式猶《乾‧九三》之「乾乾」，一字疊用，加重語氣；指輾轉經商他邦別邑的極端艱苦。那時的經商並非邦邑領管們親涉其中，而是派忠誠可信的奴隸代替，這在名分上還是邦邑的領管在經商。

釋「匪躬之故」：

「匪」，同「非」。「躬」，身。「匪躬之故」，商王臣下艱苦經商，不是為了自己；《易》編著者的言外之意似是：即便自身不願介入經商，也要為了商王的利益去勉為其難。大概當時經商的活動不出于商王等的號召，就出于商王等的喜好。史籍載周文王被商紂王囚禁，是文王臣下用經商所得之寶貨換取出他的自由，不會空穴來風。

此爻《帛》作：「王僕蹇蹇，非今之故。」「王僕」或指給商王經商的人？若是，「非今之故」是說商王早就派屬下代為經商了，眼下各邑邦領管們不必疑慮自己派人涉足經商。

九三：往蹇來反。
象曰：往蹇來反，內喜之也。
釋「往蹇來反」：

「反」，甲骨文象形以手將順生之植物攀折過來；這裡應釋為相反的意思。「來反」，去經商千難萬難，卻換回來完全相反的結果以奉主子。

或釋「反」借「飯」，廣大美好之義，亦通。

六四：往蹇來連。

象曰：往蹇來連，當位實也。

釋「往蹇來連」：

「連」，有釋「往來皆難」之「連」，有釋「從車，通輦」的「輦」。按：釋艱難連接不合本卦的總體立意。本卦全文均對當時邑邦領管論說參與經商之利，怎麼會反其道變鼓勵為阻止呢？釋「出去艱難回來得車可乘」者亦不通。當時邦國派出的商人不僅結「旅」成隊，而且必用牛車以載（例如：《旅·上九》「喪牛于易」說商人以牛拉車等），否則他們怎樣攜帶大量販買貿易的貨物跋涉邦國邑落之間呢？

我認為「連」應釋為「屬」之義。「來連」，商旅返回後，其所得的財產當會彙聚于主子之所屬。

九五：大蹇朋來。

象曰：大蹇朋來，以中節也。

釋「大蹇，朋來」：

「大」，義同《泰》「小往大來」之「大」，正當，正義的意思。「大蹇」，正當的經商輾轉。「朋」，朋貝，亦即錢（蹇圖1）。當時以南海出產的貝齒做錢幣；貝齒按一定的數量串成串，大約兩串為「一朋」。

此說正道的經商艱辛，能把錢掙到邑君邦主的手中。

蹇·圖1：甲骨文、金文「朋」（《佚》六二三、《中作且癸鼎》）。
它們象形兩串貝齒。

上六：往蹇來碩，吉：利見大人。

象曰：往蹇來碩，志在內也。利見大人，以從貴也。

釋「往蹇來碩，吉：利見大人」：

「碩」，豐碩，富實。「吉」，它是經商艱難之結果的評斷，即「往蹇」之「來譽」「來反」「來連」「大」而「朋來」「來碩」及「王臣蹇蹇，匪躬之故」，都是吉利的。

「利見大人」，指「往蹇」即外出經商應該找的對象而言：經商買賣與正當的人進行有利。

40、解 ䷧

雷水解。震上坎下。

解。利西南；无所往，其來復吉。有攸往，夙吉。

彖曰：解，險以動，動而免乎險，解。解利西南，往得眾也。其來復吉，乃得中也。有攸往夙吉，往有功也。天地解，而雷雨作，雷雨作，而百果草木皆甲坼，解之時義大矣哉！

象曰：雷雨作，解；君子以赦過宥罪。

蹇・圖1：甲骨文、金文「朋」（《佚》六二三、《中作且癸鼎》）。

它們象形兩串貝齒。

釋「解」：

甲骨文「解」象形雙手從牛身上取角（解圖1）；此處用為解脫之義。

「解」的相對概念是維繫之「維」。本卦以箭矢的維繫和解脫為喻，喻解放奴隸使之外出經商，和執繫奴隸使之眼前供役的利弊。它也是勸說貴族領主們經商致富的卦。它和《蹇》《咸》《復》《隨》《旅》《巽》等，都是單純的商業卦。

古代的箭矢大體分兩類，一類是箭身維繫繩索的，一類是空身的。維繫繩索的箭矢多用于射禽鳥，繩索維繫在箭杆之中，主要依靠箭杆和繩索在空中纏繞飛禽。空身的箭矢使用的範圍較為寬泛。

發射空身的箭矢，和發射繫以繩索的箭矢，應當根據獲取對象的條件而定。如果該用空身箭矢卻堅持使用繫以繩索的箭矢，獲取的結果可想而知。

釋「利西南」：

「利西南」，對照《坤》「利西南，得朋，東北喪朋」、《蹇》「利西南，不利東北」，知道此乃借代經商；「西南」是所謂「先天八卦方位」之「巽」所在的方位，《巽》是論述經商意義的卦。

「先天八卦方位」乃伏羲八卦方位，其「巽」位卦象為「風」。

「風」為伏羲之姓，傳說伏羲畜養牲畜是為了祭祀中供給犧牲；牲畜繁衍交配為「風」。

伏羲妻子兼妹妹女媧亦姓「風」，其為男女婚姻媒神而發明了催生催育「笙簧」（見馬縞《中華古今注》），「笙簧」出聲也為「風」。

伏羲八卦「西南」之「風」的根本，在利于畜繁殖畜、人繁衍人，而經商的特徵正是貨殖貨、錢生錢。這就是「利西南」的意義。

釋「无所往，其來復吉，有攸往，夙吉」：

「无所往」，不去經商；此乃對假設的求筮之貴族領管而言。「其」指別邑他邦的商旅。「復」，指經商交易（詳見《復》釋）。「无所往，其來復吉」，如果你不派員外出經商，能允許別人到你的邑邦裡經商，也是好事。

「有攸往」，有所往；指貴族領主、管君派員外出經商。「夙」，早。「有攸往，夙吉」，如果你要外出經商，那麼越早去就越好。

這段卦辭相當重要，它的編著者希望聯合在商王朝周圍的邑邦領主們，都要給經商創造良好的環境。

它用今天的話說，為了你家國的吉利，要解放可信的奴隸代你經商。如果你不想經商，就讓別人到你領地進行彼此有益的經商；如果你想經商，那麼越早解放奴隸代你而去，就越好。

初六：无咎。

象曰：剛柔之際，義无咎也。

釋「无咎」：

此可理解為「解，无咎」的節義。解放奴隸，讓他們代邑邦的領主、管君們外出他邦別邑經商，沒有壞處。

九二：田獲三狐，得黃矢，貞吉。

象曰：九二貞吉，得中道也。

釋「田獲三狐，得黃矢，貞吉」：

「田」，田獵。獵取狐狸，本為皮毛，所以多在冬天。「三」，數量極多的代詞。

「黃矢」，一般釋此為銅箭頭、金屬箭頭等。不確。

商代銅是用于戰爭的唯一金屬，也就是文獻中所謂的「金」。我們都知道，用「黃金」泛言銅，已是戰國以後的事情了。

然而《噬嗑·九四》「噬乾胏，得金矢」，其「金矢」明確指著銅箭頭而言，為什麼《噬嗑·六五》「噬乾肉，得黃金」中，卻把「黃」與「金」並陳呢？「黃」與「金」並陳還出現在《鼎·六五》「鼎黃耳，金鉉」中——如果我們把「黃耳」釋作金耳或黃金之耳，那麼下文《上九》的「鼎玉鉉」的前提也該是鼎玉耳、石耳之類的了。試問，如今出土商、周之際的三足器可有玉制或石制的？「黃耳」本應指鑄離開鼎內壁的鼎耳，恰如我們今天使用的耳鍋之耳外張，不與鍋的內口垂直在一條線上（詳見《鼎》釋）。那麼「黃矢」呢？

從《易》中有關箭矢的反映，知道當時通行兩種箭，一種是後邊繫索的箭，如《井·九二》「井谷射鮒」（射魚得用帶索箭，否則難得水中魚）、《小過·六五》「公弋，取彼在穴」（帶索箭利獲禽鳥，卻難奈穴中獸）；再一種是不帶索的箭，如《噬嗑·六五》「噬乾肉，得黃金」（繫繩索箭的箭頭在獵物生前就留在了它體內，如果當場射斃則可取出貴重的箭頭）、《旅·六五》「射雉，一矢亡」（箭沒有繩索牽繫，否則雉射不中箭也會收回來）。

准此，這兩種箭的後一種，即不帶繩索的箭，也可以說從繩索中解放出來任其飛盡射程的箭，就應叫「黃金」或「黃金矢」之類；「黃」帶有「曠」的意味，當讀作「曠」，「黃矢」即「曠矢」。

「得黃矢」，得到狐狸，仰仗不帶索之箭的力量；狐狸是很狡猾的動物，帶索的箭无論在速度和力量上都難勝它，只有不帶索的箭才是獵獲它的工具。

「貞吉」，這裡以使用不受繩索控制之箭而獲得貴重的獵物，喻解放奴隸代自己外出經商獲吉得利於宗族家國的存在。

六三：負且乘，致寇至，貞吝。

象曰：負且乘，亦可醜也，自我致戎，又誰咎也。

釋「負且乘，致寇至，貞吝」：

「負」，《說文》釋「從人守貝有所恃也」。「乘」，馬駕車之謂；甲骨文象形正面的人（大）站在木上——「大」會意乘車者（當時乘馬車的人都是上層的大人物），「木」會意車（車為木造）。《易》凡與馬匹有關者，均涉及戰爭。

「負且乘」，依恃著資財並且是依恃戰車而來的資財——「負」有

憑財依恃之義，「乘」引申有依恃、憑仗之義，故而我這樣解釋。

「致寇至」，「寇」指報復「負且乘」的軍隊。依恃戰爭滿足需求，會引起惡性的報復。《泰·六四》「翩翩，不富以其鄰，不戒以孚」（報復接連不斷，如果你不以富己為目的掠奪鄰邦，就不必擔心其報復你而來殺戮）所說的道理同此一致。

「貞吝」，靠戰爭致富，意味讓宗族家國走向衰敗。

或釋這一爻為：乘馬車又不捨得解下身上背負的財貨，會招致強盜劫掠。當時經商特定為牛車，顯然此解不確。

九四：解而拇，朋至斯孚。

象曰：解而拇，未當位也。

釋「解而拇，朋至斯孚」：

此與下一爻應為屬爻分置之辭。

「拇」，義同《咸·初六》「咸其拇」的「拇」，指腳的大指，借代腳，在這裡轉又借代奴隸。《易》凡涉及奴隸代主子經商的辭句，每強調他們的身份特徵——腳。他們本是跑腿勞作、沒有資格穿鞋的人。

「解而拇」，解放奴隸，讓他為你經商而自由動腳跑腿。

「朋」，朋貝。指解放的奴隸為主子賺的錢財。「至」，借作「致」，招致、召集。「斯」，語助詞。「孚」，獲得。

「朋至斯孚」，解放的奴隸經商招致錢財到來，才使主子有所獲得。

六五：君子維有解，吉；有孚于小人。

象曰：君子有解，小人退也。

釋「君子維有解，吉」：

「君子」，指各邦邑的領主、管君們。「維」，義同《隨·上六》「拘係之，乃從維之」的「維」，係執、拘執、管制。「維有解」，對照「有孚于小人」生義，指解脫奴隸的維執、管制，讓他們代主子經商外出。「吉」，指經商而言。

釋「有孚于小人」：

「小人」，指解放了的奴隸；奴隸解放，代主子經商，從而社會地位上升到了「人」，但這個「人」不是正統的上層人，而是「人」中之「小」者——「小」，《泰》「小往大來」之「小」，不正統、不地道

之謂也。「有孚于小人」，被解放的奴隸為主子經商，將會使主子有所獲得。

上六：公用射隼于高墉之上，獲之，无不利。
象曰：公用射隼，以解悖也。
釋「公用射隼于高墉之上」：

「公」，即《大有‧九三》之「公用」、《益‧六二》之「告公」的「公」，猶大家的意思。「用」，指用帶索或不帶索的箭射之。「隼」，鷹。鷹類很不易射殺，且肉也不豐腴。它是圖騰鳥的一種。殷人射殺它很可能與關係國之大事的巫術、服飾需要有關。如是，它便被作為特權的象徵而被重視。「墉」，城牆。

「射隼于高墉之上」，指用弋射或不用弋射。弋射，以繩索繫箭而射，適宜射目標在空中的飛禽用。鷹隼飛得極高，一般射距的弋射達不到，甚至任其飛盡射程的「黃矢」也達不到，故而要站在高高的城牆上去射（解圖2）。

鷹是善于俯衝飛翔的禽類，上升得憑藉氣流，翔速很緩慢，不知弋射之法對它有沒有用。但它有誤撲射其之箭的特點。

釋「獲之，无不利」：

此以射高飛的鷹隼為例，喻說經商的問題；大家不管用帶索的箭弋射還是空身箭射，只要獲得了獵取對象，就沒有不利的地方，好比使用奴隸讓家國富強的目的一樣，不管你解放他們代之經商，還是拘執管制他們在身旁，只要達到目的，就沒有不對的地方。正所謂「不管白貓黑貓，捉住老鼠就是好貓」。

解‧圖2：成都百花潭出土戰國銅壺上的弋射圖。

從河南輝縣琉璃閣出土戰國狩獵紋銅壺上看，那時弋射之箭上的繩索，卜帶一「磻」（《說文》：「磻，以石箸弋繳也。」），四川成都百花潭戰國銅壺之弋射的繩索，纏繞在下端的一種轉軸裝置上，不知《易》時代的弋射什麼模樣。似乎戰國時代以弋射天鵝等，更重要的是靠箭索纏繞飛離地面不久的飛禽的脖子和翅膀。

41、損 ䷨

山澤損。艮上兌下。

損。有孚，元吉，无咎，可貞，利有攸往。曷之，用二簋，可用享。

象曰：損，損下益上，其道上行。損而有孚，元吉，无咎，可貞，利有攸往。曷之用？二簋可用享；二簋應有時。損剛益柔有時，損益盈虛，與時偕行。

象曰：山下有澤，損；君子以懲忿窒欲。

損・圖2：甲骨文「員」字（《佚》）。

釋「損」：（損・圖1）

此卦與「益」卦相對，然而「損」之「員」部、「益」之「皿」部均象形青銅彝器器形——甲骨文「員」象形圓口的鼎（損圖2），「皿」象形有沿的盆。

那時有鼎的人皆富裕，所以「員」有增益的意思。《詩・小雅・正月》「无棄爾輔，員于爾輻」毛傳：「員，益也。」然而鼎中之物最終

損・圖1：商周器物上的筮數「損」。

1・山東平陰縣朱家橋商代晚期M9出土陶罐肩部刻的重卦「損」；

2・安陽殷墟出土GT406④：6號陶簋殘片上刻有「豐」的重卦「損」。

是要消耗的，所以有了損失、減損之義的「損」字。「益」象形皿水滿而溢，是「溢」的本字，「溢」有流失的意思，水從器物中流失，則有損減的意思。顯然今天仍然未改的損、益觀念，在甲骨文時代就通行了。

本卦從損、益相互依存的角度，研究了「損」在社會生活中的尺度。

卦辭「有孚，元吉，无咎，可貞，利有攸往」，說明在損減前提下的獲益；「曷之，用二簋」，說明可以獲益之損減的例子；「可用享」，說明「損」的原則對宗族家國的意義。

釋「有孚，元吉，无咎，可貞，利有攸往」：

使用「損」之道處世行事會有所獲得，會讓人逢到吉中之首吉，會沒有過錯可犯，會使人生存得好，會在所到之地得以順利。

釋「曷之，用二簋，可用享」：

「曷」，借作「謁」，請求之義。《左傳·昭公十六年》：「宣子有環，其一在鄭商。宣子謁諸鄭伯，子產弗與。」這裡指身處劣勢者向優勢者請求、告乞之意。

「二」，與《習坎·六四》「樽酒，簋貳，用缶」的「貳」同義，乃「貳」假借。「二」「貳」，通「膩」，指肉食。「簋」，盆碗之類的器皿。「二簋」，即上引《習坎》之「簋貳」；其「簋貳」是感化犯罪所特設的食物，這裡當指居優勢者寬待居告求地位者的食物。優勢者減縮自己的肉食，寬待居下之告求者，是合乎「損」之道的益他行為；這行為可以讓自己「得臣无家」。（見《上九》）

「可用享」，這裡以行「損」之道可以使祖先受到享祭，婉言宗族家國存在不滅。

「曷之，用二簋。可用享」，有斷句為「曷之用？二簋可用享」者，釋「曷」為何，釋「二」為數字，釋「享」為宴享或祭享。然而從卜辭中可以看到，當時的祭祀並不提倡菲薄，「二簋」祭祀則過于菲薄。

初九：已事遄往，无咎；酌，損之。
象曰：已事遄往，尚合志也。
釋「已事遄往，无咎」：

「已」，義同《革》「已日乃孚」之「已」；甲骨文其用作動詞，有改、變、停止的意思，與此義同。「遄」，速、快。

「已事遄往，无咎」，勢必要改變的事情就叫它迅速改變過去，不纏綿不休，便不會造成過錯。

釋「酌，損之」：

「酌」，對照「遄」生義；既然「已事遄往，无咎」，那麼就不該「損」其「遄往」，只能「損」其「遄往」的相反一面；像斟酌、酌量、參酌等詞都有遲緩、掂掇的意思，所以這個「酌」便該含有慢行緩理的意思。

「酌，損之」，已經要改變的事情就迅速地讓它改變，慢條斯理地對待改變要引起麻煩，所以應當「損之」，而不該益之。

李鏡池注：「已：借為祀。」祭祀是大事，要趕快去參加，這才不會出問題。但有時亦可以酌情減損，……『酌損之』是理論語，說明益中可以有損。」按：對照《九二》「利貞。征，凶；弗損，益之」的意思，「已事」似與戰爭有關。

九二：利貞，征，凶；弗損，益之。

象曰：九二利貞，中以為志也。

釋「利貞，征，凶」：

損減之道利于宗族家國的存在，但損人益己的出征侵伐會導致凶災。

釋「弗損，益之」：

「損」，指對鄰國進行的侵掠戰爭。「益」，指對鄰國進行幫助和支援。「弗損，益之」，不要為了自己得益而對鄰國進行損壞的戰爭，而是減少自己的利益，助益他們。

「征」，《帛》作「正」。

六三：三人行則損一人，一人行則得其友。

象曰：一人行，三則疑也。

釋「三人行則損一人，一人行則得其友」：

此爻不能單獨成義，它與《六四》乃屬爻分置之辭。

這兩爻以行人為喻，以說明不可之「損」和應該之「損」。據《象

損・圖3：商代占卜用的龜腹甲。

傳》「一人行，三則疑也」之釋，這兩句是修辭上的倒置句，謂一人行路，孤單寂莫，遇人則喜與之結交同行，相反，三人同行，意見往往分歧，最終一人受到冷落和孤立，像這種減損是不可取的，而是應當遄速地損減他們的分歧與懷疑之「疾」，使大家團結起來。

　　六四：損其疾，使遄有喜，无咎。
　　象曰：損其疾，亦可喜也。
　　釋「損其疾，使遄有喜，无咎」：
　　此與上爻為屬爻分置之辭；它繼續以行人為喻的例子設喻。
　　「疾」，病，喻「三人行」中使「一人」損減在外的疑慮之病。「遄」，快、速。「有喜」，指病癒。「无咎」，像治病宜速好，要很快的損減、減失造成大家生疑相猜的不團結現象，是沒有過錯的。
　　這兩爻意在說使邦邑間不團結的損減之道不能要，需要的是使大家不團結之因去消的損減之道。

　　六五：或益之十朋之龜，弗克違，元吉。
　　象曰：六五元吉，自上佑也。
　　釋「或益之十朋之龜，弗克違，元吉」：
　　「益」，指別人增益于我。「十」，極言數目之多。「朋」，貝齒錢幣的計算單位，一般認為一朋兩串十個貝齒。「龜」，占卜用的烏龜。商代人將烏龜殺死後取下龜腹甲（偶爾也用龜背甲）刮肉、蒸煮脫膠，然後用于占卜。占卜的程式分鑽鑿、燒灼、分析龜甲燒灼出現的裂紋、判斷吉凶等。判斷吉凶的文字刻在旁邊，就是我們所謂的甲骨文（包括牛肩胛骨等）。龜是商代以前中華民族的原始圖騰之一，傳說女媧補天借力于它。以它為占卜的載體，有難言的神聖意義。

「十朋之龜」，價值得以極多串貝齒衡量的大烏龜。

「弗」，不。「克」，能。「弗克違」，對照《益・六二》「王用享于帝」一語，此應釋為：龜卜應按求卜者身份地位來使用不同規格的龜甲，不能使用越過、違背自己身份地位的超規格之龜來占卜事情。

據今考古學的發現，在武丁時代，不但時王，而且王室、達官、地位顯赫的貴族，都可以獨立地用龜占卜。（損圖3）商王之下各等身份的貴族，雖可用龜占卜，但不能占卜自己身份範圍外的事情。

「元吉」，不違背自己身份妄用大龜占卜，即是不妄求地位之外的福氣，這雖是對自己希冀的抑損，卻是給自己帶來吉中之首的好事（詳見益・《六二》釋）。

上九：弗損，益之——无咎，貞吉，利有攸往，得臣无家。

象曰：弗損益之，大得志也。

釋「弗損，益之——无咎，貞吉，利有攸往」：

「弗損，益之」的下文「无咎，貞吉，利有攸往」是說「弗損，益之」的好處，「得臣无家」是指示其好處的具體事例；它既然可以「得臣无家」，那麼它就應是指對待身下之人的原則，亦即對待卦辭中「曷之」于我者的原則——它與《九二》「弗損，益之」有別，彼是對待邦國之間的戰事，此是對待邦國之間的政事。

「无咎，貞吉，利有攸往」，對待有求于我的人，不損他而是益他，那不僅不是錯誤，而且將會給宗族家國的存在帶來吉利，並使所往之處有利。

釋「得臣无家」：

在商代「臣」指商王或諸侯的屬下，其社會地位很高，僅在商王或諸侯之下。「无家」，猶公而忘私之意。「得臣无家」，對于處身在自己下的人，不損他而是益他，他會忠心為你效勞奉誠，以致忘記他身家性命的存在。

42、益 ䷩

風雷益。巽上震下。

益。利有攸往，利涉大川。

彖曰：益，損上益下，民說无疆，自上下下，其道大光。利有攸往，中正有慶。利涉大川，木道乃行。益動而巽，日進无疆。天施地生，其益无方。凡益之道，與時偕行。

象曰：風雷，益；君子以見善則遷，有過則改。

釋「益」：

「損」的相背一面為「益」。

甲骨文「益」字象形器皿之水滿而溢（益圖1），是「溢」的本字，「溢」有流失的意思，水從器物中流失，則有損減的可能。「損」字大概因其字根象形圓鼎之「員」，有富足、益多而終要消耗的前景，所以加上「扌」則有了損失、減損之義。這種「益中有損、損中有益」的理念，是中國自古「陰中有陽、陽中有陰」之哲學觀的衍生理論。

本卦和《損》相似，仍然在說處世行事的損益原則。

益・圖1：甲骨文「溢」字（《後》下二四・三）。

釋「利有攸往，利涉大川」：

「利有攸往」，行「益」之道所往之處則利。「利涉大川」，行「益」之道，其利之大，可與安渡險難的河川之利相比。

《損》論及損益的範圍是：

一，適時，勢必改變的事情宜速改不宜緩變（《初九》）；

二，戰爭，戰爭是以損為前提的，應予人以益（《九二》）；

三，邦交，與鄰邦不睦則損，使大家團結則益（《六三》《六四》）；

四，禮制，不可超越自己的社會位置，如果超越似益實損（《六五》）；

五，統治，對手下人當給以益而不是損（《上九》）。

《益》論及過損益的範圍嗎？它的論及是否與《損》一致呢？且看下邊的注釋。

初九：利用為大作，元吉，无咎。

象曰：元吉无咎，下不厚事也。

釋「利用為大作」：

「為」，甲骨文象形以手操縱大象，會意大作為；這裡有今所謂建樹、成就等義。

「大」，正統、正規、隆重、嚴肅等義，同《泰》「小往大來」的「大」。

「作」，甲骨文象形作衣之初僅成領襟，用作動詞，其義一為營建，一為興起，還用于制定典章、神靈崇人等。據《象傳》此爻「元吉，无咎：下不厚事也」之說，推斷這「作」與「大作為」的「為」同義。「利用為大作」即「利用于正當的大作為」之意。

釋「元吉，无咎」：

合乎正當、正統、正規的大有作為便是有利的增益之舉，是吉中之首吉，也不會有過錯可言。

六二：或益之十朋之龜弗克違，永貞吉——王用享于帝，吉。

象曰：或益之，自外來也。

釋「或益之十朋之龜，弗克違，永貞吉」：

此與《損‧六五》說的是一回事。

「弗克違」，不借益大龜的靈驗而妄求與自己身份相違背的事情。

「永貞吉」，不違背使用靈龜占卜求益之事者的身份，會有宗族家國長久存在的好處。

請注意，身份差別「弗克違」的強調，在《小過》中表現得十分突出。雖說身份差別只是一種形式，但它一旦消失，就等于消滅了貴族的特權。在社會發展過程中，凡一種形式被強調，不僅說明這形式與強調者的利益有關，更說明這形式下的內容尚在襁褓或行將就木。此處的強調，就是商貴族特權行將就木的反映。

釋「王用享于帝，吉」：

「王」，商王。「帝」，或釋為上帝。我認為它在《易》中指以往的歷代帝王，亦即《歸妹》之「帝乙」的「帝」，其在《隨》《升》當中分別代稱為「西山」「岐山」（「岐」當是周人循字音改動的結果）。

「王用享于帝」，婉言商王享有天下。當時帝王享有天下的重要特徵，是能夠繼續不停地祭祀他們心目中的神靈。

「吉」，極貴重的大龜，只有在適宜商王享有天下的情況下，才可用于占卜。亦即通神所祈求的增益，只有在商王統治永久的前提下，才是有益的。

六三：益之用凶事，无咎；有孚：中行，告公，用圭。

象曰：益用凶事，固有之也。

釋「益之用凶事，无咎」：

「凶事」，《易》中凡出現吉凶斷語以「凶」者，差不多都指喪身滅宗亡國之事，而且也每與戰爭有關；後人所謂的「凶事」，也有指用兵打仗的，如《吳越春秋·闔閭內傳》：「子胥諫曰：臣聞兵者凶事，不可空試。」對照下文之意，此即指戰爭。

「无咎」，在戰爭中使用增益之道，是不要讓戰爭的道義出現偏謬。下文「中行，告公，用圭」，是這種道義的體現。

釋「有孚：中行，告公，用圭」：

「有孚」，對照《六四》「中行，告公，從，利用為依遷國」生義，指割地獲俘、變異國家所屬的軍事結果而言。

「中行」，《易》中多見這一詞，意義均一致；這裡指軍事行動中持中公正的原則。

「公」，公眾，大家，指各邦君邑主們，不是王公之謂。「告公」，出兵前遍告公眾，以求諒解和支持。即《晉·六三》「眾允，悔亡（公眾支持的光明正大之師，危險將不存在）」之意。

「圭」，今多釋作祭祀所執之珪，其實它是「卦」的古字。「用圭」，即「用卦」；出兵還是不出兵的決定，求卜卦來做主。

《尚書·洪範》有最高領導處理國家大事的程式：「汝則有大疑，謀及乃心，謀及卿士，謀及庶人，謀及卜筮。」如果所「謀及」的全體都贊同，自然很好，是為「大同」，不然，即便「卿士逆」和

「庶人逆」，但只要「龜從」「筮從」，事情就可以照辦，倘若其他都從，而「龜、筮共違于人」，那件事也不能辦。雖然《洪範篇》可能為後人的偽作，但從卜辭中反映殷人用卜的情況，可見上引敘述合乎殷代的事實。本卦之「中行，告公，用圭」的用兵出軍原則，和上引敘述也相似。

「有孚：中行，告公，用圭」，伐滅有罪的戰爭，首先要執中公正，要告知公眾，得到各邦邑的支持，還要占卦求卜，得到神靈的同意。

這一爻說，增益之道用于戰爭，不能使戰爭的道義有所偏差，所以對發動戰爭的慎重只能增益不能損減。

六四：中行，告公，從。利用為依遷國。

象曰：告公從，以益志也。

釋「中行，告公，從」：

「從」，對照《六三》「中行，告公，用圭」，知道此指欲伐滅有罪的正義之戰，求卦而卦從。即要執中公正、要告知公眾得到普遍支援、要龜占筮卜的結果都可以出兵的前提下方可出兵。

甲骨文「旬」（《合集》——四八二、《合集》三七九〇三）、「云」（《存》下九五六）。

和龍圖騰位置可以互換的大昊帝俊生了十個太陽，所以以「旬」擬作龍軀「C」形筆劃；因為「云從龍」，故「云」字也作「C」形筆劃。

金文「旬」（《王來奠新邑鼎》）

十日為旬，「旬」不但有象形龍軀的「C」筆劃，龍軀上還有龍爪之形。

益·圖2：甲骨「衣」字（《後》下三四·一《甲》三九一四《甲》一一九〇）。

甲骨文凡與龍有關係的字，均帶有「S」「C」筆劃。「衣」字強調「S」「C」筆劃。因為這種衣服是龍圖騰民族袞龍衣著體的王族領袖之象徵，所以商朝又叫「衣」朝，或者還可以理解為「穿龍袍之人的天下」。「衣」即後來的「殷」，「衣」是正字，「殷」為它的讀音。

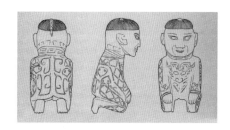

商族族源來自「披髮文身」的東方沿海民族，這個民族起初是靠海洋生存的民族。「披髮文身」是為了和自己的圖騰親近，得到圖騰保護。水中的圖騰是什麼？當然有龍。「披髮文身」為了像龍、仿龍。本圖為文身的女祖神。它的屁股下面有一個孔，出土時孔裡塗著象徵經血的朱砂，這說明它是生育女神。生育女神應是以女媧為代表的神靈。

婦好墓出土的文身女祖神玉雕像。

它的頭髮結成一根辮子，此謂「約髮」，即是擬龍蛇之軀——這龍蛇之軀為伏羲女媧的象徵，商代這種人身龍軀共首的圖像很多，它們均擬伏羲、女媧合體像。

一望而知這位女祖神文身以龍蛇；因為「領袖」在商代已是領袖人物的特徵，所以她的文身不但文以龍蛇，還特意文了領子和袖口。

衣服上的圖案來自文身。商王族的袞龍衣正是文身圖騰的隆重外現——當他們祭祀通天的時候裸露文身之體，以讓族神辨認，當他們恢復自然狀態的時候，穿著袞龍衣以表示自己為天下唯一配穿這種衣服的種族。

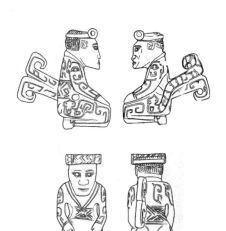

益‧圖3：商王武丁之妻婦好墓出土的龍文身及龍飾衣服之玉人

本圖是織女神女脩，她的衣服上十分突出地裝飾著龍蛇。女脩即後世所謂的織女、西王母——作為織女，其頭上戴的紡織機要件「分經筒」可為證明，作為西王母，後世大量的西王母圖像可以證明——漢代西王母圖像頭上幾乎均戴著紡織機的要件「分經軸」（勝、縢）。

卜辭中有「東母」「西母」兩位女祖先，可能女媧為「東母」，「西母」為前西王母。

這位女祖先也將頭髮結成一根辮子，那也應該是擬龍蛇之軀——它的丈夫也應該是以伏羲為代表的商民族之男祖先。這是商代人身龍軀共首神像的另一種表現形式。

《爾雅‧釋地》「中有軹首蛇焉」晉郭璞注：「今江東呼兩頭蛇為越王約髮。」《疏》：「言越王約髮所化也。」「兩頭蛇」即兩頭一身龍，為商王族一頭雙身龍族徽的別體——「越王」乃少昊族繫之後，與商王族同一族源，越王化兩頭一身龍，猶伏羲、女媧與兩頭一身龍位置互換；「約髮」纏束之義。這說明這位女祖先的辮髮是東夷「被髮文身」「越人斷髮文身」一族繫之標誌，而辮髮亦即「約髮」，它是少昊族繫領袖之擬龍軀的一種髮飾。

傳說伏羲、女媧兄妹兼夫妻，乃同血婚祖神，所以以他們為祖神的商王族十分重視祭祀母繫祖先。這就是本圖女脩穿袞龍衣的原因——當時的王母必穿龍袍。

這件龍袍的腰襟為一頭雙身龍——一頭雙身龍是商王族的族徽。甲骨文「衣」字之「S」形筆劃，正是此腰襟的象形。

釋「利用為依遷國」：

「為」，作為、造就。「依」，李鏡池認為：「依、衣、殷都同音」，「依」即「殷」也。

按：李鏡池此說很重要。王國維《殷禮徵文》釋卜辭「衣祭」即「殷祭」，為合祭之名。「依」當為「衣」的衍生字。甲骨文「衣」象形以龍蛇為衣飾的衣服（益圖2）——我認為：

甲骨文「衣」字造字的字境是：

一、龍蛇為商王族繼承自大昊伏羲氏多圖騰之一種；

二、商王族有文身龍蛇之習，當其祭神之時必顯露文身，以求神靈確認；通常穿衣以示其商王族上層者的身份，衣服上飾模仿文身圖案的龍蛇；（益圖3）

三、甲骨文凡與龍蛇相關的字，筆劃中无一不帶「S」「C」形狀者，如與龍蛇相隨的「水」，與帝俊大昊伏羲氏生了十個太陽傳說相關的「旬」等。

四，天空星宿的名字一定是依託地上物名而命名。商民族崇拜東方蒼龍七宿，這七宿必然附會當時的龍圖騰圖像。特別是七宿中的心宿（心宿二）被商民族視為祖先神靈居住之處而成為蒼龍七宿圖騰的代表。這心宿又名「商星」，而商民族之「商」的金文，則有明顯的象形星星之處（益圖4）——顯然以「商」為民族族號，和以「衣」為民族族號，實乃異曲同工的結果。

准此，甲骨文「衣」象形以龍蛇為衣飾的衣服，轉而會意穿龍衣的商王族、殷商民族之代表——「衣」字構形似蠍子尾之「S」「C」筆劃，即是龍紋衣飾特徵的表示。

准此，「殷」應是商朝滅亡後「衣」「依」的記音字。

甲骨文似乎還不見「殷」字。在周代金文中，「殷」字象形手持器物叩擊有孕之身（或一般身體。益圖5），如果果然如此，那麼周代「殷」字的造字字境應該反映了周民族對商王族的憎惡：史載商紂王殘酷兇狠而剖孕婦看胎兒、剖比干看心臟等，都借「殷」字所象之形揭露

益・圖5：金文「殷」（《保卣》、《盂鼎》）。

伏羲、女媧共首像。

生著鳥喙之人首頭上的「Ｓ」
形被髮，為擬伏羲的龍蛇之軀。

益·圖4：金文中的「商」
（《秦公鎛》）。

商代及商代前後的一頭雙身龍族徽

據《左傳·昭公元年》載：高辛氏的二子閼伯、實沉日日爭斗不休，于是高辛氏「遷閼伯于商丘，主辰」。 東方蒼龍星宿七宿分別為：角、亢、氐、房、心、尾、箕。「辰」星即蒼龍七宿當中的心宿（心宿二），辰星又名商星、大火等。圖中金义「商」構形的基礎，有象形星星之處。

顧名思義，「心」宿則為蒼龍七宿的心臟，因此它可為借代蒼龍星宿。甲骨文之「文」有一體正面文身人的象形字，其文身的內容乃一「心」字——實際此「心」應當是會意蒼龍七宿所對應的龍圖騰，圖像證明：商王族的代表人物穿袞龍衣，當他們進行某種祭祀的時候，則裸體而文身。

无餘。如果說商王族以神聖无雙的圖騰龍衣來象徵商朝，那麼周民族則以剖孕婦看胎兒之殘暴象徵商朝——這說明中國早期的文字乃字境的標誌。

准此，「利用為依遷國」應釋作：「益」之道的利用，成就商殷王族改變、造就國家的面貌——包括滅罪國、建新國，也包括商王族遷都（商代因王位繼承兄終弟及的緣故而國都多次遷徙）。

又：「依」《帛》作「家」。「為家」，造就家國。

按：「依」與「家」互通。《詩·大雅·公劉》：「于京斯依；蹌蹌濟濟，俾筵俾几。既登乃依；乃造其曹，執豕于牢，酌之用匏；食之飲之，君之宗之。」其中兩個「依」朱熹前者注曰「安」，後者注曰「依几也」，均不確。「于京斯依」，說周人在高處選擇了家園，「即登乃依」，說周人登上了選在高處的家園。

「遷」，更變，改易。「利用為依遷國」，「中行，告公」而且卦「從」的戰爭，才是有利于毀滅或再造國家的戰爭。

此爻說毀惡懲罪的戰爭之發動，慎重只能增益而不可損減，所以結果便是益的。

九五：有孚：惠心，勿問——元吉；有孚惠我德。

象曰：有孚惠心，勿問之矣。惠我德，大得志也。

釋「有孚：惠心，勿問——元吉」：

「有孚」，有獲得；泛指一切獲得。「惠心」，「有孚」而心安、心實。「問」，疑問。「勿問」，「有孚」而其下場後果沒有擔心疑慮。因為以戰爭而得的俘獲多會引起惡性報復，故而此處特強調之。《泰·六四》「翩翩，不富以其鄰，不戒以孚」（報復接連不斷，如果你不以富己為目的掠奪鄰邦，就不必擔心其報復你而來殺戮）就是指「有孚」同時卻不「惠心，勿問」而說的。

「元吉」，吉中之首吉；指「有孚：惠心，勿問」而言。

釋「有孚惠我德」：

「德」，義同《恒·九三》不恒其德」的「德」，指合乎神靈心意的德性，這種德性的表現重點在不擄掠富己，不搶婚利己。（詳見《小畜·上九》釋）「有孚惠我德」，有獲得，這獲得必須對得起神靈，對我的德性有益无損。

這一爻說，一切獲得都要有益于良心，无損于天理。

上九：莫益之，或擊之，立心勿恒，凶。

象曰：莫益之，偏辭也 或擊之，自外來也。

釋「莫益之，或擊之，立心勿恒，凶」：

「莫」，假借「謨」。「謨」，《說文》釋「謀」。「擊」，《戰國策‧齊策一》：「轄擊靡車而相過。」《注》：「擊，閡也。」《廣雅‧釋言》：「礙，閡也。」據《象傳》「莫益之，偏辭也；或擊之，自外來也」之釋，可知「莫益之」指謀劃、計畫著要給人以「益」，「或擊之」指外來的情況損害、阻礙這種予人以「益」的計畫。

「立心勿恒，凶」，不堅持把「益」之道貫徹到底，心中沒有始終予人為益的原則，要倒大霉的。

43、夬 ䷪

澤天夬。兌上乾下。

夬。揚于王庭。孚號有厲。告自邑，不利即戎；利有攸往。

彖曰：夬，決也，剛決柔也。健而說，決而和，揚于王庭，柔乘五剛也。孚號有厲，其危乃光也。告自邑，不利即戎，所尚乃窮也。利有攸往，剛長乃終也。

象曰：澤上于天，夬；君子以施祿及下，居德則忌。

夬‧圖1：商周器物上的筮數重卦「夬」。《歷代鐘鼎彝器款識法帖》載虎形玉符上刻的「夬」。

夬‧圖2：甲骨文「夬」（《前》一‧三‧四）。

釋「夬」：（夬圖1）

　　以往有釋義同「決」的，也有釋它是「快」的本字的。甲骨文「夬」字象形手持環形有缺口的玉璧，為「玦」的本字（夬圖2）。玉玦在商代當有一定的象徵意義，應該就是決策階層處事應當「決斷」的物示。追溯風俗源頭，《左傳‧閔公三年》有衛懿公曾「與石祁子玦」，「示以當決斷」的記載——衛國地近商殷都城之南，春秋之際用玦應該仍近商殷的意義。就「玦」有決斷的示意而言，本卦之「夬」釋「決」較為妥帖。

　　看今天出土的玦，仿製斷缺一部分的玉璧而已，大概這也是古人用它象徵「決斷」的原因。當然，決斷之「決」也有「快」的成分。決斷成立，出現的變化是快的，但這快只是構成決斷的一部分，那形成決斷的量變過程，也應是決斷的一部分。總之，決斷是量變達到質變的契

點——夬卦諸多問題，都是圍繞著它說的。

從「夬」字說到象徵決斷之「玦」，（夬圖3）不免又叫人想到了《詩・小雅・車攻》「決拾既佽，弓矢既調」的「決」，這「決」古又稱韘，俗稱板指。（夬圖4）它是套在拇指上用為鉤弦開弓的工具。弓弦被張，只要手指鬆動，箭就離弦飛去。本卦從戰爭角度上對「夬」的意義之闡述，極可能和「決」起初的基本用途相關。換句話說，作為板指的「決」，有可能和半璧形的「玦」在本卦出現的年代，都有象徵決斷的意義。

本卦「夬」的含義，可資比較的概念是「號」字。「號」的意義即《渙・九五》「渙汗其大號」的「號」，亦即《書・囧命》「發號施令，罔有不臧」的「號」。古來有「軍令如山倒」之語，說軍事命令作用的絕對性。揣摸其理，軍事命令便是即出生效的軍事決定。可見「夬」就是決斷，也就是命令決定。今口語中的「一聲令決」或「一聲號決」，還是順著這個古義來的。

本卦論及軍事，旨在說明軍事判斷慎重且又準確的重要。

釋「揚于王庭。孚號有厲」：

「揚」，指「夬」亦即軍事命令的傳播、宣佈。「王庭」，商王居處的庭院，這裡指庭院裡的辦公場所。這四個字說明《易》的編著者認為，商王才是全體軍隊的總統帥，不論王家的軍隊，還是諸侯的地方武裝，都該由他當總司令。

周替商之後，周王成為全國軍隊的最高統帥，各國的軍隊一概由他調遣，形成了所謂「禮樂征伐由天子出」的局面，應該就是根據《易》的這種強調之落實。後人所謂的政教軍令必出于天子的源頭，也在于此。

「孚號有厲」，指對抗「王庭」的一方面言。「孚」，「俘」的本字，辱稱商王的敵人，意謂王的敵人本該為俘虜，猶今俗言可憎可惡的人是「遭抓的」「該殺的」。「號」，號令，指商王的敵人有發號施令之決斷者。「有厲」，敵方有戰爭進退的決斷者，是危險的。

以上意思在說明「夬」的形態特徵：它是商王對下發佈的東西，也是敵人發佈的東西，敵人發佈的東西是帶來危險的東西。這東西就是「夬」，也就是命令。

夬·圖3：商代的龍形玉玦。

夬·圖4：商代助開弓用的玉決。

釋「告自邑，不利即戎」：

「告自邑，不利即戎」，這兩句以命令決斷發出的火候，以說命令決斷應當為有利的結果而下達。

「告」，敵人告饒。「自」，從。「邑」，指被伐者的城邑。「告自邑」同《泰·上九》「自邑告命」的意思一致，說被伐者在軍事迫力下，從被圍的城邑中告饒求命。

「即」，立刻，立即。「戎」，兵。「不利即戎」，被伐者在被圍將滅的關鍵時刻告饒求命，如果不聽取其告求的內容，而一味地趁勢進攻，是不利的。

《易》認為對敵人的用兵應以降服為主，而不在于殺滅，所以當被圍者求告時就暫停用兵，以使殺戮的後果轉為降服下的和平。

本卦《九四》說完全息兵止戎的條件，是被圍之敵必須真正投降（「牽羊悔亡」），而不能僅僅口頭上稱服（「聞言不信」），就是「告自邑，不利即戎」之下可能發生的現象。

釋「利有攸往」：

對照「告自邑，不利即戎」生義；下決斷、用命令能使壞的趨勢轉為好的結果，則所往之處都有利。

《帛》卦辭作：「陽于王廷。復號有厲。告自邑，不利節戎；利有攸往。」

初九：壯于前趾，往，不勝為吝。

象曰：不勝而往，咎也。

釋「壯于前趾，往，不勝為咎」：

「壯」，即《大壯·初九》「壯于趾」的「壯」，這裡有隆重、加強之義。「前」，先。「趾」，腳趾，借代腳，轉而又可借代兵征或商旅，（詳見《大壯·初九》注）這裡側重于戰爭。「前趾」，即腳前，指征伐出兵之前。

「往」，決斷、命令做出後動趾而行。

「不勝為咎」，戰爭前的準備十分充分，轟轟烈烈，有必勝之勢，然而命令決斷卻使這一切轉化為預期結果的反面，那麼命令決斷是錯誤的。

此爻說，命令決斷是矛盾勢必轉化的催化劑，它的目的是，為了向好的方面轉化出好的結果。

九二：惕號，莫夜！有戎勿恤。

象曰：莫夜有戎，得中道也。

釋「惕號，莫夜！有戎勿恤」：

「惕」，警惕、擔憂。「號」，命令，亦即「夬」。

「莫」，假借「謨」，即「謀」。「莫夜」，要有夜間防備敵人攻城偷襲的謀劃。

「恤」，害怕，擔心。「有戎勿恤」，擔憂敵人夜間偷襲攻城，因而下令做好防御的謀劃，敵人一旦兵戎夜襲也不必害怕。《易》在一些卦中竭盡惡語以詛咒夜襲，這必因夜襲已是當時一些戰爭中被採用的、一別傳統戰術的戰術。

這一爻在例說命令決斷應有可能的預見性。

李鏡池注，「莫」為「暮」的本字。

九三：壯于頄，有凶。君子夬夬——獨行遇雨，若濡有慍，无咎。

象曰：君子夬夬，終无咎也。

釋「壯于頄，有凶」：

「壯于頄，有凶」和《初九》「壯于前趾，往，不勝為咎」相互對照生義；既然「前趾」指「夬」前之「壯」，那麼「頄」當指「夬」後之「壯」，因此「頄」字本不用來指顴骨，而是假借「尻」。

「尻」，尾椎骨，亦即臀部脊骨的末端。在這裡它指後尾、後面，

猶山東方言說「隨後」「尾後」「腳後」為「腚後」——如：請你隨我來!「我腚後就去」。這「腚後」之意與「壯于前趾」的「前趾」相對。

「壯于頄」，對照下文「有凶」，是指命令決斷之後的結果比以前更加嚴重。「壯」在這裡有加重、擴大之義。「有凶」，命令決斷的目的不是向「有凶」轉化，而是使問題變得好，如不這樣，那命令決斷是製造兇險的催化劑。

釋「君子夬夬——獨行遇雨，若濡有慍：无咎」：

「君子」，貴族出身的統治者，這裡針對當時社會心理承認的軍隊指揮官而言。在用兵帥軍上，《易》一再強調「小人勿用」，從而推知這裡所以要強調「君子」的原因，乃本卦是戰爭之卦。

「夬夬」，不得已而決斷的樣子。「君子夬夬」，「君子」急急忙忙做出軍事決定。下文「獨行遇雨，若濡有慍，无咎」是對「君子」之急決的非正面回答。

「獨」，即《復·六四》「中行獨復」的「獨」，唯獨、唯有的意思。「行」，甲骨文象形四通八達的道路口，這裡仍用其本義。

「濡」，今多釋其義為漬濕、浸潤。按，其在「君子夬夬——獨行遇雨」的前提之下，必有相對應的意義，所以我認為它即《孟子·公孫丑下》「三宿而後出畫，是何濡滯也」的「濡滯」之「濡」，乃遲緩、稽留、停滯之義。「慍」，慍怒，惱怒，指在雨中羈留將會出現之結果的惡劣。從若干有關商王田獵、出巡問雨的卜辭中知道，雨給道路造成的泥濘特別被時人重視。這因為當時道路基礎低劣，木質的車輪壓強很大，雨水造成的泥濘將陷住車輛和行路之人。

「獨行遇雨，若濡有慍，无咎」，「君子」急急忙忙做出軍事決定是好是歹？很簡單，假若其單單只為在路上遇到了雨，如果遲緩不做出避雨的決定將有陷于泥濘不能行動的慍惱，那麼，像這種情況之下急急做出的有利的命令決定，是沒有過錯的。

這一爻的「壯于頄……」曲說軍事命令不可不顧後果而輕易做出；「君子……」幾句以路途遇雨必須急避泥濘之害，委婉例說在很緊急的情況下，迅速對軍事上的問題做出有利的命令決斷，是應該的。

夬・圖5.1：商代婦好墓出土的玄鳥
與羊角異質同構玉雕。

夬・圖5.2：英國拉斐爾前派畫家霍爾
曼・亨特畫的《贖罪羊》。
山羊的角被深紅色的羊毛繩索纏繞
著，它象徵著一個國家的罪行。

　　《山海經・大荒東經》：「帝俊生黑齒，姜姓。」「姜姓」指烈山氏炎帝之族，炎帝自然是帝俊伏羲氏之後。傳說商族祖先帝俊生黑齒，黑齒與炎帝同姓姜，甲骨文「姜」字從羊從人。「姜」之「女」「羌」之「兒」，皆屬「人」，羊乃其圖騰之一。姬姓周王族母繫為任、姜二姓，繫帝俊大昊氏之女孫，所以《左傳》微子「左牽羊」有一定的意義：商王族亦為炎帝之後，羊為其多圖騰崇拜之一，故而微子「牽羊」；任、姜二姓與其有共同的羊圖騰。

　　玄鳥與羊異質同構，正說明羊也是商王族的圖騰之一。

　　傳說商湯王滅夏遇到大旱，他曾要自焚為獻給上天的祭品。這一決定的前提是商民族有獻身祭祀神靈的傳統。既然圖騰和其信仰者在一定的條件下位置可以互換，那麼人可以在一定的條件下以圖騰作為替身。商王族許許多多動物造型的彝器，都是擬圖騰而為，當它們盛上祭品以祭祀的時候，就等于向神靈奉獻了自己的身體。

　　現在的羌族當是烈山氏姜姓在民族動盪時代析出的分支。羌人祭神用羊為自己的替身。羌族巫師給人治病要用羊為病人的替罪之身（見《中國原始宗教資料叢編・羌族卷・前言》）——此為獻身祭祀的遺留。

　　《歸妹・上六》：「女承筐无實，士刲羊无血，无攸利。」「士」，指男人，「羊」，指羊圖騰的傳人亦即「士」的替身——刲替身之羊為祭品，相當于「士」自我獻身為祭品。

　　微子名啟，是商紂王同父庶出兄長。一說商滅亡之前他歸周。《史記》說他「牽羊」，其羊為整個商王族奉獻于周的象徵。我們只要看一看商代的大量的青銅彝器所飾的「饕餮紋」，即一頭雙身龍國徽之龍頭上的羊角，就知道羊在商王族多圖騰崇拜中的重要位置。所謂「牽羊」，即以羊替代商族之罪身，任周人處置的意思。

　　如果我的上述情況可信，那麼我們是不是可以如此聯想：基督教裡的「替罪羊」信仰，有可能是中華民族羊圖騰集團遷徙西方帶去的人文影響呢？

　　《易經・大壯・九三》《九四》《六五》《上六》都或明或暗都提到了羊，或者說都將羊圖騰當作了有關國家興衰的比喻。

　　如《九三》：「小人用壯，君子用罔，貞厲。羝羊觸藩，羸其角。」

　　——「羝羊」，公羊，喻「君子」。商王族多圖騰崇拜中有羊，「君子」是商王族中的骨幹人員，他們是羊祖神的繼續、羊圖騰人間的傳人。商王族的青銅彝器不少擬形作羊，意為獻身祭祀當中作為自己的替身。在這樣的語境下，足見如此比喻的隆重。

夹‧圖5.3：《讚頌羔羊》是凡‧艾克1442年為跟特大教堂繪製的木板神龕油畫。

圖中聖城新耶路撒冷從天而降，取代舊世界。上帝的羔羊是這新天地的主宰。基督教將耶穌比作替世人負罪而被殺獻祭的羔羊。

「藩」，籬笆，喻「小人」。「羸」，陸德明釋文：「馬云：羸，大索也。」孔穎達疏：「羸，拘羸纏繞也。」「羸其角」，「小人」強盛壯大，「君子」不能與時偕行，依然如舊，這樣下去「君子」和「小人」的位置，好像被繩索纏繞的公羊和籬笆，羊想去拓開阻擋它生存的籬笆，可是纏繞的繩索使其不可能前進。

再如《上六》：「羝羊觸藩，不能退，不能遂，无攸利。」

——「羝羊」，公羊；喻「君子」。「藩」，喻「小人」。「遂」，進。「无攸利」，「君子」如公羊被繩索纏繞，不能抵藩籬而前進，也不能後退作罷，被絆住了角，進不得，退不得，沒有什麼好處可言。

由上反映，「羝羊觸藩，羸其角」應該是商代以前的「成詞」之類，這種「成詞」之形成關係可能被有虞氏、夏后氏亡國後向西方遷徙的人員帶走，演化為西方的「替罪羊」必為公羊，且羊角必被繩索纏繞的文化信仰。

英國拉斐爾前派畫家霍爾曼‧亨特畫作于1856年的《贖罪羊》——山羊的角被深紅色的繩索纏繞著，應該就是「羝羊觸藩，羸其角」的一種異化——替罪羊的位置「不能退，不能遂」。

《易‧夬‧九三》「牽羊悔亡」中的「羊」，讓人想起了舶來詞彙「替罪羊」的這種可能。

關于「替罪羊」，權威的工具書這樣解釋：源出猶太教、基督教聖經故事。據《聖經‧利未記》記載：古以色列人認為人犯了罪，要用兩隻公山羊代替受罰。把兩隻公山羊帶到耶和華上帝的會幕門口，替它們拈鬮，一鬮歸于耶和華，一鬮歸于曠野之神（魔鬼）阿撒瀉勒。大祭司獻完贖罪祭以後，把獻給阿撒瀉勒的羊牽過來，兩手按在羊頭上，承認以色列人一切的罪愆，把罪過都歸在羊的頭上，使它擔當他們的一切罪孽，然後逐往曠野，任其自生自滅。每年一次。此羊稱為「負罪羊」或「替罪羊」。基督教承襲此說，並將耶穌比作替世人負罪而被殺獻祭的羔羊。後來稱代人受過為「替罪羊」，即源于此。

《新約聖經》中經常用「上帝的羔羊」暗指耶穌。如《約翰福音》記載，耶穌到約旦河畔找約翰給他施洗時，約翰就說：「看哪！上帝的羔羊，除去世人罪孽的。」《啟示錄》也把羔羊作為耶穌的象徵，是戰勝罪孽的勝利者，「在城裡有上帝的羔羊的寶座，他的僕人都要侍奉他，也要見他的面」——耶穌是替世人負罪而被殺獻祭的羔羊。

《九三》「牽羊悔亡」中的「羊」，從某種角度上講就是替罪羊，它是羊圖騰之本羊，它是羊圖騰傳人的待罪之身的替身。

九四：臀无膚，其行次且——牽羊悔亡，聞言不信。

象曰：其行次且，位不當也。聞言不信，聰不明也。

釋「臀无膚，其行次且」：

「臀无膚，其行次且」是為了讓「聞言不信」者相信而致使現象。「膚」，肌膚。「臀无膚」，猶屁股上瘦掉了肉；形容「其行次且」。「次且」，即「趑趄」，行走困難的樣子。

這兩句意思與《姤‧九三》「臀无膚，其行次且」相似，後者說媒人為聘婚而辛苦奔走，甚至屁股上的肉都走掉了，此謂被圍方的說客艱難地奔走于雙方之間，以企解圍，乃至屁股上的肉都累沒了。面臨這種狀態我雖沒有「即戎」，但是否該撤軍言和呢？《易》的編著者認為決斷不能輕易，而應「聞言不信」，直待其「牽羊」始可和平，也只有這樣才能「悔亡」。

釋「牽羊悔亡，聞言不信」：

「牽羊」，朱熹注為：「當其前則不進，縱之使前而隨其後，則可行矣。」李鏡池注：「指牽羊去賣。」我認為這是指商代戰爭的投降儀式。

《史記‧宋微子世家》：「周武王伐紂克殷，微子乃持其祭器造于軍門。肉袒面縛，左牽羊，右把茅，膝行而前以告，于是武王乃釋微子，復其位如故。」這段記載大體可以看到商末戰爭中「牽羊」為何。

微子是商紂王同父庶出兄長。商代大量的圖像告訴我們，羊是商王族多圖騰之一種（夬圖5）——微子在向周武王投降儀式中所「牽羊」，就是從羊圖騰與羊圖騰崇拜者可以位置互換的角度上，以羊為自己的替身；微子右手所把之「茅」，即《泰》《否》當中提到「拔茅茹以其匯」的「茅」，是一種軍旗，表明光明正大王家軍隊之旗，「微子乃持其祭器造于軍門」，正說明軍敗社稷亦亡，我商王族國之重器歸周，我族圖騰並我的身軀，酌情選擇為解恨之餐。

夬‧圖6：甲骨文「阱」字（《甲》三一一六）。
此字象形陷阱捕獲了鹿——由此可推當時「陸」的使用方法。

傳說商族祖先帝俊生黑齒，黑齒與炎帝同姓姜，羊乃其圖騰之一。姬姓周王族母繫為任、姜二姓，繫帝俊大昊氏之女，微子「左牽羊」有一定的意義。

《左傳・宣公十二年》載「楚子圍鄭……鄭伯肉袒牽羊以逆」《注》云：「肉袒牽羊，示服為臣。」鄭伯為姬姓，楚國出自炎帝祝融氏，其「肉袒牽羊」乃效商代古俗。有說古代戰爭有吃掉敵方首領的現象，投降者肉袒表示有罪可食，牽羊則告饒求命，以羊代身供食，大致不錯。

總之，這裡的「牽羊」借代投降聽命則无疑。

「悔亡」，敵方首領親自走出城邑投降稱服，而不僅是口頭上的告饒求命，說明他們發號施令的核心已經崩潰，這樣這場戰爭的危險就算消亡了。

「聞言不信」：敵方自城邑裡讓說客之類轉達的告饒求命均不可信。「聞言」是「牽羊」的倒出句。

此爻旨在說戰爭的命令決斷要憑可靠的事實，不能聽從口頭上的言談。

此爻《帛》作：「无膚，其行郪胥——牽羊悔亡，聞言不信。」

九五：莧陸夬夬——中行无咎。

象曰：中行无咎，中未光也。

釋「莧陸夬夬」：

「莧」，當與「見」通；即《蒙・六三》「見金夫，无有躬」的「見」，接觸之義。

「陸」，即山東方言中的「撸人」（指騙人）、「撸了」（指滑脫）的「撸」的正字；《莊子・則陽》「方且與世違，而心不屑與之俱，是陸沉者也」之「陸沉」，其「沉」義同「陸」，陷落、沉陷的意思；《漸・九三》「鴻漸于陸」的「陸」與此同，均指陷人坑、陷阱。（共圖6）

當時挖陷阱于通途是一種戰術，《易》編著者反對侵掠性戰爭中用陷阱，因為這是詭術詐道，卻不反對防御侵掠戰爭中用陷阱，但前提是「中行」。

「夬夬」，強調不得已而決定。其與《乾・九三》「君子終日乾乾」之「乾乾」用法近似，後者疊字強調「乾」的不得已。「莧陸夬夬」，接觸到戰爭中陷人坑，不得已決定使用的前提是「中行」。（詳

見本卦附文《釋陸》）

釋「中行无咎」：

「中行」，不指道路的中間或行進之中，即《論語・子路》「子曰不得中行而與之，必也狂狷乎」的「中行」，《易》用它于有關戰爭的地方，多指中正不偏的立場。如《益・六三》「益之用凶事，无咎；有孚：中行，告公，用圭」、《泰・九二》「包荒，用馮河，不遐遺——朋亡，得尚于中行」等。

「无咎」，在防備敵人偷襲的自我保衛戰爭中，不得已接觸到戰爭中陷人坑的使用，只要立場是中正不偏的，做出使用的命令決定，是應該的。

上六：无號，終有凶。

象曰：无號之凶，終不可長也。

釋「无號，終有凶」：

「无號」，對照卦辭「揚于王庭」等義，此當指正義戰爭的號令決斷。

「終有凶」，戰爭而沒有命令決斷，是一盤散沙的局面，結果是兇惡的。

「上」「終」，《帛》作「尚」「冬」。

《易經・夬卦》附文：釋陸

附文圖1：甲骨文、金文，及設想中圖形文字「陸」，

A：見《續》一一〇・七；

B：見《父乙卣》；

C：設想中圖形文字「陸」。

　　這裡列舉的幾個「陸」字（附文圖1），一個是甲骨文（《續》三三〇七），一個是金文（《父乙卣》），另一個是綜合兩者而推想出的字——設想這個字是它們減化前某一個階段的字形。也就是說，上例甲骨文和金文，都可能是這個推想字字形的減化。甲骨文減去了一邊表示有趾登之陡壁的形，金文減去了一個張著雙臂的人形，和伴隨人墜落物的形（詳見後邊的解釋）。

　　甲骨文「陸」字一旁是「阜」字，它象形有腳窩可以趾登上下的陡壁。我國北方農村今天用于蓄存地瓜的井，即那種用腳蹬並手推升或降的地瓜井，如果為它畫張剖面示意圖，其左邊即可以得到這「阜」字形象。右邊的「坴」字之義，《說文》謂乃「土塊坴坴也」。「坴」在此應是個象形並示聲的字。「土塊坴坴」，指土塊向下滑落時的聲音。但從甲骨文和金文的字形中，我們无論如何也看不出「土塊」的形狀，倒看出了人屈彎著手臂、雙腿分開陷落的形狀。這兩個人中的上一位，分張開腿的下邊有兩道豎劃，在象形與人同時陷落的東西。這陷落的東西，該是誤導人們為之陷落的偽裝。偽裝之下是陷阱，偽裝被踏破了，偽裝物先人而落。陷阱，俗語中又叫「陷人坑」。

　　學界幾乎形成了共識：殷商民族出自東夷。今天通行本《易經》，是成書于商代末期的書，其成書的指導思想，基本仍反映出了殷商民族的道德理念。今海岱地區，古代的一段時間裡曾被稱為東夷。在古稱東夷的山東沿海地區，至今仍有方言稱騙人曰「擼人」或「坑人」。顧

名思義「坑人」，就是在地上挖個坑，偽裝其上，讓人在不防備中落于當中。「坑人」是個喻詞，它的內涵和今天說「陷害人」的前提相同；「陷」，陷阱之謂也。「擄人」的「擄」呢？就是殷人甲骨文裡的「陸」──這字的意義不必我再細說，只要看看例圖就會一目了然。

不僅「擄」亦即「陸」有坑蒙拐騙、欺詐謾哄的意思，它還有落空的意思。山東方言稱繫紮的東西不小心脫開繫紮掉下，為「擄了」；稱遞東西不小心沒接好落了地，為「擄了」；稱向口袋裡裝東西不小心漏脫而落，為「擄了」；稱上樹或上山腳踩滑了，為「擄了」……這個「擄了」有落空、下陷的意思，而「落空」、下陷的前提和「擄人」「坑人」是一致的，均出于不經意、缺小心。

其實說方言裡的「擄」就是「陸」，這在古代漢語中仍能找到些許痕跡。如《莊子‧則陽》：「方且與世違，而心不屑與之俱，是陸沉者也。」晉郭象注：「人中隱者‧譬无水而沉也。」「人中隱者」，便含有在茫茫人群中陷入沉沒的意思。《鶡冠子‧天權》：「陸溺溺人，故能往來寶決。」宋陸佃注：「陸溺，陸沉也。」揚雄《太玄‧法言》：「繘陸陸，瓶寶腹，井潢洋，終不得食。」司馬光集注：「陸陸，索下貌。」《拾遺記‧炎帝神農》：炎帝神農之時「陸池，丹藻駢生如蓋，香露滴瀝，下流成池，因為豢龍之圃。」這「陸池」顯然也是「陸沉者也」的意思。

地底下有個空間，地面上的土陷落沉下，這個狀態，在上引文獻裡為「陸」，而它較全面的意義呢，卻在上引方言與甲骨文對照裡得到了闡釋。如果說甲骨文有的字是某個有頭有尾之觀念的概括，那麼有的方言則是古代語言之活化石。

「陸」字在《易經》中曾三次出現。

《易經》有許多辭句都嚴厲警戒軍事上用兵偷襲，否則將會國破家亡，斷子絕孫。這般強調必基于戰爭已失古風、詭道詐術開始風行之實（詳見《同人》《升》《離》等釋）。偷襲當然是一種詐術。而《易經》中的「陸」，也是指一種戰爭詐術。「陸」的具體狀態大致如此：在當時人視為重要的場所──這些場所多在高而平的邦邑丘園範圍（即居人的堌堆），挖一些陷阱，然後偽裝好了待敵上當。這種設置有出于不義之目的，如侵地掠人、奪財搶物等，有出于防禦盜寇目的。這兩個目的的「陸」，前者被《易經》詛咒，後者則被肯定。它們分別現于《漸》和《夬》卦裡。

《漸》是以大雁喻及軍伍挺進行為的卦。雁成群，飛有序，所以至

今有「雁比」「雁列」「雁行」等來狀它們這個習性，而其中的「雁兵」「雁陣」，仍能看到《漸》卦一些內容的蹤影。如《漸‧九三》說：我對人動兵使用「陸」的戰術，其後果是國家中能出征的男人不復再有了，能夠懷孕生育的婦女再找不到了；「陸」式的戰術會導致凶象，但把它用于抵禦外敵入侵寇掠上，倒是有利的（「鴻漸于陸：夫征不復，婦孕不育，凶——利禦寇」）。《漸‧上九》說：人對我動兵用「陸」的戰術，那麼勝利時我們將把這些用「陸」的人像殺死大雁取羽為旗幟徽識那樣把他們殺死，祭祀上帝祖先（「鴻漸于陸：其羽可用為儀」）。

《夬》是論及號令的的卦。它強調號令用兵正大光明，但也提到了相反的情形。如《夬‧九五》載：在防備敵人偷襲的自我保衛戰爭中，不得已接觸到戰爭中陷人坑的使用，只要立場是中正不偏的，做出使用的命令決定，是應該的。（「莧陸夬夬，中行，无咎。」「莧」字以往有各種解釋，但它的用法顯然與《蒙》之「見金夫，不有躬」的「見」字相同，因斷定「莧」在此處通「見」）。

如上面的分析可准，那麼甲骨文「陸」是在會意陷阱轉而又會意戰爭的詭道詐術。

然而「陸」的意義為什麼還有「高平地」呢？

《說文》釋「陸」的意義為「高平地」。《爾雅‧釋地》：「高平曰陸。」這和我的解釋顯然格格不入。其實「陸」的另一義，是上面所及陷阱設置的目的所在之地。「高平地」是我們今天仍然可以看到的史前聚落遺址——堌堆、埠子。

史前多洪水，于是我們的先民就堆起了一個一個的大土臺子，以為躲避洪水，兼又可以防禦他族的侵擾及野獸危害。這種大土臺子遺址，山東地區農村今仍稱其為「堌堆」「埠子」。《詩經‧衛風‧考槃》寫「碩人」之樂，樂在「澗」，樂在「阿」，樂在「陸」，如果「澗」「阿」分別指水和山，那麼「陸」則應當指「碩人」的居住之處——倘若「陸」在這裡指「大土山」則了无詩意了——它應該就是指大土臺子，亦即堌堆、埠子，婉言此為「碩人」的家居所在。因為戰爭詭術之「陸」的對象是大土臺子之「陸」，所以它有了兩種上述的意義。

《易經》成書時間大概和本文所例甲骨文「陸」字契刻時間一致。甲骨文契刻風格董作賓分類為五期，本文所例「陸」字為第五期。

44、姤 ䷫

天風姤。乾上巽下。

姤。女壯，勿用取女。

彖曰：姤，遇也，柔遇剛也。勿用取女，不可與長也。天地相遇，品物咸章也。剛遇中正，天下大行也。姤之時義大矣哉！

象曰：天下有風，姤；后以施命誥四方。

姤‧圖1：甲骨文「姤」（即「媾」《存》一‧一‧九四三）。

釋「姤」：

指婚姻交媾。甲骨文「媾」字象形兩條對吻的魚，會意雄雌交合（姤圖1）。本卦說的乃是男女婚配應知原則。

此題《帛》作「狗」。狗在大汶口文化原居民中曾是一種圖騰，《易》產生的時代它仍被崇拜，乃至它常常以一種象徵意義的身份殉葬。

釋「女壯，勿用取女」：

「壯」，大。「女壯」，對照《九五》之義，此似指女子懷子的大腹而言。女子懷孕，乃已結婚成家的人。

「取」同「娶」，古代曾風行搶婚，搶女人一如割取耳朵為標記的擄掠戰爭，故兩字相通。「勿用取女」，曲說此「姤」卦不包括著「有隕自天」的婚配交合，只指合乎禮聘要求的繁衍關係。

這是婚姻卦，它指出合乎天意的婚姻應該和不應該的範圍。

初六：繫于金柅，貞吉；有攸往，見凶──羸豕孚蹢躅。

象曰：繫于金柅，柔道牽也。

釋「繫于金柅，貞吉；有攸往，見凶」：

「繫」，同擊，與《否·九五》「繫于苞桑」之「繫」、《益·上九》「莫益之，或擊之」的「擊」同義，阻礙也。「柅」，猶今車剎。《周易通義》：「柅者，在車之下，所以止輪令不動者也。」「繫于金柅」，言制止驅車搶婚交媾的行為。

《易》凡提及搶婚則必與車馬有關。那時外出搶婚，就是戰爭出征，每聚兵駕車而去，結果則發生流血的慘局。因為這是一種人口虜掠，雖然它和抓人吃肉、祭神、當奴隸不同，但形式一致，所以對方抵抗也是必然的。

「貞吉」不以搶婚為婚姻方式，而以禮聘，對宗族家國的存在有利。

「有攸往」，指到搶婚的目的地搶婚。「見凶」指發車搶婚將遇到凶象。「羸豕孚蹢躅」是凶象的徵兆。

釋「羸豕孚蹢躅」：

「羸」，指被繩索栓著的豬。「豕」指被哺育的小豬。「孚」，哺育。俞樾《群經平議》云假借「乳」。「蹢躅」，哺育小豬的母豬行止不俐落的樣子。

「羸豕……」，義同《睽·上九》「睽孤──見豕負塗」。繩索拴繫著的母豬在路中乳豬崽，蹢蹢躅躅，有礙通行。大概當時人認為這兆示著出門將遇險不吉。豬是商民族的崇拜物，也許豬的這種狀況和搶婚的忌諱有關。又，據今山東一些地區（如黃縣、掖縣），民間見到豬或狗交配則有外出不利、掉時氣的俗忌，推想「孚」有交配之意。「羸豕孚蹢躅」乃小瘦豬交配蹢躅于途的意思？《帛》之《睽·上九》「見豕負塗」的「豕」作「獦」，「獦」，公豬。公豬孚躅躅，則有交配之象。

此爻以阻止搶婚之車的發動，和外出將遇到「羸豕孚蹢躅」之現象所兆示的兇險，說合乎要求的婚媾，不能以搶奪為形式。

姤·圖2：甲骨文「包」（《合集》三八九〇五）。

《帛》此爻作：「擊于金梯，貞吉；有攸往，見凶——贏豕復躑躅。」「復」，今山東一帶農村稱牲畜交配曰「覆」，音與之同。《齊民要術·養牛、馬、驢、騾》：「驢覆馬生贏。」

九二：包有魚，无咎；不利賓。

象曰：包有魚，義不及賓也。

釋「包有魚，无咎；不利賓」：

「包」，即《蒙·九二》「包蒙，吉，納婦吉」的「包」，甲骨文象形胎胞中有人（姤圖2）；在《易》中，胎胞之「包」，和象徵婚姻對象之婦女的匏瓜（葫蘆）相混同，這因圖騰崇拜之葫蘆可以和生育祖神女媧互相換位的緣故——希望孕婦和多子的匏瓜相互換位為其基礎（詳見《蒙》釋）。「魚」，借代男方禮聘女子的禮物。

從《易》中得知，當時聘婚的禮物有「白賁」和魚等。《睽·六五》「厥宗噬膚，往，何咎」，說女方吃到男方作為聘禮的肉類，以往婚娶形式下的危險消失了。其中所謂的「膚」，包括魚鮮和獸肉。

「无咎」，以鮮美的肉類為聘娶女子之禮，沒有什麼災危。

「不利賓」，鮮美的肉類不是招待為婚娶出了力的賓客的。言外之意鮮美的肉類是為了聘禮而集備的。可能當時搶婚歸來之後，要給參與者置辦吃喝的東西以示慰勞或慶賀。「賓」是指參與搶婚者而言的，不招待參與者吃喝則是不搶婚之意。上個世紀農村婚禮，男方家每大宴賓客，怕是搶婚時代招待參與者風習的遺留；在浙江一帶，嫁女之家大宴親族，怕是《睽》「其宗噬膚」之先風的遺留。

九三：臀无膚，其行次且，厲，无大咎。

象曰：其行次且，行未牽也。

釋「臀无膚，其行次且，厲，无大咎」：

「膚」，指屁股上的肌肉。

「行」，指為禮聘婚奔波之舉。「次且」，同「趑趄」，行走困難的樣子。

「大」，意義同《泰》「小往大來」的「大」；這裡有原則、義理的意思。「厲，无大咎」為婚姻禮聘問題奔波往來，以致累掉了屁股上的肉，雖然這種操勞很為難，卻沒有原則上的錯誤。

此爻以步行艱難卻无咎來婉言不要搶婚。當時搶婚必乘快車而往，

以利進退，就是一場戰爭。《易》要婚娶者捨棄車馬，也就是要禮聘婚。《賁‧初九》「賁其趾，舍車而徒」的意思與這裡相同。

這裡似乎還透露出一個消息：那時已有了媒人，「臀无膚，其行次且」，應是針對他們說媒奔走的辛勞而言。

九四：包无魚，起凶。

象曰：无魚之凶，遠民也。

釋「包无魚，起凶」：

「包」，義同《九二》之「包」。「魚」，借代聘婚的禮物，轉而又借代聘婚。「包无魚」，婉言婚娶以搶婚的方式。

「起」，借作「祀」，指祭祀。「起凶」，當時貴族把祭祀鬼神視為生活中最重大的事情，認為一旦祭祀停止，便等同族滅家亡，而婚配生育則是祭祀不絕的根本保證。從這裡著想，「起凶」當指傳宗接代的災禍。

九五：以杞，包瓜含章，有隕自天。

象曰：九五含章，中正也。有隕自天，志不捨命也。

釋「以杞，包瓜含章」：「有隕自天」：

「杞」，借作「祀」；與《九四》之「起」義同，均與傳宗接代、婚姻生育的宗教祭祀活動有關。從《睽》中之「孤」「弧」意義本都是「瓠」這點上看，本卦之「起」「杞」應是後人望文生義改「巳」或「祀」的結果（《睽》之「弧」因下文「張」而將「瓜」加「弓」或將「瓠」改之，此卦《九四》因「无魚」而作「起」，這裡因「隕自天」而作「杞」）。

「包瓜」，即「匏瓜」，亦即葫蘆。

中國商代以前，動物、植物與人異質同構的圖像大致有四類：人與龍，人與鳳，人與竹，人與葫蘆。這說明龍、鳳、竹、葫蘆都是與我們祖神位置互換的圖騰。文字文獻上記載較清楚這些圖騰的主人是：龍──帝俊大昊伏羲氏；鳳（貓頭鷹，亦即鴞）──女媧氏；竹──帝俊；葫蘆──女媧（包媧）。

這裡只說葫蘆與女媧崇拜。

我們先民崇拜葫蘆多子繁生的能力。女媧既是億萬中國人的生育者，她就應該具有葫蘆的這種能力，于是我們的先民就把她和葫蘆異質同構，成了中國特有的生殖神神像──如出土之史前人首葫蘆體陶罐便

是她的神像。

因為我們的先民都希望女人是人首葫蘆體神女媧的傳人，個個都是女媧的分身，所以就出現了葫蘆和婦女在生殖意義上概念的互換、並舉，于是在《易》時代就有了「包」「匏」借代可孕婦女的情況。

這裡的「包瓜」自然借指婚媾的婦女。「含章」，義同《坤·六三》之「含章」，指婚娶了有夫或懷孕的婦女（詳見《坤·六三》釋）。

「包瓜含章」，婚娶已經有丈夫或懷了孕的女子。此不是指搶婚而是指聘娶婚中的不宜而言。

搶婚是很難辨別女子婚否的，而且无論如何的搶婚，都被《易》所反對。估計當時的聘娶婚，有的具有很大的強迫性和交易性，否則其編著者不會在這裡強調不能娶已婚有夫的人。

「隕」，毀壞。「天」，天帝，上帝。「自」，從。「有隕自天」，即便用聘婚的方式娶到女子，如果這女子是成婚有夫的人，那麼這也會導致上天的懲罰。

上九：姤其角，吝，无咎。

象曰：姤其角，上窮吝也。

釋「姤其角，吝，无咎」：

此爻可能與《九五》是同一述義的屬爻分置，即：「以杞，包瓜含章，有隕自天；姤其角，吝，无咎」的分置。為什麼這樣說呢？

一、《九五》爻沒有吉凶斷語。按《易》的分爻規律看，沒有吉凶斷語的爻辭，往往與上爻或下爻有吉凶斷語的爻辭本屬一體。

二、吉凶斷語否定與肯定並出的爻辭在《易》中並不少，它們往往呈現這種狀態：或表示對一個問題不同角度的認識、評價，如《晉·上九》的「厲，吉；无咎，貞吝」，或以虛的肯定烘托絕對的否定（這好比繪畫中突出主題而使用的對比色，它會更加深主題的實在感），如本爻的「吝，无咎」，倘若我們把它們孤立的理解，就不成體統了。

「角」，義同《晉·上九》「晉其角」的「角」，指打斗、攻殺等。

「吝，无咎」，娶有夫之婦能引發打殺之險，這危險比起「有隕自天」，算不上什麼危險。

《象傳》「姤其角，上窮吝也」，便是指「有隕自天」而說的。

45、萃 ䷬

澤地萃。兌上坤下。

萃。亨，王假有廟；利見大人。亨，利貞。用，大牲吉。利有攸往。

彖曰：萃，聚也；順以說，剛中而應，故聚也。王假有廟，致孝享也。利見大人亨，聚以正也。用大牲吉，利有攸往，順天命也。觀其所聚，而天地萬物之情可見矣。

象曰：澤上于地，萃；君子以除戎器，戒不虞。

甲骨文「衣」
（《甲》一一九〇）。

釋「萃」：

此卦題《帛》作「卒」。對照卦辭，「卒」當是「萃」的本字。

甲骨文「卒」和「衣」是一種字境特定概念範圍裡的兩個字——「衣」是商王族首領的衣服，進一步象徵商王族；對照本卦內容，「卒」應是商王族親軍或王師軍隊的衣服，進一步象徵王師將士。我這樣說的根據在哪裡？

甲骨文「衣」象形以龍蛇為衣飾的衣服，轉而會意穿龍衣的商王族、殷商民族之代表——「衣」字構形似蠍子尾之「S」「C」筆劃，即是擬龍紋衣飾。後世叫這種衣服為「袞衣」「卷龍」衣（見《詩‧豳風‧九罭》毛傳）。商代的龍紋衣式樣非常特別，目前出土的圖像只見商王族女祖先穿著（詳見《益》插圖3）。

甲骨文「卒」字象形與「衣」字近似，只是去掉了似蠍子尾之「S」「C」，並在衣的襟口上做上了「X」或「ⵦ」形的記號——這記號應表示這是王師軍卒之衣。《口外卒鐸》上的「卒」則在衣襟將呈蠍子尾之筆劃前畫了一劃，表示這不是龍蛇為衣飾的衣服，是軍卒之衣（萃圖1）。

因為王師軍卒是要集聚成隊的，于是「卒」轉而為「萃」。所以《象傳》釋「萃，聚也」。

萃．圖2．甲骨文「卒」（《前》五·一一·2、《前》四·六·三）、金文「卒」《□外卒鐸》）。

本卦不是說商代王師軍卒有統一的衣飾問題。但它的前身可能是有關古代衣服發明之記錄。

本卦與「萃，聚也」相聯繫的例子全是戰爭。因此這裡應把「萃」釋為兵眾聚集。

釋「亨，王假有廟。利見大人，亨，利貞」：

「亨」，「萃」的前提是讓神靈得到祭祀。「王」，商王。「假」，與《家人·九五》「王假有家」、《渙》「王假有廟」的「假」意義相同，借也。「廟」，即「王假有家」的「家」；當時有家有國的人，必有祭祀祖先神靈的廟堂，故而其在此處便可代稱家國。

「王假有廟」，指「萃」的效應；兵眾的萃聚，其前提必須是使王得以有家有國，得以世代享祭祖先神靈，統治天下。

「見」，被之義，猶見害、見欺之「見」，有被動的性質，「利見大人」，資格、人品堂堂正正的人領導兵眾聚集，才是有利的。

「亨，利貞」，在「利見大人」的前提下，神靈才會安享祭祀，才有利於宗族家國的存在。

釋「用，大牲吉。利有攸往」：

「用」，與《升》「用，見大人，勿恤」之「用」的使用方法相同；此代兵眾的聚集（《升》之「用」指攻上或建築城牆）。

「大牲」，或釋為牛，因為古代以牛為「太牢」。對照《六二》「孚乃利用禴」的意思，我認為它不應單指牛牲而言，而是指用牲用得很隆重。《既濟·九五》「東鄰殺牛，不如西鄰之禴祭；實受其福」，其既已把牛當作一切祈福祭品的借代，則不會在這裡又把牛換言「大牲」以為特殊祈福的祭品。在《易》中，「大」往往被用為正統、隆重等義（這與卜辭「大」用作副詞的意義相似；其「大」和現代「大擺宴

席」「大講特講」之「大」相似）。

「用，大牲吉」，「萃」之用于兵眾的聚集，在祭神很隆重的情況
下才是吉利的；婉說兵眾的聚集越不輕易越好、非有重大之事不可。猶
集兵用師不可不慎之意。

「利有攸往」，統治者借「萃」之力，所往之處便會有利。

初六：有孚不終：乃亂乃萃，若號，一握為笑。勿恤，往无咎。

象曰：乃亂乃萃，其志亂也。

釋「有孚不終：乃亂乃萃。若號，一握為笑」：

「有孚不終」指「乃亂乃萃，若號，一握為笑」的聚集狀態而言。
「孚」，獲利、得勝。「不終」，不會到頭、不能最終得到勝利。

「亂」，散。「乃亂乃萃」，指聚集兵眾沒有嚴格紀律的結果；用
兵征戰聚集起的人員或散或聚，自由散漫。

「號」，義同《夬》「孚號有厲」的「號」，號令。「一握」，聞
一多說同于「嗌喔」「咿喔」，指笑聲[1]。「若號，一握為笑」，兵眾
紀律散漫，呈或聚或散之態，如果對其發以號令，他們反將這極嚴肅之
事當成嬉戲，報以哄笑，這樣的兵眾即便「有孚」也會「不終」。

釋「勿恤，往无咎」：

聚集兵眾像「乃亂乃萃，若號，一握為笑」的无組織无紀律狀態，
其於臨戰行動上必也是不可怕的，因此前去與其交鋒也很少危險。

這一爻從軍眾的聚集上說，沒有紀律的聚兵是烏合之眾，在戰爭中
既不會取得最終勝利，也不會造成威脅。

六二：引吉，无咎，孚乃利用禴。

象曰：引吉无咎，中未變也。

釋「引吉，无咎，孚乃利用禴」：

「引」，甲骨文象形弓並在弓中部加一斜劃，表示引弓之處，是
表意字，卜辭中用為動詞，有延續、繼續的意思；這裡義同《易・繫
辭》上「引而伸之」之「引」，延長的意思；《兌・上六》「引兌」之
「引」，也為延長的意思。

1　見《周易義證類纂》。

萃·圖3：甲骨文「龠」（即「禴」字。《續》五·二二·二）。

　　「龠」卜辭用作祭名，恐怕是祭祀與笙簫有關的祖先，如以笙簫催促生育的女媧。

　　「引吉，无咎」，借著兵眾聚集而使吉利、好處得以延長，沒有過咎。即借著武裝力量的聚集、延長合乎《易》所認為正統的統治无過錯之意。

　　「孚」，指戰爭所獲取的利益。「禴」，同「礿」，祭祀神靈的名稱；甲骨文象形聯排的吹管，似為笙簫（萃圖3）；這裡借代祭祀祐護家國的神靈，轉而借代宗族家國的存在。因為宗族家國的存在，其保護福祐的神靈才會有奉獻可享。

　　「孚乃利用禴」，婉言聚兵延長吉利、好處之舉，其好處、吉利必須合利神的要求，使宗族家國不敗地永存下去。

　　《易》所謂合乎神靈心意的用兵大致如此：

　　一、出兵光明磊落，不偷襲、夜襲（見《離》《晉》）；

　　二、用兵的目的不是「富以其鄰」（見《泰》《謙》）；

　　三、征戰要「中行，告公，用圭（卦）」，不能出于私心好惡，不能任意獨行，不能違背卦占之意（見《益》）；

　　四、不能縱兵劫掠商旅（見《復》）；

　　五、不得持兵搶婚（見《晉》《屯》）；

　　六、不是王師、正規軍，即便反擊侵掠者之戰，也不得破城滅國（見《同人》）……

　　六三：萃如嗟如，无攸利；往，无咎，小，吝。

　　象曰：往无咎，上巽也。

　　釋「萃如嗟如，无攸利；往，无咎」：

　　《易》中凡「……如……如」並出之辭，或明或暗，莫不和車馬兵眾有關係，如《屯·六二》之「屯如邅如，乘馬班如」、《大有·六五》之「厥孚交如威如」、《離·九四》之「突如其來如，焚如，死如，棄如」、《晉·初六》之「晉如摧如」等，因知「萃如嗟如」亦和

車馬兵眾有關係。「如」，猶啊、呀等。「嗟」嗟歎。

「萃如嗟如，无攸利」，聚集兵馬出動征戰，聚集者為之嗟歎憂懼，沒有什麼好處。

「往，无咎」，對下文「小，吝」生義；聚集的兵眾如果有嗟歎憂懼的現象沒有什麼好處，因此出兵而往，必須使其結果无災无咎。

釋「小，吝」：

「小」，義同《泰》「小往大來」的「小」，有邪而違背的意思；此指與出兵无災无咎的結果違背相反而言。

「往，无咎，小，吝」，出師所聚之眾歎息憂懼，是士氣不高的表現，這對征戰來說是「无攸利」的，所以，在這種情況下出兵而往，一定要使出兵无災无咎，如果違背這一點，會很危險。

九四：大，吉，无咎。

象曰：大吉无咎，位不當也。

釋「大，吉，无咎」：

此爻《象傳》謂：「位不當也。」意思是說在不合乎聚眾動兵條件下的聚眾動兵，只要「吉」是「大」的，便算「无咎」。這種不合乎條件的軍事聚眾，應指統治者利益受到危害的情況下，來不及經過一些程式的軍事聚眾。《共·九五》即可能指的是這種情況急迫下的救危聚眾。

「大」，義同《泰》「小往大來」的「大」，有正當、正義的意思。「吉」，好處，好的。「无咎」，在正當的前提下，為統治者利益而缺少一些无關宏旨的用兵條件，沒有過咎。

「大，吉，无咎」，也可以理解為正當的聚兵一定要「吉」而「无咎」。

九五：萃有位，无咎——匪孚；元永貞，悔亡。

象曰：萃有位，志未光也。

釋「萃有位，无咎——匪孚」：

「萃」，對照「位」生義，指合乎天意王心的聚眾動兵。「位」，或釋為職位、位置。按《象傳》「萃有位，志未光也」，其「志」指「萃」者心中嚮往而言，「未光」指「萃」者之嚮往沒有實現光大而言，可見這「位」不該釋為位置、職位等，而當與「莅」字相通。

「莅」，甲骨文用為動詞，一種作莅臨的意思[2]，介乎後來由上而下的「臨」之義，如《詩・小雅・采芑》「方叔莅止，其車三千」、《禮記・文王世子》「成王幼，不能莅阼」等，這又可見「萃有位」指王師或代王行命之師聚集出動到某方而言。

「无咎，匪孚」，合乎王心天意的聚師動兵沒有過錯，但其前提是「匪孚」，即不以俘掠為目的的集師動兵，才會「元永貞，悔亡」。

釋「元永貞，悔亡」：

「元」，首。「悔」，危機。

「悔亡」，不以俘人掠地為軍事目的的聚師興兵，是宗族家國長久存在的首要條件，也不會由此產生危機。《晉・初六》「晉如摧如，貞吉；罔孚，裕，无咎」就是說的這種用兵：受王命或代王行命的軍事行動，其參與之侯伯不能以借之謀取私利。即《謙・六五》「不富以其鄰，利用侵伐，无不利」之意。

上六：齎諮涕洟，无咎。

象曰：齎諮涕洟，未安上也。

釋「齎諮涕洟，无咎」：

「齎諮」，即「諮嗟」。「涕」，流淚。「洟」，流鼻涕。

「无咎」，《象傳》釋「齎諮涕演，未安上也」，謂「齎諮涕洟」的出現，是商王和上天被惹得心中不安的結果，所以此爻應釋為：

正義的聚師出動之下，非正義一方出現了悲傷和哭泣，不是壞事。《離・六五》「出涕沱若，戚嗟若，吉」，說「日昃之離」者被打擊成如此悲慘的下場還算「吉」，其用意與此相似。

---

2 如《乙》二九四八：「……王自東受伐×。×，于帚好立（商王從東受去征伐地。×，商王與婦好都莅臨現場）。」

46、升 ䷭

地風升。坤上巽下。

升。元亨。用，見大人，勿恤。南征吉。

彖曰：柔以時升，巽而順，剛中而應，是以大亨。用見大人，勿恤；有慶也。南征吉，志行也。

象曰：地中生木，升；君子以順德，積小以高大。

釋「升」：

甲骨文「升」象形升斗之升（升圖1），它也是一種祭祀名稱。所以本卦有一些牽涉到祭祀的內容，也許這就是甲骨文「升」所及的祭祀內容吧。

本卦之「升」有兩種含義：一種義同《同人‧九二》「升其高陵」的「升」，攀登而上，是對軍隊攻城登牆而言；一種乃指施工建築而上，對軍事防禦城牆的營造而言。正如狩獵和戰爭被古人視為不可分的一體，城牆和戰爭也被古人視為不可分的一體——關于這些，在敘說都城防禦的專卦《渙》中，可以找到證明。

傳說「夏鯀作城」。但現代考古學考古挖掘證明，中國城牆的出現遠遠在夏鯀時代以前。夏鯀以前，我們的先民為了躲避洪水也為了防禦敵人、野獸的侵害，發明了填土築臺使之高于地面的居地——為居地高起而由下取土，演化成了後來的護城濠，居地高起之臺四邊的防跌落培土，演化出後來的城牆。傳說鯀「不待帝命（沒取得帝舜授權）」，擅自代替了祝融氏之共工建造這種大土臺子以避水患，被殺。然而鯀的兒子大禹繼續使用這種大土臺子治水，這才有了「夏鯀作城」的故事。這種大土臺子遺跡今天仍能見到，山東地帶的人們往往稱它為「堌堆」

升‧圖1：甲骨文「升」（《甲》五五〇）。

「埠子」等；也偶爾稱「山」，如傳說山東諸城帝舜故國「馮山」即是例子——在《山海經》中「（禹攻）云雨之山」「帝堯、帝嚳、帝舜葬于嶽山」等，其「山」即是（見《大荒南經》）。

　　本卦的前身，可能是有關「堌堆」、城牆的發明及使用方面的記錄。我們的先民在建築「堌堆」過程中，發現挖出的土方形成大土臺子之後繼續沿四周堆放，不但能防護裡面居民的安全，更能增加敵御侵害的效果，從而加以修正改進，成了有目的而為的城牆——其對攻城的慎重態度，恰也是這一發明作用于心理的表現。

　　釋「元亨。用，見大人，勿恤」：
　　「元亨」，城牆的問題是關係神靈得以享祭的首要問題。
　　「用，見大人，勿恤」，即「見大人用『升』而勿恤」之意。言外之意「小人」勿用。猶《師・上六》說軍隊之用「大君有命，開國承家，小人勿用」之意。
　　「見」，見用、見棄之「見」。「大人」，正人，指正統的、按天意王心辦事的貴族統治者。「用，見大人」，攻城登牆和建築城牆之事，被「大人」所操用，「勿恤」，不必為之擔憂。

　　釋「南征吉」：
　　「南」，意義如此：
　　《坤》《蹇》《解》之「利西南」「不利東北」等辭證明，《易》按「先天八卦方位」即「伏羲八卦方位」布散用事，也就是說，其方位稱謂的自身，可以代表與這方位相配合之卦的卦義，例如西南方位是「巽」，「巽」的卦象是「風」，「風」有雄雌遇合繁殖的意思，因此「利西南」的意思就是讓錢貨生錢貨有利。在「先天八卦方位」裡，南方在上，其卦為「乾」，天南地北，「乾」的卦象為天、為君。「南征」則為受天命或代君王行命的征伐。
　　「南征吉」受天命或代君王行命征伐，是吉利的。

　　初六：允升，大吉。
　　象曰：允升大吉，上合志也。
　　釋「允升，大吉」：
　　「允」，甲骨文此字象形人鞠躬低頭雙手向後下垂形，表示恭順誠服的樣子，這裡即用其義；它與《晉・六三》「眾允，悔亡」的「允」

意義一致，都指眾貴族對王師或代王行命之師軍事行動的態度而言，即允許、支持之意。

《益·六三》曾具體地說這種戰爭必須得到允許的方面為：

一、自己的良心允許（「中行」——中正不偏的心）；

二、各個邦國允許（「告公」——向各方的貴族說明）；

三、天地神靈允許（「用圭」——求神在卦上給以指示）。

所謂的「允升」即自己的良心、各邦國、神靈都同意攻上罪國的城牆。

「大」，正當、應該；與《泰》「小往大來」的「大」意義相同。「吉」，指獲得戰爭勝利。「大吉」，對照《九二》「孚乃利用禴，无咎」之義，這是說在良心、各邦國、神靈都同意消滅所伐邦國前提下，攻上其城牆的勝利才是正當的。

九二：孚乃利用禴，无咎。

象曰：九二之孚，有喜也。

釋「孚乃利用禴，无咎」：

「孚」，戰爭中的獲得。「禴」，即礿，祭名，這裡借代對保護自己家國之神的祭祀。「利用禴」，用于祭祀神靈會有利；婉言祭祀被神靈所接受。「禴」通「龠」。以往專家說「龠祭」乃演奏音樂為內容的祭祀。「龠」象形編連竹管類的樂器，如果是笙一類樂器可能有關祭祀生殖神。文獻說商王族祖先帝俊伏羲氏之妻女媧發明了笙，吹奏它是為了人民生育順利。

「无咎」，只有能使神靈享祭不絕的升城登牆之獲得，才沒有過錯。

此與《萃·六二》「孚乃利用禴」的弦外之音相合。

九三：升虛邑。

象曰：升虛邑，无所疑也。

釋「升虛邑」：

此與下一爻為屬爻分置之辭。

「升」，指偷偷的攀升陵邑；當時許多聚落、居邑都建立在堌堆之上——這種堌堆在《易》中多被稱為「陵」，是史前大洪水時代的一種人工建築，為高高的大土臺。今天山東偏僻的地區仍能看到堌堆遺跡，其上面原來居民的上下通道盤曲而陡險。「虛」，虛弱、缺乏防備的意

思。「虛邑」，沒有預防外來侵犯戰爭之邑邦。

按《象傳》釋其為：「无所疑也。」指軍隊登上虛而不備的城邑之意。因為城邑虛而不備，才會對外方覬覦之人「无所疑」。下一爻是指偷襲无備之城的首領應得的懲罰，即將其殺了，用以祭祀。

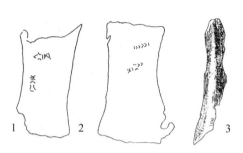

升・圖2：西周初年卦數的記載。

1995－1957年陝西長安縣張家坡出土三片卜骨刻的六組筮數：1・六八一五一、五一一六八一「大壯」、「无妄」卦；2・六六八一一六、一六六六六一「升」、「頤」；3・一一六一一一「小畜」卦。

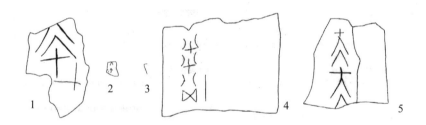

1997年陝西岐山縣鳳雛村甲組建築基址西廂房2號基址H1出土卜骨刻的筮數：1・八七八七八五「既濟」卦；2・七六六七六六「艮」卦；3・六六七「震」卦；4・六六十「坤」卦；5・七八八「艮」卦。

六四：王用亨于岐山，吉无咎。

象曰：王用亨于岐山，順事也。

釋「王用亨于岐山，吉，无咎」：

「王」，這裡當指商王。「亨」，同「享」，指將偷襲不備之邑國的首領送給商王，殺了祭祀神靈。

這句話和《隨・上六》讓各邦邑領主、管君把不聽話的商業奴隸給

「王用亨于西山」的用意相同，均可說明《易》的編著者不同意王以外的人私殺罪人，或均可說明其編著者要求各邦邑的領主、管君按例向商王獻俘貢牲。

「岐山」，指周朝發祥之地。它在今陝西陝山縣東北，山狀如柱，故又名天柱山。《書·禹貢》「治梁及岐」「導岍及岐」，皆指此地。《史記·封禪書》列其為華山以西七名山之一，相傳周古公亶父自邠（陝西旬邑）遷此建邑。《國語·周語上》：「周之興也，鸑鷟鳴于岐山。」（指商王族的圖騰鳥飛到岐山，保護那裡的周王族了。周王族的女祖先出自商族祖先帝俊族繫）它是周人崇拜的山。（升圖2）

我認為「岐山」原為「西山」，因「西」與「岐」音近的緣故，也因本書一名為《周易》、文王演《易》的傳說而改「西」為「岐」。為什麼這樣說呢？我們不妨排列一下與「王用亨于岐山」相同的句式，就會有所明白：

《大有·九二》「公用，亨于天子（即『帝』）」；

《益·六二》「王用享於帝」；

《隨·上六》「王用亨于西山」。

這些都在告訴我們「帝」即「西山」，「王」是指時王；「王」敬「帝」與「西山」猶「公」（大家）敬「天子（帝）」（指時王）。

如果《易》是文王或文王屬下的人所作，自稱「王」是僭越商王，在商、周兩個民族商強周弱、矛盾十分尖銳的商代末期，這稱號根本不可能公開出現在此書中；

如果「西山」是周人先王所居的地方，周人似也不把先王稱「帝」——從《左傳·僖公二十五年》「周禮未改，今之王，古之帝也」一語中可知，周人並不將先王稱「帝」，而商人卻通稱先王和至上的神靈為「帝」等。

最重要的一點，是以「岐山」為族居核心的周人，他們取代商族統領天下的戰爭，就是在趁其不備的夜晚，攻入了呈「虛邑」狀態之都城——《易》的作者反對戰爭之趁其不備的奇襲、偷襲、夜襲，可是自商代滅亡開始，戰爭之詐術、詭道、奇襲等，反成了造就光榮的捷達之道。如此的周人戰爭道德，怎能把自己得意的戰爭陰謀當成大逆不道之罪呢（升圖3）？

准此，「岐山」即「西山」，乃商代祖先帝王的葬處（詳見隨·上六》釋）。

「王用亨于岐山（西山）」，戰爭違背光明正大的原則，乘虛而入別人的城邑，把他們殺了，讓商王用來祭神。

「吉，无咎」，將乘虛而入別人城邑的頭領供王享祭神靈，則是吉利而无過錯的。

按：此爻指處置偷襲不備之城邑的首領，「吉，无咎」是指王以下的人員不私自處置這類人員而言。

六五：貞吉，升階。

象曰：貞吉升階，大得志也。

釋「貞吉，升階」：

「階」，就今天考古挖掘的結果看，周以前所有帶「階」的建築，都是建築在臺基上的宮殿或神廟（其實直至今日，我們所能看到的古代殿堂廟廊，都是建在一個高出地面的大臺基上）。特別值得一提的是商周宗廟或宮殿，考古挖掘的情況表明，其巨大夯土臺基，遠遠超過建築物的承重需要，倒很像祭壇的壓縮，而且這些臺、階都具備著政治意義，可以說築臺、階以建屋，體現著政治上的特權。因為「階」是臺階上建築之主人通過它進行權力控制的關鍵（如《禮記・明堂位》載：「昔周公朝諸侯于明堂之位，天子負斧依南鄉而立。三公，中階之前北面東上。諸侯之位，阼階之東西面北上。諸伯之國，西階之西東面北上。」從中便可窺「階」對于標示統治者特權之禮的重要性）。所以我認為「階」在這裡借代廟堂殿廊的同時，又借代統治機器的運轉。「升階」，建築上廟堂殿廊，讓國家統治機器運轉；亦婉言建國立家，因為在那時，只有有家國者才能有廟堂殿廊之建築。

「貞吉，升階」，宗族家國存在之吉，是靠人口繁衍，不停地建侯立國、築起廟堂殿廊以體現的。《益・初九》之「利用為大作，元吉，无咎」，說的也是這個意思。

此也可以釋作：宗族家國存在之吉，是建築廟堂殿廊，使神靈得以降臨保佑的結果。

上六：冥升，利于不息之貞。

象曰：冥升在上，消不富也。

釋「冥升」：

「冥」，夜。「冥升」，夜晚登牆入城；指偷襲。

《易》的編著者極端仇恨偷襲，如《離・九三》「日昃之離，不鼓

缶而歌，則大耋之嗟，凶」、《晉・九四》「晉如鼫鼠，貞厲」等都是反映。這種戰術必使被動的一方死傷極巨，後果很慘——看其言辭的仇恨程度，也可見其善良仁慈。

釋「利于不息之貞」：

「不息」，沒有子息，即斷子絕孫。此為反語，換今天的話說，乃：使用夜間偷襲戰術登牆入城的人，他的行為利于其宗族家國之人都要渡過子孫滅絕的一生。

此與《豫・上六》「冥豫，成有渝，无咎」的句法相似。《易》多用這般幽默的反語，來說極嚴重可駭之事的結果。

李鏡池注：「日夜不停地發展，是興旺發達的氣象，故吉利。」

升・圖3：記載西元前1046年1月20日周武王滅商戰爭的《利簋》及其銘文。

西周《利簋》銘文載周武王滅商之戰在「甲子朝」（《史記・周本紀》謂是「甲子昧爽」，其根據自然為《利簋》這一類材料）。《利簋》銘文的作者似乎在強調戰爭正大光明，開始在早晨而不是夜間偷襲，然而「甲子」二字卻把戰爭進行的時間透露了出來。

《荀子・儒效》說「武王之誅紂也，行之日以兵忌，東面而迎太歲……厭旦于牧之野」。《淮南子・兵略訓》說「武王伐紂，東面而迎歲」。這「太歲」「歲」星十二年一周天在「甲子」日會合，看到歲星則是天還沒亮，如果晨光已顯，呈現于東方的它就看不見了。即是東方曙光裡有歲星，兵馬列集也是在夜間完成的，這是滅商戰爭的主要程式。何況歲星會合之日是「兵忌」，而周武王利用商紂王認定「兵忌」不備，正是偷襲的條件。應劭《風俗通義・皇霸・三王》：「《尚書》：武王戎車三百兩，虎賁八百人，擒紂于牧之野……《詩》云：亮彼武王，襲伐大商……」《玉篇・衣部》：「襲，掩其不備也。」此乃周人的後人，公開承認武王滅商是以少勝多的襲擊，即偷襲，是兵不厭詐的詭術的體現。也可見殷人的《易經》反對偷襲之論反是周人決定偷襲的提醒。

47、困 ䷮

澤水困。兌上坎下。

困。亨，貞，大人吉，无咎，有言不信。

彖曰：困，剛揜也。險以說，困而不失其所，亨；其唯君子乎？貞大人吉，以剛中也。有言不信，尚口乃窮也。

象曰：澤无水，困；君子以致命遂志。

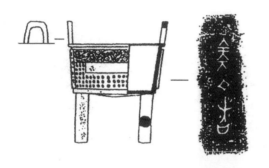

困·圖1：商周器物上的筮數重卦「困」：陝西岐山縣京當鄉雙庵村出土西周初年銅方鼎內鑄有「丁者」卦辭的「困」。

甲骨文「困」字（《粹》六一）。

釋「困」（困圖1）：

此卦與《坎》均是有關監獄的卦，但它們卻又有一定的差異。《坎》重在告誡應用牢獄的危險之道，此處重在指出應用刑罰的慎重之道。《坎》重在對犯人的感化，從而緩和有關的關係，此處重在對犯人的懲處，從而警戒有關的關係。它們面對的當然都是統治階級之分子，並多是身為一方一地的領主、管君。

「困」，《說文》：「故盧也，從木在口中。」「故盧」之「故」《說文》謂：「使為之也，從支，古聲。」是說「故」得義于執枝條以擊，所以「故盧」應是指為事故之盧。分析各爻辭的含義，知道許慎的這種解釋自有根據。因此，我認為本卦之「困」本指刑罰執行施使的場所，用為動詞，又有處刑施罰的意思。

釋「亨，貞，大人吉，无咎」：

「亨」，祭享神靈。「貞」，生、宗族家國的存在。「大人」，正正當當的人；《易》中的「大人」均指貴族之中正當的人而言。

「亨、貞，大人吉，无咎」。對于享祭神靈和生命的保全、宗族家國的存在來說，「困」之道的應用會給正正當當的貴族帶來好處，也沒有可怕的地方。

釋「有言不信」：

李鏡池注：「言；借為愆，罪。信：伸，說清楚。」

謂一些貴族所以要用刑罰處置，是因為他們有罪而无理申說明白。

初六：臀困于株木，入于幽谷，三歲不覿，[凶]。

象曰：入于幽谷，幽不明也。

釋「臀困于株木，入于幽谷、三歲不覿，[凶]」：

「凶」字通行本闕，《帛》有，今補之。另外，此與下爻針對的是各自獨立的問題，按《易》的構句行文特徵，這兩爻也該各有吉凶斷語。這一爻說，本應屁股受株木擊打之罪，結果卻重罰「入于幽谷」或「三歲不覿」，其刑罰的後果是兇險的。

「困」，此指在刑罰場所裡屁股受刑。「株」，量詞，猶一棵、一根。「木」，木棒、木棍。

「幽」，幽刑，亦即宮刑。《書・呂刑》：「伯夷降典，折民惟刑。」相傳堯舜時代已制定五刑。五刑為墨（墨額）、劓、剕（刖）、宮、大辟。五刑之一的宮刑，後來又稱腐刑，是一種割除男子生殖繫統的刑罰。「谷」，谷穴，《井・九二》「井谷射鮒」的「谷」便指穴而言；這裡指穴地之室。以「谷」稱穴地之室，後來還通用，如《左傳・襄公三十年》：「鄭伯有耆酒，為窟室，而夜飲酒。擊鐘焉。朝至未已。朝者曰：『公焉在？』其人曰：『吾公在壑谷。』」《注》：「壑谷為地室。」

「幽谷」，指刑罰場所中執行幽刑的地方。甲骨文「幽」字從火從絲，是會意字。蠶房需要火來保持溫度，而且這種建築也要利用地暖，所以它一半埋在地下，光線幽暗。受宮刑的人怕風怕冷，要在蠶房或類似蠶房溫度條件的地方執行（詳見《履・九二》「幽人」釋）。「入于幽谷」，將犯了該在屁股上棒打棍擊之罪的人，割去了生殖器官。

「三」，泛指多。「覿」，見。「三歲不覿」，把犯了打屁股之罪的人重罰，投入隔離監獄中監押多年，見不到外人。

「凶」，施刑過量，結果是可怕的。

《帛》此爻作：「辰困于株木，入于要浴，三歲不檀，凶。」

九二：困于酒食，朱紱方來，利用亨祀；征，凶，无咎。

象曰：困于酒食，中有慶也。

釋「困于酒食，朱紱方來」：

「酒食」，即《坎·六四》所謂的「樽酒簋貳」，指優待邦邑領主犯罪者的酒肉；這種酒食是由坎穴頂上遞給罪人的，為表示罪人已非先前的地位，酒肉盛在粗陶的容器裡。

「朱紱」，赤色的蔽膝。蔽膝來源很早，也許它的來歷還要上溯到石器時代（在東南亞原始叢林裡，處于原始文化狀態線的少數民族，在族中男子成人或收外族人為義子的重大儀式上，就有將石斧繫在肚子及生殖器之間的做法）。從出土的商代貴族人物雕像反映之裝束看，它自腰間下垂在膝上的兩腿間（困圖2）。這裡用以借代邑君邦主等統治階層重要的人物。「方」，即《坤·六二》「直方」的「方」，指邦君邑主屬領的國家土地。「來」，指邦邑領主犯了罪後，來到「困」所接受處罰。

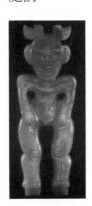

困·圖2：殷墟婦好墓出土的腰間有「朱紱」的邦君領主。

左圖為雙面玉人，女面擬女媧，男面擬伏羲，為提醒及時繁衍的生殖神廣告像；伏羲為商王族祖先，所以其文身屈膝而腰間有紱的男子，意味著商王族上層男子在通神之時應該有此服飾。屈膝是商族祭祀通神之的一種特定姿勢。右圖應為某方邦邑主有「朱紱」的服飾。

對照下文「征，凶，无咎」，再比較《比》「不寧方來，後夫凶」之《象傳》「不寧方來，上下應下；後夫凶，其道窮也」的解釋，我大體可以斷定「朱紱方來」就指「不寧方」來王庭而言的——正因其能改變「不寧」的面貌來到王庭，所以受到酒食的優待。「不寧方」指製造不安寧的邦國，文獻上又稱其為「不廷方」或「不寧侯」。《詩‧大雅‧韓奕》：「榦不庭方」。「不庭」指不接受發佈自王庭的命令，即違抗「揚于王庭」之號令者（見《易‧夬》釋）。

「困于酒食，朱紱方來」，讓「朱紱方」來到刑房的犯人，得以酒食上的優待。為什麼這樣？據《象傳》「困于酒食，中有慶也」的說法，對照《坎‧九五》「坎不盈。祗即平，无咎（監獄的罪人不待刑滿，入獄的問題已經平復，沒有什麼不好的）」，確知這裡優待「朱紱方來」之犯人的目的，是為了「利用亨祀」。

釋「利用亨祀」：

優待「朱紱方」來王庭受處罰者，目的在于商王長久地享祀祖先神靈。《萃‧六二》和《升‧九二》之「孚乃利用禴」的意思，均與此同。

釋「征，凶，无咎」：

優待「朱紱方來」的貴族，可以避免戰爭征伐之凶，並使之化為无災无咎。

猜想這些「朱紱方來」的人，有一定的人質意味。

六三：困于石，據于蒺藜，入于其宮，不見其妻，凶。

象曰：據于蒺藜，乘剛也。入于其宮，不見其妻，不祥也。

釋「困于石」：

「困」，施罰。「石」，嘉石。據《周禮‧秋官‧大司寇之職》載，古「以嘉石平罷民，凡萬民之有罪過而未麗于法而害于州裡者，桎梏而坐諸嘉石，役諸司空。」這種戴桎梏坐嘉石于外朝門左的懲罰，是一種恥辱性的輕刑，是對罪過輕微不該監禁者的，有坐三日、五日、七日、九日之別。

釋「據于蒺藜」：

「據」，處于。「蒺藜」，即《坎・上六》「繫用徽墨，置于叢棘，三歲不得，凶」之「叢棘」，借代監獄。古代監獄週邊圍上荊棘，以防越獄。「據于蒺藜」，對照《坎》「置于叢棘，三歲不得」，知道此指罪行較嚴重，受到與外界隔離之刑罰的犯人。《周禮・秋官・司圜》：「掌收教罷民。凡害人者弗使冠飾，而加明刑焉，任之以事而收教之。能改者，上罪三年而舍，中罪二年而舍，下罪一年而舍。其不能改而出圜土者，殺……凡圜土之刑人也，不虧體；其罰人也，不虧財。」圜土，即監獄。

釋「入于其宮，不見其妻，凶」：

「宮」，即《剝・六五》「宮人」的「宮」，家之義。此婉言監禁的時間很久，以致其家破人亡。

「凶」，把應該輕罰的人重罰了，讓他長期監禁，不通音訊，以致其家室不存，難稱為家，這樣有促使他再興凶禍的可能。

九四：來徐徐，困于金車，吝，有終。

象曰：來徐徐，志在下也。雖不當位，有與也。

釋「來徐徐」：

來到了，但太遲緩。「徐徐」謂行走緩慢的樣子，那麼「來」指什麼？據《象傳》「來徐徐，志在下也；雖不當位，有與也」的意思，「來」到的人，是位置在「下」的人，當然是商王屬下或勢力範圍內的領主等。《國語・魯語》載有「昔禹致群神于會稽之上，防風氏後至，禹殺而戮之」的傳說。說明古代領主應命到大領主處所去，拖延遲到是有罪的。但這種罪在《易》編著者眼中畢竟不是對抗到底的罪，所以下文的量罰標準是「金車」。

釋「困于金車，吝，有終」：

「困」，施罰懲處。「金」，禁也（《釋名・釋天》）。「金車」，囚車。《釋名》釋「檻車」：「上施闌檻以格猛獸，亦囚禁罪人之車也。」所謂「闌檻」，即車身四周及上部均遮以欄杆。雖說這是漢代禁車的樣子，但可據以聯想《易》時的禁車模樣。

「吝，有終」，把受召來王庭卻遲到的邦君邑主，處以禁車監押示眾的刑罰，雖說對他不太體面，但這能起到懲戒警眾的結果。

九五：劓刖——困于赤紱，乃徐有說，利用祭祀。

象曰：劓刖，志未得也。乃徐有說，以中直也。利用祭祀，受福也。

釋「劓刖」：

「劓」，割鼻子。「刖」，割腿。

釋「困于赤紱，乃徐有說，利用祭祀」：

「赤紱」，即《九二》之「朱紱」。此可理解為「赤紱方來」的省略。「困于赤紱」，指處罰「赤紱方來」者以「劓刖」之刑。原因「乃徐有說」。

「徐」，慢慢。「說」，通「脫」；指有罪的貴族領主，在監獄中沒等解決問題就慢慢找機會逃跑了。「劓刖」指捉回逃脫者，給他處以割去鼻子或割去腿的懲罰。

「利用祭祀」，《九二》「利用亨祀」說以酒食優待「朱紱方來」的罪犯，目的是對宗族家國有利，這裡是說給他們施以「劓刖」之刑，其前提是有利于神靈對國家宗族永久的祐護；言外之意，如果「劓刖」之刑施加「赤紱方來」的逃跑者而无利于祭神享國，則不加之。

上六：困于葛藟，于臲卼，曰「動悔！」有悔，征吉。

象曰：困于葛藟，未當也。動悔，有悔，吉行也。

釋「困于葛藟，于臲卼」：

「葛藟」，蔓生植物，又叫葛針，有刺，藤蔓軟而韌；其用義同《六三》的「蒺藜」，指圍在監獄外的荊棘，轉又借代與外隔絕的長期監禁。

「臲卼」，即「劓刖」的另種寫法（見于豪亮《帛書〈周易〉》[1]）；一本此處與《九五》之「劓刖」都作「臲卼」，《帛》則均作「貳掾」。

釋「曰『動悔！』有悔，征吉」：

本爻《象傳》釋：「困于葛藟，未當也；動悔有悔，吉行也。」其說「未當也」，是指長期監禁或去鼻去腿的刑罰對罪犯並不妥當，其說

---

[1] 載《文物》1984 年 3 月。

「吉行也」，是指「動悔」的警告不聽而「有悔」的措施。據此，它可以理解為：對那些罪該處以長期隔離監禁、割鼻截腳的邑君邦主們，也是要盡可能地從輕處罰，但從輕寬大的同時卻要附以嚴厲的聲明：「動悔」。如果他們辜負這般的寬大，而又再「有悔」，就征伐毀掉他們的家國。

《坎·上六》「繫用徽纆，置于叢棘，三歲不得，凶」是說重刑易造出凶果，儘量少施少用。可見「困于葛藟，于臲卼」並不是說已經施行過的刑罰，而是量罪應當施行但卻避免惡果而寬大不施行的刑罰。

「曰」，指量刑人對該受刑犯人的聲明。「動悔」，指量刑人對罪犯寬大處理時的附加警告；指策動危險，製造亂子。「有悔」，指受到寬大的罪犯辜負寬大、不聽警告而又犯製造動亂、擾亂邑邦間安寧等罪。「征」的前提是「有悔」，「吉」是對這種征伐殺戮性質的斷語。「征吉」，有殺伐滅盡的意思。

此爻大意說，將罪該重罰的人也儘量地輕罰，從而感召罪犯，使矛盾向最好的方面轉化。

48、井 ䷯

水風井。坎上巽下。

井。改邑不改井，无喪无得，往來井井。汔至，亦未繘井，羸其瓶，凶。

彖曰：巽乎水而上水，井；井養而不窮也。改邑不改井，乃以剛中也。汔至亦未繘井，未有功也。羸其瓶，是以凶也。

象曰：木上有水，井；君子以勞民勸相。

釋「井」（井圖1）：

水井，它是人類一項偉大的發明（井圖2）。本卦反映的，是對它管理上的事情。它的前身，可能是這一發明的記載，也可能是使用這一發明的規禁。

人生存必需水。人聚集在一起，必然要挖井、蓄水。但在河水氾濫无常而不得不遠河居人的時代，在自然水源缺少而不得不蓄水、掘井的時代，在生產工具和技術條件使蓄水、掘井大為艱難不易的時代，必有霸井樹勢的人，必有踞井漁利的人，必有私井不外的人。如此控制水井有沒有好處？本卦對此進行了評說，評說的主要對象，是霸井樹勢的人，這個對象對人們生活必需品的用心，極有普遍的意義，因此，其又把它和當時邦邑方國的存亡利益，聯繫到了一起。

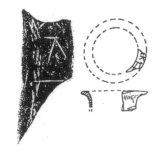

井·圖1：商周器物上的筮數「井」。

井·圖2：河姆渡文化遺址出土距今5600年的古井。

陝西岐山縣鳳雛村西周初年建築基址出土之QFF1T4（3D）：35號陶盂口沿殘片上刻的「坎」——卦辭為「井」。

釋「改邑不改井，无喪无得」：

此說有邑落則有水井，有井之處則有邑落，井與邑並不因邑主的改變而改變，邑主的去留，對于井邑來說，既无喪失，又无獲得。「井」，這裡有水井和邑落兩層含義，是因為井和邑落在那時難分難舍之故。

釋「往來井井」：

雙關義。對于邑主說，其去其留井邑還是井邑，對于汲水飲用的人說，其往其來都是因為水井。言外之意，邑國之民靠生活必需的水井而存在，並不是靠著邑君邦主。這裡具體反映了當時的部分政體結構：凡「王」屬下的邦邑每要派邑君去管理，這些管理者的職位不是終身不更的；因為這樣，他們便也可以不與「王」合作而另圖出路（詳見《遯》釋）；他們管理的邑邦之人民多寡，有關其政績的好壞，所以「邑人」一旦離邑而逃就成了他們的大凶（詳見《訟》釋）。

「井井」，有不得已而使用水井的意思。

釋「汔至，亦未繘井，羸其瓶，凶」：

或釋曰：將近井口，還沒汲水，汲水的水瓶破了；婉言汲水的人得不到水。「汔」，幾近。「至」，到。「繘」，綆，井繩，借代汲水。「羸」，敗，這裡引伸為汲水水瓶毀、破的意思。

李鏡池注釋：「汔《說文》：『水涸也。』至：借為窒，淤塞也。繘：從矞，用矞原義。《廣雅·釋詁》：『矞，穿也。』矞井，即挖井、淘井。」似優。

按此，「羸其瓶」，指水井淤塞，邑邦管理者不去為邑人淘井，讓需水者徒然繩索繫瓶，前去汲水。

「羸」，拴繫汲水水瓶的繩索。「瓶」，一般認為是汲水的尖底、大腰、帶耳的陶罐；繩索繫于雙耳，水自滿後尖底朝下，瓶口浮在水面上。

「凶」，人們生存的必需之品不讓得到，這對統治邑邦的人來說，是兇險的。暗指人民沒有生存的基本條件，將會棄統治者而去。

初六：井泥不食，舊井无禽。

象曰：井泥不食，下也。舊井无禽，時舍也。

釋「井泥不食，舊井无禽」：

「泥」，義同《需·六四》「需于泥」的「泥」；滯，淤滯。「井

泥」，井被淤泥滯死。這種被「泥」之井的前提是土井。土井易塌陷井
壁井口。「不食」。婉言沒有人來汲水食用。

「舊井」，對照「无禽」生義，指陳年廢毀的井。「无禽」，沒有
禽獸；禽獸被馴養，與人伴生，故而此處是婉言沒有人煙。在自然水源
較少的地方，禽鳥畜牲多聚集在井旁汲水溢出的水窪裡飲水，這也許是
上述婉言的基礎。

此爻通過井不能飲用了，人們就會廢棄它而去，喻說當時統治者應
該避免的統治方法：假如有井不讓人用，那誰會來此汲水？人不能在此
得到最基本的生活需要，必背離他遷。人皆背離他去，邑國之君就无存
在的意義了。

九二：井谷射鮒，甕敝漏。

象曰：井谷射鮒，无與也。

釋「井谷射鮒」：

「谷」，對照「井」生義；穴。「鮒」，鯽魚。鯽魚形體不大，是
能夠在水井裡長期存活下去的魚種。今天農村淘井淘出的魚，幾乎多是
鯽魚和泥鰍。「射鮒」，射井穴裡的小魚。古代曾以弓箭射魚，如《左
傳・隱公五年》：「公矢魚于棠。」最少在唐代，中原地區不常用弓箭
射魚了，所以李商隱在《射魚曲》中，對西南少數民族射魚，大驚小怪
了一番。也許釣魚本源于射魚。

井穴中很暗，井水也深，即便射到魚，魚又太小，並沒有什麼利
處；比喻佔據水井以圖生利，結果沒有所獲。

釋「甕敝漏」：

「甕」，打水的陶甕。「敝」，弊破。「甕敝漏」，用破了的水罐
打水，將得不到水；猶「竹籃子打水一場空」的意思。這裡也是比喻控
制水井有損无得。

此爻也可釋為：以弓矢射井中永遠長不太大的鯽魚，反射破了汲水
器皿，貪小利以失大利。猶「丟了西瓜撿芝麻」之意。

九三：井渫不食，為我心惻，可用汲，王明，並受其福。

象曰：井渫不食，行惻也。求王明，受福也。

釋「井渫不食，為我心惻，可用汲」：

「渫」，汙。

「為」，甲骨文象形手牽大象，本有大有作為之義，這裡有強調「心惻」的意思。「我」，指邑邦之主。「心惻」，心痛。井水髒汙了，人民不能食用了，這叫我大大痛苦傷心。

「可用汲」，為井水污染，邑人不能飲用而心中痛苦，這樣也就能夠運用好汲井所喻示的道理，來治理人民。

此也可釋為：因井水污染而痛苦，于是淘井修井，使水可為人民汲用。聞一多說：「心讀為沁。《韓昌黎集》八《同宿聯句》：『義泉雖至近，盜索不敢沁。』舊注曰：『北人以物探水曰沁。』……惻讀為測。此言井水汙渫，為我沁測之，尚可汲。」

釋「王明，並受其福」：

「王明」，商王英明；指人民祈求君王英明，任用能擔心人民飲用不潔之水那樣的邑邦之君。

「並受其福」，像這樣對待水井問題的邑邦之君，和任用這樣邑邦之君的君王，都將得到神靈的福佑。

從《易》一些有關的卦裡可以知道，像商王這樣的大領主，其屬下的邑國往往委人管理，這些管理人員雖身為一邑一邦之主，但並不是終身制，他們政績之根本，是讓人口增加，如《坤·六三》「含章可貞；或從王事，無成有終」（治理商王的邑邦時，使人口增加，即便你无明顯的功勞可言，也會有結果可得稱道），說的就是這回事。從《比》《訟》《无妄》等卦中看，這些邑邦的管理者所管理的對象乃是「邑人」。我們從《易》有關「人」的片語排列中知道，「邑人」是自由人，但他們卻沒有代代可傳的土地，如果他們有一片私有土地，一般不會在邑君邦主管理不善時舉戶逃走的（見《訟·九二》釋）。也許就在于他們既无恆產又有人身自由的緣故，所以他們對邑君邦主的關係好惡非常重要，乃至于《易》在許多卦中或明或暗地告誡管理、統治他們的人。他們之所以有逃到他地的自由，除其人身的自由外，就是國界的開放。我認為安陽殷墟出土之甲骨中「王大令眾人曰協田，其受年」「叀小臣令眾黍」[1]等卜辭，「眾人」「眾」都指他們而言，在殷墟王室窖穴中發現堆放的三千多件石鐮，也是供他們使用的。很明顯，這些人離開邑邦他去，是被離開者的凶，是被投靠者的福，這因為他們的智慧和勞動就是財富，其體力又是戰爭勝負的關鍵。

---

[1] 見《續》二·二八·五。《前》四·三〇·二。

六四：井甃，无咎。

象曰：井甃无咎，修井也。

釋「井甃，无咎」：

「甃」，其與《晉・六二》「晉如愁如」的「愁」均借作「擘」，《廣雅・釋詁二》：「固也。」「井甃」，對照上一爻之義，當謂加固井筒和井口。商代已有了石砌的井，如江蘇東海焦莊出土的圓井。

《說文》釋「甃」為「井壁」，意思雖然貼近，但許慎腦中井壁的概念，顯然是後起的陶井構；商代的「井甃」應不包括這種井構。我國是世界上最早開鑿水井的國家之一，關于井的產生，歷來有「黃帝穿井」和「伯益作井」的傳說，目前發現較早的井是浙江餘姚河姆渡遺址第二文化層大型木構井（距今5600多年。井圖2），就是加固的水井。近代考古學研究表明，我國古井經歷了幾個不同的發展階段。其一，木構井、土井、石砌井，盛行于新石器時代至西周。早期有方形、長方形、橢圓形、圓形，逐漸以圓形為主。其二，瓦井，即陶管井，盛行于東周至西漢。其三，磚井，流行始于東漢[2]。從這種角度看，西周以前尚沒有許慎理念中的「井壁」。下一爻是「井甃」的結果。

「无咎」，把井理整好，使水源清潔，能長久地令人飲用，這對你統治的地位沒有壞處。

九五：井洌寒泉食。

象曰：寒泉之食，中正也。

釋「井洌寒泉食」：

「洌」，水清。「泉」，井下水泉。

將水井修好加固，供人民有乾淨寒洌的飲用水。

上六：井收勿幕，有孚，元吉。

象曰：元吉在上，大成也。

釋「井收勿幕，有孚，元吉」：

「收」，雙關義，一指井的整理加固，使人民汲水方便，一指人民因汲井之道而被凝聚集一起不散。

就今天出土的早期井多是口大底小的豎井來看，甲骨文井字象形井

---

2 見黃金貴《「甃」義考》。《考古》1993 年 5 月。

口施以木構之形。推想這種木構是為汲水方便而設——水罐必須垂直才可拉離井底，提上地面。另外，木構井口它還可以防止井口因水浸潤塌陷而給汲水者造成的危險。正因為井口這般的構造特徵，才可能在上邊加以「幕」。《坎·六四》說給貴族犯人送酒食的方式是「納約自牖」，即用繩子通過類似天窗的「牖」，送給井坎裡的被押者。這種井坎之口蓋上有「牖」的形式，恰恰可證明在飲用水井上加蓋以「幕」的形式不孤立，也就是說，監牢之井的「牖」，和飲用之井的「幕」，是一種技術的兩種表現形式。

「幕」，井蓋。「勿幕」，不要加蓋；婉言不要控制人民使用水井。控制水井，人民就不會來汲水了，也就離此而他去了。

將井加蓋上鎖，今天生活中仍能遇到，好比鎖公用的水籠頭。

「有孚，元吉」，指汲井之道運用的結果；讓修好的水井任人民使用，才會有獲得人心的吉利，這種吉利是吉利之首。

49、革 ䷰

澤火革。兌上離下。

革。巳日乃孚。元亨利貞，悔亡。

象曰：革，水火相息，二女同居，其志不相得，曰革。巳日乃孚；革而信也。文明以說，大亨以正，革而當，其悔乃亡。天地革而四時成，湯武革命，順乎天而應乎人，革之時義大矣哉！

象曰：澤中有火，革；君子以治歷明時。

革·圖1：金文「革」（《康鼎》《鄂君啟車節》）。

釋「革」：

在今天它是個褒義詞，特別是與「命」組詞，簡直成了極端神聖的專利詞彙。追究它的根源，就在本卦。

「革」的金文象形由尾部開始剝開獸皮，或象形雙手把皮革伸開；本義為整治皮革，也就是將獸皮的屬性改變（革圖1）。這裡它的意義當然不再如此，乃《象傳》「水火相息，二女同居，其志不相得」所及的意思，即矛盾著的雙方更改彼此現狀的行為。本卦申明，「革」雖然意義同「變」「改」，但卻是神聖的，因為它是遵循天意，到「巳日」才「革」的行為。換句話說，「革」的行為必須由神靈批准、受自天命，方可成立。

本卦的前身，應是我們先民一項利用皮革之偉大發明的記載。

釋「巳日乃孚。元亨利貞，悔亡」：

「巳」，我認為此字甲骨文象形商王族祖先伏羲、女媧人首蛇軀神像，理由如下：

一、「巳」字產生在伏羲、女媧之祖先崇拜的字境之中——在史前就已出現的人首蛇軀圖像，即為伏羲、女媧，而商王族姓「巳」，正是

人首蛇軀神為族姓徽志的說明（革圖2）；

二、「巳」字產生在龍蛇崇拜的語境之中──商民族多圖騰崇拜，龍蛇是主圖騰之一，甲骨文中凡筆劃帶有「S」或「C」的字，均與龍蛇關，「巳」字寫法有「S」狀筆劃的，也有「C」狀筆劃的，其「S」或「C」象形龍蛇之軀，上方的「口」正是人首之象形（革圖3）。

正因為「巳」為商王族人首蛇軀祖神之象形，也為商王族之姓，所

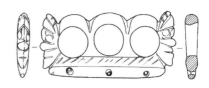

革・圖3：甲骨文「巳」字的兩種寫法。

「巳」字象形人頭的「口」下，「S」或「C」筆劃是龍蛇之軀的象形。

A・紅山文化之人首蛇軀伏羲、女媧合體玉雕像。
B・石家河文化人首蛇軀伏羲、女媧雙面玉雕。
C・商代青銅器上的人首雙蛇軀伏羲、女媧像。
D・漢代人首蛇軀伏羲、女媧交合像。

革・圖2：伏羲、女媧圖像

以其祭祀祖神之「巳」便擔當起了祭祀的代詞。

祭祀要求的後果是留住美好、改變不良，所以「巳」用作動詞，有改、變、停止之義。

「巳日」，被「革」的一方天命停止、應該受到改變的日子。「乃孚」，被「革」的一方到了自身改變的日子而已經被改變了。「孚」，指更革改變被「革」一方的戰功。婉言消滅一個邦君邑主，必須順從天意的安排。《史記·殷本紀》說商湯滅夏是按天命「絀夏命」，《周本紀》說武王滅商是「膺更大命，革殷，受天明命」，都強調一方動用武力「革」另一方的行為亦即滅國遷君之舉，是順應天的命令。

「元亨，利貞，悔亡」，順天意的「革」之道，是祖先神靈得到祭祀的首要條件，它利于宗族家國的存在，也會使災惡消亡。

401

初九：鞏用黃牛之革。

象曰：鞏用黃牛，不可以有為也。

釋「鞏用黃牛之革」：

此與下一爻是屬爻分置之辭。

「鞏」，鞏固，堅固。「革」，皮革。

此爻《帛》作：「共用黃牛之勒」。

六二：巳日乃革之，征吉，无咎。

象曰：巳日革之，行有嘉也。

釋「巳日乃革之，征吉，无咎」：

此與上爻乃「鞏用黃牛之革，巳日乃革之，征吉，无咎」的割裂分置。

「巳日」，改變的日子。「革」，改變。

「鞏用黃牛之革」「巳日乃革」是比喻，喻「征吉」之事。其意說，堅固之用品黃牛皮革，到了該朽乏時也會變得乏敗不固，按照這個道理聚兵改變一個國家的歸屬，是好的。「无咎」，沒有後患。

從這兩爻可看到《易》編著者的一些觀點。如：天使萬物變化盛衰。再如：物質既然有生有滅，君王領主自然也不會永據屬下的邑國、權利。又再如：改國滅邦的革命，要待其自身到了滅亡的邊緣再進行——《泰·上六》「城復于隍，勿用師，自邑告命。貞吝（天讓一個國家滅亡，若不用兵使其滅亡，卻聽從其告饒求命，那是宗族家國存在的危險）」的意思，恰是這一點的補充。

九三：征凶，貞厲——革言三就，有孚。

象曰：革言三就，又何之矣。

釋「征凶，貞厲——革言三就，有孚」：

「征凶，貞厲」乃針對「革言三就，有孚」而說的。

對方「革言三就」而仍對其征伐，故此「征」乃「凶」事，也將對用「征」者宗族家國之「貞」有「厲」。對方能夠「革言三就」，就不合乎「巳日乃革之」的原則了。《象傳》「革言三就，又何之矣」，恐怕就指此而言。《九四》爻說「有孚改命，吉」，可見此「革言三就」乃其不到「改命」之數的實例，不到「改命」之數而「有孚」，當然「征凶，貞厲」了。

《易》多將「言」借為「愆」，如《需·九二》「小有言」、《明夷·初九》「主人有言」等。「革言」謂改其罪愆、改其過失。「三」，泛指多。「就」，《說文》：「就高也，從京從尤；尤，異于凡也。」這裡有附就之意。「革言三就，有孚」，責令對方改過從新，多趨從了，結果還是出兵滅其國俘其人。

九四：悔亡，有孚改命，吉。

象曰：改命之吉，信志也。

釋「悔亡，有孚改命，吉」：

「悔亡」，災凶消失；指「有孚改命」而言。

「有孚」，出兵滅國更君取得勝利。「改」，它是甲骨文「巳」往後演變而成的字；即《六二》「巳日乃革之」的「巳」字，其意思與卜辭用法相同，有改、變、停止之義。「命」，指被「孚」一方上天所授之命。

「吉」，對天已停止了統治者之命的人革其命，不僅无災无禍，還是很好的事。

九五：大人虎變——未占有孚。

象曰：大人虎變，其文炳也。

釋「大人虎變」：

此與下爻乃屬爻分置之辭。它們在說面對「未占有孚」的情況下，「大人」、「君子」與「小人」的表現絕然相反。

「大人」，貴族中的正人，其乃「君子」範圍內的人；為不與下爻之「君子」犯復，故變言之。

「虎」，與「豹」同類而聯及。「虎變」，即虎豹變；分析《象傳》「大人虎變，其文炳也」「君子豹變，其文蔚也」的說法，這是指虎豹類猛獸變更毛皮。虎豹絕難活著任人變更自己的毛皮，除非死去被剝。它喻「大人」「君子」對「未占有孚」理該應有的表現——君子至死恪守「占」而「有孚」的原則，像虎豹之毛革那樣，要想更變除非死去被剝。

釋「未占有孚」：

沒經過占卜通神，得到神的同意，就有所獲取。

細琢磨下爻的文義，它指著兩個範圍而言：

一指任意的動用武力，追求獲得——《益·六三》認為正當的出兵「有孚」必備的「中行，告公，用圭（卦）」之條件可以反面證明。

一指貴族們解放奴隸，讓他們外出代自己經商——「小人」代主子經商，隨行就市，根本來不及通知遠居邑國都城之內的主子，讓其求神指示。《解·六五》「君子維有解，有孚于小人」則是直接的證明。

比照下面《上六》爻，此顯然指解放了的奴隸亦即「小人」代主子經商獲得而言。

上六：君子豹變，小人革面。征凶，居，貞吉。

象曰：君子豹變，其文蔚也。小人革面，順以從君也。

釋「君子豹變」：

此與上一爻乃一句話的分置。它們可理解為「大人、君子虎變——未占有孚；大人君子豹變——未占有孚；小人革面——未占有孚。大人君子征凶，居，貞吉」的節略。

「君子」，指貴族出身的邑邦的領主、管君，「大人」是其中的分子。在《易》中，「大人」和「君子」的概念相近，故而類及之此于彼。下文的「豹」及上一爻的「虎」，也是類及而以此于彼的。

「豹變」，即虎豹變革自己的毛皮；欲讓「大人」「君子」不經過求神允許而有獲得，那該讓虎豹更變了自己毛革般困難；指讓「大人」「君子」進行不義之戰，及親身外出直接經商。

釋「小人革面」：

「小人」，出身下層、倚靠超常素質和才能登上統治地位的人。這裡指為「大人」「君子」經商的被解放奴隸。「革面」，變臉、變幻表

情;「小人」結隊走邑串國以機智經商獲取,根本不考慮神靈同意不同意,只要有利可圖,方式方法都像人變臉那樣來得快。

《象傳》釋說「小人革面,順以從君也」,倒把《易》認定的「小人」如何登上統治者的方法,做了透露:他們是靠參與經商、戰爭等表現的才智和功勞,使自己社會地位上升的。如靠軍功的「小人」,他們為了「順以從君」,使用戰爭之武器,便完全拋棄了古老的傳統和道義,不管「中行,告公,用圭(卦)」,只求獲勝,向主子奉獻表功,所以襲擊別人邑邦的絕法(詳見《離》《晉》《益》等釋),搶劫商賈的壞招(詳見《同人》《復》等釋),都用得出來。也正為此,《易》便多次地強調戰爭場合一定「小人勿用」(詳見《師》《既濟》等釋)。

釋「征凶,居,貞吉」:

「征凶」,「大人」「君子」們「未占有孚」的用兵、出行是兇險的。在《易》看來,戰爭「有孚」必「中行,告公,用圭(卦)」,相反,「大人」「君子」居于都城,讓「小人」代為外出經商之「征」,則「貞吉」。

「居」,與「征」相對,指安居都城,不外出。夏商時代,「居」指京都而言。

「居,貞吉」,指「未占有孚」而言;「大人」「君子」等貴族安居都城,讓奴隸改變身分成「小人」,為自己外出經商而隨行就市獲得「未占有孚」之利,這是貴族們宗族家國存在的好事。

《隨·六三》「利居貞」是說「小人」外出代主子經商而使主子「居貞」。顯然「小人」代貴族經商在外,隨形勢之適應,根本不能「占」而有「孚」。

50、鼎 ䷱

火風鼎。離上巽下。
鼎。元吉，亨。

彖曰：鼎，象也。以木巽火，亨飪也。聖人亨以享上帝，而大亨以
養聖賢。巽而耳目聰明，柔進而上行，得中而應乎剛，是以元亨。

象曰：木上有火，鼎；君子以正位凝命。

釋「鼎」：

鼎的前身是陶鬲。它本是烹煮食物的器具。當它用貴重的金屬鑄造
後，意義就改變了。

傳說夏禹收集九州之金鑄九鼎，做九州歸屬于他的象徵（見《左
傳·宣公三年》）。這當然是一種炫耀。炫耀會促成競相炫耀。那時人
心智單純，不知道如此炫耀可能化作文明的動力，只知道炫耀无序會衝
破家天下專政的秩序，于是以鼎炫耀就成了制度，鑄造九鼎就成了人間
帝后的極權象徵（鼎圖1）。

食物和鼎的關係密切，鼎與家的關係自然也就密切。組成社會的基
礎，是一個個的家，而家的基礎是庖廚，庖廚的象徵，則又是鼎。在當
今口語俗言裡，不乏聽到對于家庭基礎的擔心：說沒有賴以養家糊口的
工作了，是「砸了飯碗」；說養家糊口的工作永遠不失，是「有了鐵飯

鼎·圖1：商代的方鼎。

鼎上的紋飾乃一頭雙身龍，頭是人頭，身是
蛇身——這是人頭蛇身伏羲、女媧像。因為伏羲女
媧兄妹兼夫妻，所以合為倆人一頭。伏羲女媧是商
王族的祖神，以他們為鼎紋，意味著此鼎是天神伏
羲、女媧賦予他們子孫權利的象徵。

碗」；說得到最優越的工作，是「得了金飯碗」等。今天飯碗所象徵意義，恰似古代鼎對有家有國者的意義。古人愚蠢，深信天賦予了帝后之命，帝后養活天下人民的性命──所以我們熟知的「天子九鼎」，或者也意味著天下食物皆為帝后所有的象徵。

今天有些家庭日常生活中不慎打破了吃飯的瓷碗，一家之人為之不安，无中生有地猜度其中的不祥；今天鄉下威脅讓別人家破人亡還用「打了你家的鍋」「劫了你家的鍋」這樣的老話，其實這「鍋」和「碗」一樣，意義都如這裡的「鼎」。因而本卦對鼎使用中出現情況的分析，猶可在民間「鍋」和「碗」出現不期狀況的心理中得到解釋。

本卦的含義，過去認為其與「革」卦相對，「革」義在「去故」，鼎義在「取新」。仔細推敲它的全辭，這是言外之意。其實，在《易》的時代，銅鼎是統治者所專有的器皿。銅鼎與陶鼎盛煮食物的壽命，相比如今日瓷碗與鐵碗的使用壽命。鼎堅固如此都有斷耳斷腿所帶來的擔憂，足見《鼎》是對統治者家國存在基礎的比喻。

釋「元吉，亨」：

那時代家破國亡，其鼎一類的貴重金屬器皿往往被虜掠一光，或由新主人熔化另鑄，或鑿改銘文的歸屬。所以有鼎之吉就意味著有家有國的首要之吉。「亨」，「烹」的假借，這裡用以解釋卦題「鼎」字的含義；此「鼎」，是從家國得以存在、烹飪食物之角度上進行認識的。

初六：鼎顛趾，利出否──得妾以其子，无咎。
象曰：鼎顛趾，未悖也。利出否，以從貴也。
釋「鼎顛趾，利出否」：

「鼎顛趾」，鼎的腿顛倒在上；以鼎被翻倒，喻顛倒傳統的搶婚為聘娶。其實鼎，鬲、甗等三足器均可稱作鼎。鼎的前身是陶鬲，因受古代燒制技術的制約，它的三足腿呈中空狀。商代銅鼎製作多按此傳統，將鼎腿也鑄成中空的，所以煮完食物後剩餘在腿中的汁液很難舀出，必須翻過鼎來才可能清刷。

「否」，指取完食物，剩在鼎腿裡的東西。

釋「得妾以其子，无咎」：

「妾」，泛指聘婚娶得妻子，意義不同于後來身份低下的小老婆（詳見《遯·九三》「臣妾」釋）。「得妾以子」，喻「鼎顛趾」的必

要。

　　「无咎」，就好像聘婚是為了生兒子，為了清除殘餘的東西翻倒了鼎，沒有錯過。

　　九二：鼎有實：「我仇有疾，不我能即。」吉。
　　象曰：鼎有實，慎所之也。我仇有疾，終无尤也。
　　釋「鼎有實：『我仇有疾，不我能即。』吉」。

　　「實」，鼎有食物。

　　「我」是《易》假設的邑君邦主之自稱；「仇」，妻。《爾雅‧釋詁》：「仇，匹也。」「疾」，這裡並不是指真正生了病。猶今有人請你吃飯，你不去而推辭「我不太舒服」。

　　「不我能」，可理解為「不是我仇能夠做到和我們一起享受鼎中之實」的簡略。「即」，甲骨文象形人就食。

　　「我仇有疾……」借邑邦君主之口而婉言，謂鼎中美食不供自己享受，而是用以招待良客賢賓的東西。它整個臺詞的基礎如此：邑君邦主不以鼎實自奉私享，而是招待嘉賓，自己為陪。賓客邀其妻子共餐，答之曰：「我妻子有疾，不能與我們共用。」這是不令妻子入席的推辭之辭。我們農村目前仍留有這樣的風俗：待客的宴席上主婦不入座，在客人出於禮貌的邀請下，主人每客氣地以「她剛才吃了」等話加以推託。

　　《易》的這句話標誌著當時婦女地位開始低下，宴客等交際場合婦女主動出現意味著无禮。

　　「吉」，將美食與賢客貴賓共食而不私亨，這是鼎食之家的吉利。《需‧九五》「需于酒食，貞吉」、《中孚‧九二》「我有好爵，吾與爾靡之」、《未濟‧上九》「有孚于飲酒，无咎」的用意，也與此相接近。

　　九三：鼎耳革，其行塞；雉膏不食，方雨虧悔，終吉。
　　象曰：鼎耳革，失其義也。
　　釋「鼎耳革，其行塞」：

　　「鼎耳」，鼎兩邊的提手，抬鼎用。「革」，掉。「行」，指抬著煮好食物的鼎，到食用者的面前。「塞」，阻礙。

　　「鼎耳革，其行塞」，鼎的提耳掉了下來，抬著煮好的肉食到宴飲之處是不可能了；婉言鼎不能使用了。由這句話裡得知，當時鼎裡的食物並不在就食者的面前直接加工，從「方雨虧悔」裡看，用扛抬才能搬

動的大鼎加工食物，大概在通過露天一段路的專門地方──後來的「君子遠庖廚」，是食物加工場所不在「君子」近旁的反映。

釋「雉膏不食，方雨虧悔，終吉」：

「雉膏」，肥野雞肉，借代美味的肉食。也許「雉」字的用法仍同甲骨文，用為動詞，有並陳之義。若如此，「雉膏」為招待賓客之肥美的肉類陳列之意。「雉膏不食」，婉言不能用鼎裡烹煮的肉食招待賓客。

「方」，在、當。「方雨」，在下著雨的時候。「虧」，損、缺。「虧悔」，減少了不快。

「雉膏……」兩句大概說：以鼎烹飪「雉膏」招待賓客，結果鼎耳脫落，无法抬鼎從廚炊之處穿過露天到賓客面前，如果趕巧在雨天待客，其「悔」就「虧」了些，因為這可以借著不讓雨水淋了「雉膏」之機，得以補救。

「終吉」，鼎耳脫落使鼎不能隨意移動：如果其脫落在緊要的關頭，那是有「悔」的，相反，脫落而尚有機會補救，雖也令人煩惱，但結果還是好的。即矛盾出現在可以解決之時，終究還是好的，出現在難挽救之機，是險「悔」的。

九四：鼎折足，覆公餗，其形渥，凶。

象曰：覆公餗，信如何也。

釋「鼎折足，覆公餗」：

「折足」，斷腿。「鼎折足」，喻家國賴以生存的基礎毀壞。

「公」，即《益・六二》「中行，告公，用圭」的「公」，指公眾、大家。「餗」，湯粥之類。「覆公餗」，鼎倒了，使大家賴以食用的粥傾覆在地。

釋「其形渥，凶」：

「形渥」，《帛》作「刑屋」，虞翻作「形劓」，即「刑劓」的假借；處死之刑。

「凶」，作為邑君邦主，如果他們的作為破壞了國家賴以自下而上的秩序，使大家无法生活，他就該受到重刑，得到兇惡的下場。

六五：鼎黃耳、金鉉，利貞。

象曰：鼎黃耳，中以為實也。

釋「鼎黃耳、金鉉，利貞」：

「黃」，今多釋為銅。我認為它與《解‧九二》「田獲三狐，得黃矢」的「黃」意義一致，均不名其顏色，而是指其特徵。「黃矢」謂不受繩索牽制的箭（詳見《解‧九二》釋），「黃耳」當是不受以往鼎耳規矩牽制的鼎耳。「黃」在此似借為「曠」，它之于鼎耳，指離開了商代常規鼎耳鑄造的位置而言。

仔細比較商代初期流行的鼎式，其鼎耳多與鼎的內壁相平，甚至還要進入內壁裡邊一些。再向後發展，開始有了離開內壁的鼎耳。像安陽三家莊發現的商代青銅器，其中鼎之耳已向外壁移去[1]，恰如今天的耳鍋之耳與鍋內壁无礙。或這就是所謂的「黃耳」（鼎圖2）。如果可准，那它為什麼被《易》編著者稱道呢？當然是針對它的優點而來的：鼎耳離開鼎內壁，可以給鼎加一個蓋，這樣，鼎煮食物就避免了煙塵等污染，並可以使食物早熟等。

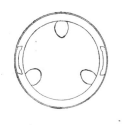

鼎‧圖2：安陽三家莊發現的商代曠耳、中空腿青銅鼎。

鼎之耳已向外壁移去，恰如今天的耳鍋之耳與鍋內壁无礙。這或就是所謂的「黃耳」。

「金」，指裝飾「鉉」的青銅。「鉉」，貫穿鼎耳，使鼎得以被抬起的器具。

「利貞」，指以新式鼎耳的鼎更適用，銅制的抬鼎器具更有安全感，喻統治者接受新的事物，以利于自己的宗族家國存在。

《大壯》一卦就是要讓貴族接受新事物的。《隨‧初九》「官有渝，貞吉」也出自這樣的用心。估計古代器物製作的一些步驟，每要進

1　參見孟憲武《安陽三家莊，董王度村發現的商代青銅器及其年代推定》。載《考古》1991年10月。其實鼎耳外移于鼎外壁的現象早就出現了，像二里頭文化遺址出土的銅器中就有實例。可能這種耳鼎的發明在二里頭義化時代已被《易》記錄了，或因種種原因，在商代初期它沒有通行。安志敏《試論中國早期銅器》附圖四中（載《考古》1993年12月）可看到這類鼎的早期形象。

行巫術施筮活動，而經施筮後的器物之作用的大小，也每關係到巫師的實際社會地位。所以這些巫師極可能儘量多地掌握科學知識，使其施巫之中夾著許多科學的指導，這指導中不乏舊知識的概括昇華、發明革新的要諦。而對新事物的宣傳推廣，恰就是這些巫師如此追求、努力的表徵。

李鏡池注：「黃耳：銅耳……鼎的耳用陶做的易壞，改用銅制，可堅固些。」

上九：鼎玉鉉，大吉，无不利。
象曰：玉鉉在上，剛柔節也。
釋「鼎玉鉉，大吉，无不利」：
「玉鉉」，指祭祀中使用玉石裝飾的抬鼎器具。

玉石自出現便是中華民族的聖物、圖騰載體，它滲入了中華民族的基因，所以至今它在中華民族的心理上，仍保持著一種神聖崇高的位置。玉石在古禮器製作中神化的程度極高，被古人用做通神的禮器——似乎玉石是人與神靈交通的最佳介紹信，所以古代祭神活動就必需要有它。「鼎玉鉉」，是為祭神而隆重用鼎烹飪奉獻的特徵。

「大吉，无不利」，統治者能以鼎中之食祭祀神靈，證明他能敬奉神靈，也證明他的家國在神靈的佑護下仍存，故而其「大吉，无不利」。

51、震 ䷲

震為雷。震上震下。

震：亨。震來虩虩，笑言啞啞——震驚百里，不喪匕鬯。

彖曰：震，亨。震來虩虩，恐致福也。笑言啞啞，後有則也。震驚百里，驚遠而懼邇也。出可以守宗廟社稷，以為祭主也。

象曰：洊雷，震；君子以恐懼修省。

釋「震」（震圖1）：

古老的解釋為「震為雷」：「震」的卦像是「雷」——這種解釋至少產生于商代。

震‧圖1：商周器物上的筮數「震」卦

A：安陽殷墟西區墓葬 M254 出土銅爵上的「震」。
B：《三代吉金文存》載小父丁觚銘文上的「震」。
C：《三代吉金文存》載祖丙觶銘文上的「震」。
D：陝西岐山縣賀家村西周初年 M113 出土銅甗器內的重卦「震」。

甲骨文有「雷」字，在象形閃電的筆劃裡劃出示意雷聲的符號（震圖2）。甲骨文「蹍」字從辰從止，是由犁（辰）和腳（止）的象形字構成，從犁頭前進耕破大地之震動上會意。其實甲骨文這「蹍」是「震」的本字（震圖3），因為其造字的字境，乃「君權天授」控制農耕的時代，所以它的震動、震驚之意，指它在被動情況下受觸動的反應，這與本卦卦義一致。可以說本卦的「震」，就是甲骨文「蹍」字產生字境的記錄。本卦講雷霆可怖的行為，並舉商王征伐的可懼結果。為什麼這樣說呢？

震·圖2：甲骨文「雷」（《丙》二十八）。

震·圖3：甲骨文「跣」（《前》六·三五·四）。

從卜辭中我們能發現，殷人認為雷霆聽從上帝的指揮，雷霆是執行上帝懲罰之意的一種直接工具。所以，本卦當中雷霆的可怖，乃上帝發怒之可怖。上帝發怒有一個底線，這底線今天民間叫它「天理」「天條」。當上帝在被動情況下受到觸犯、損傷而發怒，雷霆跟著的反應則是對傷天理、犯天條者之轟劈——今民間咒人做壞事每為「脫不了叫雷劈了」，證實自己的清白為「我要是幹了叫我五雷轟頂」，譏遭雷擊了的人是因「傷了天理」「犯了天條」等等，仍能看到這一卦產生之心理基礎的遺留。

殷商民族認為，商王族死去之祖先化成了天上的上帝，人間的帝王是全體人的上帝。上帝執行懲罰意志的一種工具是雷，人間上帝執行懲罰意志的一種工具是軍隊。《未既·九四》「震用伐鬼方三年」之「震」，是指人間上帝之商王武丁受「鬼方」的驚動、觸犯，動怒而迫不得已的反應是動兵以「伐」。

附帶一說：後來由「雨」和「辰」構成的「震」字，大概是隨著商朝滅亡而生的字，因為人間的上帝已經消滅了，雖然雷霆劈人擊物是「傷天理」「犯天條」的報應，可是軍隊出動可不一定代表「上帝」意志了。

附帶再說：中華民族有一條不見官方檔案、但總在民間起著作用的道德底線，那就是「傷天理」「犯天條」——雖然它飽受二十世紀五四時代以後的許多民族虛无主義者的攻訐，但卻是中華民族良心的標杆——追尋它的源頭，本卦見其一斑。

釋「亨。震來虩虩，笑言啞啞。震驚百里，不喪匕鬯」：

「亨」，享祭，謂敬畏天帝，事關祖先神靈得到享祭的問題。

「虩虩」，通「愬愬」，恐懼的樣子。「啞啞」，指敬事神明的統治者談笑自若之聲。

「震來……」，雷來到眼前十分可怕，但崇敬神靈而又拒行不義的人卻能笑談自若，因為雷是上帝懲罰不義的工具，所以他們心安理得。

「驚」，這裡用為動詞，非驚懼之意，乃震動之義。「震驚百里」，雷震動方圓百里；極言雷霆作用範圍之廣大。

「喪」，喪亡，指雷擊殺人。「匕」，取食物的匕匙，這裡指祭祀儀式中的工具。「鬯」，一種添加了香料用于祭祀的酒。「匕鬯」，借代祭祀，轉又借代對家國的主持之權。「國之大事在祀與戎」，《易》中涉及祭祀往往涉及國家大事。

「震驚……」，此用以釋「笑言啞啞」；意謂震動遠近百里的霹雷，也不會去擊殺敬事神明、不違天意的統治者，使其失去對家國的主持之位。

《彖傳》謂：「震驚百里，驚遠而懼邇也，出可以守宗廟社稷，以為祭主也。」說明統治者蒞位的條件是敬懼神明，還說明那以前主持祭神的人，必是一家一國的主要負責人。

初九：震來虩虩，後，笑言啞啞，吉。

象曰：震來虩虩，恐致福也。笑言啞啞，後有則也。

釋「震來虩虩，後，笑言啞啞，吉」：

「後」，雷來了感到恐懼，走了之後才「笑言啞啞」。雷來到後連敬事神明的統治者也要驚懼思過，雷過去後自己的一切平安，沒有令之再驚懼的現象留下，這說明其无愧于神明，所以仍可「笑言啞啞」。

據文獻云：漢代人當雷震之時要跪地磕頭，對天自述其過，以為化解。那時人認為雷震是上天懲罰惡人的——此雖晚出，但根源卻在《易・震》。「吉」，對敬事神明、不做虧心事的人而言。

從本卦《上六》之「征凶」兩字看，此「笑言啞啞」的人，主要是指敬神而又不出兵掠奪別人以富己、劫掠婦女以繁衍的邑君國主。

六二：震來厲！億喪貝，躋于九陵。勿逐，七日得！

象曰：震來厲，乘剛也。

釋「震來厲！億喪貝，躋于九陵」：

此爻「億喪貝，躋于九陵」指邑君國主令自己手下商人之為，「震來厲」「勿逐，七日得」是《易》對邑君國主的告誡。

當時的商人，多由貴族解放了的奴隸承擔。從《隨・上六》「拘係之，乃從維之，王用亨于西山」來看，他們的身心所屬仍是其主子。想

必那時已獲經商之利的貴族們令他們奔走交易不停，甚至不管雷天雨節，仍讓他們去各處市場做生意賺錢，所以才使《易》在此發出這般代鳴之言。《復·六二》「休復，吉」，則是《易》針對他們奔走辛苦而提出的休息建議。

「厲」，危險，可怕。「震來厲」，雨節雷季來到，多有可怕的雷震之事。

「億」，臆，測度、猜料。「貝」，貝齒，指當時的貨幣。

「躋」，登。「九」，泛指很多的意思。「陵」，即《同人·九三》「升其高陵」的「陵」，指當時仍存的堌堆建築，轉而借代市場。遠古時代的中國人，發明了躲避洪水和敵害的高土丘，這種土丘文獻上叫山、台、陵、丘等，後來也叫堌堆、埠子等。商代的邑邦仍然多設在這種堌堆之上，商業貿易的市場也應設置在這種堌堆的特定之處。今山東濰坊地區仍稱定期的集市為「山」或「山會」，哪怕在平原地區，也稱趕集為「趕山」「趕大山」「趕山會」──這是《易》時代市場形態在人意念中的遺留。

「億喪貝，躋于九陵」，國君邑主等擔心少經一天商多喪失一份錢，就令他的商人在這種雷天雨季裡，也外出去各處市場裡做買賣。

釋「勿逐，七日得」：

「勿逐」，它在甲骨文中不用于追逃兵、逃奴等，唯用以追趕獸類；《易》中它亦不用于追趕人，只用于追獸和追物。如《睽·初九》「喪馬，勿逐」之「逐」用于追捕獸類，《既濟·六二》「勿逐」之「逐」用于追趕隨水流跑的物品。

「七日」，我認為它是「吉日」的代詞，亦即集市貿易好日子的代詞（詳見《復》「七日」釋）；這裡還有雷消雨霽之良時的意思。

「勿逐，七日得」，其與《既濟·六二》「勿逐，七日得」的句式一致：

《既濟》是「逐」「婦」所「喪其茀」；

此處是「勿逐」「億喪」之「貝」。

它可釋為：不讓自己的商人冒著雷天雨節去逐利市場吧，這些因他們停止經商而喪失的財利，將會在以後貿易的好日子再賺回來的。

此爻《帛》作：「辰來厲！意亡貝，齎于九陵。勿遂，七日得！」「遂」，出之義。「勿遂，七日得」，不要外出，那喪失的錢會在良辰吉日的市場中再由商人給你賺回來。

六三：震蘇蘇——震行无眚。

象曰：震蘇蘇，位不當也。

釋「震蘇蘇——震行，无眚」：

「蘇蘇」，指人對雷的到來疑懼不安的樣子。《象傳》：「震蘇蘇，位不當也。」說雷給人造成疑懼，但雷施威屬的位置並不在疑懼者之內。

「行」，行為，指雷震的目標。「眚」，甲骨文用作動詞，有巡視、省察之義；《易》中它與「災」合為一個詞組時（如《復·上六》《小過·上六》之「災眚」）有災禍省視的意思，也許出于這種原因，它單獨使用時，也有災禍省視之意（如《无妄·上九》「无妄，行，有眚，无攸利」）。

「震行，无眚」，對雷出現總是疑懼不安、唯恐有遭天懲之過的人，雷電不會對其尋隙降災。

這一爻大意說，對于敬畏天帝、事事不違天意的家國之主，上帝不會遣雷電來施行懲罰的。

九四：震遂泥。

象曰：震遂泥，未光也。

釋「震遂泥」：

「遂」，義同《大壯·上六》「羝羊觸藩，不能退，不能遂」、《家人·六二》「无攸遂，在中饋」的「遂」，出之義。「泥」，義同《需·九三》「需于泥，致寇至」的「泥」，僵滯、拘泥的意思。

「震遂泥」，天遣雷霆外出懲罰人間的不義，目的、目標是拘滯不變的，並且不完成任務絕不甘休，誰也不能對其抱以僥倖心理。

甲骨文「事」字由旗杆和一弧形物組成；金文「事」字的上部象形旗幟。

震圖4·甲骨文、金文「事」字（《佚》八七〇、《令彝》）

六五：震往來厲：億无喪，有事！

象曰：震往來厲，危行也。其事在中，大无喪也。

釋「震往來厲：億无喪有事」：

「往來厲」，雷電來到這裡或離開這裡都是危險的事。

「億无喪有事」，即「億有事无喪」的倒列文。《象傳》謂：「其事在中，大无喪也。」「在中」，處于中正之道。「大」，正大。

「事」，甲骨文象形手持可立之物，對照《令彝》所載這個字的字形，應該象形手持一種專用的象徵性旗幟（震圖4）。這種旗幟可以豎立，如：「立事于南（《明》二三三四）。」而且它一豎立，即可聚集眾人，如：「收眾人，立事于西（收，動詞，有聚集之義。《林》二·一一·一六）。」可見它本義涉及較為重大的問題，和現代的「事」字有一定區別。

此爻可釋為：家國之主們，當有大事要做的時候，先要測度一下此事有沒有喪失天理的地方，以免遭受到往來神秘而又可怕的天譴雷擊。《史記·殷本紀》曾載商王武乙遭雷擊的原因，可供這裡參考：「帝武乙无道，為偶人，謂之天神，與之博，令人為行。天神不勝，乃僇辱之，為革囊，盛血，仰而射之，命曰『射天』。武乙獵于河、渭之間，暴雷，武乙震死。」

李鏡池注：「雷電橫來閃去，十分危險，令人產生許多憂慮：東西大概不會損失；也可能會發生什麼事故。」

上六：震索索，視矍矍，征凶。震不于其躬，于其鄰，无咎——婚媾有言。

象曰：震索索，未得中也。雖凶无咎，畏鄰戒也。

釋「震索索，視矍矍，征凶」：

「索索」，鄭玄注：「猶縮縮，足不正也。」「矍矍」，目不正的樣子。對照下文，「索索」是說涉足邪辟、行蹤不常的樣子，「矍矍」是說視不專一、无所不覽的樣子。兩者均喻雷擊无所不到，暗示雷電尚未獲得天懲對象之狀。

「征凶」，《易》中所有的「征凶」，都指不義戰爭的結果，如《小畜·上九》「征凶」謂搶婚之戰，《頤·六二》「征凶」謂搶掠致富之戰等等。

釋「震不于其躬，于其鄰，无咎。婚媾有言」：

「躬」，身。「震不于其躬，于其鄰」，乃「震不于其躬，則以其鄰之躬」的節文。意即國邑相鄰之間，凡有行侵掠以富已之凶的，雷將擊其身家，非此即彼。

「无咎」，那些縱兵侵掠他人以富已的人，雷電轟擊了他，對他還算不上什麼災咎。這種「无咎」的用法，亦多見于《易》中，如《離·上九》：「王用出征，有嘉：折首，獲匪其醜，无咎。」《萃·上六》：「齎諮涕洟，无咎。」等。

「婚媾」，義同《屯·六四》《賁·六四》之「婚媾」，指婚娶女人而言。「言」，借作「愆」，罪過，在婚娶上所犯的罪過，指搶婚、聘娶已婚有夫的女人（如《姤·九五》：「以杞包瓜，含章，有隕自天。」——婚娶有夫之婦，天將降給你懲罰）等。

「婚媾有言」，因婚娶上有違背了天意的罪過，也在雷擊之列。

這一爻說，天將派遣无所不到的雷電，轟擊那些發動不義戰爭和違犯天意而婚娶的人，不是這個就是那個，无可幸免、遺漏，而且雷電轟擊還算不上他們的災咎。

「婚媾」，聞一多認為猶今親戚。

52、艮 ䷳

艮為山。艮上艮下。

[艮]。艮其背，不獲其身，行其庭，不見其人，无咎。

彖曰：艮，止也。時止則止，時行則行，動靜不失其時，其道光明。艮其止，止其所也。上下敵應，不相與也。是以不獲其身，行其庭不見其人，无咎也。

象曰：兼山，艮；君子以思不出其位。

釋「艮」（艮圖1）：

此卦本无卦題，是因避免與卦辭重復而省。

「艮」，《說文》它是一個「從匕目」的字。思來想去，不能理解。不過「匕」字頗給人以啟發：如果它不作取食物的匕匙解，可釋為匕矢之屬的砭石。理由如下：

一、商代的匕匙形如箭矢（艮圖2）；

二、商代以後箭簇也稱「匕」，《左傳·昭公二十六年》：「射子，中楯瓦，繇胸汏輈，匕入者三寸。」——「匕」可謂箭匕、匕矢；

三、砭石形似匕匙、匕矢。

如果上說可准，再對照本卦的意思，那麼「艮」當初的內容也可能就涉及止病去疾的砭石。

艮·圖1：商周器具上的筮數「艮」。

1·洛陽北窯西周前期鑄銅遺址出土H175：3號陶質外範上的「艮」。

2·《懷來山古金圖》載西周穆王時期效父簋（上·22）銘文上的「艮」。

易經今註今譯——易經裡的秘密

418

艮·圖2：江西新幹
大洋洲出土的魚紋匕。

用針砭治病，源頭當在史前。也許用針砭治病，本在止死，所以「艮」有制止、死止的含義；針砭可以令病體健康，所以「艮」有堅固的含義。確切些說，這個「艮」有「止」的意思，在喻體上它指制止疾病而言，在被喻之體上它指制止人才的流失而言。

它與《咸》卦似乎是姊妹篇，兩卦都起于遠古一項同種類的偉大發明——針和砭。所不同的是，《咸》是從竹針針人使之服從的巫術角度引出教誨，此是從醫術用砭石使人健壯的角度引出教誨。此被針砭的人是比喻的喻體，還是被喻之體呢？從本卦卦辭「行其庭」的「庭」上推想，他們當是貴族身份的眾邦邑管理人員——相當後來的「士」。他們的去留對于當時邦邑大領主來說，可能關乎興亡。

釋「艮其背，不獲其身，行其庭，不見其人，无咎」：

「背」，對照「身」生義，借代身體。「獲」，獲得身體健康。「身」，甲骨文象形腹中有物（有孕）之身。從卜辭看，商代論病有「疾齒」「疾目」「疾鼻」「疾身」等名目，很可能「疾身」在當時被認為較嚴重的病。「不獲其身」，就被喻之體而言，指沒獲得人才之心。

「艮其背……」，治其有病的身體，並沒使其身體獲得健康；婉言病人治療无效而死亡，進而婉言人才沒有留住。

「庭」，這是一個含義較特殊的詞。在商代，恐怕只有具備一定規格的統治者才會擁有被稱為「庭」的建築空間。

偃師二里頭、尸鄉溝商城、黃陂盤龍城、岐山鳳雛村、扶風召陳村和鳳翔馬家莊等地陸續發現了古代宮室的基址，考古學家由此斷定夏商到春秋宮室格局大致相同，基本是中軸對稱，平進深遠；走進大門是中庭，經過中庭，拾階上堂，堂後為室，兩邊有廡廊或廂房，這些堂、

階、庭都與其禮制及倫理關係不可分割，具備著政治、特權的意義[1]。如《尚書‧盤庚上》就記載著商王盤庚會見貴族於「庭」。而「來庭」或「不庭」則指方國是否臣服（詳見《困‧九二》注），或者可以說，「庭」成了那時邦君邑主的代詞。但這裡的「庭」是指商王之流大貴族領主屬下邑邦管理者居住及辦公的庭舍。

「人」，指病人，喻身為人才的邑邦管理者。在《易》中他們被稱為「君子」，實際上他們猶今日縣長、鄉長之類的邦邑之君。他們並不是永遠不變地管理著某一領地的某一邑邦，《明夷‧初九》裡曾透露過他們的身份特點，那就是在「主人（領主）有言（愆，罪過）時，可以丟棄「主人」及其邑邦，到其他合心合意、愛惜人才的領主屬下去。他們倒有些像「國无定主，士无定君」時代的「士」。或者也像如今工業時代的技術及管理人員。《左傳》裡經常提到舉族棄邑投奔他方的統治者所處的社會環境，不知和上述情況有沒有相似性。

「艮其背……」兩句喻說大貴族領主沒得到自己邑邦管理人員的歸屬之心。「行其庭，不見其人」，過其庭舍不見當中有人影存在；在喻體上說人死舍空，在被喻之體上婉說大貴族領主之屬下管理統治的「君子」走了。

「无咎」，不算過錯；在喻體上指病人死去不算病人的過錯，在被喻之體上指作為邦邑管理人才的「君子」拋棄領主而去不算什麼過錯。

　　初六：艮其趾，无咎，利永貞。
　　象曰：艮其趾，未失正也。
　　釋「艮其趾，无咎，利永貞」：
　　「趾」，腳指，借代腳。
　　「无咎」，腳上有毛病，治療好了，便不會有什麼害處。
　　「利永貞」，有利于宗族家國的永遠存在；這裡對被喻之體而言；《象傳》：「艮其趾，未失正也。」說《易》讓大貴族領主從良好的方面努力，制止往屬下邑邦管理人才的他適，使之忠心地為自己效勞，有利于自己宗族和家國的永遠存在。

　　從《坤‧六二》「直方，大，不習，无不利」，及《井》「改邑不改井，无喪无得」「井渫不食，為我心惻；可用汲。王明，並受其福」

[1]　參見杜正勝《宮室、禮制與倫理──古代建築基址的社會解釋》。載《國史釋論》。臺北食貨出版社。1987年版。

等辭句裡分析，當時大貴族領主屬下邑邦每委派一定的人員去加以管理，這些人員不僅沒有邑邦的擁有權，也沒有不變的管理權。

六二：艮其腓，不拯其隨，其心不快。

象曰：不拯其隨，未退聽也。

釋「艮其腓，不拯其隨，其心不快」：

「腓」，腿肚子，借代腿。

「拯」，醫療拯救，「隨」，腳。

「其心不快」，病患在用于行走的腿腳，結果只治療了腿，沒治療腳，病人心中仍然不歡；喻說大貴族領主對自己屬下邑邦的管理人才信用得不夠，使之不能在任上全心全意地為其服務。

《象傳》「不拯其隨，未退聽也（這些人從大貴族領主府庭返回邑邦去，並不言聽計從）」，就說了這個意思。

九三：艮其限，列其夤，厲，薰心。

象曰：艮其限，危薰心也。

釋「艮其限，列其夤，厲，薰心」：

「限」，《釋文》引馬融、鄭玄注曰「腰」。朱熹注曰「身上下之際，即腰胯也」。按：《咸》卦對人體「咸」的次序、部位和本卦都一致，我們只要將兩者對照一下，就會知道「腰」和「腰胯」哪種說法更準確了。

一、「拇」「趾」（腳）——《咸·初六》《艮·初六》。

二、「腓」「股」及「隨」——《咸·六二》《咸·九三》《艮·六二》。

三、《咸·九四》「憧憧往來，朋從爾思」——《艮·九三》「艮其限，列其夤」。

四、「脢」（背肉，借代背，轉而借代身）、「身」——《咸·九五》《艮·六四》。

五、「輔」「頰」「舌」——《咸·上六》《艮·六五》。

上列第三個部位《咸》卦所暗示的是生殖器官，亦即腰——至今山東高密、膠州、即墨等地仍說性要求強烈的女人為「腰饞」（舊傳鱉无雄，「鱉是萬魚之妻」，因又名其為「大腰」。計劃生育政策實行之前，山東沿海稱多子多女而很有臉面的女人為「真大腰」——「大腰」是贊其能生殖）。

「夤」，李鏡池注：「即膪，從肉。馬融解為夾脊肉，即脅部肌肉。」

「厲」，危險。

「薰」，同「熏」。「薰心」，像火燒心一樣痛苦。

此爻大概以治療身體某部之病而把其相關的另部分割除之痛苦和危險，喻大貴族領主既要用管理邦邑的人才，又要傷害他們的做法。《遯・九三》「繫遯」——指留住人才的方法不妥當，可能與這裡的用意一致。

六四：艮其身，无咎。

象曰：艮其身，止諸躬也。

釋「艮其身，无咎」：

《象傳》：「艮其身，止諸躬也。」「身」，胸腹部。甲骨文「身」字像胸腹突出形（艮圖3）。俗懷孕叫「有身」，就指腹部凸起來。「无咎」，沒有壞處。這裡以治療身體的重要部分，喻說大貴族要信用屬下管理領地的人才，使他們身心都留在屬下效忠努力。

艮・圖3：甲骨文「身」（《佚》五八六）。

六五：艮其輔，言有序，悔亡。

象曰：艮其輔，以中正也。

釋「艮其輔，言有序，悔亡」：

「輔」，借假「顄」，腮頰；指臉

「序」，次序、規矩。「言有序」，治療好嘴，使之說話條理合乎要求。

「悔亡」，能讓下屬管理人才的嘴，為維護大領主利益而語言由衷，就會使災禍消亡。這一爻基于言從心的認識。它也是「禍從口出」這一古訓的前身。

上九：敦艮，吉。

象曰：敦艮之吉，以厚終也。

釋「敦艮，吉」：

「敦」，據《象傳》「敦艮之吉，以厚終也」之說，其應釋為厚的意思。《臨·上六》之「敦臨，吉，无咎」、《復·六五》之「敦復，无悔」，其「敦」的意義與此相同。「敦艮」，厚厚用心于病的治療。

「吉」，像厚切制止疾病那樣始終厚待人才，這是吉利的。

這一爻和《遯·九四》之「好遯」、《九五》之「嘉遯」、《上九》之「肥遯」的用心一樣，都是《易》要求大貴族領主厚待人才之言。

53、漸 ䷴

風山漸。巽上艮下。

漸。女歸吉，利貞。

彖曰：漸之進也，女歸吉也。進得位，往有功也。進以正，可以正邦也。其位剛，得中也。止而巽，動不窮也。

象曰：山上有木，漸；君子以居賢德，善俗。

漸‧圖1：商周器具上的筮數重卦「漸」。

陝西長安縣馬王鎮豐西商末97SCMH12：6號陶罐肩部刻的「漸」。

釋「漸」：

《彖傳》釋為「漸之進也」。「進」為了什麼？看下文「女歸吉」，知道是為了婚娶。

甲骨文「進」字由止（腳）和隹（鳥）的象形字構成，會意前進——鳥不會後退飛行，所以「進」是前進之意。本卦的「漸」，是借鴻雁集群飛落為比喻而特設之（漸圖1），因為「漸」有水的含義，而鴻雁乃水禽。

本卦所以以鴻雁為比喻，乃緣自鴻雁為商民族多圖騰的一種（漸圖2）。也許鴻雁集群飛行的特徵，曾經開悟了我們先民的創造性，于是人群有了增加生存保障的「隊伍」列集形式。並出現了以鴻雁集群列隊為學習對象的征戰形式等。

鴻雁讓人知道了集群列隊，成就了軍隊，但軍隊作為婚姻的工具，後果就嚴重了。也許《易》在此卦當中宣導禮聘婚和鴻雁為喻的語境，衍生出來禮聘婚以鴻雁為信物的風俗。

細品《彖傳》釋「漸之進也」，有順序漸漸而進之意。是不是《易》的編著者在「進」的方向下，也有借鴻雁飛落的特徵以暗示順序漸進的意思呢？

漸圖2・安陽婦好墓出土的玉鴞爪鴻雁

　　這兩件鴻雁名字應該叫「玄鳥」，乃鴻雁為本鳥的玄鳥，因為它們具備著玄鳥的以下必要的特徵：一是鴻雁的脖子上飾以龍鱗、翅膀上盤以象徵龍蛇的旋渦紋，這是龍的特徵，龍為陰；二是雖然二者皆為鴻雁，但它們卻生著鴞鳥的覆爪毛（商代的玄鳥即鳳鳥，一般玄鳥圖像以鴞鳥為本鳥，鴞鳥的爪上有覆爪毛），這是鴞鳥與鴻雁的異質同構，說明此鳥為別體玄鳥圖騰──「陰中有陽、陽中有陰」，「龍中有鳳、鳳中有龍」，是商代龍鳳圖像造型的必須。

　　玄鳥是商代的鳳凰。中國的鳳凰大體經過了三個變化階段：第一階段以水禽為本鳥，其代表造型反映在大汶口文化鳥鬶之擬形上；第二階段基本以鷙鳥、貓頭鷹為本鳥，其代表造型反映在紅山文化和商代的圖像；第三階段以涉禽與鷙鳥異質同構為鳥體，其造型自周代開始到漢代基本定型（這在拙作《造物未說的秘密》一、二章有敘述，此處不贅）。上圖中玄鳥乃水禽與貓頭鷹的異質同構。

　　當時的搶婚不是一種儀式，而是和虜掠人口的戰爭相似，常常揮兵驅車，猛然而至，以趁其不備而達到搶女人婚配的目的。所謂「漸而進」，可能與搶婚突如其來的方式相反，乃漸漸地進入女子的居地。這漸漸自然在通訊問媒的前提下（詳見《姤・九三》釋），棄車舍馬，徒走到女方的家園，獻上一點表示結盟的絲帛等信物，在歡歡喜喜的狀態下娶女子回來（詳見《賁》釋）。如此狀態的追求，可能和鴻雁飛行、降地或落水的次序之啟發有關。

　　鴻雁不僅飛行有條不紊，其下降亦有特徵：落于地並非立刻著地，而是邊扇動翅膀邊在地上跑動，直至慣性消逝，才收攏雙翅，緩緩停步；落水時翅膀拍動，雙爪腳掌前推，靠水的阻力直到慣性消逝，才併攏雙翅，緩緩停泊。鴻雁這般儀態或許讓那時代的哲人會如此思維：人類對待婚求如鴻雁飛落，豈不可以避免搶婚的衝突嗎？鴻雁因此成了學習對象，久而久之便有了宗教上的意義，成為婚娶必備的禮品。

「雝雝鴻雁，旭日始旦。士如歸妻，迨冰未泮」這是《詩·邶風·匏有苦葉》裡的詞句。「邶風」產生地域近于殷墟。這詩將鴻雁和婚姻相聯繫，至少可以算作鴻雁和《漸》之語境的追訴。

本卦鴻雁所「漸」之處可不是一般的起興，而是為下文安排的比喻：它六個爻的首句「xx于x」，與《明夷》的「明夷于x」一樣，都是極早的歌謠創作沿襲的套路。對這套路的使用，本來是為了順合它在流傳過程中已被認可的心理定勢，從而流傳更廣，這好比我們放心熟知的人，對生人卻生疑拒絕相似。如果不理解這些，對本卦的理解就難免表面化。

釋「女歸吉，利貞」：

「歸」，歸返。「女歸」，娶女子歸返。「吉」，好；指娶女子婚配形式宜採取吉利者，即聘婚。

「利貞」，聘婚的方式有利于宗族家國的存在。因為它在禮節溝通的情況下，可以使男女兩宗結成盟友，而搶婚卻因廝殺為其開端，容易形成敵對仇視。

初六：鴻漸于幹，小子厲，有言，无咎。
象曰：小子之厲，義无咎也。
釋「鴻漸于幹」：

「鴻」，指鴻雁，喻合乎《易》要求的婚娶者。「幹」，水畔。鴻雁飛落在河岸江幹，合乎其生態規律，故而比喻聘婚之舉。

釋「小子厲，有言，无咎」：

「小子」，它與《隨·六二》「係小子，失丈夫」的「小子」都指人的年齡而言。《象傳》釋此：「小子之厲，義无咎也。」是指為「小子」去聘婚不合時宜，所以「厲」，但其又不失婚姻聘娶大義，則又「无咎」。在《屯·六二》「女子貞，不字，十年乃字」中，《易》已說出女子「字」即嫁人的合適年齡在「十」個「年」歲以上，據而可知這裡的「小子」當指小孩，不夠婚姻年齡的小男孩。

「厲」，不好。

「言」，借為「愆」，其對照「小子」之「小」生義，即《歸妹·九四》「歸妹愆期」的「愆」，拖延也。

「有言，无咎」，給小男孩子婚娶沒有必要，把時間拖延到他們懂得婚配生殖意義的年齡再說，沒有什麼不好。

六二：鴻漸于磐，飲食衎衎，吉。
象曰：飲食衎衎，不素飽也。

釋「鴻漸于磐」：

「鴻」，指鴻雁，喻合乎《易》要求的婚娶者。「磐」，一本作「般」，涯岸。王引之曰：「《史記・孝武紀》《封禪書》《漢書・郊祀志》，並載武帝詔曰：『鴻漸于般。』孟康注曰：『般，水涯堆也。』漢詔作般，殆本古文經。般之言，泮也，陂也，其狀陂陀然高出涯上，因謂之般焉。『鴻漸于般』，猶曰『鳧鷖在渻』，渻，水外之高者也（《經義述聞》一）。」涯岸鄰水，是鴻雁應該降落的地方，這裡以喻聘婚。

釋「飲食衎衎，吉」：

「衎衎」，歡樂融洽的樣子。「飲食衎衎」，指女方之處有關人員接受了聘婚者作為禮物的美味，聚在一起歡宴之狀。《姤・九二》「包有魚，无咎，不利賓」說魚肉不為婚禮賓客而備，而是當作聘禮送給女方的；《睽・六五》「悔亡，厥宗噬膚，往，何咎」，說女方宗族接到作為聘禮的肉食美味，婚娶就沒有危險了，都可說明「飲食衎衎」的含義。《象傳》「飲食衎衎，不素飽也」，說女方家族吃了男方所送之美味，不是白吃的意思，亦如此。從《賁・上九》「白賁，无咎」中可知，當時聘婚的禮物往往有大童子豬。

「吉」，婚娶能在歡宴中解決，自然不是我奪你抗的搶婚，而是雙方都有好處的聘婚。

九三：鴻漸于陸：夫征不復，婦孕不育，凶；利禦寇。
象曰：夫征不復，離群醜也。婦孕不育，失其道也。利用禦寇，順相保也。

釋「鴻漸于陸」：

「鴻」，指鴻雁列隊而進，喻武裝搶婚者的隊伍。「陸」，同《夬・九五》「莧陸夬夬」的「陸」，指陷人坑、陷阱。當時挖陷阱于通途是一種戰術，《易》編著者反對侵掠性戰爭中用陷阱，因為這是詭

術詐道。這裡借指戰爭使用詭術詐道。

「鴻漸于陸」，搶婚的武裝達到目的，使用了像陷阱這一類的不管後果的方法。這後果將致「夫征不復，婦孕不育」。

釋「夫征不復，婦孕不育，凶」：

《象傳》：「夫征不復，離群醜也；婦孕不育，失其道也。」這裡指搶婚之下雙方的結果；男子參與外出搶婚，將成為被搶者的俘虜，回不了家園（《睽·上九》「載鬼一車」說去搶婚的人往往成了被搶方一車一車的俘虜），被搶成婚的女子，即便能懷孕也生養不成孩子（搶婚搶來搶去，而且見女人就搶，這不免使有孕在哺之婦遭搶，其下場是胎兒流產，哺兒夭折。《睽·上九》「先張之弧（瓠），後說之弧（瓠）」說搶婚即便搶得了女人，也因其不與之同心同德而逃脫離去，這也是女人孕而不育的條件）。

「夫」，指參與去搶女人的男子。「征」，指搶婚外出。

「婦」，指被搶的對象。或許「婦孕不育」指搶了有孕之婦而言。近代尚處于搶婚時代文化線的民族，婚娶則是一群男子把一個女子搶回來，輪流和她性交，此後這女子就成為最先發起搶奪她的男子的妻子。就這種情形看，已孕流產並不稀罕。《易》的編著者在《姤·九五》中詛咒婚娶有夫之婦、孕婦必受「有隕自天」的懲罰，可與這裡對照、補充。

「凶」，指動兵聚眾搶婚甚至動用詭道（挖陷阱之類）而言。

釋「利御寇」：

為婚娶之事而動兵聚眾，甚至動用了挖陷阱這樣的損招——這樣的損招只有利于抵抗外來搶婚者。

六四：鴻漸于木：或得其桷，无咎。

象曰：或得其桷，順以巽也。

釋「鴻漸于木」：

「鴻」，指鴻雁，喻婚娶形式不合乎《易》要求的婚娶者。「木」，樹木。无論喬木或灌木，都會給鴻雁的降落、飛升帶來不利，所以鴻雁輕易不會降落在樹叢當中。

釋「或得其桷，无咎」：

「桷」，舊注多解為房屋頂上承瓦的木條。《博雅》釋此字為「槌也」。今山東農村威脅人有「我敲死你」「我槌死你」「我桷（音確）死你」等語，其聲、其義均近這個「桷」。當釋作敲擊之義。其實「桷」「角」「斛」「確」「彀」都是從角的字，均有敲擊之義。《姤‧上九》「姤其角」之「角」，《晉‧上九》「晉其角」之「角」，意義均與「桷」相同。

「或得其桷，无咎」，此為反語；婚娶形式不合乎《易》要求的婚娶者遭到女方打擊，咎由自取，算不上是壞事。

此爻《帛》作：「𪂻漸于木：或直其寇，戠，无咎。」「戠」，「醜」的異體字，俘虜之蔑稱。「戠，无咎」，搶婚者被抓獲，變為俘虜，不算什麼了不起的事。也是反語。《帛》優于通行本。

九五：鴻漸于陵：婦三歲不孕，終莫之勝，吉。

象曰：終莫之勝，吉；得所願也。

釋「鴻漸于陵」：

「鴻」，指鴻雁，喻合乎《易》要求的婚娶者。「陵」，即《同人‧九三》「升其高陵」的「陵」，指當時仍存的堌堆建築，轉而借代邑落、聚落。遠古時代的中國人，發明了躲避洪水和敵害的人築高土丘，這種土丘文獻上叫山、臺、陵、丘等，後來也叫堌堆、埠子等。商代的邑落、聚落仍然多設在這種堌堆之上。這裡指聘婚所到的地方。

鴻雁非常警覺聰明，入夜棲宿，不到有人的地方，多在水中的岩石、沙洲、高地，或曠野的高處，總之要到視野開闊的地方，以便發現敵害做出反應。大雁落在字面意義的高丘上，是棲得其所，以喻聘婚優越。

釋「婦三歲不孕，終莫之勝，吉」：

「婦」，被聘娶的婦女。「三」，泛指多。「三歲不孕」，多年不孕。

「莫」，不。「勝」，與《遯‧九三》「執之用黃牛之革，莫之勝說」之「勝」同，能也。

「終莫之勝」，終不能，指聘娶之婦不孕而言；虞翻注「勝」為「陵也」；「陵」，欺陵，後人因此而釋其為婦女多年不懷孕但始終沒被欺陵等。

按《像傳》「終莫之勝，吉，得所願也」的說法，「勝」應釋作「能」。再者，本卦是宣揚「女歸吉」的，即男子娶女子成婚應採取的方式之卦，在邏輯上，它既然站在男子的角度上分析利害，就不能夠站在女子角度上計較得失。又再，從《坤·六四》「括囊，无咎，无譽（女子不與男子婚配，即便沒有亂子，也不會安穩）」之意思中可知，當時婦女婚而不孕恐怕也談不上「吉」。此說聘婚的女子雖多年不曾懷孕，但丈夫也不能輕易休棄，故而不孕最終是不能的。「吉」，搶婚來得絕情絕義，沒有聘婚那樣相互牽制的社會關係，所以被搶成婚之女子一旦多年不孕，就會被拋棄。聘婚是以男女兩個宗族結盟為背景的，有不容破壞的社會關係，因而其多年不孕也不會遭到過分的待遇，更也難遭休棄，所以終究還有懷孕生育的可能，故而「吉」。

《書·盤庚上》有「至于婚友」語，這「婚友」當指和殷人有婚姻關係的貴族，也說明殷人對有婚姻關係的人引為盟友。這能看到《易》宣揚聘婚的用心基礎。

上九：鴻漸于陸：其羽可用為儀，吉。

象曰：其羽可用為儀，吉；不可亂也。

釋「鴻漸于陸」：

「陸」，一般認為「陸」與《九三》「陸」字犯復。朱熹注：「胡氏、程氏皆云，『陸』當作『逵』，謂云路也。今以韻讀之，良是。」「逵」，无所不通的道路。《詩·周南·兔罝》，「肅肅兔罝，施于中逵。」郭璞注《山海經·中山經》「（合水）多騰魚，狀似鱖，居逵」為「逵，水中之穴道交通者。」「陸」，江永、王引之、俞樾均說是「阿」之訛。「阿」，《說文》：「大陵也。」

《象傳》釋：「其羽可用為儀，吉；不可亂也。」——如果「不可亂也」指鴻雁列隊秩序整齊不亂，那麼「陸」應為「逵」的假借。「逵」，喻无所不通的云天之路。朱熹說似也可從。

釋「其羽可用為儀，吉」：

「羽」，甲骨文象形鳥翅，用為祭祀的名稱（董作賓謂祭祀儀式中執羽而舞），也指將來之日。這裡可能借代鴻雁。

「儀」，典範、表率。鴻雁飛行次序井然，其升其落亦秩序不亂，

漸‧圖3：龍山文化之戴羽冠的神像。

是人們處事的榜樣。

「吉」，將鴻雁飛行的秩序為典範、表率，是吉利的。

古人在聘婚中以大雁為禮物，很可能因為《漸》之道而被用為形象語言，以表示求婚者希望採取的婚姻形式。《禮記‧昏義》：「父親醮子而命之迎，男先于女也。子承命以迎，主人筵幾于廟而拜迎于外。婿執雁入，揖讓升堂，再拜奠雁，蓋親受之于父母也。」這是後來一般獻雁為禮的儀式。雁的生活特徵為求娶者態度的无言聲明。在搶婚和聘婚相交替的時代，大雁也許就是男方宗族聘娶以區別搶婚者的信物。

又，如果《象傳》「其羽可用為儀，吉；不可亂也」的意思是說「鴻漸于陸」是「不可亂」卻已經「亂」了。那麼「陸」仍然指婚姻使用了詭術詐道之戰爭。其可以解釋如下：

「鴻」，指鴻雁陣列，喻武裝搶婚者。「陸」，指陷人坑、陷阱。這裡借指使用了詭術詐道于搶婚戰爭。

「羽」，對照「儀」生義，似指通神使用的羽毛。「儀」，儀式，或容儀。巫術儀式上用鴻雁之羽，如周代陳國貴族和商王族同是大昊伏羲氏之後，其通神巫術儀式便手持水禽鷺羽[1]。容儀用羽毛，如周以前圖像上伏羲氏繫統的神靈，多戴羽冠（漸圖3），與之相應的人間王者、首領也戴羽冠。

此爻的句式可能和《升》的《九三》《六四》合辭相似：「升虛邑」，「王用亨于岐（西）山，吉，无咎」。即武裝搶婚者使用了詭術詐道于搶婚戰爭，其下場將成為商王祭祀儀式中使用的祭品。「吉」為反語，謂殺死為祭品還算吉利的。

「儀」，《帛》作「宜」。

---

[1] 詩‧陳風‧宛丘》：「坎擊其鼓，宛丘之下。无冬无夏，（巫女）值其鷺羽。」

54、歸妹 ䷵

雷澤歸妹。震上兌下。

歸妹。征凶，无攸利。

彖曰：歸妹，天地之大義也。天地不交，而萬物不興，歸妹，人之終始也。說以動，所歸妹也。征凶，位不當也。无攸利，柔乘剛也。

象曰：澤上有雷，歸妹；君子以永終知敝。

圖甲骨文「歸」
（《後》上三〇‧五）。

釋「歸妹」：

「歸」，甲骨文由象形馬鑣的「師」和象形掃帚的「帚」構成，「師」借代武裝，「帚」借代婦女：商代晚期馬匹用于戰爭，而馬匹控制的關鍵乃馬鑣；商代婦女的生活特徵乃搜集、掃除，掃帚是其主要工具——此字創造時的字境尚流行武裝搶婚；搶得女人回家婚配之謂「歸」。「妹」，女人。「歸妹」，娶女人以歸回。

釋「征凶，无攸利」：

不可採用聚眾動兵武裝外出搶婚的形式娶女子以婚配，這樣的婚姻，沒有什麼好處。

和《漸》一樣，本卦也是宣揚聘婚、批判搶婚的卦，不同的是本卦提出了兩個在今天看來也很新鮮的主張：一是被割除生殖繫統的男子不能佔有婦女。二是婚娶過門的日子不能任男方強求，要由女方確定。

初九：歸妹以娣，跛能履，征吉。

象曰：歸妹以娣，以恒也。跛能履吉，相承也。

釋「歸妹以娣」：

「娣，」一般釋為「女弟」，即妹妹，對照《六五》「其君之袂，不如其娣之袂良」，知道它借代一般少女。

「歸妹以娣」，猶娶回的女人是少女。

釋「跛能履，征吉」：

「跛能履」，義同《履・六三》「跛能履」，指无腿无腳的人能穿鞋走路。

「征」，指出兵搶奪女人。

「跛能履，征吉」，這是以謬證謬之語：如果沒腿沒腳的人也能穿鞋走路，那麼武裝搶奪少女回來成婚，就算是吉利的行為。

顧頡剛《史跡俗辯》四十四《關于廣州兒歌》，曾將自己搜集的蘇州兒歌與劉萬章收集的廣州兒歌相比較，其中以絕然不能的事情否定可以發生的事情，頗似「跛能履，征吉」「眇能視，利幽人之貞」——如廣州兒歌：「月光白，小摸偷蘿蔔；盲公睇見，啞老喊賊，跛手打鑼，折腳追賊。」蘇州兒歌：「亮月白堂堂，賊來偷醬缸；聾聾聽見仔，瞎子看見仔，啞子喝起來，直腳追上去。」可見幾千年來這種修辭頗受喜愛。

九二：眇能視，利幽人之貞。

象曰：利幽人之貞，未變常也。

釋「眇能視，利幽人之貞」：

此與下一爻為屬爻分置之辭。

「眇」，瞎眼。

「幽人」，被閹割了的男子（詳見《履・九二》釋）。「貞」，這裡指成家生育人丁。

「利幽人之貞」，與《履・九二》「履道坦坦，幽人貞吉」的語意一致，均為以此謬證彼謬之語，亦即以絕然不能的事情否定可以發生的事情：如果瞎子能看見東西，那麼閹割了生殖系統的男子，也可以娶女子成家，繁殖後代。

這一爻是針對當時受宮刑者娶女人為妻而發。從《困・初六》「入于幽谷」一語分析，當時有較多犯罪的異姓大款、平民被閹割了生殖器官。推想他們或有性的需求，娶一些女人為妻。也或出於心理或社會位置的需要，使他們娶女人為妻。顯然《易》的編著者認為這多此一舉，有傷天道人義：因為他們婚娶所佔有的女人，會喪失了懷孕生育人丁的機會。所以要求這些「幽人」應該「反歸以娣」。

六三：歸妹以須，反歸以娣。

象曰：歸妹以須，未當也。

釋「歸妹以須，反歸以娣」：

此與上爻本為「眇能視，利幽人之貞：歸妹以須，反歸以娣」的屬爻分置之辭。

「須」，即《賁‧六二》「賁其須」的「須」，借為「娑」。「娑」與「娣」意思一致，這裡為避重復而使用了變言換字之法以區分。「須」「娣」均為女人的代稱。

「歸妹以須」，指「幽人」或起先不是「幽人」的人把女子娶回家來。

「反歸」，女子由男方家返歸自己的家。

「反歸以娣」，受宮刑或婚後受宮刑的男子要把娶回家的女子送返回去。《象傳》：「歸妹以須，未當也。」說受宮刑的人不當婚娶，也是這個意思。

九四：歸妹愆期，遲歸有時。

象曰：愆期之志，有待而行也。

釋「歸妹愆期，遲歸有時」：

此與下一爻為屬爻分置之辭。

「愆期」，延期，指女方嫁女時間上的拖延。

「遲歸有時」，雖說嫁過來的時間有所拖遲，但嫁過來之日肯定會到的；婉言婚嫁到男方家的時間，要尊重女方的意見。如果女方嫁出的時間沒確定，男方則來人迎娶，亦近似搶婚的味道。

《詩‧衛風‧氓》：「匪我愆期，子无良媒；將子无怒，秋以為期。」說明在周代臨近殷墟的衛地，已能在婚期上重視女方的選擇了。

六五：帝乙歸妹，其君之袂，不如其娣之袂良，月幾望，吉。

象曰：帝乙歸妹，不如其娣之袂良也。其位在中，以貴行也。

釋「帝乙歸妹」：

此與上一爻乃一個敘義句的強行分割。

此以「帝乙」娶婦尊重女方擇日為例，說明「歸妹愆期，遲歸有時」的合理性。

「帝乙」，舊注多指其為紂王的父親帝乙。據《史記‧殷本紀》載，帝乙是「无道」君，曾為「偶人，謂之天神，與之博，令人為行。

天神不勝，乃僇辱之，為革囊，盛血，仰而射之，命日『射天』。」最後他被雷擊死在河渭之間。在《震》卦裡宣揚雷電代天行罰的《易》，應不會把這樣一個令國家走向衰敗、被天帝處死的人舉出來當成楷模。我認為這個「帝乙」當指「天乙」，即商湯。我的理由是：

一、「天乙」即是「帝乙」，「天」和「帝」當時的概念幾乎相同（《史記‧殷本紀》「子天乙立，是為成湯」《索隱》：「譙周曰：「……夏、殷之禮，生稱王，死稱廟主，皆以帝名配之。天亦帝也，殷人尊湯，故曰天乙。」）；

二、據《殷本紀》載，商湯同時的諸侯，評他置網捕鳥時「網開三面」的做法是：「湯德至矣，及禽獸」。一個德及禽獸的人，必也不是在婚娶上動兵興師以虜掠的人，他一定會棄搶婚為締結婚姻盟友的聘婚；

三、據《列女傳》云：「湯妃有莘氏之女。」有莘氏之女嫁給湯，是聘婚，絕不是搶婚，因為有莘氏嫁女給湯時，曾陪送了一個專門做飯掌廚的奴隸，就是這個奴隸，當其才華被湯發現後，成為中國歷史上大名鼎鼎的輔佐之臣——伊尹；

四、商湯建立國家，與娶有莘氏之女有直接的關係，這當是商代貴族們所必知的；

五、在我們民族歷史史論中，幾乎對開國君主的稱頌都是保險的，如果「帝乙」不是湯而是紂王之父，怕早會被周初人從《易》中將其剔除。

關于這些，詳請見《泰‧六五》《晉‧六二》釋。

釋：「其君之袂用，不如其娣之袂良」：

「君」，指商湯。「袂」，假借「抉」，選擇；對照下文「月幾望，吉」，知道此指有莘氏之女選擇商湯迎娶妻子的時間。「娣」，借代女人；指有莘氏之女。

「其君……」，商湯認為迎娶的時間，還是由有莘氏擇選日期好。

釋「月幾望，吉」：

「月」借代女人。「幾」，有近、到、就的意思。「望」，願望、企望之意。

「月幾望」，女人接近自己的願望，即娶女人為妻的願望（詳見《小畜‧上九》釋）。

「吉」，商湯的婚娶是聘婚迎娶，而迎娶的日子由女方來決定，他這樣做的目的是避免產生搶婚誤會。因此帶來子孫繁衍昌盛之吉。

此《帛》作：「帝乙歸妹，其君之袂不若其弟之快良，月既望，吉。」

上六：女承筐无實，士刲羊无血，无攸利。

象曰：上六无實，承虛筐也。

釋「女承筐无實，士刲羊无血，无攸利」：

「承」，奉。從《否·六二》「包承，小人吉，大人否亨」、《恒·六二》「不恒其德，或承之羞」等含義中看，「承」當指祭祀而言。「實」，指筐中盛著獻神的祭品。

「士」，男子。「刲」，割殺。「血」，當指灌祭所用的牲血。灌祭，乃將牲血或酒灌入地下以祭祖先的祭名。

「女承筐……」，以筐奉獻神靈，前提必須是筐中有東西，无東西則等于沒奉獻。此用以婉言沒有女人了；灌祭祖先的前提必須是有羊被宰，宰羊无血，便是沒宰羊。此婉言沒有男子了。男子和女人都沒有了，足見搶婚興師動眾、你殺我伐的結果不僅可能成不了婚，還可能造成雙方宗族絕滅无繼的悲局。

「无攸利」，不聘婚而是搶婚，好處一无所有。

55、豐 ䷶

雷火豐。震上離下。

豐。亨，王假之，勿憂——宜日中。

彖曰：豐，大也。明以動，故豐。王假之，尚大也。勿憂，宜日中，宜照天下也。日中則昃，月盈則食，天地盈虛，與時消息，而況于人乎？況于鬼神乎？

象曰：雷電皆至，豐；君子以折獄致刑。

釋「豐」（豐圖1）：

我認為「豐」的甲骨文，象形建鼓上繫挂代表豐收之稼禾或代表財富的貝玉（豐圖2）。《甲骨文字典》卷五「豐」部釋為「酒醴也」。酒醴為祭祀奉神之物。對照本卦所及的建築問題，因知此「豐」為奉神之酒醴置放之處，是「豐」的本字。「豐」，《說文》：「大屋也。」「大屋」即太室、明堂、神殿、廟堂等，乃奉神酒醴的地方。顧名思義，奉神酒醴的地方，不是常人所應有。

這一卦說進度深、屋頂大，規格如廟堂、神殿的建築物，對一般貴族等身份者的危害。它產生的背景，在建築上最少出現了這樣矛盾的現象：房舍與居住者身份相適應的制約已經徒具形式，各方貴族領主紛紛營建媲美最高統治者宮室的建築。

從有關考古資料上看，中國古代統治者靠禮器的佔有來表示身份等級，靠宮室規模象徵權力。換句話說，宮室、禮器是古代政治特權社會維繫的主要核心——禮的反映。本卦屬言宮室規格與擁者絕對不改的關係，就是維護這種禮的理論，不過理論的論據，卻只是神意難違而已。

豐‧圖1：商周器具上的筮數重卦「豐」。
《陶齋吉金錄》載西周晚期銅盤內鑄的「豐」卦。

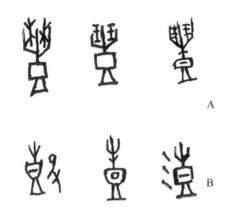

豐·圖2A：甲骨文「豐」（《人》八七〇、《後》下八·二、《南明》四四五）

豐·圖2B：甲骨文「壴」及與其構形的字（《京》二二一二、《甲》五二八《後》上九五）。

一般認為甲骨文「豐」字象形盛玉以奉神祇之器，此器象形豆。對照甲骨文「鼓」及與其構形的字，推知「豐」不應該從「豆」，是從「壴」的字。

「壴」字象形有枝椏狀物在其上的鼓。這枝椏狀物一般稱崇牙、羽葆等，實際它是太陽樹的象徵物。此種鼓一般稱為建鼓。甲骨文「壴」的字境有通天太陽樹之信仰，認為太陽樹上棲息著伏羲、女媧生下的太陽鳥，還認為鼓乃太陽樹樹幹的截取，敲擊鼓則意味著告知天帝祖先，或代表天帝祖先來格（詳見拙作《造物未說的秘密》十二章）。

「豐」在甲骨文中用作「酒醴也」（徐中舒主編《甲骨文字典》釋「豐」），也說明了它從「壴」，因為先秦文獻中鼓的正常用途一是祭祀通神（包括以神的名義宴饗），再就是戰爭勵進（祖先神靈蒞臨佑護前進），而「酒醴」就是祭祀神靈的酒。因此，「豐」字象形建鼓上繫掛代表豐稔之莊稼或代表財富的貝玉，當鼓聲敲擊之時，正是向祖先神靈告祭之時。

豐·圖2C：山東沂南漢畫像磚上的建鼓。

鼓上的枝椏狀物擬太陽樹樹枝，鳥擬太陽鳥。此鼓側面繪有明顯的太陽紋，說明它在擬太陽鼓——太陽鼓乃取想像中太陽樹枝幹製作的。這種鼓又稱「建鼓」，在祭祀當中敲它意味著告知生了太陽的天帝。

釋「亨，王假之，勿憂——宜日中」：

「亨」，「豐」卦關係祖先神靈能否持續得到享祭的問題。

「王」，商王。「假」，憑藉、倚恃。

「勿憂」，大屋只為明堂廟舍而建，它的建立，應在利于商王鞏固家國存在的前提下才勿須擔心憂患加身。言外之意，商王的邑國領主擁有這般大屋，若為寢室私用，是志在違抗商王，會遭到災難。

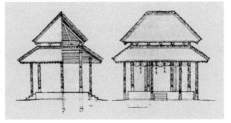

豐·圖3：婦好墓墓穴上據田野考古材料修復的「宗」。

「宜」，相稱。「日中」，白天之中。

「宜日中」，對照爻辭「日中見斗」「日中見沫」等，知道此指大屋中的光線應該與白天相稱。細想一下，大屋裡光線白天就像白天，指的就是和神殿祭堂功能相似的建築——明堂。

明堂，據《尸子》說，夏代它稱「世室」，商代它稱「陽館」「重屋」，周代它才叫明堂。古代「世」「大」通用[1]。甲骨文、金文中屢見「大室」，「大室」也就是「太室」，即亦是大房子，而這種大房子，從卜辭《前》一·三六·三「庚辰卜，大貞，來丁亥其柰于大室」，和《書·洛浩》「王入太室祼」之反映看，它的重要功能就是祭祀神靈，除此而外，據今天學者們考證，它又具有議事、處理公共事務、青年教育和訓練、守衛、養老、招待賓客及明確各種人社會身份等功能[2]。就其特徵說，它不但遠遠大于一般居住的房舍，還是「四面无壁」或者至少四周沒有能遮擋光線的屏障之物。它的形象，當與今天婦好墓墓穴上據田野考古材料修復的「宗」（即「婦好宗」豐圖3）相似：茅頂，房頂支柱外又有一圈承簷柱，四周透空[3]，土臺基。只有這種房子，「日中」進去才不會因黑暗而產生幻覺，見到夜間才會出現的「斗」「沫」等天體。

1　如《公羊傳·文公十三年》「世室屋壞」，《左傳·文公十三年》作「大室之屋壞」。「世室」就是「大室」。

2　見江寧生《釋明堂》。載《文物》1989 年 9 月。

3　參見楊鴻勛《婦好墓上「母辛宗」建築復原》。載《文物》1988 年 6 月。

本卦《六二》「豐其部」一語很重要，它反映了我國古代宮室堂舍的一個重要的發展階段：祭壇或仿祭壇的大臺基——臺基上建宗、廟、明堂——宗廟明堂四周加遮蔽、門窗的宮屋堂舍——宮殿與宗廟明堂並存——宮殿和宮殿式的宗廟並存。「豐其部」指明堂神殿式的建築支柱之外加以遮蔽，變祭神公用之功能而為私居殿舍之舉，它是宮殿堂舍源于宗廟明堂的證據。

本卦《九三》「折其右肱」一語也很重要，它從側面反映當時神廟宮殿等都是建在一個高大的臺基上的，臺基太高了，摔下來就會折臂斷肱。

初九：遇其配主，雖旬无咎；往有尚。

象曰：雖旬无咎，過旬災也。

釋「遇其配主，雖旬无咎」：

「配」，匹配，同等。《書·君牙》：「對揚文王之命，追配于前人。」「主」，指大屋的主人，即《震》之《象傳》所謂的宗廟社稷之「祭主」，亦即有資格在大屋裡祭祀神靈的貴族領主。

「旬」字造字的字境，其時代仍然信仰帝俊大昊伏羲氏可以和龍圖騰的位置彼此互換，所以凡與龍有關係的字，无不在筆劃裡攜帶著龍蛇的「S」或「C」形體特徵；那時代自然也是帝俊生了十個太陽之傳說的時代，所以《王來奠新邑鼎》所載一旬十日的「旬」字便強調了有爪的「C」形龍抱日的形象（豐圖4）；甲骨文的「旬」亦強調了有爪的「C」形龍，但省略了所抱的太陽（豐圖5）。

豐·圖4：金文「旬」——象形龍抱日。

豐·圖5：甲骨文「旬」——象形省略了「日」的抱日之龍。

「旬」對照「无咎」生義；「无咎」，也就能有「咎」，這可見「旬」有吉旬，也有災旬。從甲日到癸日為一旬，殷人每于一旬的最後一日，即癸日，占問下一旬的吉凶，今稱之為卜旬，卜得災，據《象傳》說，就叫「旬災」，卜得吉，也許就叫做「旬吉」吧？此指「旬災」。「雖旬无咎」，大房子遇到有資格擁有它的人，雖碰上多災多難的日子，在當中也沒有危險發生。

釋「往有尚」：

「往」，指去大房子裡主持進行祀祭等利家利國的活動。「尚」，輔佐。「往有尚」，有資格擁有大房子、為宗廟「祭主」的人，前往使用它，會得到它的佐助。

我們民族房舍建築結體的歷程，大致經歷了樹巢——洞穴——半穴加蓋——夯土臺加柱、加頂、加牆壁——石基加磚、加柱、加頂——鋼筋水泥為框架結構等階段，它們每一次變化的開始，都體現了生產結構的變化。本卦的提出，當是半地下加頂加蓋式的房舍已經普遍，夯土臺基加柱加頂再加牆壁的時代已有先兆之時。而且作為這個時代的先兆建築，必定先為社會能量最高的階層所擁有。據殷墟考古的結論看，安陽小屯所發現的房子，在武丁前後都是半穴加蓋式的[4]，而夯土台基加柱、加頂、加牆壁式的房屋，當然只有高層統治者才能擁有。在這樣一個時代，人們把建築大型房舍視做神聖的事，每每要殺人奠基，例如殷墟發掘出用于殿堂廟壇建築的人牲，至少八百七十一人[5]——這個例子值得重視：顯然，他們認為房舍坐落的地方，是由一種有生命的東西來管制，房舍建成後，仍由其來管制。

「往有尚」，有資格擁有大房子，會得到大房子的祐助。此大概指上述房屋坐落處之那種管制者幫助而言。今寧波鄞縣農村，舊房的斗拱多仿人舉手承托狀而變形，這和山東武梁祠漢畫像磚中承簷的斗拱做舉手托物變形之人相似。被殺死祭奠房屋的人，是不是與這種承柱有關？是讓被殺死的人魂附上邊，還是讓其為它服侍呢？

4　參見張光直《殷墟 5 號墓與墟考古上的盤庚、小辛、小乙時代問題》。載《文物》1989 年 9 月。

5　黃展嶽《中國古代的人牲人殉問題》。載《考古》1987 年 2 月。

六二：豐其蔀，日中見斗，往得疑疾；有孚發若，吉。

象曰：有孚發若，信以發志也。

釋「豐其蔀，日中見斗，往得疑疾」：

「蔀」，朱熹注：「障蔽也。」即設在大屋四周遮擋光亮及人和動物的屏障，亦即今天的屋牆；大概當時它是用草繂編成的。

據現代考古修復的資料，商代的宮殿廟堂一般是由夯土臺基、木骨架屋身、草屋頂三部分組成，它的草頂是雙層的，上邊的一層覆蓋著房屋的內部一些支柱，下邊一層直銜在上層

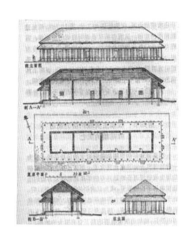

豐·圖6：湖北黃陂盤龍城商代宮殿復原圖。

的簷下，由房屋內部的支柱向外探出，搭在臺基下樹立的木柱上，覆蓋四周[6]。所謂的「蔀」，當是圍擋在臺基上支柱四周的屏障（豐圖6）。

「斗」，北斗星，借代黑夜。「日中見斗」，大白天見物如黑夜；喻「豐其蔀」的屋中光線黑暗。

「往得疑疾」，與《初九》「往有尚」相反，身份不配使用大房子並「豐其蔀」者到裡邊去，會得疑神疑鬼的病。

按：至今農村建屋上樑多選在日當中午，並放鞭炮，將寫有「吉星高照」「姜太公在此」或「共產黨在此百无禁忌」的紅帖貼在正中梁上，或將錢、紅布、筷子等東西釘在正中梁上，以鎮壓凶邪，恐怕這都與本卦產生語境的遺留有關。

釋「有孚發若，吉」：

「有孚」，指從大屋之中獲得益處。「發」，從《象傳》「有孚發若，信以發志也」之說，則知其與《蒙·初六》「發蒙」之「發」同義，乃「廢」的假借字。「廢」，《說文》：「屋頓也。」謂房屋崩壞倒塌。「若」，語助詞。

「吉」，使用與你身份不相稱的大屋，要想獲益，那要等它崩毀倒塌之後才能轉凶為吉。此婉說使用與身份不適的大屋絕无好處可得。

6　見《中國史稿》第一冊第四節 P203—204 插圖。

九三：豐其沛，日中見沫；折其右肱，无咎。

象曰：豐其沛，不可大事也。折其右肱，終不可用也。

釋「豐其沛，日中見沫」：

「沛」，《子夏易傳》作「芾」，鄭玄作「市」，「芾」是正字，「市」「沛」是借字。「芾」，也作「芰」，聲通。朱熹注：「沛，一作旆：謂旛幔也。」「旛幔」，指大房屋支柱外邊圍的掩擋物，功能如同今天的牆壁，唐代敦煌壁畫中房舍外支柱間垂掛的是竹簾，這種「旛幔」大概是植物的莖杆的絲編而成。《逸周書‧王會》：「外臺之四隅，張赤帟為諸侯欲息者息焉，命之曰『爻閭』。」引文之「外臺之四隅，張赤帟」，當指在明堂的四周柱子間張上障蔽。前面已經說過，「明堂」建在一個大臺基上，這臺基上有一圈柱子在臺基上支持著屋頂，還有一圈柱子在臺基下，支著由屋頂下伸出的垂簷。在臺基下的柱子上圍以「赤帟」，大概就是「外臺之四隅，張赤帟」了。所謂的「爻閭」，指編結而成的柱間遮擋物。

「沫」，《子夏易傳》作「昧」。「昧」，小星星。「日中見沫」，喻大屋之內黑暗；外面白天，屋裡黑如見到星星之夜晚。

釋「折其右肱，无咎」：

「右」，裝飾詞。《易》中這類飾詞多无確定的意義。如《明夷》中的「左翼」「左股」「左腹」的「左」等。「肱」，臂。

「折其右肱」之前提是廟舍、明堂式房屋必定建在一個高大的台基上，如果生活起居于當中，不小心會從高臺基上摔下來受傷。商代就有人從這種高大台基摔下來的情況。武丁卜辭記載：癸丑日占卜，王占曰有咎。果然，丁丑日王祭祀仲丁時摔倒在「庭𠂤」（《合集》一〇四〇五正。「庭𠂤」，由庭到建在高臺基上的廟堂的階𠂤。甲骨文「𠂤」象形有臺階的坡道）。

「无咎」，這是反語，換上今天的話講：擁有與你身份不相稱的「豐其沛」的高臺基大屋，招來了由上邊摔下來折斷手臂的災難，還算不上災難。

九四：豐其蔀，日中見斗；遇其夷主。吉。

象曰：豐其蔀，位不當也。日中見斗，幽不明也。遇其夷主，吉行也。

釋「豐其蔀，日中見斗；遇其夷主。吉」：

「遇其夷主」句式與《初九》「遇其配主」相似。「配主」乃「配」其大屋之主，「夷主」則為「夷」其大屋之主。

《一切經音義》卷九引《國語》賈注：「夷，毀也。」後世文獻中多有攻入敵國毀其宮室的記載，甚至還有毀其「大宮」即「大室」，將其建築部件運回去裝飾自己門闕的[7]。從這裡看商代就有這般毀人宮室廟堂以示亡其國家的做法。「夷主」，取而代之的新主人；指滅亡僭越身份用大房子者之家邑、拆毀其大房子的人。

「吉」，此亦反語，意謂將「豐其蔀」的大房子當作起居私室的人，遭到誅身滅家亡國的結果，就算是吉利了。

六五：來章，有慶譽，吉。

象曰：六五之吉，有慶也。

釋「來章」：

「章」，即「璋」，亦即《坤·六三》《姤·九五》「含章」之「章」，珪的一種，它的形制小于珪，與珪的應用範圍相似。在商代圖像中，圭璋是太陽鳥家山的象徵體，在這個前提下，圭璋可以借代太陽鳥，進一步可以代表與太陽鳥圖騰位置互換的傳人——由此可見「含章」之「章」，即籍典婉言「太陽鳥圖騰的傳人」，從這一角度上說，「含章」即腹中有了孕。然而「來章」呢？

「來章」對照「有慶譽」生義——因「來」而「有慶譽」，「章」則與往來大屋的人有關係。這裡不妨如此分析：

一、商王族是主圖騰為龍的帝俊之後，帝俊生了太陽，商王族領袖則以太陽自居；

二、帝俊可以和龍換位，那麼商王族領袖則可和太陽鳥換位；

三、看四川三星堆出土太陽樹上有龍和太陽鳥共處的情況，可以說太陽鳥落到太陽樹上就是親近了作為生育了自己的龍圖騰帝俊（豐圖5）；

---

7 《左傳·桓公十四年》載宋國伐鄭，以其「大宮」之椽歸，為盧門之椽。宋國貴族，商王族之後。《易經》這裡的記載，應是宋貴族所以有此一舉的依據吧。

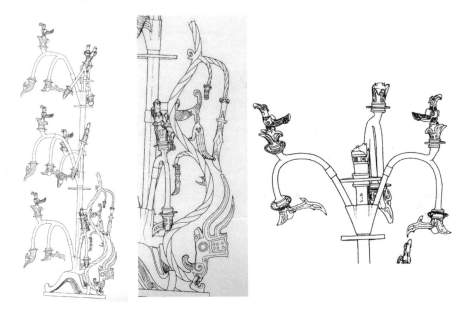

豐·圖5：四川廣漢三星堆出土之太陽樹上的龍、太陽鳥。

據《山海經·大荒南經》「帝俊生季釐，故曰季釐之國。有緡淵。少昊生倍伐，倍伐降處緡淵。有水四方，名曰俊壇。」結合四川三星堆遺址出土文物，推知此處商代的原居民為少昊、大昊之後。因為和商王族族源相同的原因，他們太陽樹、太陽鳥的崇拜與商王族相似。

從太陽樹上走下來的龍為帝俊伏羲氏的化身，它的十個兒子為太陽鳥——太陽鳥受它的翊護由此得到說明。《王來奠新邑鼎》的「旬」字象形有爪的「C」形龍抱日，正是這條龍和太陽樹之內涵的另種表達形式。

四、如果太陽樹堪擬大屋，往來大屋就是與太陽鳥位置可以互換的人，顯然此人就是大屋主人或大屋主人的傳人；

五、大屋主人或大屋主人的傳人要顯示自與祖先帝俊的親近，則是祭祀以帝俊為代表的祖先。

因此，「來章」應指來往大屋進行祭祀祖先神靈等禮儀活動。而且凡來這座大屋祭祀祖先神靈的人，均意味著是這座大屋祖先神靈的子子孫孫。

1965年長安縣大原村發現的商末乙卯尊曾記載商王在「大室」亦即這種大房子裡朝見的事，朝見有什麼儀注，文獻无征，但在「大室」裡朝見的政治意義，必與以祖先神靈之名義的宗教活動有關[8]。

8　關于商王在「太室」中見各方領主及行賜行賞的情況，李學勤在《灃西發現的乙卯尊及其意義》中述說甚詳。見《文物》1986年7月。

釋「有慶譽，吉」：

「慶」，賀。「譽」，義同《蹇・初六》「來譽」的「譽」，安之義。

「吉」，在商王的封命之下建造大房子，而且大房子的職能只可做明堂廟舍之時，它才會給你帶來可賀可慶的安適、太平之吉。

「譽」，《帛》作「舉」。

上六：豐其屋，蔀其家；闚其戶，閴其无人，三歲不覿，凶。

象曰：豐其屋，天際翔也。闚其戶，閴其无人，自藏也。

釋「豐其屋，蔀其家」：

「豐其屋，蔀其家」即「豐其家屋」的分言；「蔀」在這裡有借代大的意思。

釋「闚其戶，閴其无人，三歲不覿，凶」：

「闚」，探視。「閴」，空寂。「闚其戶，閴其无人」，從其門向裡看，裡邊空寂无人；婉言建築不合身份的大房子居住，會造成家破人亡。

「三」，泛指多。「覿」，見。「三歲不覿」，意思當與《困・初六》「三歲不覿」一致；《困》「三歲不覿」婉言長期監禁的重刑，這裡乃說建築不合身份的大房子，會觸犯刑法，判以長期監禁的罪。

在《易》中，有關刑法的反映多圍繞著「禮」的維護上，較明顯的如《小過》及本卦中的僭越等級之罪等。

人各為主的佔有制，刑法的基本意義是維護著經濟競爭的和平秩序，唯我是主的佔有制，刑法基本的意義是維護「禮」的穩定運行秩序。前者自然要顯富，要政治之顯屈于經濟之富，後者自然要尊貴，要特權政治之貴高于經濟之富。當時紛紛建築大屋的人，怕是些富而不太貴的人，他們的住舍攀比本為超級大貴族領主擁有的大型建築，必將動搖被攀比者的「貴」，當「貴」者不得不用刑法威脅這些攀比者的時候，神靈的威力便也開始減弱了。

56、旅 ䷷

火山旅。離上艮下。

旅。小，亨，旅，貞吉。

旅·圖1：甲骨文「旅」（《佚》七三五）。

彖曰：旅，小亨，柔得中乎外，而順乎剛，止而麗乎明，是以小亨，旅貞吉也。旅之時義大矣哉！

象曰：山上有火，旅；君子以明慎用刑，而不留獄。

釋「旅」：

甲骨文「旅」象形眾人集于旗幟之下下列隊（旅圖1），是會意字；卜辭中用為軍旅的「旅」。這裡指商旅，準確地講，是指商隊。自然，軍旅之「旅」的意義產生在商旅之前。

為什麼軍旅的「旅」被用為稱呼商隊呢？恐怕這道理同我們稱呼列隊遊行為「遊行隊伍」近似，因它和軍人列隊而行有許多特徵一致。好比《巽·初六》稱商人為「武人」，是因為車戰沒普及之前，軍人徒步征伐國邑的許多特徵與其一致。當時的商旅，應是集結成隊外出的。但他們是不是也有一面作為標誌的旗幟呢？是不是也有一點自衛的兵器呢？這些卻很難說准。上世紀五十年代前後，濰坊一帶的鄉間每隔一段時間可以見到貨郎隊進村——和今天所見商賈的駝隊、馬幫不同，他們趕著畜車，雜以手推獨輪車。而且車上多半插一面小小的旗。或許這旗和眼下進鄉經商的汽車車上插面旗幟意圖相似，都有廣告的味道。

釋「小，亨，旅——貞吉」：

「小」，即《泰》「小往大來」的「小」，邪、不正等意思。

從《小畜·初九》「復自道，何其咎？吉」、《九二》「牽復，吉」的反映裡，可以知道當時社會習慣上仍把經商視為非正規的獲得之途。《書·无逸》認為農業是最合適自由人的主要職業——這個晚一些的文獻，更能說明早一些人對商業的偏見。其實視商業為不正統，至今仍可見到痕跡：且不說上世紀對剝削階級的認定中包羅著商人，現在為我們鄙嗤周圍愛計較得失的人仍謂「一身商人氣」「簡直是做買賣的」等，就是說明。

「小，亨」，商旅的外出，可以使邦君領主用有別常規的獲得，達到祭祀神靈的目的。「貞」，這裡指生、生命而言。「貞吉」在此乃用為解釋此「旅」非同尋常的軍旅。「旅──貞吉」，這不是通常外出征殺拼命的隊伍，而是和和平平尋來吉利的隊伍。

本卦是如何經商的指導，它包括了經商的策略和技巧兩個方面，而核心思想，卻是在向商人或商人的主人們（當時的貴族領主多將一些忠誠的奴隸解放，以委託其經商），灌輸經商的道德。這些道德觀念，對今天的商人都合適。

初六：旅瑣瑣，斯其所，取災。

象曰：旅瑣瑣，志窮災也。

釋「旅瑣瑣，斯其所，取災」：

「旅」，商隊。「瑣瑣」，指商隊小的樣子。

「斯」，分，離。「所」，商人經商所到的鄉邑邦國。

「取災」，商人結隊外出經商的人太少，離開自己的家鄉，容易遇到災禍。《復·上六》詛咒扣留、劫取商人及其財物的人「凶，有災眚」，《同人·九三》詛咒搶劫商隊者會「三歲不興」，都反映了當時商人離鄉有被搶劫、扣留不回的事情。

李鏡池注：「瑣瑣：是惢惢的假借，三心兩意，疑慮不一。」「這是說商人多疑，離開寓所，反而闖禍。」

此爻《帛》作：「旅瑣瑣，此其所，取火。」「災」與「火」義近。

六二：旅即次，懷其資，得童僕，貞。

象曰：得童僕貞，終无尤也。

釋「旅即次，懷其資，得童僕，貞」：

「即」，就，走到。「次」，再次經商之點，對照下文「得童僕」，似指奴隸交易的專門點；《大戴禮記·曾子疾病》「如入鮑魚之次」的「次」，即指魚市之類的商肆交易點。「旅即次」，指商隊到多次經商的一些地點。

「懷」，來。《詩·周頌·時邁》：「懷柔百神，及河喬嶽。」「資」，資財。

「童僕」，奴隸的稱謂，他們是商人以商品換取財物之一部分；奴隸的身份永遠低主人一等，稱「童僕」猶山東人呼晚輩及顧工為「小

的」「下輩（音班）」「兒（音倪）漢」。

「貞」，生存，生活；此指與商業活動相關聯的生活。

對照《九三》，知道這在說商旅注意買賣无欺，留有後路，才能多次到一些地方從事受歡迎的商業活動。這樣既能賺錢，也可以放心大膽地買奴隸使用或帶走，不怕奴隸逃跑。《易》的編著者希望靠經商交易的方式獲得奴隸，而不是戰爭掠奪。其要求商人注意長遠利益，不要欺騙交易對象，斷了後路，再也不敢在行騙之地露面。不敢露面，在那裡買的奴隸便可以逃回而无恐。

九三：旅焚其次，喪其童僕，貞厲。

象曰：旅焚其次，亦以傷矣。以旅與下，其義喪也。

釋「旅焚其次，喪其童僕，貞厲」：

「焚」，甲骨文象形人持火燒森林（旅圖2）；用作動詞，為狩獵時焚燒山林，迫使野獸外出以便擒獲之義；對照《上九》，這裡用其本義，比喻商人用不留後路的交易之舉。「次」，甲骨文用作延續、連續之義。這裡作「再」解，指交易過還可以再次交易的地方。

「旅焚其次」，絕滅其再次；指商人不欲再回交易點的經商行為。

「喪其童僕」，商人用不留後路的方法弄到貨物和奴隸，奴隸因之趁機逃回，使商人不敢再光明正大的去買地追人（奴隸逃回，在于其地也有一些以沫相濡的親人）。

旅·圖2C：甲骨文「災」（《乙》九五九）。

旅·圖2Ｂ：甲骨文「次」（《後》下四二·六）。

旅·圖2Ａ：甲骨文「焚」（《乙》二九）。

「貞厲」，商人騙人就走，不留後路的交易之法，是經商活動中的危機。

九四：旅于處，得其資斧，我心不快。
象曰：旅于處，未得位也。得其資斧，心未快也。
釋「旅于處，得其資斧，我心不快」：

「處」，義同《小畜・上九》「既雨既處」的「處」，止也。「旅于處」指商隊經商一個地方，便停止再度到此經商。猶如今天下等小販所謂的「打一槍換一個地方」的經商方法。這也近似不留後路的方法，但其經商的內容顯然不比弄到奴隸那麼大，方法也較輕于「旅焚其次」。

「資」，積聚的貨物。「斧」，與「鏄」古同義。「鏄」是鋤、鑱類農業生產工具，其用于交易相當于錢財。「資斧」，貨物和錢財。

「我」，擬商人或經商者主人的自謂。「我心不快」，猶不仁不義賺上一次再不去賺的賣買，令人擔憂。

六五：射雉，一矢亡，終以譽命。
象曰：終以譽命，上逮也。
釋「射雉，一矢亡，終以譽命」：

「雉」，野雞。

「一矢亡」，雉沒射中，一枝箭卻為之飛失。當時箭頭无論是石質、骨質、銅質，都較難加工，尤其是銅質的，很是貴重。當時射禽鳥多將箭上繫著回收的繩索，射雉的「矢亡」，是用了後邊沒繫繩索的箭；喻商人買賣不得法，折本而沒賺著利。

「終」，結果，「譽」，義同《蹇・初六》「往蹇來譽」的「譽」，安也。「終以譽命」，射雉，雉飛箭丟，不要再去計較，要安以命運，命中該得就得，該失就失；此婉說做買賣要經得起失利。《易》認為商業時賺時賠，這是命中註定的。應順時安命。

上九：鳥，焚其巢，旅人先笑後號咷——喪牛于易，凶。
象曰：以旅在上，其義焚也。喪牛于易，終莫之聞也。
釋「鳥，焚其巢，旅人先笑後號咷」：

「鳥」，用作動詞，有射鳥捕鳥之意。

「焚其巢」，焚燒禽鳥巢棲之地，趕其外出，以利捕獲，鳥巢是鳥

繁殖的地方，巢被焚，其生長不息的存在也不可能了；喻商人絕滅後路的經商方法，猶「殺雞取卵」「竭澤而漁」之謂。

「旅人」，指在外經商的商旅們。「笑」，指商旅們殺雞取蛋式賺錢後的開心。「號咷」，呼號哭叫。「後號咷」，指絕滅後路的經商，給商人帶來的災難及懊悔。

釋「喪牛于易，凶」：

「喪」，指商旅所屬主人因商人「焚其巢」導致報復而喪命。「牛」，指商人經商拉貨的牛，借代商隊。《書・酒誥》：「肇牽牛車遠服賈。」說商人使用牛車經商。《小畜・九二》：「牽復，吉。」說經商使用牛車才對，才吉利。這可見周以前經商使用的是牛車；似乎這是一種非戰爭的用車標誌，猶現代戰場中開進紅十字車。

「易」，義同《大壯・九五》「喪羊于易」的「易」，借作「場」；指戰場。「喪牛于易」可理解為「喪命牽牛車者導致之報復于戰場」的節文。

「凶」，因為商人在外邊自絕後路的交易，導致被傷害者發動戰爭以報復其主人。

本卦是中國數千年商業道德的首倡。今天「君子愛財，取之有道」「買賣不成仁義在」等格言，及商業對「回頭顧客」的禮重，都基于此。

57、巽 ䷸

巽為風。巽上巽下。

巽。小，亨。利有攸往。利見大人。

彖曰：重巽以申命，剛巽乎中正而志行。柔皆順乎剛，是以小亨，利有攸往，利見大人。

象曰：隨風，巽；君子以申命行事。

釋「巽」（巽圖1）：

此字甲骨文象形恭順俯伏的人，表示降服之人（巽圖2）。卜辭中它為祭祀之人牲，和牛羊等並列。這足可以讓我們冷靜思索一下本卦敘述內容的語境。

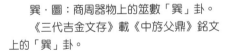

巽·圖：商周器物上的筮數「巽」卦。《三代吉金文存》載《中斿父鼎》銘文上的「巽」卦。

巽·圖2：甲骨文「巽」（《存》二·五八二）。

我國山東一些地區的口語中，至今仍稱受盡欺負捉弄卻又无所反應的人為「巽」（音孫），如提醒這種人的話是「你真巽」，評論這種人的話是「巽字輩的」，輕鄙這種人的話是「莊戶巽」等。在研究上例口語的內涵之後，不免叫人想到：他們的存在，是認定他們品類屬「巽」之人存在的結果。對照本卦《九二》，我想「巽」可能也是古代巫覡使對象順從的一種法術——法術的主要對象是人，而受此法術作用的人也可能被稱為「巽」。如果這種推想合理，那麼「巽」和本卦《初六》

之「武人」是一種人，是家奴，但有所不同的是他們的服務崗位，或「巽」在貴族領主「床下」聽命，或作為「武人」為貴族領主「進退」在外。

「巽」于伏羲八卦方位為「西南」。因為《易》中凡出現「西南」字眼，均及商業，可見本卦之「巽」的內容為商業。

「巽」的卦象為風。伏羲、女媧兄妹兼夫妻，在商代前後的圖像中為人頭龍身之生育神，他們有一種姓為「風」，因此《易》中「西南」字眼也及生育，就此而言，文獻中所謂女媧制笙簧為男女「發生之象」、伏羲發明豢養牲畜而雄雌按時合群繁衍，均和「風」關係不分。

商業的特徵是錢生錢、物生物，這和「巽」方位之「西南」、卦象之「風」的內涵一致。

釋「小，亨。利有攸往。利見大人」：

「小」，義同《旅》卦辭的「小」，邪、不正等意思。「亨」，將順服了的奴隸解放代為經商，可以使邦君領主用有別常規的獲得，達到祭祀神靈的目的。

「利有攸往」，服從的奴隸代主子經商，所往之處有利可得。

「利見大人」，出外經商，與正當的人接觸有利。

初六：進退，利武人之貞。

象曰：進退，志疑也。利武人之貞，志治也。

釋「進退，利武人之貞」：

「進退」，這裡指各邦邑領主身邊的奴隸。

「武」，從止表示前進，從戈表示武器，本來的意思是征伐等，因為征伐的特徵在于行走，所以也引申為足跡、行走之跡。「武人」，這裡指行走為任的人、代主人外出經商的人。這些人是被解放了的家奴，社會地位有了上升，所以在《解・六五》中他們又被稱為「小人」，即比起傳統貴族，他們是人之中來路不正統的人。在《易》許多卦裡，提及他們都注意到其身份特徵——腳，這因為他們來自光腳勞作或不得穿鞋的奴隸階層（從《履》中反映，穿鞋是一種特權，反過來它又代表著特權），解放他們讓他們經商，他們還是靠雙腳奔走為任。所以稱他們為「武人」。今山東沿海一帶背後鄙稱商人還習慣以「腿子」「跑腿的」等等，猶能體會到「武人」的這層意義（詳見《履・六三》「武人」釋）。

「貞」，宗族家國的存在。

這一爻說，讓代替自己經商的奴隸聽話，利于宗族家國的存在。

九二：巽在床下，用史巫紛若，吉，无咎。

象曰：紛若之吉，得中也。

釋「巽在床下，用史巫紛若」：

「巽」，用作動詞，指使奴隸順服。「床」，義同《剝》中之「床」，本指貴族領主、管君平日坐在上邊發號施令的床榻，相當于今天辦公室裡領導的辦公桌。此處借代領主、管君們的位下、腳下。當時人席地坐臥，這種床榻置于地面之上，能襯托出坐于上面人的地位。

「史巫」，祝史和巫覡；祝史掌管祭祀，巫覡以來降神；本卦產生的時代，史巫的分工可能並不明顯；當泛指巫覡。「若」，樣子。紛若，指史巫忙于施法巽服的樣子。

巫術之「巽」，當即後來的「噀」。其法大致是將嘴裡的東西噴出。這種法術我們只能從今天常見的一些應急治療中，得以聯想的端倪，如噴一口冷水可以使昏迷的人復蘇，也可以使呈興奮狀態的人冷靜等。《易》的時代，巫覡以什麼東西噴射施巫對象？一時難以得知。後來的文獻卻有些支離破碎的反映，如《後漢書·郭憲傳》載郭憲「向東北含酒三噀」[1]、《搜神記·宋定伯》說鬼怕人唾、今俗言「狗血噴頭」，及有些農村至今還有以噴水以鎮邪的事，似也能反映噀服巫術的遺跡。有些地方的小孩，表示事情不可更改或表示佔有一樣東西時，往往向地下「呸」一口口水，喊「我呸下了」——這也是制服巫術朦朧的反射吧。

釋「吉，无咎」：

「吉，无咎」，對照《上九》「巽在床下，喪其資斧，貞凶」，知道其「巽在床下」指已制服的順從奴隸，而本爻「巽在床下」卻相反，是指還沒有被制服的奴隸。奴隸沒制服，才用史巫作法攻心洗腦，讓其順從聽話。奴隸被制服聽話了，俯伏在主子的位旁腳下，自然是吉利且又是沒有禍機的。

1　《後漢書·樂巴傳》「征拜尚書」《注》引《神仙傳》：「又飲酒，西南噀之。」

《上九》說，讓順服的奴隸呆在身旁聽差應命，實在是一種人才的浪費，應該叫他們代為經商，外出賺錢才對。從這裡可以窺見歷史的重要一頁：當時史巫的職業內容，還包括著對貴族的奴隸或其他對立者進行更心洗腦。

九三：頻巽，吝。

象曰：頻巽之吝，志窮也。

釋「頻巽，吝」：

「頻」，頻繁。「吝」，頻頻使用法術制服，可見奴隸本質上並沒順服，其危害依然存在。《易》編著者已看出頻繁使用制服之道，會使被制服者產生逆反心理，以致制而不順。

李鏡池注：「頻，借為嚬。嚬眉蹙額，順伏于人。這是很不願意的，只是不得已。」

六四：悔亡。田獲三品。

象曰：田獲三品，有功也。

釋「悔亡。田獲三品」：

「悔亡」，禍機消逝；指讓順服、忠誠的奴隸代為經商的結果。

「田」，田獵，打獵。「三」，泛指多。「品」，品種。「三品」，狩獵到了很多種野獸。

對照《象傳》「田獲三品，有功也」之說，知道本爻與《解‧九二》「田獲三狐，得黃矢，貞吉」意思相似，都是在向邑邦領主述說解放奴隸代自己外出經商的好處。

九五：貞吉，悔亡。无不利。无初有終；先庚三日，後庚三日，吉。

象曰：九五之吉，位正中也。

釋「貞吉，悔亡。无不利，无初有終」：

「貞吉……有終」，是指「先庚三日……」而言。

「貞吉」，讓順服的奴隸代為外出經商，有利于宗族家國的存在。

「悔亡」，經商開拓了財源，代替了兇險的戰爭掠奪。

「无不利」，經商致富，沒有不好的地方。

「无初有終」，解放奴隸讓他們為自己經商，這雖然沒有常規的先例，但卻有好的結果。

釋「先庚三日，後庚三日，吉」：

此爻誕生的語境，乃信仰帝俊伏羲生了十個太陽的時代。十個太陽有名曰甲、乙、丙、丁、戊、己、庚、辛、壬、癸，稱「日名」。

《禮記·月令》有「甲」為春天日名、「庚」為秋天日名之說。從《蠱》之「先甲三日，後甲三日」、《巽·九五》之「先庚三日，後庚三日」的語辭裡可以推知，《易》產生的時代曾有以「甲」「庚」為夏至、冬至後計算經商貿易的起點之時。

「先庚」「後庚」為夏至後商貿記日的起點——大約當時一年四季的概念，不如一年只分春、秋兩季的概念流行，所以就有以夏至為秋、冬至為春的概念。

「吉」，此指利于經商的日子。商代人認為十個太陽輪流值日，所以以「日」名記日，由甲日到癸日十天一旬，春天每旬「先甲」「後甲」的辛、丁日，秋天每旬「先庚」「後庚」的丁、癸日為利于經商的日子，因為這些日子是陰數，更因為天陽地陰，雄陽雌陰……陰的能夠生殖繁衍。

《易》的編著者認為商業的本質是求得錢、貨的生息和增殖（詳見《坤》「西南得朋」釋），也許欲錢、貨生息增殖的希望，使冬至後每旬間隔七日的「辛」「丁」日，夏至後每旬間隔七日的「丁」「癸」日，成了貿易的吉日，在這些日子裡讓順服的奴隸代為外出經商，則「貞吉，悔亡。无不利，无初有終」。

上九：巽在床下，喪其資斧，貞凶。

象曰：巽在床下，上窮也。喪其資斧，正乎凶也。

釋「巽在床下，喪其資斧，貞凶」：

「床下」，指貴族領主的床底或腳下。「資斧」，錢財。

「喪其資斧」，與《旅·九四》「得其資斧」均指經商的得失。

「貞凶」，讓已經順服的忠誠奴隸聽命役使于身邊腳下，不讓他們出門代為經商，那將會喪失賺錢致富的機會，致使族宗家國在財源窄小帶來的窘迫中毀滅。

58、兌 ䷹

兌為澤。兌上兌下。

兌。亨，利貞。

彖曰：兌，說也。剛中而柔外，說以利貞，是以順乎天，而應乎人。說以先民，民忘其勞；說以犯難，民忘其死；說之大，民勸矣哉！

象曰：麗澤，兌；君子以朋友講習。

兌・圖1：商周器具上的筮數「兌」卦。

1・《三代吉金文存》載《董伯簋》銘文上的「兌」卦。

2・陝西扶風云塘村出土西周初年《父乙方鼎》銘文上的「兌」卦。

釋「兌」（兌圖1）：

宋代徐鉉認為「兌」是「從八從兄」的字。許慎釋「八」乃「別也，象分別相背之形。」

《易・說卦傳》謂「兌」乃「為巫為口」，這似乎在說它是由「祝」和「八」構成的字。其實那時代祭、軍、政三者合一，就商王族而言，巫祝和一家之兄長位置可能混同——巫祝的「祝」是以語言交通天地人神的使者，而王位兄終傳弟制的歷史事實，使得「兄」的位置一言九鼎。因此甲骨文的「祝（由口和跪人構成）」「兄（由口和立人構成）」構成的角度相似。

甲骨文有「兌」字（兌圖2），是由「八」和「兄」構成的，用為趕快、急速之義。對照本卦《九四》「商兌未寧，介疾有喜」的意思，本卦的「兌」有說而使悅的味道——或可以如此理解：尊長析說使糾結化作快樂。

《象傳》釋「兌」：「順乎天而應乎人；說以先民，民忘其勞；說以犯難，民忘其死；說之大，民勸矣哉。」其「兌」就是指這種人的作用，作用的關鍵，就是言說出口而人和悅。《釋名・釋天》：「兌，說也，物得備足皆喜悅也。」大概古人認為「物得備足」之喜悅是集祭、軍、政三者于一身的領袖以其口通神寧人的結果。徐鍇、段玉裁、朱駿聲均訓「兌」乃「悅」的本字，很有道理。

兌・圖2：甲骨文「兌」（《甲》二〇〇七）與「兄」（《前》五・三三）和「祝」（《佚》三九九）。

甲骨文「兄」和「祝」的寫法區別很嚴，祝「口」下人跪，兄「口」下人立。那時代祭、軍、政三者合一。從甲骨文所反映，一些牽涉上述三個方面者的字形，多強調了「口」字。這個「口」也許表示其具備超越平常人之口的權威和責任。如「祝」，其是人與神的交通員；「兄」，則多少有些家長一言堂的味道，今所謂「家有長子」還能見到「兄」之權威的痕跡。

甲骨文有「兌」是由「八」和「兄」構成的，用為趕快、急速之義。

在伏羲八卦方位中，「兌」為東南方。它與表示死止的西北方位「艮」相對，也暗示了快活、愉悅的意思。

釋「亨，利貞」：

使人悅服，是神靈得以享祭之道，也利于宗族家國的存在。

從本卦《九四》「商兌未寧，介疾有喜」一語中可知，它通篇是站在商王的角度上，談與各邦邑之聯合、交往之關係的卦。

初九：和兌，吉。

象曰：和兌之吉，行未疑也。

釋「和兌，吉」：

「和」，《說文》：相應也，從口，禾聲」。

「吉」，各邦邑都稱道悅服，是吉利的。

據趙誠說，先商時期有著眾多似部落或氏族的方國，商方本是其一。隨著社會發展，這些方國逐步聯合，其中較強大的方國被公認為聯

合體中的首領，這首領繼而也就演變成了聯合體的王，如商方和商王。通過商代這種由方國逐步聯合組成的社會，再往前發展就形成了像周武王建立的集中統一的國家——這個國家雖然也有眾多的諸侯國，但那都是由周天子分封認可的，和商代那種在部落或氏族基礎上形成的方國，有本質的不同。「從整體上來講，商王只是方國聯合體中的領袖，周王卻是能夠封建諸侯的天子」[1]。所以我們在本卦當中看到了一種邦國之間民主的跡象。《象傳》釋此爻為：「和兌之吉，行未疑也。」說商王言行使各邦國不疑而交口稱讚，正說明存在著這種民主跡象產生的必要條件：商方（卜辭中稱曰「大邑商」）之外附屬、聯合的方國，本質上不屬于商王所有。

九二：孚兌，吉，悔亡。

象曰：孚兌之吉，信志也。

釋「孚兌，吉，悔亡」：

「孚」，獲得。「吉，悔亡」，獲得建立在各方各國喜悅的基礎上，吉利而且也沒有後患。

六三：來兌，凶。

象曰：來兌之凶，位不當也。

釋「來兌，凶」：

「來」，來而到。「來兌」，不主動地做出姿態讓人心悅誠服，而是等別人專程上門表示悅服。

「凶」，讓別人來向你表示悅服的行為，意味著把自己與各邦邑間孤立起來了，損壞了作為領袖的凝聚力，後果惡劣。

九四：商兌未寧，介疾有喜。

象曰：九四之喜，有慶也。

釋「商兌未寧」：

「商」，對照「未寧」生義；指商王國。當時商王國是許多聯合方國的領袖方國，自稱「大邑商」「天邑商」。「商兌」，商王國不恃自己的文明強大而等待其他方國「來兌」，而是主動地先取悅「未寧」的方國。

1　見趙誠《甲骨文簡明詞典——卜辭分類讀本》，P136。

釋「介疾有喜」：

《六三》爻說讓別人上門主動悅服之結果是「凶」，相對「介疾有喜」則該是自己主動對外悅服的結果。

「未」，不。「未寧」，即《比》之「不寧方來」的「不寧方」，指不安寧的邦國，亦即不願與商方聯合在一起，服從商王領導的方國。「介」，義同《晉・六二》「受此介福」的「介」，有頑固的意思。「疾」，《易》中多用它比喻國家的問題。「介疾」，喻「未寧」之方國反對或擾亂聯合秩序的行為。「有喜」，病癒。

這一爻說，如果能主動地爭取敵對方國悅服，使之與自己聯合，其利益之大好比頑固的疾病康愈。

九五：孚于剝，有厲。

象曰：孚于剝，位正當也。

釋「孚于剝，有厲」：

「剝」，指「兌」缺損、失落。

「有厲」，為了獲得利益卻失去了各個邑邦的悅服，是有危險的。

上六：引兌！

象曰：上六引兌，未光也。

釋「引兌」：

「引」，義同《萃・六二》「引吉，无咎」的「引」，延續、繼續之義。「引兌」，要讓各邦國對自己繼續不斷地悅服。

《易》的許多卦都明確針對商王而來，因此它們都很像商王治國的須知。此便是一例。

59、渙 ䷸

風水渙。巽上坎下。

渙。亨。王假有廟，利涉大川，利貞。

彖曰：渙，亨。剛來而不窮，柔得位乎外而上同。王假有廟，王乃在中也。利涉大川，乘木有功也。

象曰：風行水上，渙；先王以享于帝立廟。

釋「渙」（渙圖1）：

此一般釋義為「散」。然而「散」的意義與本卦所有的辭句都難以諧和。

仔細推敲全卦辭義，「渙」有以渙散之水流環繞捍衛的意思，從而懸想：在《易》形成的時代，人們為什麼要讓水流回環圈繞自己？今天田野考古的發現，給我們揭示了謎底。

「距今7000——5000年前，中國中原地區氏族部落間互相掠奪財物的戰爭十分頻繁，相繼出現了一批具有防禦功能的氏族聚落，如陝西西安半坡仰韶時期氏族聚落，平面呈不規則圓形，在不到30000平方米的生活居住區週邊，挖有一條寬而深的大壕溝。更為典型的是同一時期臨潼姜寨氏族聚落，平面呈橢圓形，居住區面積約20000平方米。由天然河道和人工挖掘的壕溝圍起，壕溝相斷處是寨門，設有『門衛房』。壕溝有的地方走向呈⌒形，內側建有哨所，以便防守瞭望（宋鎮豪《中國古代「集市制」及有關方面的考察》）。」[1]

渙·圖1：商周器物上的筮數重卦「渙」卦。

《三代吉金文存》載《召卣》銘文上的「渙」卦——卦辭為「召」。

---

[1] 載《文物》1990年1月。

用溝壕環圍自己防御侵害，是我們先民的一大發明（渙圖2）。本卦是這一發明功績的總結。

本卦的編者，應該見過這一發明在商代應用的樣板（渙圖3）。

我認為殷墟之洹河，就是遠古環圍聚落之水為防御的商代樣板。也正因這樣，才足以使《易》的編著者為其防御形式大加強調。

洹河，即殷墟的安陽河。「洹」，甲骨文象形水流回環圍繞之形（渙圖4）。洹河從西往東流，經過殷墟的北面折向南流，又經過殷墟的南面再折向東流，與甲骨文「洹」字構形近似。夏鼐在《中國文明的起源·作為都市的殷墟》[2]中說：「在小屯沒有發現城牆。工作站曾經有意地作了調查和試掘，仍是沒看找到。只是在小屯西約二百米的地方，發現南北向的一條殷代灰溝，已探出部分達750米。溝寬7-21、深5-10米。發掘者推測它可能是王室周圍的防御設施。這還有待于繼續探測。如果這個推測將來被證明是正確的，如果這條灰溝向南延伸後轉而東行直達洹水，那麼小屯就不需要築城牆垣了。它北邊和東邊已有的天然的洹水河道作為防御之用。」本卦只提「渙」，沒有聯及城牆，可能洹水防御的作用，已讓城牆的存在不再重要。

渙·圖2：尉遲寺大汶口文化遺址所顯示出的水「渙」聚落狀態。

安陽殷墟示意圖

渙·圖3：河南安陽殷墟示意圖。

渙·圖4：甲骨文「洹」（《乙》二二〇四）。

---

[2] 載《文物》1985 年 8 月。

釋「亨。王假有廟，利涉大川，利貞」：

「亨」，環水衛繞居聚之地，能使神靈得到享祭。

「廟」，宗廟。廟在先秦文獻裡多見，但殷商卜辭中只見宗不見廟，可見宗廟當時不連用。「廟」，尊先祖貌也，它是奉祀祖先的建築。奉祀祖先遺體真身的建築為「宗」，商婦好墓上建築物的發現，就說明了「宗」存在的情況[3]。這裡用以借代國家和權力。

「王假有廟」，憑藉渙散的河水環繞衛圍邑邦，從而使商王能夠有建築國家的基礎。

「利涉大川」，受神靈祐護安渡危險的河川之利，可與河水環衛國都之利相匹。

「利貞」，水流環繞的國邑，利于其領主的存在。

本卦為中國風水學最早的文獻。一說《象傳》釋卦象「風行水上」，是堪輿術後來被命名「風水」的出處。特作《風水歌》以概括之：

風行在水上，易經渙卦象，從此堪輿術，風水冠名響。渙散之水流，聚壕環邑邦，帝王在其中，外患水阻擋。仰韶姜寨地，有此舊模樣，尉遲大汶口，遺址可眈詳。安陽殷墟環洹河，正是渙卦所記方，後世城牆護城河，契合風水稱金湯。魏晉亂世頗凄慘，轉向陰宅求免殃，氣遇風散遇水止，郭璞用之選墓葬，生不如意寄來世，生已富貴求延長。君不見帝王陰宮陽殿堂，幾人代代繼芳香？皇帝一心萬萬世，難免如蟬唱絕唱。

初六：用拯馬壯，吉。

象曰：初六之吉，順也。

釋「用拯馬壯，吉」：

「用拯馬壯」，義同《明夷·六二》「用拯馬壯」；商代晚期馬匹通常用于戰爭，故而《易》中的「馬」每借代戰爭。此說環圍之水的作用，如同金戈鐵馬的衛護。

「吉」，環圍國邑之水的存在，是吉利的。

此爻《帛》作：「撜馬，吉，悔亡。」謂人借助水流環繞防衛，如借助馬匹增加行速和衝力，可以使危險退卻。

3　楊鴻勳《婦好墓上「母辛宗」建築復原》。載《文物》1988 年 6 月。

九二：渙，奔其机，悔亡。

象曰：渙奔其机，得願也。

釋「渙，奔其机，悔亡」：

此爻句式與《九五》相似。「奔其机」與「汗其大號」，都指「渙」的功能而言。

「奔」，李鏡池注：「通賁」。俞樾《群經平議》謂當作「賁」。《射義》：「賁軍之將」鄭注：「賁讀為僨，僨猶覆敗也」。

按：對照《象傳》「渙，奔其机，得願也」之釋，可知「奔」乃「秦」的假借字。「秦」，甲骨文象形雙手持物舉起（渙圖5），被用為向上帝神靈祈求福祐之詞，如秦年、秦雨、秦生育等，遂而發展成為祭祀專用詞。這裡的意義乃為向神靈祈福祈祐。今山東一些地區俗言盼望、希望如「活著有奔頭」之「奔頭」的「奔」，仍含有這「秦」的意思。「机」，同「幾」，義同《屯·六三》「君子幾不如舍」的「幾」，其與「舍」意義相對，乃得之義，「奔其机」，即「秦其机」，指祈求上帝神靈，從而如願以償的意思。

渙·圖5：甲骨文「秦」（《乙》九〇六七《合集》）。

「悔亡」，河水環圍之下，順合天意的心願可以得到實現，而且也不會因實現心願而生出危險。

此爻《帛》作：「渙，賁其階，悔亡。」「賁」通「秦」，「階」，義同《升·六五》「貞吉，升階」的「階」，指神殿廟堂的臺階──當時宗廟等大型建築物，都建立在基礎深入地下的巨大夯土臺基上，故而它可以用以借代神殿宗廟。「賁其階」，即「秦其階」，指「渙」的功能可使享國有家者祭祀祈願于神殿宗廟之意。那時享國有家者最大特徵是可以按時祈神祭祖。《帛》較通行本優。

六三：渙其躬，无悔。

象曰：渙其躬，志在外也。

釋「渙其躬，无悔」：

「躬」，義同《蒙‧六三》「不有躬」的「躬」，身。

「无悔」，在環繞之水圍衛之下，可避免外來的侵害傷身。

六四：渙其群，元吉。渙有丘，匪夷所思。

象曰：渙其群，元吉；光大也。

釋「渙其群，元吉」：

「群」，同《乾‧用九》「見群龍无首」的「群」，環卷之義。「渙其群」對照「渙有丘」生義，指水圍繞居地成為卷環之態。

這一爻很可能記載了古老的防御概念，這概念似可在陝西臨潼縣城北姜寨遺址中見其反映：遺址是新石器時代的，其中房屋分別集聚為東、北、西北、西、南五組，每一組有一座大房子和若干小房子，五組房子大體上拼合成兩個圓圈，外邊有壕溝環繞護衛，中央是一個墓地。我認為這一概念還體現在後代所謂「辟雍」的修建上。《白虎通‧辟雍》：「辟雍，環之以水，圓而如璧也。」《通典》引許慎《五經異義》謂：「水旋邱如璧曰辟雍。」固然文獻通說「辟雍」是古代的「太學」所在，但歸根結底，它還是在環水如璧的土丘之中。周代的「太學」既是貴族子弟所在學藝的地方，那也就意味著種族人才養護蓄藏的地方，從某種意義上說，這是一個聚落邑國準備最後應急的安全地帶。如果這些推想合理，那麼「渙有群」和「渙有丘」都是站在城牆、護城河均較完備的時代中，對往古僅靠壕溝防御之功績的追敘。而再往後隆重設置「水旋邱如璧」的「辟雍」，則又體現了中華民族不忘舊德的本性。

「元吉」，吉中之首。

釋「渙有丘，匪夷所思」：

「丘」，義同《賁‧六五》「賁于丘園」之「丘」，指丘園，亦即家園。如，甲骨文中商又稱為「丘商」（《續》四‧二六‧一）。

「匪」，同非。「夷」，削平、毀滅。《左傳‧成公十六年》：「將塞井夷灶而為行也」。這裡指圖謀進犯虜掠者。「思」，用心。

「匪夷所思」，渙散之水防御家園，使敵人不能入內，因而他們虜掠夷殺的用心也不會得逞。

李鏡池注：「夷：常。」「匪夷所思」，不是根據常理可以想像的。

九五：渙汗其大號；渙王居，无咎。
象曰：王居无咎，正位也。
釋「渙，汗其大號」：

「汗」，借作「扞」，通「捍」。「扞」，幹也。幹，盾也。《釋名·釋兵器》：「盾，遯也，跪其後避兵刃以隱跡也。」「遯」通「遁」。「大」，對照下文「王居」，此義同《泰》「小往大來」之「大」。「號」，義同《夬·上六》「无號，終有凶」的「號」，號令。「大號」，正義者的命令、正統領袖的號令。

「渙，汗其大號」，環繞之水捍衛著國家正統的統治者，使其發號施令能夠正常進行。

釋「渙王居，无咎」：

「王」，先商時期，有著眾多近似于部落或氏族的方國，商方即其中之一，隨著社會發展，這些方國逐步聯合，其中較強大的被公認為聯合體的領袖，其首領方國的領袖，就成了聯合體中的王，如商方國的商王即是。

「居」，涉及夏商文獻的「居」多指京都。「王居」，此指商王經常居住的地方，亦即其直接管轄之方「大邑商」的中心——洹水環繞丘園中的宮室。

「无咎」以水環繞保衛著正統的統治者、商王，是沒有問題的。言外之意，非正統統治者使用渙衛之水，是社會的災難。

上九：渙其血去逖出，无咎。
象曰：渙其血，遠害也。
釋「渙去血去逖出，无咎」：

「血去逖出」，義同《小畜·六四》「血去惕出」。「逖」和「惕」都是「涕」的假借字。「血」，血淚。「涕」，眼淚。「血去逖出」即血涕出目；婉言國破家亡，人被搶掠俘虜，離家去舍。

「无咎」，「渙」讓血淚鼻涕流出來的災難，變得平安无險。

60、節 ䷻

水澤節。坎上兌下
節。亨。苦節不可貞。

彖曰：節，亨，剛柔分，而剛得中。苦節不可貞，其道窮也。說以
行險，當位以節，中正以通。天地節而四時成，節以制度，不傷財，不
害民。

象曰：澤上有水，節；君子以制數度，議德行。

釋「節」：

要想破釋「節」的本義，須知本卦的語境：當時竹子為商民族的一
種圖騰。商民族是帝俊之後，《山海經・大荒北經》記載的「帝俊竹
林」，正是帝俊一族竹崇拜的所在。

作為古代生產工具材料的竹子，幫助了中華民族的生存、壯大、進
化，更主要的是它在有文字時代，成了文字的載體。學者們在商代甲骨
上面發現了反映竹簡的圖形，推知承載文字的竹簡至少使用於商代。商
代文字承載于甲骨上，乃甲骨之牛骨、龜板出自于圖騰動物；承載于青
銅器上，是青銅出自于名山、聖山；承載于竹子上，也許首先考慮到了
竹子和龍圖騰位置可以互換吧。帝俊主圖騰為龍，所以商代不僅有代表
帝俊的竹筍與代表女媧的鴟鳥同構之聖器（節圖1），後世龍化竹的傳
說、龍生日即竹生日的認定，也是龍圖騰和竹圖騰曾經相等的證明。
「節」，應是竹崇拜語境裡竹子的一節；「節」，應是竹崇拜兼龍崇拜
並兼祖先崇拜的象徵。

本卦的「節」，乃意味著竹神和龍神及祖先神的人間代表，授出的
委託書，象徵其為代表自己之人的資格憑證。

「節」曾為一種表示身份的證書，像後出現的龍節虎符，是這種證
書的繼續。

《周禮・地官・司徒・掌節》：「凡通達于天下者，必有節，以傳
輔之。无節者，有幾則不達。」顯然在周代，「節」是通行證的名字
（節圖2）。當時的「節」來自何處？當然來自政府。「節」至少是政
府要各地要害部門接受控制的憑證。從這種意義上講，控制就是「節」

制吧。或者，這種「節」，就是高端控制權的物化。

本卦反映的是邦君邑主自閉與外交得失的問題。《象傳》所謂的「不傷財，不害民」乃針對固鎖與外出的利益而言，那麼「節」之意義就在于接受節制和自我節制；而《象傳》所謂的「以制度，議德行」的「節」，也應屬于接受節制和自我節制的問題。准此，「節」當來自竹圖騰的象徵，並在這一意義上延伸了竹圖騰所起到的控制作用。

釋「亨。苦節不可貞」：
「亨」，「節」的問題是關係到神靈祭祀的問題。
「苦節不可貞」，欲令宗族家國存在，不可苦于限制、制度。

初九：不出戶庭，无咎。
象曰：不出戶庭，知通塞也。
釋「不出戶庭，无咎」：
此與下一爻乃同一問題的兩個方面認識，不能獨立解釋。
「戶」與下一爻的「門」是同一概念的兩種說法。甲骨文的「門」象形兩扇門，「戶」象形一扇門，一般情況下兩個字的使用，沒有意義的分別。「庭」，即《尚書‧盤庚上》「王命眾悉至於庭」中的「庭」。在中國古代，房舍建築一貫體現著禮制和倫理限制，所以這「庭」字遠不是我們今天熟悉的內涵。它是統治者宮室府第的代詞，因為這一建築空間的名稱，只有他們才能享有。
「无咎」，不是壞事。

九二：不出門庭，凶。
象曰：不出門庭，失時極也。
釋「不出門庭，凶」：
「門庭」，「戶庭」的變言。
「凶」，極壞；它與上一爻「无咎」是一個問題的正負兩面結論，《上六》「苦節，貞凶，悔亡」之好劣判語並出的情況，與此相類。
《明夷‧六四》「獲明夷之心于出門庭」之「出門庭」指走出家國，參與邦邑間的外交活動；對照《象傳》之「不出戶庭，知通塞也」「不出門庭，失時極也」之釋，知道「无咎」和「凶」都是指參與邑邦間外交活動而言。

節‧圖1：竹崇拜的證明：殷墟婦好墓出土的冠竹筍之鴟鳥。

竹子和龍是帝俊的圖騰，所以帝俊、竹子、龍可以位置互換；女媧圖騰為鴟鳥，所以鴟鳥和女媧位置可以互換；伏羲女媧兄妹兼夫妻，圖騰可以共用，故而一頭雙身、兩頭一身神物是他們彼此不分的表示——冠竹筍之鴟鳥，即龍鴟共首的伏羲和女媧。

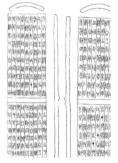

節‧圖2：竹崇拜的證明：鄂君啟擬竹子形金節。

此寶物自銘「金節」。它是楚懷王頒發給鄂君啟運輸貨物之車、舟的免稅通行證，據節文載，頒發它的時間為楚國的「大司馬邵陽敗晉師于襄陵之歲」，即西元前322年。鄂君封地約在今湖北鄂城一帶。鄂君憑此節通過當時楚國轄地的某些地區關卡可以免稅，否則必須徵稅。「金節」共五片，車節三，舟節二，五片合起來，正好可以組成一個竹筒。

乍一看，鄂君啟「金節」是青銅仿竹節嵌金字的寶物，再細看嵌字竹節原來是擬竹簡而為之——簡書曾為聖物、竹子曾為圖騰的履歷由此昭然。

這兩爻可釋為：限制著不出家國之門，不與外界發生交往聯繫，不能算什麼壞事，但也是極端的壞事。不與外界發生關係，遠避是非，倒也安穩，然而樹欲靜而風不止，這也將會導致與初衷全然相反的凶害。

此兩爻與《道德經》「雞犬相聞，老死不相往來」的主張顯然對立。

六三：不節若，則嗟若，无咎。

象曰：不節之嗟，又誰咎也。

釋「不節若，則嗟若，无咎」：

「若」，語氣詞。「嗟」，嗟歎。

「无咎」，沒有適當的限制、制度，就會產生令人歎息的現象，這歎息不是不應該的。言外之意說凡事「不節」是不應當的。

六四：安節，亨。

象曰：安節之亨，承上道也。

釋「安節，亨」：

「安節」，安于限制、遵守制度。

「亨」，指神靈得到祭享，轉說國家得以存在。在當時，家國存在和享祭神靈一體不分，十分重要，所以轉而借說之。

九五：甘節，吉，往有尚。

象曰：甘節之吉，居位中也。

釋「甘節，吉，往有尚」：

「甘」，與下一爻「苦」意義相對，快樂、合意的意思。

「尚」，輔助。「吉，往有尚」，樂意服從各方面制度的人，事事做到恰到好處，所到之處都將遇到吉利，得到幫助。

上六：苦節，貞凶，悔亡。

象曰：苦節貞凶，其道窮也。

釋「苦節，貞凶，悔亡」：

和《初九》《九二》兩爻相似，此說一個問題正負兩面的認識。

「貞凶，悔亡」，苦于限制、制度，在有些時候、有些情況下，是有關宗族家國存在的凶事，但在另些時候，另些情況下，卻能使之擺脫兇險的處境。

這種苦于制度是凶也是福的認識，當產生在眾邦國盛衰生滅急速的交替過程中。

61、中孚 ䷼

風澤中孚。巽上兌下。
中孚。豚魚吉，利涉大川，利貞。

象曰：中孚，柔在內而剛得中。說而巽，孚，乃化邦也。豚魚吉，信及豚魚也。利涉大川，乘木舟虛也。中孚以利貞，乃應乎天也。

象曰：澤上有風，中孚；君子以議獄緩死。

釋「中孚」（中孚圖1）：

「中」甲骨文象形旗杆上帶旗斗的旗幟（中孚圖2）；在那個時代，這種旗幟所樹立的地方，往往為地區的中心；此處意義與《泰・九二》「得尚于中行」的「中」意思相同，中正之義。

「孚」，甲骨文象形以手抓獲的小子（人），會意獲取（中孚圖3）。「中孚」，指邑邦之間彼此中正的獲取。

在《易》中，凡是標以「孚」字的，都屬于獲取之類。但獲取卻有正當與不正當的區分，像邑邦間相互擄掠等，是不正當的獲取，而正當的呢？本卦就是它的標準。

釋「豚魚吉，利涉大川，利貞」：

「豚」，小豬。「豚魚」，泛指宴樂禮品等。《易》中多次提到邦邑部族間交往應以宴樂禮品的事。「吉」，好。

「豚魚吉」，在「豚魚」往來造成友好狀態下的獲取。

在友好狀態下的獲取，就是中正的獲取，這種獲取的媒介是禮品加宴飲。今天說起歷史的教訓就說殷人酗酒喪邦，殊不知殷人重視酒禮的根本原則在于「中孚」之道。看來這是利用人的欲望以達到目的之道。但禮品加宴樂以為正當獲取的源頭，卻被今日國人處世請客送禮之風攪得混濁不清。

「利涉大川」，得到神靈祐護安渡河川之利，可與得之于禮品宴樂之獲的利益相匹。

「利貞」，中正的獲取，利于宗族家國的存在。

初九：虞吉，有他不燕。

象曰：初九虞吉，志未變也。

釋「虞吉」：

「虞」，對照「燕」生義；通「娛」，歡樂之義。《孟子・盡心上》：「霸者之民，驩虞如也。」此指禮節交往間的歡宴而言。

「虞吉」，邦邑部族間歡歡樂樂之交往而有所獲得是好事。但是「有他不燕」。

釋「有他不燕」：

「他」，即「它」，甲骨文擬作「S」或「C」形龍蛇，即所謂「小龍」的「蛇」字，卜辭用為動詞，有損害、禍患之意，這裡用其本義。「燕」通宴，指宴聚歡娛，也有借代歡樂的意思。「虞」「燕」乃一個意思，此為避重復的變言。

「有他不燕」，帶來災害禍患的獲取，不屬于吉利的歡樂範圍。這是「虞吉」含義的追補，猶今天常見的幽默話：你可以發一切可發的財，但是犯法的財例外。

此爻《帛》作：「杆吉，有它不寧。」「寧」的意思恰好為「燕」含娛樂之義作注腳。

中孚・圖1：商周器具上的筮數變卦「中孚」之「漸」。

《鄴中片羽二集》卷上・四七載安陽殷墟出土陶範上刻紋。

中孚・圖2：有旗斗的旗杆。

甲骨文「中」字象形有旗斗的旗杆上掛旗幟。

中孚・圖3：甲骨文「中」（《京》四九二）、「孚」（《合》三九五）。

九二：鳴鶴在陰，其子和之，我有好爵，吾與爾靡之。

象曰：其子和之，中心願也。

釋「鳴鶴在陰，其子和之」：

此與下一爻為屬爻分置之辭。

「陰」，指河、河岸。或謂「借為蔭，樹上蔭蔽處」。非。因為鶴是涉禽，活動于濕地沼澤，生性不棲于樹。

此「陰」說明《易》為商民族之作。商民族以帝俊伏羲為祖先，伏羲八卦方位必為他們襲用。伏羲八卦以水為陰，以火為陽。周人用文王八卦方位，以水為陽，以火為陰。「鳴鶴在陰」即鳴鶴在水——水屬陰正是伏羲八卦中的陰陽關係。

「子」，這裡是殷人對女子的稱謂，如《詩‧商頌‧長髮》：「帝立子生商。」《詩‧陳風‧衡門》「豈其取妻，必宋之子。」（宋是殷之後，在女子稱謂上仍沿襲商代）。這裡用來指鶴的同類。

釋「我有好爵，吾與爾靡之」：

「爵」，酒爵。商代的爵來自大汶口文化的鳥鬹，是鳥圖騰的擬體，是禮器，這裡借代酒，並極言酒宴的隆重。酒在古代是祭神通靈的媒介，這也就使祭祀成了一種特權。作為集神權與政權一身的人，將酒與誰人共飲，誰人就意味著被某種角度上的認同：這些也許是《易》之編著者看重酒的功用的原因之一。殷人在社會活動上十分看重酒禮，本書注釋中屢有說明。

「爾」你。「靡」，通「縻」；共。

此以鶴在水畔相喚相和，喻邦邑部族間相互交往以禮的快樂；以好酒共飲，借說相互和睦平等往來的快樂之得，遠遠勝過招仇樹敵的戰爭所獲。

六三：得敵——或鼓或罷，或泣或歌！

象曰：或鼓或罷，位不當也。

釋「得敵」：

此爻與上爻是屬爻分置之辭，不能單爻成義。它以各邦國之間戰爭招敵樹仇的實例，證說相互交往以禮的必要。

「得敵」，凡是戰爭不管勝方負方，彼此都將得到了敵人、仇者。「得敵」的特徵乃「或鼓或罷，或泣或歌」。

釋「或鼓或罷，或泣或歌」：

「鼓」，借代進攻，先秦戰爭，擊鼓以進攻。「罷」，指收兵。先秦戰爭，鳴金以收兵（戰國時戰鼓和敲擊收兵的鉦裝置在一起，架上是鼓，架的腳下是鉦。此鉦又名「丁寧」）。

「泣」哭。指戰爭失敗者的表現。「歌」，義同《離·九三》「不鼓缶而歌」的歌，指戰勝者的歡歌樂舞。

此與《九二》的大意說，不管攻也罷退也罷，勝也罷敗也罷，戰爭都是得仇樹敵的壞事，這遠比不上邦國間友好交往所生的好處。

六四：月幾望，馬匹亡，无咎。
象曰：馬匹亡，絕類上也。
釋「月幾望，馬匹亡，无咎」：

商承祚《戰國帛書述略》（見《文物》1964年9月）載：「日月夋（帝俊）生。」商族認為自己的祖先帝俊生了日、月，這意味著商族的男人是太陽，女人是月亮；在這種語境之下，「月」借代女人。「幾」，近。「望」，願望。

「月幾望」，《小畜·上九》「月幾望，君子征凶」、《歸妹·六五》「帝乙歸妹，其君之袂不如其娣之袂良；月幾望，吉」等，均以這個片語借指婚娶女人之願望，這裡仍舊如此。

「馬」，在《易》中它往往指用于戰爭的工具。

「馬匹亡」，與《睽·初九》「喪馬，勿逐，自復」的含義完全一致。當時搶婚如戰爭，必用馬車載兵集隊而去。馬跑了，搶婚之用的車也就不能啟動了。婉言不以搶婚的形式婚娶。

「无咎」，婚娶女人不以搶的方式，沒有壞處。言外之意，獲得女子為妻，正當的途徑應以禮聘婚盟的形式。《賁·上九》說禮聘女子要有未閹割、未交配的公豬為禮，《姤·九二》講禮聘女子要有魚為禮等，都可參照理解此爻之義。

此爻《帛》作：「月既朢，馬必亡，无咎。」較通行本優。

九五：有孚攣如，无咎。
象曰：有孚攣如，位正當也。
釋「有孚攣如，无咎」：

「攣如」，義同《小畜·九五》之「攣如」，相牽相引，很多的樣子。

中孚·圖4：西周晚期的《梁其鐘》、《單伯昊生鐘》上的「翰」。

中孚·圖5：甲骨文「翰」（《前》六·三六·二）。

「无咎」，因為是「中孚」，即中正的獲取，所以獲取再多，也不會招來危害。相反，「有孚攣如，富以其鄰（獲得極多，但卻是搶掠鄰邦鄰邑的結果）」，則會有被報復的兇險。

上九：翰音登于天，貞凶。

象曰：翰音登于天，何可長也。

釋「翰音登于天，貞凶」：

「翰音」，今多釋以雞，「登于天」則釋以雞祭天的意思。對照下文「貞凶」，再分析《象傳》「翰音登于天，何可長也」之釋，可見它絕對不是以雞祭天的意思。

中孚·圖6：成都百花潭出土戰國銅壺上的水陸攻戰圖。
圖中懸戈之建鼓鼓座上的小圓球即代表鳴金收兵的「丁寧」亦即「翰」（鐘、鉦）。

《漢書‧七十七下‧敘傳》有「博之翰音，鼓妖先作」的記載，其「翰音」是什麼？查《漢書‧五行志‧中之下》知道漢哀帝時朱博被拜為承相，接受證書策文時忽然有大聲如「鐘鳴」，漢哀帝問楊雄、李尋這是什麼原因，回答說是古代經籍裡所謂的「鼓妖」，即鐘鼓鬧妖。據此線索可知「翰音」為鐘聲，「翰」為鐘的代名。

對照西周青銅器《沇兒鐘銘》之「中鶾譴腸」，《王孫遺者鐘銘》之「中翰譴腸」[1]，其雖為形容鐘鳴的套語，但當中的「鶾」「翰」卻與這裡「翰」音同義同，乃是指鐘的一種名稱——先秦銅鐘等鳴器上每每飾以鳥紋（中孚圖4），而「翰」應是這鳥紋的名字，轉而也可以借代這鐘。

甲骨文「翰」字象形旗下有人與鳥（佳），乃會意字，當與戰爭有關（中孚圖5）。

「翰音」即戰爭過程中的「鐘鳴」。我的理由是：

既然「中孚」之道崇尚「豚魚吉」，是「利貞」之道，那麼「貞凶」的「翰音」「登于天」一定是違背了「中孚」之道的，也就是與禮樂友好往來相反的事，是戰事。

准此，「翰」指古代戰爭中用于收兵的響器，其又名「丁寧」。「丁寧」實乃「鉦」的分讀音；或可說「鉦」就是「鐘」，只不過用于收兵為「鉦」，用于祭神為「鐘」吧。今出土的古鉦古鐘，皆由音筒及懸提之柄所構成。

據文獻說，殷人的鼓「以柱貫中，上出而樹之也」，這與成都百花潭出土戰國銅壺上水陸攻戰圖裡建鼓之形相近（中孚圖6）：其鼓的底座上有一個「丁寧」，不知它是不是和商代「丁寧」所在的位置相似。《詩‧小雅‧采芑》「方叔率止，鉦人伐鼓」《傳》：「鉦以靜之，鼓以動之。」說古代戰鼓和「丁寧」彼此不分，戰鼓鼓動而進攻，鐘鉦敲響以息兵。顯然此「翰音」也暗及戰鼓，有戰爭之聲的意思。

「翰音登于天」，戰爭進行之聲傳遍天上；指天底下到處是「貞凶」的戰爭。

「貞凶」，獲取之道不是以「中孚」為原則，而是靠戰爭之手段，這是宗族家國存在的災凶。

---

[1]　郭沫若《兩周金文辭大係》圖 231：239

62、小過 ䷽

雷山小過。震上艮下。

小過。亨，利貞：可小事，不可大事。飛鳥遺之音，不宜上宜下；大吉。

彖曰：小過，小者過而亨也。過以利貞，與時行也。柔得中，是以小事吉也。剛失位而不中，是以不可大事也。有飛鳥之象焉，有飛鳥遺之音，不宜上宜下，大吉；上逆而下順也。

象曰：山上有雷，小過；君子以行過乎恭，喪過乎哀，用過乎儉。

釋「小過」：

「小」，義同《否》「大往小來」之「小」，有邪惡、不正等意思。「過」，超越。「小過」，超過則邪惡不正。什麼東西超過則邪惡不正？這就是君王領主的位置和特權。

當邑聚之內，邦國之間，名義居下卻倚恃實力威脅其上的事情觸目可及之時，是本卦產生的最可能的土壤。

本卦是儒家君主无上的社會觀的前身，也是遁世者「朱我穀，赤吾族」觀的前提，而今天「要聽領導的話」之无原則之告誡，恰是它活力千年不變的體現。

「小」《帛》作「少」。如果將「小」理解成少量、微小之義，僅為字面的含義而已。

釋「亨，利貞，可小事，不可大事」：

「亨」，「小過」乃涉及到祭享神靈的問題。「利貞」，指「可小事，不可大事」的做法而言。「小」，邪、不正當。「事」甲骨文用為動詞，有使之義。「大」，義同《泰》「小往大來」之「大」，正當、正統的意思。

「利貞……」，對于邪惡的超越，只能以邪惡待它，不可認作正當而苟同，才會利于宗族和家國的存在。

釋「飛鳥遺之音，不宜上宜下，大吉」：

「遺」，留。「音」，指鳥的鳴叫。

「上」「下」，雙關；于飛鳥則「上」指天、「下」指地，于社會則指人間位置的尊卑。

「不宜上，宜下」，飛鳥空中的鳴叫，人只應該在陸地上聽到，如果在它身上的藍天裡聽到，那不是人所能及的事情了；婉言設喻神靈定下的人間尊卑位置不得超越。當時人認為人間統治和被統治的地位是天定的，沒有天的允許絕對不能更變。

「飛鳥……」這句話也可以從這個角度理解：古人將太陽和飛鳥聯屬在一起，飛鳥遺音乃如太陽之光，人只能在陽光的下邊，不能超越到陽光的上邊。

「大」，正。「大吉」，指「不宜上，宜下」之位置的認定；遵守上下的位置而不超越，才會有正正經經的好處。

初六：飛鳥以凶。

象曰：飛鳥以凶，不可如何也。

釋「飛鳥以凶」：

「凶」，世人欲想超越上天的限制，飛鳥一樣飛行天空，這是邪怪的胡思亂想，欲超越上天定的社會地位，這是導致凶災的輕舉妄動。

本卦生自鳥崇拜的語境。人們認為人不可能輕易企及鳥的位置。

六二：過其祖，遇其妣；不及其君，遇其臣；无咎。

象曰：不及其君，臣不可過也。

釋「過其祖，遇其妣」：

「祖」，男祖先。「遇」，與「過」相對，對照《九四》「无咎：弗過，遇之」之「遇」，其有到、止的意思。「妣」，女祖先。

「過其祖，遇其妣」，或認為在當時「父權制家庭，祖父是最權威的；而婦女，即使祖母，也形同奴隸」。非。

王國維《殷周制度論》指出：「商人祭法，見于卜辭所紀者，至為繁復，自帝嚳以下，至于先公先王先妣，皆有專祭。」殷人對於先祖先妣的祭祀極為重視，也極頻繁，特別對于先妣還要舉行特祭。這可見其很重視母係血統。從今婦好墓出土殉葬品的隆重來看，當時婦女的地位尚不是一概而論的低下。「過其祖，遇其妣」應是指著祭祀的制度而言。

殷商的祭祀中，先父通常不參與眾祖先的合祭，而是單獨的祭祀。當原先單祭者加入合祭之群時，則是因代替其單祭的新去世者出現了[1]。《書・高宗肜日》云：「典祀无豐于昵。」謂祭祀新死之血親，和祭祀以往的先祖禮節有區別，无須過分隆重（這和《左傳・文公二年》所謂「新鬼大，舊鬼小」的說法似不一樣）。當眼前新死的血親開始單祭之時，其所代替單祭的那個血親便歸入了男女祖先合祭的行列，得到了超越以往單祀「无豐于昵」的禮節，即新參入男女祖先合祭之群的那個人，其享受的隆重祭禮，已與很遠的祖先相同——而這相同，則意味著其對靠近的身上的一些男女祖先的超越，這就是「過」和「遇」的實質。這種「過」是死鬼之間的「過」，不是人世間的事，所以是「无咎」的。

商民族祖先崇拜尤甚，被崇拜的祖先，成為多神中的主神之一，所以新死者之以上死者的隆重合祭，勢所必然。

釋「不及其君，遇其臣；无咎」：

「及」，「過猶不及」的「及」，過之義。「不及」，不過，不超越。「遇」，到，止。

「不及其君，遇其臣」，不能超越君臣之間的位置，天令君臣之間有各自所到的位置。「无咎」，死人之中祭祀位置的超越沒有過錯，君臣之間的位置不超越則沒有過錯。

九三：弗過，防之！從，或戕之，凶。

象曰：從或戕之，凶如何也。

釋「弗過，防之」：

上天給人世定的位置不能卑超越尊，卑者要自我防止這種超越。

釋「從，或戕之，凶」：

「從」，通「縱」。「戕」，傷害。

「凶」，如果放縱自己，任卑超越尊的情況出現或繼續，那可能是會遭殺身之害的凶事。

---

1 參見曹定云《論「上甲廿」示及其相關的問題》。載《文物》1990 年 5 月。

九四：无咎：弗過，遇之；往厲，必戒，勿用永貞。

象曰：弗過遇之，位不當也。往厲必戒，終不可長也。

釋「无咎：弗過，遇之」：

「无咎：弗過，遇之」，位低者不超越位高者，把言行限制在自身位置應該的範圍內，這就不會有過錯了。

釋「往厲，必戒。勿用永貞」：

「往」，猶「一往无前」的「往」。「往厲」，超越自己的社會位置，往更高的位置上超越，很危險。

「戒」除，除殺。《帛》作「革」，革命之意，似優。「必戒」，不安本份的超越，必受到滅國除家的禍害。

「勿用永貞」，邪惡不正的超越，不是讓宗族家國永遠存在的方法。

六五：密云不雨，自我西郊；公弋，取彼在穴。

象曰：密云不雨，已上也。

釋「密云不雨，自我西郊」：

「西郊」有雙關義，一指商王首都的西郊，一指郊祭，即祭天之處。伏羲八卦西方卦名「坎」，「坎」為水、為月，月主水，商代西郊祭神，求雨當為重要願望——密云欲雨，但被上天派遣的西風從我急需雨水的領地上吹走，成了一場空（今山東仍有「云彩向東，有雨成空」的氣象農諺）。此用以比喻「過」而不「遇」——即超越而不止的結果。

釋「公弋，取彼在穴」：

「公」即《解・上六》「公用」之「公」，猶大家的意思。「弋」，——種箭杆上繫著繩索的箭，看後來出土的圖像，它的繩索後邊繫有固定物，專用于射大型的飛禽。「公弋」，好比大家共同經常使用的弋射。

「穴」，洞穴，指陸地動物居住的地方。

「取彼在穴」，此以射飛禽的帶索之箭，射能夠躲進彎彎曲曲洞穴裡的動物，比喻「過」而不「遇」的結果。帶索的箭很難給居在洞穴裡的動物構成危險。從《解・九二》「田獲三狐，得黃矢」、《巽・六四》「田獲三品」中得知，射陸地穴居動物使用不帶索的「黃矢」。

上六：弗遇，過之，飛鳥離之，凶，是謂災眚！

象曰：弗遇過之，已亢也。

釋「弗遇，過之」：

不停止違背天定的社會地位之超越。

釋「飛鳥離之，凶，是謂災眚」：

「離」，甲骨文象形禽類被網捕獲，這裡用其本義。「飛鳥離之」，此以禽鳥被捕獲而止住飛越，比喻那些「弗遇，過之」者的下場。禽鳥是商王族的圖騰之類，捕獲圖騰鳥類，以強調「離」的嚴正。

「眚」，甲骨文用作動詞，有巡視、省視之義。「災眚」，猶上天有眼，善惡必鑒之意（詳見《震・六三》釋）。

「凶，是謂災眚」，在社會中，上與下的位置是天定的，如果不能遵守天命而超越這種位置，就會像飛鳥自投羅網一樣，得到上天施加的凶災以懲罰。

63、既濟 ䷾

水火既濟。坎上離下。

既濟。亨。小利貞，初吉，終亂。

象曰：既濟，亨，小者亨也。利貞，剛柔正而位當也。初吉，柔得中也。終止則亂，其道窮也。

象曰：水在火上，既濟；君子以思患而預防之。

既濟．圖1：甲骨文以此符號表示災禍（災《戩》四四·二）。

釋「既濟」：

「既」，停止、結束之義。「濟」，渡水。「既濟」。已經渡過了河川。

在甲骨文中，用象形洪水橫流的字表示災禍（既濟圖1），這說明那時把渡涉河川看得十分嚴重，幾乎等于涉災渡難。如果能順利安全渡涉河川，也就意味著有了很大的成功。所以《易》不免就會用能否渡過河川作為成功的標誌。

這一卦暗以馬拉戰車渡越國界之河的目的，來論說家國需求的是非。

這一卦是有關戰爭的卦，目的在說事情達到成功前後應注意的問題。

釋「亨，小利貞，初吉終亂」：

「亨」，「既濟」之道，事關神靈得到祭祀之道。

「小」，與《否》「大往小來」的「小」同義，有邪惡的意思。「小利貞」，用邪而不正的方法以利于宗族家國的存在。

「亂」，亂子，出亂事。「初吉，終亂」，以歪邪的方法利己之家，開始似好，最終要鬧亂子。

與其他卦卦辭稍異，本卦卦辭不釋「既濟」的意義，反以需求得以成功之後仍可能遭遇不成功，說「既濟」的難久難成。將此對照《小畜·上九》「既雨既處，尚德載」的意思，知道了《易》編著者的這一

観點：人得災得福全在神靈的心意，人的需求行為只有時時事事合乎德，才會不失神靈的福祐，一旦失去德，就會福去災來。換句話說，合乎神靈的心意就是合乎德的行為，它會使需求行為成功。卦中各爻的辭句，可視為其編著者認為的神靈心意之側面披露。

初九：曳其輪，濡其尾，无咎。
象曰：曳其輪，義无咎也。
釋「曳其輪，濡其尾，无咎」：

「曳」，義同《睽・六三》「見輿曳」的「曳」，此指馬拉戰車而言。「輪」，車輪，借代車。

「濡」，濕。「尾」，馬尾，借代馬。

「无咎」，馬拉戰車渡河，雖然被水沾濕，但因渡過了河，也就沒有什麼不好的了：喻說需求行為獲得成功，困難和代價是難免的。就當時的交通條件來看，相對固定的河川該是邦國之間的天然界線。馬拉車渡河，自然與越界需求的戰爭有關。

「曳其輪」，《帛》作「抴其綸」。據而有釋「輪」為腰帶的，釋「尾」為人身後的尾飾。似沒弄明白《未濟》卦中「小狐」的含義是什麼。

既濟・圖2：安陽殷墟婦好墓出土的象牙「茀」。

六二：婦喪其茀，勿逐，七日得。
象曰：七日得，以中道也。
釋「婦喪其茀」：

「喪」，失。「茀」，目前對此字有這麼幾種解釋：

一，婦女所乘之車遮蔽車身的席子；
二，婦人的頭巾；
三，婦女的髮飾。

《帛》此字作「髮」，《集解》本作「髴」，對照來看，「二」和「三」種說法接近本義。我認為「茀」「髮」「髴」均指當時婦女頭上最普遍的一種裝飾品，從而象徵婦女。恰如今天以乳罩、衛生巾之類用品可做女人的象徵。它大概是《禮記・內則》所謂「拂髦」之「拂」，猶梳子一類的東西（既濟圖2）。因它是女人的象徵，從而被賦予了巫術的意義——在車馬渡大河大川之前，把它扔

在水中，象徵著向河神奉獻了一個女人；也或者把它掛在車的某一部位，一旦渡河有險，便把它投入水中等。

甲骨文中有沉婦女以祭河神的例子（如《後》上二三·四》：「丁巳卜，其于河牢沉妾。」）。後來著名的「河伯娶婦」故事，就發生在離殷墟安陽不遠的漳河之畔。先秦河川之神似乎多是男性，也都很偏愛女人。把河神偏愛之物——女人獻給河神，河神就不再給渡河過川的人製造麻煩了。從巫術意義上講，「茀」這東西可能是它原來所屬婦女魂魄的轉移之體，像今天農村燒紙人紙馬意味著給死者送去奴僕和馬匹那樣，把它投在水中，本要起著投進一個女人的作用。玩味下文「无逐」，可知它可以長時間泛在水上，所以它不是絲織物，因為絲織物遇水浸透便會沉入水中；再玩味「七日得」，可知它是便于得到的商品，顯然不是共車渡河之婦女身上的東西，因為取她身上的東西，便等同把其生命或靈魂獻給了河神。它應是預先準備好的梳頭梳子或兼做釵簪用的梳，它從商人之手購到，便也等同購到了一個女子的生命或靈魂。

既濟·圖3：甲骨文「鬼」。

釋「勿逐，七日得」：

「无逐」，「茀」是渡河人安全渡河的代價，渡河後就不要再去追趕這獻給河神、順水飄流的它。《莊子·天運》之「芻狗已陳」（祭神時用過一次的祭品「芻狗」，再用不吉利）所反映的情況似乎近似：即便追趕上這件「茀」，再用于下次渡河便會導致不祥。所以要在「七日得」。「七日」這是《易》用來代稱商業貿易的吉利日子，猶今天農村趕山、赴集，都有一定的日子。「得」，購買「茀」到手。

此爻以渡河後不要追索為安全所付出的代價，喻說事情成功應知道的事情。

九三：高宗伐鬼方，三年克之——小人勿用。

象曰：三年克之，憊也。

釋「高宗伐鬼方，三年克之」：

「高宗」，指盤庚（前1300——前1251）遷殷都至今天安陽後的第三代商王武丁（西元前1250——1192）。因重用傳說而使國家中興。他在位五十九年，是個有建樹的君王。

「鬼」（既濟圖3），當是《睽‧上九》「載鬼一車，」的「鬼」，亦即《離‧上九》「王用出征，有嘉：折首，獲匪其醜，无咎」的「醜」。「醜」，《說文》：「可惡也。」此指敵方的俘虜，猶我們今天罵怨家對頭為「可殺的」（詳見《睽‧上九》注）。「鬼方」，猶已經舉族舉家充當了俘虜的方國、已被消滅的敵國。

傳世文獻對于武丁的記載最多，現存甲骨刻辭屬于武丁時代的也最多；他曾征服和消滅了很多敵對的國家，所以這個「鬼方」應泛指一切與殷商敵對的國家，而不該單指某個與「鬼」字命名有關的方國——由殷墟出土卜辭反映，武丁時代人祭數量最大、殺祭也最頻繁（以後逐漸變少，至帝乙、帝辛時就極少了）；人祭數量之大、殺祭次數之頻繁，都說明武丁不是戰勝、俘獲了一方一國，而是極多的方國和部落。

一般釋「鬼方」為單一的方國名，即後來的匈奴。按：《史記‧匈奴列傳》指出：匈奴是夏后氏的一支。因夏朝滅亡，夏民族不願奴隸于商朝的人員離開當時文明核心，並在與核心民族的對抗中，逐漸演化為邊緣民族。他們的對抗一直未停，直到漢代，所以商代即便對他們「克之」，也只能是暫時性的。

「三」，泛指多數；《易》中所有的「三」字，均不用為具數的數字。「克」，與《同人‧九四》「弗克攻」、《復‧上六》「至于十年不克征」，的「克」相同，能之義。「三年克之」，高宗武丁多年來不停地征伐那些敵對的國家，而且能一直取得勝利，其之所以如此的關鍵，是因為「小人勿用」。《象傳》「三年克之，憊也」——釋為无礙時間疲長之意，亦不將「三年克之」做整三個年頭攻克下來講。

釋「小人勿用」：

「小人」，指出身沒有淵源、來歷不正統的人，他們包括出身奴隸但卻不是奴隸的人；他們的社會名譽與《未濟‧九四》之「大國」相異（「大」，正。「國」，國君的略文。大國君即正統的國君邑主），猶如今天的「個體戶」與國營大中企業書記兼廠長的名譽有別；大致他們

多是靠特殊技能和功勳由下層躋身統治階級的人。

「小人勿用」，對照《師·上六》「大君有命，開國承家，小人勿用（正統的國君邑主之資質受命于天，可以指揮使用軍隊，從而因功建國固家，「小人」可不能和他們一樣用來指揮軍隊）」，知道此指軍隊的指揮、統帥不能任用「小人」承擔。

武丁時代「小人」之所以不被用為軍事統師，大致只因當時車戰初普及，作為一種特別貴重的戰爭工具，還不可能令「小人」染指而已。從考古學的角度看，例如軍械之戈，在殷墟早期到中期的出土裡，它的特徵是无胡无穿，而且其側刃特別是下刃受到重視，這說明此時用戈作戰，主要在于啄擊，也就是說，作戰的形式還是步戰為主。戈從啄擊到勾殺是青銅兵器史上的一大變革，它見于殷墟晚期，即起于高宗武丁的時代。該階段以援部上仰的有胡有穿的戈出現為標誌，並漸漸取代了啄擊用的戈（既濟圖4）。這和車戰流行推廣是密不可分的，也是勾兵取代啄兵的根本動因。車戰在戰術上當然要利于步戰。車戰自始至終不僅是較步戰復雜的一種戰術，也是十分昂貴的一種武裝設備。從物質文明發展的軌跡看，它初興的時候，親自操作它的人不但重要无比，也榮耀无比，並且也是貴族內部的佼佼者（恰如汽車始興，駕車的司機十分榮耀，如今它觸目皆是，司機職業已尋常到无足可稱）。所以，作為第二十三代商王武丁，他也不能將戰車的使用交給一個「小人」，更也不會把車戰的指揮權交給一個

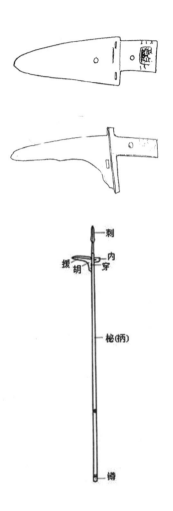

既濟·圖4：啄擊的戈（上）和車戰用的勾殺戈（中、下）。

「小人」即一個被解放的奴隸，或其他較卑賤階層中的人，正所謂「高宗伐鬼方，三年克之——小人勿用」。

可是隨著貴族間相互掠奪財富的戰爭頻繁、升級，車戰也大大普及起來，同時大多數的下層人才也被吸收其間大顯身手，于是戰爭更加曠日持久，此伏彼起，乃至為了取勝什麼絕招詭道都推陳出新，這當然也危及了商王和貴族，更使靠傳統戰爭手段裁定是非尊卑所體現的王權日益黯淡无光。《易》的編著者面對這般現實，追析到高宗時代王業昌盛的原因：其認為這是高宗軍事上不用「小人」帥軍的結果。可見其眼裡「小人勿用」是「既濟」亦即軍事成功的根本條件，用了「小人」，成功也會變敗，出現「初吉，終亂」的局面。這因為「小人」為了取勝邀功，无論什麼違背傳統軍事規矩的手段都用；一言以蔽之，「小人」參與戰爭的決策，破壞了以往靠戰爭維持、平衡了的諸方國與殷商的上下秩序。

這一爻針對的前提和商末叛離、侵擾的方國不斷湧現，王師對此已失去軍事優勢有關。李鏡池注：高宗武丁時，「北方一個強族鬼方威脅了殷商，也威脅了周人。故殷周聯軍攻打鬼方。」按：今本《竹書紀年》載：「武丁三十二年伐鬼方，次于荊。三十四年王師克鬼方；氐羌來賓。」其中似沒提及殷周聯軍。其「鬼方」與本卦及《未濟》之「鬼方」，也沒有直接關係。

六四：繻，有衣袽，終日戒。

象曰：終日戒，有所疑也。

釋「繻，有衣袽，終日戒」：

「繻」，王引之《經義述聞》謂其當為「襦」，「襦」，衣服也，它與下文「衣」字意思犯復。《既濟》《未濟》凡「濡」字都指因需求之戰渡河濡濕馬匹而言，「繻」當是與其區別而特意強調的字。對照下文「終日戒」，我認為其與《賁·九三》「賁如濡如」的「濡」一樣，都是《需》卦之「需」的借假字，在「既濟」的前提下，此應釋為渡河以需求、獲求的意思。

甲骨文「需」象形正面濡身之人，反映當時祭祀的濡身之禮（詳見《需》釋）。甲骨文象形正面分腿站立之人，比象形側面人者多半顯得隆重，這正面站立之人，身上承擔著超乎常人的責任。准此，「需」在會意超乎常人的責任者在祭祀之禮上為需求濡身，此指商王族的需求。

設立商代需求獲取之準則的《需》被《易》收為六十四卦之一，已

經見其重要——《離》卦之「離」字的甲骨文，更加能見商代需求獲取必須合乎準則的字境：其象形網捕作為圖騰的鳥，會意的內容包含了敬畏和慎重，因為獲取要遵守天意，要「中行，告公，用圭」（見《益·六三》），才可使商王族長存不敗，這可見「有衣」之「衣」，應為周人對商朝稱謂的「殷」。

「衣」一般釋為綿衣。對照上下文義，此乃「殷」的本字——甲骨文「衣」字象形龍紋裝飾之衣，其會意商王族領袖之章服，可以為其族名、集團名、國名的代稱（詳見《益·六四》釋）。

「袽」，一般釋為絲綿，或指綿衣之綿絮，或指塞堵船漏的破衣絮；我認為應為「如」的假借字，甲骨文用作順從之義，這裡可能為語氣詞。

「終日戒」，《帛》此作「冬日戒」；一般釋此為冬天渡河濟水，要整天戒備、提防棉衣沾水。按：甲骨文有「冬」字，但在目前發現的卜辭中，其都讀「終」。

「繻，有衣袽，終日戒」，因需求而越界渡河的軍事行動，成就了商集團，但也應當終日戒備由此而來的非分者之覬覦。此說成功的戰爭，其需求也要慎重。

我之所以這樣解釋，因為甲骨文「需」「濡」字形一致，象形大人（正面人）沐浴濡身，以潔身祭祀——祭祀乃祈望回報需求。大概「需」的宗教儀式，有「濡」的步驟，而軍事行動渡河過川，也不免有被水所濡的情況。

九五：東鄰殺牛，不如西鄰之禴祭，實受其福，[吉]。

象曰：東鄰殺牛，不如西鄰之時也；實受其福，吉大來也。

釋「東鄰殺牛，不如西鄰之禴祭，實受其福，[吉]」

通行本此爻无「吉」，今據《帛》補。

「東」「西」，《易》編著者站在與自己東西相鄰位置上泛指某某方國。一般注釋根據周文王演《易》的說法，總把「東」認為殷人，「西」認作周人。殊不知夏朝將亡，商朝將興，也曾有「西夏東殷」的傳說[1]，安知「東」非指商？按：《易》用伏羲八卦方位確定方向，其

---

[1] 《竹書紀年·帝癸二十九年》：「費昌出奔商。」《注》引《博物志》卷十：「夏桀之時，費昌之河上。見二日，在東者爛爛將起，在西者沉沉將滅，若疾雷之聲。昌問馮夷曰：『何者為殷，何者為夏？』馮夷曰：『西夏東殷。』于是費昌徙族歸殷。」

「東」為離，「西」為坎，當時認為日月同生東方，巡天到西方後再返回，此應該是這一語境下泛指所在空間的習慣[2]。

「牛」，從圖像上比較分析，商王族多圖騰崇拜，牛是其圖騰之一，殺牛祭祀，為以牛為替身的獻身祭祀，十分隆重。

「禴」，同「礿」，古代祭祀的名稱；即甲骨文的「龠」字，象形笙簫類編管樂器，學者們認為「龠祭」乃用樂為祭祀的名稱。傳說女媧發明了笙簫類等編管樂器以催促繁衍，不知道這與「龠祭」有沒有關係。

「實」，實在，真正。「實受其福，[吉]」，東鄰方國殺牛奉獻神靈，西鄰方國禴祭神靈，然而一方按神靈的心意行事則受到了福祐，另一方行事違背神靈的心意便失去了祐護。這足見祭祀奉獻祈求吉祐，只看誰的行為實實在在合乎神靈心意。

上六：濡其首，厲。

象曰：濡其首厲，何可久也。

釋「濡其首，厲」：

「首」，對照《初九》「濡其尾」，此應指馬頭，並喻軍事行為越界渡河的結果。馬不僅在奔跑時高昂起頭，渡河時也抬著頭。馬拉車過河，頭被濡濕，也就意味著馬有不勝水的危險。

甲骨文「需」象形當時需求戰爭之前的「濡身之禮」；值得注意的是，其象形濡身而不濡人首，對照《未濟‧上九》「濡其首，有孚，失是」，讓我們知道古代的「濡身之禮」不太可能「濡其首」，「濡其首」則不吉祥。《既濟》《未濟》是因需求獲取而越界戰爭之卦，想必需求戰爭之前的祭祀之禮，有濡身而不濡首的規矩吧——當渡河戰馬不該濡首而「濡其首」，越界渡河的軍事人員遭遇可想而知。

周代的金文「需」，有象形正面人頭頂之天下雨者，據此學者釋它為「濡」，即「天雨，濕也」。顯然這和商代「濡身之禮」的「需」屬于兩種造字字境的字。也許這和周武王發兵滅商天降大雨有關。據《易》許多卦中反映，在那個時代出兵下雨是凶兆（詳見《夬‧九三》釋）。面臨水注如河的大雨，周軍懼怕，周武王為安定軍心說，這是

2　在出土的商代屈膝女媧載夫玉雕中，表示女媧生了天地的符號有兩種，一種在象徵天的「○」中加象徵大地東西南北的「十」，另一種在「○」中加象徵大地自東到西的「一」。由此推想，殷商在作為方向詞之東、西並出時，也可能泛指大地空間吧。

「天灑（洗）兵」，乃大大的吉利（見《說苑・權謀》）——如此字境的「需」，則不怕「濡其首」的忌諱。准此，可知《易》非《周易》。

「厲」，危險。如果「濡其首」的前提是商民族戰爭出兵忌諱下雨天氣，商民族需求戰爭之祭祀忌諱濡身之禮濡頭，那麼它意味著越界過河之需求戰爭不合乎被祭祀之神靈的心意。此爻以馬在渡河之中「濡其首」、幾不勝水卻也拉車過了河，暗喻需求戰爭不合乎神靈心意的成功。「厲」是對這種成功的評價。

64、未濟 ䷿

火水未濟。離上坎下。
未濟。亨，小狐汔濟，濡其尾，无攸利。

象曰：未濟，亨；柔得中也。小狐汔濟，未出中也。濡其尾，无攸利；不續終也。雖不當位，剛柔應也。

象曰：火在水上，未濟；君子以慎辨物居方。

釋「未濟」（未濟‧圖1）
這一卦與《既濟》相對。
「濟」，成。「未濟」，有沒渡過河和尚未渡河兩種意思。它以渡河不成功，比喻相同模式的事情。整個卦是在分析導致需求戰爭成功或失敗的原因。今山東卽墨、平度一帶仍把事情不成功、不好說作「不濟」。

釋「亨，小狐汔濟，濡其尾，无攸利」：
「亨」，「未濟」之道事關神靈得以享祀之道。
「小」，在《易》中，「小」字幾乎均用為不正之意。
「狐」，通「瓠」。如《淮南子‧齊俗》「狐梁之歌，可隨也；其所以歌者，不可為也」，《三國志‧蜀書‧卻正傳》載《釋譏》「瓠梁托歌以流聲」——「狐梁」作「瓠梁」。「狐」，對照下文「无攸利」、《初六》「濡其尾，吝」，和《象傳》「小狐汔濟，未出中也」，推知此指戰爭渡河所用承載戰車的葫蘆，並以其借代渡

未濟‧圖1：商周器物上的筮數重卦「未濟」。

安陽殷墟四盤磨SP11出土的卜骨左側一條為「未濟」——卦辭為「曰媿」。

河。傳說「燧人以匏濟水」，足見葫蘆助渡來源之早。《泰‧九二》「包荒，用馮河，不遐遺──朋亡，得尚于中行」，說苦葫蘆不能吃，但可用于載浮車馬渡河。可見殷商時代車馬渡河過川，浮載物有一定數量的葫蘆，並且也可能有特別的信仰意義。今黃土高原一些不發達的地區，仍有用葫蘆載浮渡黃河的現象。山東微山湖一帶水上營生的人家，仍將葫蘆拴在上船小孩身上為救生設備。

「小狐」，即使用葫蘆承載不正當的需求戰爭之車馬越界渡河。「汔」，幾，近。「汔濟」，欲渡河。「尾」，馬尾，借代車馬。「濡其尾」，水濕了車輪馬尾；婉言車馬渡河。

「无攸利」，違背天意之不正當的需求而越界外出，策動戰馬拖車越界渡河，沒有長久的好處。

初六：濡其尾，吝。
象曰：濡其尾，亦不知極也。
釋「濡其尾，吝」：
此與下一爻相互對照生義。

就《既濟‧初九》「曳其輪，濡其尾，无咎」的情況看，當時車馬越河過川是用一些乾葫蘆輔助的，有時候需要馬匹浮水拖車過河──車馬渡河，馬「濡其尾」的情況在所難免。

「吝」，對照下一爻之「貞吉」，知道此乃說車馬越界渡河欲獲取不正當的需求，即便渡過了河川，也是危險的。

九二：曳其輪，貞吉。
象曰：九二貞吉，中以行正也。
釋「曳其輪，貞吉」：
「曳」指戰馬曳拉。「輪」借代戰車「貞吉」，對照上一爻的「吝」，知道此說正義戰爭驅動車馬越界渡河，才是宗族家國存在的好事。《象傳》：「九二貞吉，中以行正也。」意思與此相近。

六三：未濟，征凶──利涉大川。
象曰：未濟征凶，位不當也。
釋「未濟，征凶──利涉大川」：
「未濟」，不驅動戰車越界渡河，因為認識到了不義之「征」是「凶」的。

「利涉大川」，知道「征凶」而制止驅動戰車越界渡河，方可能夠有渡過兇險河川之利。這一爻說拒絕不義戰爭方可獲得戰爭的勝利。

九四：貞吉，悔亡：震用伐鬼方三年，有賞于大國。

象曰：貞吉悔亡，志行也。

釋「貞吉，悔亡：震用伐鬼方三年，有賞于大國」：

「貞吉，悔亡」，有利于宗族家國的存在，也不存在著危險的後遺症；此指「震用伐……」的效果而言。

「震」，甲骨文用作震動、震驚之義，專指軍隊在被動的情況下受震動、震驚，此仍保留著它的原義；對照下文「伐鬼方」，知道這裡指高宗武丁或所屬的方國軍隊被「鬼方」所騷擾、驚動，亦即「鬼方」首先動兵侵掠殷商或殷商所屬之國。「鬼方」，同《既濟·九三》所說的「鬼方」相同，均為「醜方」；其為蔑稱，猶我們今天稱有仇的人為「該殺的」「該揍的」，亦即應當舉族被俘虜、消滅之各有罪的方國（詳見《睽·上九》「鬼」釋）。「三年」，許許多多年。

商王武丁享國五十九年，使殷商得以中興。這五十九年裡必經常用兵征伐不安寧、不臣服的方國，所以「伐鬼方三年」應釋為征伐有罪的方國之戰許許多多年都在進行著。

「大國」，「大國君」的節文，或者是「大君」的變言「大」，與《泰》「小往大來」的「大」同義，正也。「大國君」，也就是《師·上六》「大君有命」、《隨·六三》「武人為于大君」的「大君」，指正統貴族出身的邦邑之君主；他們是《易》所謂「君子」中的一員，其所以冠之「大」，乃強調其是十分正統貴族出身的邦君領主，非「小人」因功而封賞國邑為「君」者。

「有賞于大國」，武丁統治的許多年裡，征伐不安寧、不臣服的方國有功受賞者，全是正宗貴族出身的邦邑之君，這因為武丁凡「小人」均「勿用」作軍事統帥。

此所謂「有賞于大國」，乃《易》无可奈何的感歎而已。這因為高宗以後貴族們在掠奪戰爭制勝上每求助于「小人」，也每有賞于「小人」。「小人」被用，也和他們沒有戰爭的成見有關。當時的國之大事，在祀與戎。戎是戰爭，祀是神靈。這必然會出現戰爭為了神，神決定著戰爭的認識論——在《易》中，我們不難發現這種認識論的大體，如戰爭要「中行，告公，用圭（卦）」（《益·六三》），如戰爭要光明正大，不能「鼫鼠」般偷偷摸摸（《晉·九四》），如戰爭不能

「冥升」——夜襲邑國（《升・上六》），如戰爭不能「富以其鄰」（《泰・六四》）等。可是「小人」就沒有這麼多限制了。這因為「小人」身世來源在現實認定上已和神靈的恩典劃清界線。在指揮戰爭上，「小人」將不管神意是否，只要能取得眼前的勝利之結果，可能既不會「中行，告公，用圭（卦）」，也不會計較如「鼫鼠」般的形象，更不管「冥升」突襲人家邑國能不能斷子絕孫，更不會管主人是不是因為搶掠「其鄰」而遭到報復。「小人」僅憑此一念便有了機動靈活的戰術，有了使主人遠非靠一紙獎狀所能表示感激的機會——《履・六三》「武人為于大君」就是他們得到主人最高的感激形式。

這一爻的意思較隱晦，但對比它說的這幾個問題也不難看出其真義：

一、武丁發動戰爭，是被不安寧、不臣服的方國迫不得已而為的；

二、戰爭的兵員來自各方國，因功受武丁之賞的，卻是他們的國君；

三、戰爭任用的軍事統帥一概是貴族。

《易》認為這些就是高宗軍事成功的原因，也是「貞吉，悔亡」的原因。

與這三點相反的，正是「未濟」也就是軍事永遠不成功之因，它們為：

一、目前商王不是迫不得已而用兵，是為了私利首先向各方國發難動武；

二、戰功受賞不一定是參與的貴族領主，很多是包括奴隸在內的下層人；

三、戰爭任用的統帥多是「小人」，即邪路出來的人、身世不正當的人、因才智技能而不可缺的下層人。

前三點是《易》認為殷商中興時商王多年成功即「既濟」的原因，後三點是殷商末路時商王多年不成功即「未濟」的原因。

六五：貞吉，无悔，君子之光，有孚，吉。

象曰：君子之光，其暉吉也。

釋「貞吉，无悔，君子之光，有孚，吉」：

「貞吉，无悔」，指下文「有孚」而言；謂利于宗族家國存在，沒有危害的戰爭外出。「君子」，泛指貴族出身的邦君邑主；其在《易》中出現，必因「小人」存在于相對的一面。「光」，風光；《觀・

六四》「觀國之光」義即觀國之風,其「光」的用法,與這裡相同;
《象傳》「君子之光,其暉吉也」,其釋「光」為光明磊落之義,其實
「君子」光明磊落的「有孚」,就是有「君子」之風的需求獲取。

「有孚」,有獲取。《易》所認為有「君子」即國君之風的需求獲
取是怎樣的?是《泰·六四》說的「不富以其鄰」(不把自己的富足,
建立在掠奪鄰邦上)的獲取,也是《益·六五》所謂的「有孚,惠我
德」(獲得要對自己的德性有益)的獲取,這種獲取當然不是靠征戰侵
掠的成功所能辦到的。

「吉」,讓掠奪戰爭「未濟」是吉利的。

上九:有孚于飲酒,无咎:濡其首,有孚,失是。

象曰:飲酒濡首,亦不知節也。

釋「有孚于飲酒,无咎」:

「有孚」,有獲得。「飲酒」,借指邦國之間禮尚往來。

對此《象傳》「飲酒濡首,亦不知節也」之釋,顯然是基于殷商辦
事崇尚酒禮,乃至物極必反而演為酗酒喪邦之認識上。這是商亡之後的
認識。殷商不認為飲酒喪德,後人因商紂喪邦而視其為罪惡淵藪。今天
出土的商代貴族墓,其表示身份的陪葬品重在爵觚等酒器,接受了殷商
酗酒喪邦之教訓的周人卻不一樣,所以周初貴族墓表示身份的陪葬物
重在鼎簋等食器。這說明商周兩代人對酒的態度。殷商崇尚飲酒必然
與其宗教政治有關,因為政教之首的祭神通神,必不可少酒,而通神之
時、祭神之餘的酒被人飲用,自然會產生一些難以三言兩語說明的功力
(又因為通神祭神是一種特權,飲用于其中的酒,便也受了這種特權的
認同),延伸下去用于人際交往,它又起到了戰爭動武所不能奏效的作
用。

《易》中直接頌揚酒德的言辭不算很少,如:

《需·九五》「需于酒食,貞吉」——酒食待客酬賓,是宗族家國
存在的好事;

《坎·六四》「樽酒,簋貳……終无咎」——給有罪在押的方國領
主以酒肉款待,結果定无壞處;

《困·九二》「困于酒食——朱紱方來」——對犯罪被拘的方國貴族
們,要給以酒食的待遇,好使他們折服;

《漸·六二》「飲食衍衍,吉」——變搶婚為聘婚,招待女方家族
以酒食,使之成為婚友是吉利的;

《中孚·九二》「我有好爵，吾與爾靡之」——用好酒交接各方領主，變戰爭掠奪為禮義往來。

顯然《易》對酒的稱道，是考慮了它的政治意義。如果順著《象傳》「飲酒濡首，亦不知節也」之說釋下文「濡其首」為飲酒過度，醉得一塌糊塗，把頭都澆濕了，是不對的。

「有孚于飲酒，无咎」，靠著與諸方國領主友好歡娛地飲酒交往從而有所獲得，是沒有不對的。

釋「濡其首，有孚，失是」：

「濡其首」，指拉車渡河之馬濕了頭——馬浮水時總是把頭抬著，頭沉到水裡，意味著生命有了危險，渡不到岸了；隱喻「未濟」，亦即非正義戰爭驅動車馬越界渡河。

「有孚」，《易》認為「富以其鄰」的「有孚」之戰，即便勝利了也是不成功，故而此謂不義的掠奪之戰獲得了勝利。

「濡其首，有孚，失是」，靠眼前得勝、本質上永遠不會成功的掠奪之戰而有所獲得，一如天令大水濡濕了渡河者的頭，會失去一切。

此爻以「有孚于飲酒」為「既濟」亦即成功，以「濡其首，有孚，失是」為「未濟」亦即不成功，又見《易》編著者厭惡戰爭掠奪，希望各方互惠互利的交往之情。

馬王堆帛書《六十四卦》釋文

馬王堆漢墓帛書整理小組

　　帛書原卷已斷裂，接通後在每行之末用阿拉伯字碼標明行數。寫定釋文時，以□標出殘字或筆劃不易辨認之字，以[ ]表示帛已缺損，計算位置按通行本補入之字；以（ ）注出假借字、異體字之本字；以< >表示改正明顯的誤字。

　　☰☰ 鍵（乾），元享〈亨〉，利貞。初九，浸（潛）龍勿用。九二，見龍在田，利見大人。九三，君子終日鍵（乾）鍵（乾），夕泥（惕）若厲，无咎。九四，或鱗（躍）在淵，无咎。九五，羿（飛）龍在天，利見大人。尚（上）九，抗（亢）龍有悔。迵（用）九，見羣龍无首，吉。1行

　　☰☷ 婦（否）之非人，不利君子貞，大往小來。初六，戉（拔）茅茹以其菁（彙），貞吉，亨。六二，枹（包）承，小人吉，大人不（否），亨。六三，枹（包）憂（羞）。九四，有命，无咎，檮（疇）羅（離）齒（祉）。九五，休婦（否），大人吉。其亡其亡，擊（繫）于枹（苞）桑。尚（上）九，頃（傾）婦（否），先不（否）後喜。2行

　　☰☶ 掾（遯），亨，小利貞。初六，掾（遯）尾厲，勿用有攸往。六二，共之用黃牛之勒（革），莫之勝奪（說）。九三，為掾（遯），有疾，厲。畜僕妾吉。九四，好掾（遯），君子吉，小人不（否）。九五，嘉掾（遯）貞吉。尚（上）九，肥掾（遯）先〈无〉不利。3行

　　☰☱ 禮（履）虎尾，不真（咥）人，亨。初九，錯（素）禮（履），往无咎。九二，禮（履）道亶（坦）亶（坦），幽人貞吉。六三，眇（眇）能視，跛能利，禮（履）虎尾，真（咥）人，兇。武人迵于大君。九四，禮（履）虎尾，朔（愬）朔（愬），終吉。九五，夬

禮（履），貞厲。尚（上）九，視禮（履），巧（考）翔（祥），其寰（旋），元吉。4行

☰☵ 訟，有復（孚），洫（窒）寧（惕），克〈中〉吉，冬（終）兇。利用見大人，不利涉大川。初六，不永所事，少（小）有言，冬（終）吉。九二，不克訟，歸而逋，其邑人三百戶，无省（眚）。六三，食舊德，貞厲。或從王事，无成。九四，不克訟，復即命，俞（渝）安，貞吉。九五，5行

訟，元吉。尚（上）九，或賜之般（鞶）帶，終朝三擴去據（褫）之。6行

☰☲ 同人于野，亨。利涉大川，利君子貞。初九，同人于門，无咎。六二，同人于宗，閵（吝）。九三，服（伏）容（戎）[于]莽，登（升）其高[陵]，三歲不興。[九四，乘其]庸（墉），弗克攻，吉。九五，同人，先號桃（咷）後芺，大師克相遇。尚（上）九，同人于茭（郊），无悔。7行

☰☳ 无孟（妄），元亨，利貞。非正有省（眚），不利有攸往。初九，无孟（妄），往吉。六二，不耕穫，不菑餘（畬），利[有攸]往。六三，无[妄之災]，或擊（繫）[之牛，行人]之得，邑人之茲（災）。九四，可貞，无咎。九五，无孟（妄）之疾，勿樂（藥）有喜。尚（上）九，无孟（妄）之行，有省（眚），无攸利。8行

☰☴ [狗]（姤），女壯，勿用取女。初六，擊（繫）于金梯（柅），貞吉。有攸往，見兇。羸豨（豕）復（孚）適（蹢）屬（躅）。九二，柏（包）有魚，无咎，不利賓。九三，[臀无膚，其行次且。厲，无大]咎。九四，柏（包）无魚，正兇。五〈九〉五，以忌（杞）柏（包）苽（瓜），含章，或（有）塤（隕）自天。尚（上）九，狗（姤）其角，閵（吝），无咎。9行

☶☶ 根（艮）其北（背），不蒦（獲）其身，行其廷，不見其人，无咎。初六，根（艮）其止（趾），无咎，利永貞。六二，根（艮）其肥（腓），不登（拯）其隨，其心不快。九[三，艮其限]，戾（列）其肥（夤），厲薰心。六四，根（艮）其躳（躬）。六五，根（艮）其股（輔），言有序，悔亡。尚（上）九，敦根（艮）吉。10行

☰〈☰〉☰ 泰（大）蓄（畜），利貞。不家食，吉。利涉大川。初九，有厲，利巳。九二，車說緮（輹）。九三，良馬遂，利根（艱）貞。曰闌（閑）車[衛]，利有攸往。六四，童牛之鞫（牿），元吉。六五，哭（豶）豨（豕）之牙，吉。尚（上）九，何天之瞿（衢），亨。11行

☶☶ 剝，不利有攸往。初六，剝臧（牀）以足，戩（蔑）貞，兇。六二，剝臧（牀）以辯（辨），戩（蔑）貞，兇。六三，剝无咎。六四，剝臧（牀）以膚，兇。六五，貫魚，食（以）宮人籠（寵），无不利。尚（上）九，石（碩）果不食，君子得車，小人剝蘆（廬）。12行

☶☶ 損，有復（孚）。元吉，无（无）咎。可貞，[利]有攸往。翕（曷）之用，二巧（簋）可用芳（享）。初九，巳事端（遄）往，无咎，酌損之。九二，利貞，正（征）兇。弗損，益之。六三，三人行則損一人，一人行則得其友。六四，損其疾，事（使）端（遄）有喜，无咎。六五，益之，十備（朋）之龜弗克。13行

回（違），元吉。尚（上）九，弗損，益之，无[咎]，貞吉，有攸往。得僕无家。14行

☶☶ [蒙，亨。匪我]求童蒙，童蒙求我。初筮吉，再參（三）擅（瀆），擅（瀆）即（則）不吉。利貞。初六，廢（發）蒙，利用刑人，用說桎梏，已（以）往闌（吝）。九二，枹（包）蒙吉，入（納）婦吉，子克家。六三，勿用取[女，見金]夫，不有躳（躬），无攸利。[六四，困]蒙，闌（吝）。六五，童蒙，[吉。上九，擊蒙，15行

不利為寇]，利所寇。16行

〔☲☰〕[繫（賁），亨，小利]有攸往。[初九，繫（賁）其趾]，舍車而徒。六二，繫（賁）其[須]。九三，繫（賁）茹（如）濡茹（如），永貞吉。六四，繫（賁）茹（如）蕃（皤）茹（如），白馬榦（翰）茹（如），非寇闈（婚）詬（媾）。六五，繫（賁）于[丘園，束]白（帛）戔戔，闈（吝），終[吉。上九，白賁，无]咎。17行

〔☶☳〕[頤，貞吉。觀頤，自求]口實。初九，舍而（爾）靈龜，[觀]我掫（朶）頤，凶。六二，曰顚頤，梻（拂）經，于北〈丘〉頤。正（征）凶。六三，梻（拂）頤，貞凶。十年勿用，无攸利。六四，顚頤，吉。虎視沈（眈）沈（眈），其容（欲）笛（逐）笛（逐），无咎。六[五，拂經]，居貞，吉。[不可涉大]川。18行

[上九，由頤，厲吉，利]涉大川。19行
☶☴ 箇（蠱），[元]吉，亨。利涉大川。先甲三日，後甲三日。初六，父榦之箇（蠱），有子巧（考），无咎，厲終吉。[九二]，榦母之箇（蠱），不可貞。九三，榦父之箇（蠱），少（小），有悔，无大咎。六四，浴（裕）父之箇（蠱），往見闈（吝）。六五，榦父之箇（蠱），用輿（譽）。尚（上）九，不事王矦，高尚其德，兇。20行

☵☵ 習贛（坎），有復（孚），巂（維）心，亨，行有尚。初六，習贛（坎），人〈入〉贛（坎）窨，凶。九二，贛（坎）有訧（險），求少（小）得。六三，來之贛（坎）贛（坎），噞（險）且訧（枕）。人〈入〉[于]贛（坎）闍（窞），[勿用]。六四，奠（樽）酒，巧（簋）詠（貳），用缶，人〈入〉藥（約）自牖，終无咎。九五，贛（坎）不盈，塭〈堤〉既平，无咎。尚（上）六，繫（係）用譚（徽）縲（纆），親（寘）之于纏（叢）勒（棘），三歲弗得，兇。21行

☵☰ 襦（需），有復（孚），光亨，貞吉。利涉大川。初九，襦（需）于茭（郊），利用恆，无咎。九二，襦（需）于沙，少（小）有言，冬（終）吉。[九]三，襦（需）于泥，致寇至。六四，襦（需）

于血，出自穴。六〈九〉五，襦（需）于酒食，貞吉。尚（上）六，人〈入〉于穴，有不楚（速）客三人來，敬之，終吉。22行

䷇ 比，吉。原筮，元永貞，无咎。不寧方來，後夫兇。初六，有復（孚），比之，无咎。有復（孚）盈缶，冬（終）來或（有）池（它），吉。六二，比之[自內]，貞吉。六三，比之非人。六四，外比之，貞吉。九五，顯比。王用三驅，失前禽，邑人不戒（誡），吉。尚（上）六，比无首，兇。23行

䷦ 蹇（蹇），利西南，不利東北。利見大人。貞吉。初六，往蹇（蹇）來興（譽）。六二，王僕蹇（蹇）蹇（蹇），非[今]之故。[九三，往蹇來反。六四]，往蹇（蹇）來連。九五，大蹇（蹇）佣（朋）來。尚（上）六，往蹇（蹇）來石（碩），吉，利見大人。24行

䷻ 節，亨。枯（苦）節，不可貞。初九，不出戶牖，无咎。九二，不出門廷，凶。六三，不節若，則[嗟若，无]咎。六四，[安節，亨。九五，甘節]，吉，往得尚。尚（上）六，枯（苦）節，貞凶。悔亡。25行

䷾〈䷾〉 既濟，亨。小利貞。初吉，冬（終）乳（亂）。初六〈九〉，抴（曳）其綸（輪），濡其尾，无咎。六二，婦亡（喪）其發（茀），勿遂〈逐〉，七日得。[九三]，高宗伐鬼方，三年克之，小人勿用。六四，襦有衣茹（袽），冬（終）日戒。九五，東鄰殺牛以祭，不若西鄰之濯（禴）祭，實受其福，吉。尚（上）六，濡其首，厲。26行

䷂ 屯，元亨。利貞。勿用有攸往。利律〈建〉侯。初九，半（磐）遠（桓），利居貞，利建侯。六二，屯如壇（邅）如，乘馬煩（班）如，非寇闉（婚）厚（媾）。[女]子貞不字，十年乃字。六三，即鹿毋（无）華（虞），唯人〈入〉于林中，君子幾不如舍，往吝（吝）。27行

六四，乘馬[班]如，求閩（婚）厚〈媾〉，往吉，无不利。九五，屯其膏，小貞吉，大貞凶。尚（上）六，乘馬煩（班）如，汲（泣）血連（漣）如。28行

☶☵ 井，茞（改）茞（改）井，无亡（喪）无得。往來井井，氝（汽）至亦未汲井，纍（羸）其刑±幷（瓶），凶。初六，井泥不食，舊井无禽。九二，井瀆（谷）射付（鮒），唯敝句。九三，茞（渫）不食，為我心塞（惻），可用汲，王明並受其福。六四，29行

井椒（甃），无咎。九五，井戾（冽）寒溧（泉），食。尚（上）六，井收，勿幕，有復（孚），元吉。30行

☳☳ 辰（震），亨。辰（震）來朔（虩）朔（虩），芺言亞（啞）亞（啞），辰（震）敬（驚）百里，不亡（喪）鈤（匕）觴（鬯）。初九，辰（震）來朔（虩）朔（虩），後芺[言]啞啞，吉。六二，辰（震）來厲，意（億）亡（喪）貝，齊（躋）于九陵，勿遂〈逐〉七日得。六三，辰（震）疏（蘇）疏（蘇），辰（震）行无（无）省（眚）。九四，辰（震）遂泥。六五，辰（震）往來厲，意（億）无亡（喪），有31行

事。尚（上）六，辰（震）昔（索）昔（索），視懼（矍）懼（矍），正（征）凶。辰（震）不于其躬（躬），于其鄰，往无咎。閩（婚）詬（媾）有言。32行

☳☰ 泰（大）壯，利貞。初九，壯于止（趾），正（征）凶，有復（孚）。九二，貞吉。九三，小人用壯，君子用亡（罔），貞厲。羝羊觸藩，羸其角。九四，貞吉，悔亡。璠（藩）塊（決）不羸，壯于秦（大）車之緪（輹）。六五，亡（喪）羊于易，无悔。尚（上）六，羝羊觸藩，不能退，不能遂，无攸利，根（艱）則吉。33行

☳☷ 餘（豫），利建矦，行師。初六，鳴餘（豫），凶。六二，疥（介）于石，不終日，貞吉。六三，杅（盱）餘（豫），悔，遲有

悔。九四，允〈兌〉餘（豫），大有得，勿疑，偑（朋）甲（盍）讒（簪）。五，貞疾，恆不死。尚（上）六，冥餘（豫）成，或（有）喻（渝），无咎。34行

䷗ 少（小）過，亨，利貞。可小事，不可大事。翡（飛）鳥遺之音，不宜上，宜下。泰（大）吉。初六，翡（飛）鳥以凶。六二，過其祖，愚（遇）其比（妣），不及其君，愚（遇）其僕，无咎。九三，弗過仿（防）之，從或臧（戕）之，凶。九四，无咎，弗過愚（遇）之，往厲35行
必革（戒），勿用永貞。六五，密云不雨，自我西茭（郊），公射取皮（彼）在穴。尚（上）六，弗愚（遇）過之，翡（飛）鳥羅（離）之，凶。是謂茲（災）省（眚）。36行

䷵ 〈三〉歸妹，正（征）凶，无攸利。初九，歸妹以弟（娣），跛能利（履），正（征）吉。九二，眇能視，利幽人貞。六三，歸妹以嬬（須），[反]歸以苐（娣）。六四，歸妹衍（愆）期，遲歸有時。六五，帝乙歸妹，其君之袂不若其苐（娣）之快（袂）良。月既（幾）37行
朢，吉。尚（上）六，女承筐无實，士刲羊无血，无攸利。38行

䷧ 〈三〉 解，利西南。无所往，其來復吉。有攸往，宿（夙）吉。初六，无咎。九二，田獲三狐，得[黃矢，貞吉。六三，負]且乘，致寇至，貞聞（吝）。九四，解其栂（拇），偑（朋）至此復（孚）。六五，君子唯有解，吉。有復（孚）于小39行
人。尚（上）六，公用射夐（隼）于高庸（墉）之上，獲之，无不利。40行

䷶ 豐，亨，王叚（假）之，勿憂，宜日中。初九，禺（遇）其肥（配）主，唯（雖）旬，无咎，往有尚。六二，豐其剖（蔀），日中見斗，往得疑（疾），有復（孚），洫（發）若。九三，豐其頹（沛），

日中見茉（沬），折其右弓（肱），无咎。九四，豐其剖（蔀），日中見斗，禺（遇）其夷主，吉。六41行

五，來章有慶舉（譽），吉。尚（上）六，豐其屋，剖（蔀）其家，闉（闚）其戶喫（闃）其无人，三歲不遂，兇。42行

☳☴ 恒，亨，无咎，利貞。利有攸往。初六，夐（浚）恆，貞凶，无攸利。九二，悔亡。九三，不恆其德，或承之羞，貞閵（吝）。九四，田无禽。六五，恆其德，貞婦人[吉]，夫子凶。尚（上）六，夐（振）恆，兇。43行

☷☷ 川（坤），元亨，利牝馬之貞。君子有攸往，先迷，後得主，利。西南得朋，東北亡（喪）朋，安貞吉。初六，禮（履）霜，堅冰至。六二，直方大，不習，无不利。六三，合（含）章可貞，或從王事，无[成]，有終。[六四。括囊，44行

无咎无譽]六五，黃常（裳）元吉。尚（上）六，龍戰于野，其血玄黃。迵（用）六，利永貞。45行

☷☰ [泰，小往大來，吉亨。初九]，犮（拔）茅茹，以其胃（彙），[貞]吉。九二，枹（包）娀（荒），用馮河，不騢（遐）遺弗忘，得尚于中行。九三，无平不波（陂），无往不復，根（艱）[貞，无咎。勿恤]其復（孚），于食[有福。六四，翩翩），不富以[其鄰，不戒以46行

孚。[六五]帝乙歸妹，以齒（祉），[元吉]。尚（上）六，城復于湟，□[勿]用師。自邑告命，貞閵（吝）。47行

☷☶ [嗛（謙），亨，君]子有終。初六，嗛（謙）嗛（謙）君子，用涉大川，吉。六二，鳴嗛（謙），貞吉。九三，勞嗛（謙）君子有終，吉。六四，无不利撝（撝）嗛（謙）。六五，不富以其鄰，[利用侵伐，无]不利。尚（上）六，鳴[謙，利用行師，征邑國。]48行

☷☱ [林（臨）元享]，利貞，至于八月有[凶]。初九，禁（咸）林（臨），貞吉。九二，禁（咸）林（臨），吉，无不利。六三，甘林（臨），无攸利，既憂之，无咎。六四，至林（臨），无咎。[六]五，知林（臨），大[君之宜，吉。上六]，敦林（臨），吉，无咎。49行

☷☵ [師，貞，丈]人吉，无咎。初六，師出以律，不（否）臧凶。九二，在師中吉，无咎。王三湯（錫）命。六三，師或與（輿）屍，凶。六四，師左次，无咎。六五，田有禽，利執言，无咎。長子率師，弟子輿上尸下示（尸），貞凶。尚（上）六，大人君有命，啟國承家，小人勿[用]。50行

☷☲ 明夷，利根（艱）貞。初九，明夷于蜚（飛），垂其左翼。君子于行，三日不食。有攸往，主人有言。六二，明夷，夷于左股，用撜（拯）馬牂（壯），吉。九三，明夷，夷于南守（狩），得其大首，不可疾。貞。六四，明夷，夷于左腹，獲明夷之心，于出51行

門廷。六五，箕子之明夷，利貞。尚（上）六，不明海（晦），初登于天，後人〈入〉于地。52行

☷☳ 復，亨。出人〈入〉无疾，堋（朋）來无咎。反復其道，七日來復。利有攸往。初九，不遠復，无提（祇）悔，元吉。六二，休復，[吉]。六三，編（頻）復，厲，无咎。六四，中行獨復。六五，敦復，无悔。尚（上）六，迷復，凶。有茲（災）省（眚），用行師，終有53行

大敗。以其國君，凶。至十年弗克正（征）。54行

☷☴ 登（升），元亨。利見大人，勿血（恤）。南正（征），吉。初六，允登（升），大吉。九二，復（孚）乃利用禴（禴），无咎。[九三]，登（升）虛邑。六四，[王用亨于岐山，吉]，无咎。六五，貞吉，登（升）階。尚（上）六，冥登（升），利于不息之貞。55行

☰☱ 奪（兌）亨，小利貞。初九，休奪（兌）吉。九二，瀖（孚）吉，悔亡。九〈六〉三，來奪（兌）兇。九四，章（商）奪（兌）未寧，[介]疾有喜。九[五，孚]于[剝，有屬。]尚（上）六，景奪（兌）。56行

☰☰ 夬，陽（揚）于王廷。復（孚）號有屬。告自邑，不利節（即）戎。利有攸往。初九，牀（壯）于前止（趾），往不勝，為咎。九二，傷（惕）號，蓴（莫）夜有戎，勿血（恤）。九三，牀（壯）于頯（頄），有凶。君子缺（夬）缺（夬）獨行，愚（遇）雨如濡。有溫（慍），无咎。九四，脈（臀）无膚，其行57行

郲（次）胥（且），牽羊悔亡，聞言不信。九五，莧勒（陸）缺（夬）缺（夬），中行，无咎。尚（上）六，无號，冬（終）有凶。58行

☱☷ 卒（萃），王叚（假）于（有）廟，利見大人，亨，利貞。用大生（牲），吉。利有攸往。初六，有復（孚）不終，乃乳（亂）乃卒（萃），若其號。一屋（握）于（為）芺，勿血（恤），往无咎。六二，引吉，无咎。復（孚）乃利用濯（禴）。六三，卒（萃）若嗟（嗟）若，无攸利。往无咎，少（小）闄（吝）。九四，大59行

吉，无咎。九五，卒（萃）有立（位），无咎，非復（孚）。元永貞，悔亡。尚（上）六，桼（齎）欨（咨）涕洎（洟），无咎。60行

☱☶ 欽（咸），亨，利貞。取女吉。初六，欽（咸）其梅（拇）。六二，欽（咸）其肥下足（腓），凶。居吉。九三，欽（咸）其腥〈股〉，執其隨，闄（吝）。九四，貞吉，悔亡。童（憧）童（憧）往來，儕（朋）從璽（爾）思。九五，欽（咸）其股〈脢〉，无悔。尚（上）六，欽（咸）其肶（輔）陝（頰）舌。61行

☱☵ 困，亨。貞大人吉，无咎。有言不信。初六，辰（臀）困于株木，入于要（幽）浴（谷），三歲不擅（覿）凶。九二，困于酒食，絑（朱）發（紱）方來，利用芳（享）祀。正（征）凶，无咎。六三，困

于石，號〈據〉于疾，（蒺）莉（藜），入于其宮，不見其妻，凶。
九四，來徐，困于62行

[金車]。闟（吝），有終。九五，貳（劓）椽（刖），困于赤發
（紱），乃徐有說。利用芳（享）祀。尚（上）六，困于褐（葛）纍
（藟），于貳（劓）掾（刖），曰悔夷有悔，貞（征）吉。63行
〔䷰〕[勒（革），巳日乃]復（孚）。元亨，利貞，悔亡。初
九，共（鞏）用黃牛之勒（革）。六二，[巳日]乃勒（革）之，正
（征）吉，无咎。[无咎。九三，征凶]，貞[厲。革]言三[就，有]復
（孚）。九四，悔[亡]。有復（孚）苣（改）命，吉。九五，大人虎
便（變），未佔有復（孚）。尚（上）六，君子豹便（變），小人勒
（革）行64行

[面，征凶。]居，貞吉。65行

䷐ 隋（隨），元亨，利貞，无咎。初九，官或（有）諭（渝），
貞吉，出門交有功。六二，係小子，失丈夫。六三，係丈夫，失小子，
隋（隨）有求，得。利居貞。九四，隋（隨）有獲，貞凶。有復（孚）
在道，巳（以）明，何咎。九五，復（孚）于嘉，吉。尚（上）九
（六），枸（拘）係之，乃從66行

巂（維）之，王用芳（亨）于西山。67行

䷛ 泰（大）過，棟礜（隆）利有攸往。亨。初六，籍（藉）用白
茅，无咎。九二，楛（枯）楊生黃（稊），老夫得其女妻，无不利。
九三，棟橈，凶。九四，棟礜（隆），吉。有它，闟（吝）。六〈九〉
五，楛（枯）楊生華，老婦得其士夫，无咎无譽。尚（上）九〈六〉，
過涉滅釘（頂），凶，无咎。68行

䷝ 羅（離），利貞，亨。畜牝牛，吉。初九，禮（履）昔（錯）
然，敬之，无咎。六二，黃羅（離），元吉。九三，日褪（昃）之羅
（離），不鼓垃（缶）而歌，即（則）大経（耋）之詆（嗟），凶。

九四，出（突）如來如，紛（焚）如，死如，棄如。六五，出涕沱若，□詡（嗟）若，吉。尚（上）九，王出正（征），有嘉折首，獲不戡，无咎。69行

☲☲ 大有，元亨。初九，无交龠（害），非咎，根（艱）則无咎。九二，泰（大）車以載，有攸往，无咎。九三，公用芳（亨）于天子，小人弗克。九四，[匪其]彭，无咎。六五，闕（厥）復（孚）交如，委（威）如，終吉。尚（上）九，自天右（祐）之，吉，无不利。70行

☲☷ 溍（晉），康矦用鍚（錫）馬蕃庶，晝日三綏（接）。初九〈六〉，溍（晉）如浚（摧）如，貞吉。悔亡，復（孚）浴（裕），无咎。六二，溍（晉）如[愁]如，貞吉。受[茲介福，于]其王母。六三，衆允，悔亡。九四，溍（晉）如炙（鼫）鼠，貞厲。六五，悔亡，矢得勿血（恤），71行

往吉，无不利。尚（上）九，溍（晉）其角，唯用伐邑，厲吉，无咎，貞閵（吝）。72行

☶☲ 旅，少（小）亨。旅，貞吉。初六，旅瑣瑣，此（斯）其所，取火。六二，旅既（即）次，壞（懷）其茨（資），得童剝（僕），貞。九三，[旅焚其次，喪其童僕，貞厲。九四，旅于處，得]其，溍（資）斧，[我]心不快。六五，射雉，一矢亡，冬（終）以舉（譽）命。尚（上）九，烏棼（焚）其巢，旅人先芺後掳〈號〉桃（咷），亡（喪）73行

牛于易，兇。74行

☲☱ 乖（睽），小事吉。初九，悔亡。亡（喪）馬勿遂（逐），自復。見亞（惡）人，无咎。九二无咎。九二，愚（遇）主于巷，无咎。六三，見車恝，其牛謑，其[人天且劓]。无初，有終。九四，乖（睽）芣（孤），愚（遇）元夫，交復（孚），厲无咎。六五，悔亡。登宗筮（噬）膚，往何咎。尚（上）九，乖（睽）芣（孤），見豨（豕）負75行

塗，載鬼一車。先張之柧（弧），後說之壺（弧），非寇，閵（婚）厚（媾）。往愚（遇）雨即（則）吉。76行

☲☵ 未濟，亨。小狐氣（汔）涉，濡其尾，无攸利。初六，濡其尾，閵（吝）。九二，拽（曳）其綸（輪），貞。六三，未濟，正（征）凶。利涉大川。九四，貞吉，悔亡。[震用伐鬼]方，三年有商（賞）于大國。[六]五，貞吉，悔亡，君子之光。有復（孚），吉。尚（上）九，有復（孚），于飲酒，无咎。濡其77行

首，有復（孚），失是。78行

☲☳ [噬嗑，亨]，利用獄。初九，句（屨）[校滅]止（趾），无咎。六二，筮（噬）膚滅鼻，无咎。六三，筮（噬）臘肉，愚（遇）毒，少（小）閵（吝），无咎。九四，筮（噬）乾瓏（胏），得金矢，根（艱）貞吉。六五，筮（噬）乾肉，愚（遇）毒，貞厲，无咎。尚（上）九，荷（何）校滅耳，兇。79行

☲☴ [鼎，元吉，享。]初六，鼎填（顛）止（趾），利[出]不（否），得妾以其子，无咎。九二，鼎有實，我戕（仇）有疾，不我能節（即），吉。九三，鼎耳勒（革），其行塞，雉膏不食，方雨[虧悔，終吉。九四，鼎折足]，復（覆）公茈（餗），其刑（形）屋（渥），□。六五，鼎黃[耳金鉉，利貞。上九，鼎80行

玉鉉，大吉，]无不利。81行

☴☴ [筭（巽），小]亨。利有攸往，利見大[人]。初六，進內（退），利武人之貞。九二，筭（巽）在牀下，用使（史）巫，忿（紛）若，吉，无咎。九三，編（頻）筭（巽），閵（吝）。六四，悔亡，田獲三品。九五，貞吉，悔亡，无不利，无[初]有終。先庚三[日]，後庚三日，吉。尚（上）九，筭（巽）在牀下，82行

亡（喪）其湑（資）斧，貞凶。83行

☰☷ 少（小）敊（畜），亨。密云不雨，自我西茭（郊）。初九，復自道，何其咎，吉。九二，堅（牽）復，吉。九三，車說緮（輹），夫妻反目。六四，有復（孚），血去湯（惕）[出]，无咎。九五，有復（孚）䜌（攣）如，富以其鄰。尚（上）九，既雨既處，尚得（德）載，女貞厲。月幾望，君子正（征），兇。84行

☷☴ 觀，盥而不尊（薦），有復□若。初六，童觀，小人无咎，君子閵（吝）。六二，覴（闚）觀，利女貞。六三，觀我生，進退。六四，觀國之光，[利]用賓于王。九五，觀我生，君子无咎。尚（上）九，觀其生，君子无咎。85行

☶☴ 漸，女歸吉，利貞。初六，鴻（鴻）漸于淵，小子癘（厲），有言，无咎。六二，鴻（鴻）漸于阪（磐），酒食衍（衎）衍（衎），吉。九三，鴻（鴻）漸于陸，[夫征不]

復，婦繩（孕）不□，凶。利所寇。六四，鴻（鴻）漸于木，或直其寇，㦸，无咎。九五，鴻（鴻）漸于陵，婦三歲不86行

繩（孕），終莫之勝，吉。尚（上）九，鴻（鴻）漸于陸，其羽可用為宜（儀），吉。87行

☱☴ 中復（孚），豚魚吉。和〈利〉涉大川。利貞。初九，杅（虞）吉，有它不寧。九二，鳴鶴在陰，其子和之。[我有好爵，吾與爾]羸（靡）[之。六三，得敵，]或鼓或皮

（罷），或汲（泣）或歌。六四，月既（幾）望，馬必亡，无咎。九五，有復（孚）論（攣）如，无咎。尚（上）九，88行

鳥𗤉（翰）音登于天，貞凶。89行

☵☴ 渙，亨，王叚（假）于（有）廟。利涉大川，利貞。初六，撜（拯）馬，吉。悔亡。九二，渙賁（奔）其階（机），悔亡。六三，

渙其躳（躬）无咎。九〈六〉四，渙其群，元吉。渙[有丘，匪]婯
（夷）所思。九五，渙其肝大號。渙王居，无咎。尚（上）九，渙其血
去，湯（逖）出。90行

䷤ 家人，利女貞。初九，門有家，悔亡。六二，无攸遂，在中貴
（饋），貞吉。九三，家人燺（嗃）燺（嗃），悔厲吉。婦子裏（嘻）
裏（嘻），終閵（吝）。六四，富家，大吉。九五，王叚（假）有家，
勿血（恤），往吉。尚（上）九有復（孚），委（威）如，終吉。91行

䷩ 益，利用攸往。利涉大川。初九，利用為大作，元吉，无咎。
九〈六〉二，或益之十備之龜，弗亨〈克〉回（違），永貞吉。王用芳
（享）于帝，吉。六三，益之，用工事，无咎。有復（孚）中行，告公
用閨（圭）。六四，中行告公從，利用為92行

家遷國。九五，有復（孚）惠心，勿問，元吉。有復（孚）惠我
德。尚（上）九，莫益之，或擊之，立心勿恆，兇。93行

國家圖書館出版品預行編目資料

易經今註今譯 : 易經裡的秘密 / 王曉強著. -- 初版. -- 臺北市 :
蘭臺, 2020.09
面 ; 公分
ISBN 978-986-99137-4-4(平裝)
1.易經 2.注釋
121.12 109009510

易經今註今釋－易經裡的秘密

作　　者：王曉強
編　　校：周曉方
主　　編：張加君
美　　編：陳勁宏
封面設計：陳勁宏
出 版 者：蘭臺出版社
發　　行：蘭臺出版社
地　　址：台北市中正區重慶南路1段121號8樓之14
電　　話：(02)2331-1675或(02)2331-1691
傳　　真：(02)2382-6225
E—MAIL：books5w@gmail.com或books5w@yahoo.com.tw
網路書店：http://5w.com.tw/
　　　　　https://www.pcstore.com.tw/yesbooks/
　　　　　https://shopee.tw/books5w
　　　　　博客來網路書店、博客思網路書店
　　　　　三民書局、金石堂書店
總 經 銷：聯合發行股份有限公司
電　　話：(02) 2917-8022　　傳 真：(02) 2915-7212
劃撥戶名：蘭臺出版社　帳號：18995335
香港代理：香港聯合零售有限公司
電　　話：(852)2150-2100　　傳 真：(852)2356-0735
出版日期：2020年9月初版
定　　價：新臺幣800元整（平裝）
ISBN： 978-986-99137-4-4